道学经典注译

南华真经注译

张惠丽 赵凌云 注译

中国社会科学出版社

图书在版编目（CIP）数据

南华真经注译/张慧丽，赵凌云注译. 一北京：中国社会科学出版
社，1996.12（2004.9 插图版）

（道学经典注译/曾传辉主编）

ISBN 7-5004-1982-1

Ⅰ.南… Ⅱ.①张…②赵… Ⅲ.庄周－哲学－译文 Ⅳ.B223.54

中国版本图书馆 CIP 数据核字（96）第 20293 号

责任编辑	冯国超 陈 琳
策划编辑	陈 彪
责任校对	姚海燕 孟英润
内文配图	冯国超
封面设计	王 华
责任印制	郑以京 戴 宽

出版发行 **中国社会科学出版社**

社 址	北京鼓楼西大街甲 158 号	邮 编	100720
电 话	010—84029453	传 真	010—64030272
网 址	http://www.csspw.cn		
经 销	新华书店		
印 刷	北京人卫印刷厂		
版 次	2004 年 9 月第 2 版		
印 次	2004 年 9 月第 2 次印刷		
开 本	635×965 毫米 1/16		
印 张	24.75		
字 数	372 千字		
定 价	28.00 元		

序　言

　　道家,使人精神专一,动合无形,赡足万物。其为术也,因阴阳之大顺,采儒墨之善,撮名法之要。与时迁移,应物变化;立俗施事,无所不宜。指约而易操,事少而功多。*

——司马谈:《论六家要旨》

一

　　华夏远古文明,历夏、商、周三代至于春秋战国时期,数千年的积累已经使她的内涵变得异常深刻丰富,而此时恰值奴隶分封制之下的中央集权衰败不振之际。周王朝在政治上大权旁落,令出诸侯,形成群雄争霸、逐鹿中原的格局;在文化上,官学摧折,典籍散佚,以老子为代表的道家学派率先异军凸起,其余各家,相继而兴,自骋其说,形成千古称颂的百家争鸣局面。

　　道家肇始于诸子之先而不彰自显,影响所及周遍百家,延至今日。这恐怕首先要归于老子身份具有的得天独厚的条件。周代制度,礼不下庶人,官学高居朝堂,普通士子,难得看到各种宝贵文献。老子长期充任柱下史,执掌千年学库管钥,却使他能够广泛披阅历代秘档,全面总结前面的社会发展经验,提出系统的理论。老子道家思想

---

　　* 道家:前汉学人所谓道家,概指黄老之学;"道学"概念首见于《隋书·经籍志》,也指黄老之学;今人所用"道学"概念泛指道家和道教各派。从逻辑上来讲,道教不能等同于道家,道家也不能等同于黄老。然而三者又无法截然分开。不管是黄老之道,还是老庄之道,都被道教拿来奉为精髓。这段话概述的黄老之学的特点,实际上也是后世高道们追求的目标。我们引用为本序的题记,借以表达本系列丛书编撰者们的一片良好心愿。

　　动:行动。合:契符。无形:道之别名。赡足:齐备。阴阳:天地。儒墨:指儒家、墨家。名法:指名家、法家。指:通"旨",宗旨,要点。

南华真经

注译

建立在广博的文献提炼基础之上，总结了深刻的历史法则，加之他的官方身份，使他在有生之年，已经声名远播。天下学子，争相宗之为师，或受业于其门，或辗转相传。其情其景，可想而知。即使仲尼与老子，主张殊不相侔，也曾经远道负笈问礼。可见老子影响，非同寻常。老子归隐后不久，由于兵乱，周室典藏，分散民间，不复综窥全豹。各家学子遂在老子的基础上，从自己的立场出发，各执一端，各任其说，亦各逞干世之术于当时，遂演成九流之别。即使道家学派，也各自分趋，一化为多。故《庄子·天下篇》说："天下之治方术者多矣。"把当时学者，分为八家，其中四家——宋钘、尹文之学，彭蒙、田骈之学，老聃、关尹之学，庄周之学——以阐发道论为枢机，仍属道家。班固《汉书·艺文志》所列"九流"之中，除阴阳家之外，儒家、法家、墨家、名家、纵横家、杂家和农家，虽独立门户，自成一派，而探其源流，则或多或少都与道家有关。

自汉武以降，儒术定为一尊，其他各派，渐归湮没，唯道家与之并存。而其思想因素的主体，则为后汉兴起之道教所承袭和整合，组成对抗儒家意识形态的联合阵线。至此，中国思想史发展的螺旋运动，完成了一个由合而分、由分而合的周期。所以《道藏》琼札，五千余卷，所列众书，多捃拾诸家绝学，看似以续余响，实称叶落归根，或更贴切。其中更多有儒家所不敢言不能言者，更有后兴之佛教所不能识不能辨者。历代佚亡典籍，或附道经而存，自成题中应有之义。

道学杂而多端，旧时学人诟病者多多。然而道学之所以成为中华民族文化之根柢，实为中华学术历史发展的逻辑结果。从这个角度来看，她实际上是"多端而不杂"，不杂不多就不足以成其为根柢。

二

然而道学的生命力并不是老子、张陵等人在书斋中皓首穷经铸就的，是历史孕育和发展了她的博大内涵。《汉书·艺文志》"道家者流"一节中，有两条内容给我们以很深的启示。其一是"《伊尹》五十一篇"；伊尹出身奴隶，因贤能而后乃为商汤王相，助汤攻桀，是奠定汤王朝的关键人物。其二是"《太公》二百三十七篇"，包括《谋》八十一篇,《言》七十一篇,《兵》八十五篇,皆与用兵与治世有关。以上二书虽然不大可能是原作,而极有可能出自战国思想家之手。但是伊、姜二人被归为道家,却给我们暗示了道家与它之前的历史之间一丝不绝如缕的联系。商初的史实今人已知之不多。至于周代,史家皆以"太公之谋"、"周公之训"为建立其政权的两块基石。盖商末之世,纣为天子,残暴无度。文王处周岐之间,地不过百里,修德行义,主用太公望吕尚之谋,以卑弱制强暴,而成"天下三分,其二归周"之势。文王殁后,武王灭商而王天下,首封国师姜尚父于营丘(今山东临淄境内),是为齐国。太公望治齐,推行"尊贤尚功"的治国路线,讲究简政从俗,注重功利,劝其女功,极其技巧,通其鱼盐,发展生产,重视人民的实际利益;"五月而报政周公",讲求效率。其后,齐国日益强大,终成霸主。武王之弟周公旦是周初另一位关键人物,他受封于鲁国,在鲁推行一条"亲亲尚恩"的治国方针,正好与姜尚之政形成鲜明的对照。周公旦之子伯禽代父治鲁,注重繁文缛节,变革旧俗,推行三年之丧,忽视效率,重视宗法氏族关系的维护。其后,鲁势日削,北面事齐,至于觐存。

道家创始人老子虽然并非生长于齐国,他与姜尚是否有某种学术传承线索,现在也无据可考,但是他的思想确实与周王朝的兴衰、齐鲁之政的正反经验有关。至战国时,齐国稷下学派,称为道家,齐国俨然成为道家学术的中心;鲁国则成为儒家学派的策源地。道儒二家自萌发之时起各自的社会政治角色就各不相同,相反相成,共同成为民族文化发展的母体。

儒家善于守成,道家长于应变。自从儒术被订为不刊之说之后,道家学术的优势地位骤然下降。二千多年来,虽然它在总体上处于潜伏不彰的状态,但是每到旧的体制弊端积重难返,危机四伏,革新派和革命派起来救弊兴利之时,他们利用的理论武器往往是因时变化的道家学术。

汉末,刘氏政权陷入无可挽回的危机,张角组织道团,令祭酒教人诵习《老子》五千文,组织黄巾起义军,从根本上动摇了汉王朝。天下从此进入由合而分、诸侯割据的状态。其后出场的"千古英雄豪杰"曹操和诸葛亮,二人虽然为人和品性相距甚远,但有一点却完全相同:他们都是具有典型太公风范和老子精神的人物。他们深通兵法,神机妙算,延揽人才,赏罚分明;曹操渴慕神仙,好养性法,孔明澹泊宁静,精通道术;都有审时度世的黄老思想。

唐末无能子,在黄巢起义的同时,从思想上与之呼应,隐姓埋名,著《无能子》一书,大胆地否定封建礼俗的先天性质,直接把"覆家亡国之祸"、"生民困贫夭折之苦"归于儒家标榜的圣人之过。

宋代著名改革家王安石在政治上推行新法,在学术上实行新学,并亲撰《老子注》,引申其辩证法思想,作为变法的理论根据。

明太祖朱元璋在打江山时就在刘伯温、铁冠道人、周颠仙等谋士指导下研究应用道家思想,颇有心得。统一天下后,欲借鉴前代哲王之道,乃披阅《道德经》及诸家注论,因"所注者人各异见",故自得立说,不用古注。在自序中,他盛赞《老子》"乃万物之至根,王者之上师,臣民之要宝"。

到近代,中国沦为半殖民地半封建社会,国运衰颓,忧患交迫,有志之士,上下求索,力图找到一条有效的出路。在传统文化中,不少人的目光不约而同地再一次看中了道家学术。爱国思想家魏源曾著《老子本义》,在《论老子》一文中,他断言:"《老子》,救世书也。"把老子的时代意义,定位到前所未有的新高度。著名启蒙思想家严复在积极向西方寻找真理的同时,也非常注重我国固有学术的发掘。他曾点评《老子》,着重指出"中国未曾有民主之制",多次强调"《老子》者,民主之治所用也",以为《老子》第八十章所描述的就是"古小国民主之治"。

严复的论述涉及到现代中国文化重建中的一个至关重要的问题:中国传统文化中是否有与现代文明的主题——科学与民主相契合的成分?道教与我国古代科技的密切关系,已经为世人公认。尽管"中国未曾有民主之制",但道家传统中是否含有比其他各家更多的民主因素,可供我们吸取?这一点有必要重新考虑。道家道教理念中,对政治的最高憧憬是王者垂衣拱手优游无事而天下太平的境界,这就是所谓的无为之治。无为之治的基本内容就是"圣人无常心,以百姓心为心",就是政策要根据人民的意志来决定。过去人们没有将其认同为民主思想,是因为没有发现与西方近代民权论和社会契约论大体一致的内容,更没有找到民主制可操作的纲领。我想也没有人会提出这样的苛求。同样,也不会有人否定,道家道教中某些成分,的确包含了对君主绝对权威的否定和对人民意志的肯定。这是我们在建设民族文化的过程中可以加以吸取的。

三

先秦各家哲学思想总是伴随着某种"术",甚至各家都是根据这些"术"来表达自己的哲学的,比如儒家被称为"儒术",法家被称为"刑名法术"。不过各家的"术"主要是治平之术,而道家的"术"还包括各种不同的方术,故而人称"无所不窥"之学。道家首宗黄帝,而黄帝也是历代方士最常依托的对象。《老子》、《庄子》中暗含的许多修炼方式,成为后世道教仙术的原型。《老子》五千文一开始就被道教组织作为包含有成仙之道的教义手册使用。《汉书·艺文志·方技略》和《隋书·经籍志》子部方药类中所录书目也多有见于《抱朴子·遐览》篇者。后世各朝各代统治者对待道教教团的态度或许各不相同,道学治平之术的发展不可避免地受到限制,但中国方术却始终在道学的推动下向前发展,尤其是养性延命的修炼方术被首重长生的道教发挥得淋漓尽致。

注重现实人生、挚爱生活是中华民族从远古以来便已形成的一大传统。这一点在道教中得到相当集中的体现,并成为这个宗教最为显豁的主题。道学对现世人生抱相当肯定的态度。《太平经》认为,天地之间,"人命最重","寿为最善"。人活一世,生老病死,道学并非皆以为苦。《列子》认为:"天生万物,唯人为贵。而吾得为人,是一乐也。"有幸能生而为人,乃是第一大幸事。但是道学的确以老病死为人生之大痛苦。从客观上来说,老与死虽不可避免,但是它们的临近的时间表却是非常有弹性,可借人力而改变的。同样生在天地之间,有人"半百而衰","自之死地",有人则"百岁尚健,犹能生子",享受生之欢娱。但是要说到病,则是可以基本上避免的。这一点,《抱朴

南
华
真
经

注
译

子》相当乐观："若夫仙人，以药物养身、术数延命，使内疾不生，外患不入，虽久视不死，而旧身不改。苟有其道，无以为难也。"其实道学所谓长生不死，也并不是强调现世肉身不朽，而是要通过实施内丹修炼这一人体系统工程向死亡的界限提出挑战，从"逆"的方向上夺天地之造化，凝炼精、气、神，提高生命的质与量。《太平经》对这一点也看得很清楚，它认为，人的可能寿命，上寿 120 岁，中寿 80 岁，下寿 60 岁，60 岁以下算夭折。现代生物学也证实了这种估计。据研究报道，人体细胞每 0.24 年分裂一次，最多可能分裂 500 次。所以一般情况下，人的可能寿命是 120 岁。但是，无数事例证明，即使是 120 岁，也不是最大极限。可见，人寿极限的弹性和能动性是多么令人乐观。

道学唯生学说，不以妄希生后福报、死后天堂为终极关怀，而是首贵身心健康，"使现实人生，相当安慰"，既要缓解死亡的威胁，又要消除人生的苦恼。今天，科学昌明，生产发达，物质丰盛，富者日众。此世之愉悦，胜似他世之大同。但是物质财富是一柄双刃的剑，它可以带来轻松，也可以带来沉重；可以引来福庆，也可以招致祸患。如果对待不慎，低级的物欲消费带来的暂时兴奋便会像闪电一样消失，泡沫一样破灭。于是"恍然大悟"，很容易走向另一个极端，以为现实世界，林林总总全是水中月、镜中花，一切有形都是幻影。在一个极端和另一个极端之间摇摆，遂令社会风气，要么人欲横流，要么尽堕悲观。道学的养性延命学术，就是教人如何作为，才不会让财富成为伐性之斧、催命之符。一个具有道学教养的人，必定会珍视生命，爱惜羽毛——就是《老子》所谓"啬"的精神。很难想像，他会暴殄天物，甚或作奸犯科；也不能想像，他愿敝屣红尘，自了其生。

四

道学的传统中虽然包含了许多对现代世界非常有益的营养成分，但是真正认识到这些成分的有效性并有意识地加以吸取、利用和发挥的人并不太多。其原因很多，而对道学经书的译解的艰难程度恐怕是最基本的问题。

早在一百年前，严复就在《译〈天演论〉自序》中感叹："读古书难!"他总结了三方面的原因:一是"历时久远,简牍沿讹",文字错脱较多;二是"声音代变,则通暇难明",音义变化较大;三是"风俗殊尚,则事亦参差",社会环境变化较大。重要典籍虽然历代"训疏"者勤,仍不免"于古人招示来学之旨愈益晦矣"。对道经来说,研读的难处,恐怕还要增加两条:首先是它突出的杂多性。道学典籍,三洞四辅十二类,祖述黄老,兼综百家,包罗万象,贯彻九流,既有"历记成败存亡祸福古今之道"的"君人南面之术",又有积精累气、温寒祛热的医道仙术,还有图谶术数、兵钤韬略、玄门祝由、剑术拳法。旧儒尚以"道家之术,杂而多端"为病,受西学浸润的现代学者更是鲜有愿意问鼎者。其次还在于它传播方式的神秘性。道学传统,口诀门径都要一脉相承、口口相传。在文字记载方面,要紧之处往往隐语连缀,窥其堂奥者或以为是宝墨灵文,不识真面目者反以为呓语鬼话。这一点甚至曾使"文通万国"、"学超三教"的胡适博士在广求佛禅之后"发心"攻读《道藏》时被拒之门外,结果以一纸论文,判定道书"多是半通不通的鬼话",将其打入冷宫,不再过问。

　　然而,有难关必有勇士。早在本世纪之初,正当传统文化危机四伏,道教学术更是四面楚歌之际,就有陈撄宁、许地山、陈垣、蒙文通等国学大师以整理国故为己任,对道学进行了许多开辟性的研究。鲁迅先生甚至断定:"中国的根柢全在道教。"尤其值得称颂的是陈撄宁先生,他以捍卫本国固有文化、振兴仙道学术为己任,历尽艰辛,四海访道,著书立说,创刊办报,成立组织,广纳门徒,影响所及,至今犹存。在他对某些道学重要典籍的阐释中,坚持从实验、实践出发,并结合近代科学,开辟了现代道教研究的新方向。

　　与祖国古老传统文化日益疏离的情况,对今天的年轻人来说还要严重得多。在以西方文明为榜样的"五·四"运动的狂飚席卷古老的中华大地之后不到一个世纪的时间里,现代教育制度已经取得了无可争议的统治地位,白话文也取代沿用了数千年的文言文成为惟一通行的汉语形式。今天,中青年人早已不习惯也很难直接阅读古代作者留下来的文字了,他们要经过解释和翻译才能理解这些文字的意义。让更多的人了解作为传统文化的主要组成部分的道学,吸取其

南华真经

注译

中的优秀成分,这就是我们编辑这套系列丛书的初衷,也是我们在继承陈撄宁先生等前辈学人开辟的优良传统方面做出的一点尝试。

道学典籍固然是指道教徒信奉的经书。但是将这些著作奉为经典的人,又不仅仅是道教徒。道经中相当大的一部分同时也被广泛的社会大众认同为经典。现存的道经主要集中在明正统十年(1445)编纂的《正统道藏》、万历三十五年(1607)编纂的《万历续道藏》、清康熙年间(1662-1722)长洲进士彭定求编纂的《道藏辑要》和新近刊出的《藏外道书》等类书中。

道学经书,卷帙浩繁,即使专门研究者,也难一一涉猎,普通读者,更无需周知。我们确定本系列丛书的选题时,考虑了以下几个原则:一是在历史上有较大影响,二是对现实社会有一定的积极意义,三是对读者个人生活有一定实用价值,四是有较强的可读性。总的来看,入选本系列的书籍大致包括以下几种:①哲学类。道家哲学,价值巨大,举世公认。道教源于道家,故勉力发掘黄老庄列等的时代意义,自为题中之义。②教义类。这类经书是在道教产生以后由道教徒所撰写,是融会道家学说、神仙方术和有神崇拜为一体的创造之作,是了解各个历史时期道教思想发展的关键。③炼养书类。道学以长生久视为宗,贵现世而轻来生,求生存而厌速朽,在世界宗教中乃绝无仅有之例。道经中涵盖的炼养术,在身心双重保健提升方面,自成系统,实为世界文明史上的奇葩。在其强调实修实证方面,与科学精神不谋而合,易于为现代人接受。我们力促作者在译注过程中,做到理法兼备,并将某些安全、有效、简易口诀公之于众,让更加广泛的群众体会到传统道学的实在好处。④劝善书类。道学劝善书,有些曾经在我国封建社会产生过十分广泛而深远的影响。其主旋律是宣扬因果报应,劝人行善积德,以期福报,有些教导对当今社会人欲横流、私心膨胀的丑恶现象是有警诫作用的。⑤仙真记传类。道教神仙真人的各种传记,与世界上任何宗教的传奇故事一样,今人或许不能完全据以为史实,但它们以形象的方式集中反映了道教信徒对超凡入圣的天界生活的向往,有的神仙真人在历史上还实有其人,他们的生平事迹多有可考者,则具有史料价值。至于有文笔精练、恣意奇谲、妙趣横生之处,则具有文学审美价值。⑥术数类。术数学是用符号、形象和数字推测事物变化的学术体系,其中的内涵非常深奥而丰富,是形成中国传统思维模式的重要因素,有必要介绍几种思想深邃、内容健康的著作。

本系列的各类书籍,并未囊括道经全貌,况且每类书籍中,我们只选择了一种或几种为例,希望读者或藉此洞见道学的主要特色,或从中学习些为人处事的道理,或以为修身养性的借鉴,甚至作为闲暇时候的消遣手段,都未尝不可。

本系列丛书从选题策划到编辑付印,前后经历了两年多的时间。编著者中,大多是从事宗教、哲学、中医、体育研究的中青年学者。本系列中,有的书籍前人研究较多,我们从中借鉴了不少优秀成果,但对有众说纷纭之处,编著过程中难免有不能兼收并蓄而有去彼取此之点,也难免有挂一漏万之处。有的经书前人研究成果很少,做起注释和翻译工作来,完全是一种"孤胆英雄"式的冒险。因此,在本系列丛书面世之际,我们首先要对所有在相关领域里做出过直接或间接贡献的先行者们表示感谢。同时,我们也真诚地希望各界专家学者、各位读者,对我们的工作的各个方面提出宝贵意见,以推动这项事业朝着更好的方向发展。

曾传辉

1996年6月

撰于中国宗教研究中心

(chzeng23@sohu.com)

南华真经

注译

〇〇九

目　　录

南华真经

注译

〇〇一

目录

南华真经

注译

导　言

　　道家向来以老庄并称。这是因为庄子继承了老子；但庄子不仅继承了老子，同时也发展了老子。在某种意义上，可以说《庄子》（即《南华真经》）是道家学术不言而喻的中心和空前绝后的顶峰。另一方面，《庄子》也孳乳了中国文化史的各个方面，影响极其深远。

　　庄子其人，《史记》记载说："庄子者，蒙人也，名周。周尝为蒙漆园吏，与梁惠王、齐宣王同时。其学无所不窥，然其要本归于老子之言，故其著书十余万言，大抵率寓言也。作《渔父》、《盗跖》、《胠箧》以诋訾孔子之徒，以明老子之术。《畏垒虚》、《亢桑子》之属，皆空语无事实。然善属书离辞，指事类情，用剽剥儒、墨，虽当世宿学不能自解免也。其言洸洋自恣以适己，故自王公大人不能器之。"由司马迁的记述，我们可以了解到：庄子学本老子，是老子的继承者；他学问渊博，善于写文章，擅长于论辩，对当时的显学——儒家和墨家大加挞伐；他身居微贱，不被当世权贵所重，但他不求闻达，只求心灵的不羁和精神的自由。《庄子》书中有不少庄子的事迹，但大多都是寓言，不能尽信。不过《史记》中的一则庄子轶事或许真有其事："楚威王闻庄周贤，使使币迎之，许以为相。庄周笑谓楚使者曰：'千金，重利；卿相，尊位也。子独不见郊祭之牺牛乎？养食之数岁，衣以文绣，以入太庙。当是之时，虽欲为孤豚，岂可得乎？子亟去，无污我。我宁游戏污渎之中自快，无为有国者所羁，终身不仕，以快吾志焉。'"这则轶事，也见于《庄子·秋水篇》，只不过略有不同："庄子钓于濮水，楚王使大夫二人往先焉，曰：'愿以境内累矣！'庄子持竿不顾，曰：'吾闻楚有神龟，死已三千岁矣，王以巾笥而藏之庙堂之上。此龟者，宁其死为留骨而贵乎？宁其生而曳尾于涂中乎？'二大夫曰：'宁生而曳尾途中。'庄子曰：'往矣！吾将曳尾于涂中。'"司马迁以史家的笔法，《秋水篇》以寓言的形式描摹了庄子洒脱旷达的风范，尽管我们还不能确考庄

南华真经

注译

○○二

子的生平,但他那仙风道骨般的飘逸身影却如在眼前。

庄子的学说,博杂而宏富,其要旨似可归结为两点:逍遥;齐物。我认为,与其把庄子的思想条分缕析地梳理一番,还不如看一看《庄子·天下篇》对庄子学说的评述。因为,任何想把庄子的思想依照一个理论框架而系统化的做法都无异于庸人自扰,而且还不能免于佛头着粪之讥。《天下篇》说:"芴漠无形,变化无常。死与?生与?天地并与?神明往与?芒乎何之?忽乎何适?万物毕罗,莫足以归。古之道术有在于是者,庄周闻其风而悦之,以谬悠之说,荒唐之言,无端崖之辞,时恣纵而不傥,不以觭见之也。以天下为沉浊,不可与庄语;以卮言为曼衍,以重言为真,以寓言为广。独与天地精神往来而不敖倪于万物。不遣是非,以与世俗处。其书虽瑰玮,而连犿无伤也。其辞虽参差,而諔诡可观。彼其充实,不可以已。上与造物者游,而下与外死生、无终极者为友。其于本也,弘大而辟,深闳而肆;其于宗也,可谓稠适而上遂矣。虽然,其应于化而解于物也,其理不竭,其来不蜕,芒乎昧乎,未之尽者。"据研究,《天下篇》乃庄子后学所撰;作为庄子学派的学术自叙,《天下篇》或许更确切地评述了庄子的学说。实际上,《天下篇》不但概括了庄子学说的精义,还形容了其独特的文风。的确,庄子的文章汪洋恣肆又华丽奔放,生动传神又变幻无穷,千载以下,罕有其匹。

《庄子》一书,就我们今天所见,共三十三篇,计《内篇》七,《外篇》十五,《杂篇》十一。今本《庄子》是魏晋郭象所删定的传本,恐非《汉书·艺文志》著录的《庄子》五十二篇。流行的见解认为,《庄子》是一部丛书,是庄子学派的集成,《内》七篇是庄周手著,写作的年代也要早于《外》、《杂》篇。而《外》、《杂》篇出自庄子后学之手(不止一人,也不在一时)。魏晋以后,注解、阐论《庄子》者蜂起,此后代不绝人。《庄子》以其夺人的魅力为道、俗(道流、俗学)所热衷。在道教兴盛的唐代,庄子被诏封为南华真人,位列神仙;《庄子》也被诏号为《南华真经》。和老子的《道德经》一样,《南华真经》也被奉为道教的最重要的经典之一,为生徒所诵习。道士成玄英依郭象《庄子注》作疏,精义入微;其后,又有许多道教学者如陈碧虚、陆西星等都注解过《南华真经》。苏东坡曾感喟道,过去我心里若有所感却不能言表,现在,我看了《庄子》,庄子真是先得我心,发我所未发。我相信,即使是今天的现代人,在读《庄子》时,也会有和苏东坡一样的同心之慨。因为,许多庄子所遭遇到的,思索过的问题,也正是我们今天所面临的问题。可以说,现代人读一读《庄子》,不无益处。

南华真经

注译

内 篇
逍遥游第一

北冥有鱼,其名为鲲[1]。鲲之大,不知几千里也;化而为鸟,其名为鹏。鹏之背,不知其几千里也;怒而飞,其翼若垂天之云[2]。是鸟也,海运则将徙于南冥[3]。南冥者,天池也。

《齐谐》者,志怪者也[4]。《谐》之言曰:"鹏之徙于南冥也,水击三千里,抟扶摇而上者九万里,去以六月息者也[5]。"野马也,尘埃也,生物以息相吹也[6]。天之苍苍,其正色耶?其远而无所极邪?其视下也,亦若是则已矣。

庄子逍遥游

且夫水之积也不厚,其负大舟也无力。覆杯水于坳堂之上,则芥为之舟[7]。置

内 篇
逍遥游第一

北方的海里有条鱼,名字叫鲲。鲲那个大哟,不知道它到底有几千里大!鲲变成为鸟,就叫做鹏。鹏的背哟,也不知到底有几千里大!它振翅而飞,那双翼就像天际的云。这只鸟,海潮涌动时就飞往南海。那南海,是一个天成的大池。

《齐谐》这本书,是记载稀奇古怪事情的书。书中有句话:"鹏飞往南海时,激起了三千里的水花,回旋着的狂风盘旋而上直冲九万里云霄。它一直飞了六个月才停歇下来"。天地间浮游的状如野马的雾气,地表上沸沸扬扬的纤纤细细的微尘,那都是形形色色的生物的气息相互吹拂。天色苍青,那是它的本色吗?它的高远,没有穷极吗?鹏俯视下面,也是这样的呀!

积水如果不深,就无力浮载大船。倒一杯水在堂前的小坑里,那么细草也可以当船;但是,放个杯子就会胶着于地,因为水太浅而船太大了。风刮得不大,也就无力托负起巨大的翅膀。所以,鹏高飞九万里,翼下鼓足了风,然后才凭借着风力,背负青天而无所阻碍,

南华真经

注译

南华真经

注译

杯焉则胶，水浅而舟大也[8]。风之积也不厚，则其负大翼也无力。故九万里则风斯在下矣，而后乃今培风；背负青天而莫之夭阏者，而后乃今将图南[9]。

蜩与学鸠笑之曰[10]："我决起而飞，抢榆枋，时则不至而控于地而已矣，奚以九万里而南为[11]？"适莽苍者，三飡而反，腹犹果然；适百里者，宿舂粮；适千里者，三月聚粮[12]。之二虫又何知[13]！

小知不及大知，小年不及大年。奚以知其然也？朝菌不知晦朔，蟪蛄不知春秋，此小年也[14]。楚之南有冥灵者，以五百岁为春，五百岁为秋；

彭祖

然后才如此这般地南飞而去。

蝉与斑鸠讥笑大鹏说："我疾飞而上，不过冲上榆树和枋树的树梢而已。有时还飞不上去，而落在地表，为什么还要直上九万里再南飞呢？"就是去莽苍的郊野，也只带三餐食粮就可以往返，回来时肚子还饱着呐。去百里之外的地方，要用一整夜准备食粮；到千里之外的地方去，三个月以前就要准备粮食。蝉和斑鸠又晓得什么呢？

小智小慧是无法达到大智大慧的，短命的也无法了解长寿的。如何知道是这样的呢？朝生暮死的菌类，不曾懂得什么叫晦朔，寒蝉也不会懂得什么是春秋。这些是短命的情形（例子）。楚国南方有一种榠灵树，以五百年当作春，以五百年当作秋；上古时更有一种大椿树，以八千岁为春，以八千岁为秋。彭祖至今还以长寿而播名于世，人们与他相比，不也可悲可叹么？

商汤问他的臣子棘，说："在那不毛之地的北方，有一个很深的大海，那就是'天池'。那海里有条鱼，它的背，到底有几千里宽，没有人知道；也没有人知道它有多么长，它的名字叫作鲲。有只鸟，名叫鹏，鹏的背像泰山，羽翼像天边的云，乘着如羊角

上古有大椿者，以八千岁为春，八千岁为秋[15]。而彭祖乃今以久特闻，众人匹之，不亦悲乎[16]！

汤之问棘也是已[17]！穷发之北，有冥海者，天池也[18]。有鱼焉，其广数千里，未有知其修者，其名为鲲。有鸟焉，其名为鹏，背若太山，翼若垂天之云，抟扶摇羊角而上九万里，绝云气，负青天，然后图南，且适南冥也[19]。斥鴳笑之曰[20]：'彼且奚适也？我腾跃而上，不过数仞而下，翱翔蓬蒿之间，此亦飞之至也。而彼且奚适也？'此大小之辩也。

商汤

故夫知效一官、行比一乡、德合一君而征一国者，

般的盘旋狂风直上九万里，凌云气，负青天，然后南飞，将飞到南海去。住在小池沼中的麻雀讥笑大鹏说：'你要飞到哪里去呢？我上下翻飞，不过几丈高低；在蓬蒿丛中飞来飞去，这也是我飞翔的最高境界了，而你又将要去哪儿呢？'"这就是小和大的区别所在。

所以，那些才智可以胜任一个官职的人，品行合乎某一乡习俗的人，德性可以投合一国之主而能力可使全国的人们信服的人，他们对自己的评估也不过像这只麻雀而已。宋荣子嘲笑他们。世人都褒扬他，他不感到兴奋；世人都贬斥他，他不感到沮丧。他能分别内在之我和身外之物，辨别荣与辱的真正界限，不过如此而已！这样的人，并不汲汲于用世。尽管如此，宋荣子也还有些境界仍未达到。

列子乘风而行，轻盈好看，十五天以后才回返。他这样的人，不汲汲于求福。不过列子虽然可以免于行走，但毕竟还要有所凭藉才行。如果乘天地的根本，乘六气的变化，遨游于无穷，他还有什么需要依凭的呢？

所以说，所谓"至人"，就是泯去小我以顺物的人；所谓"神人"，就是恬然不居所成的人；所谓"圣人"，就是超脱名

南华真经

注译

〇〇八

其自视也，亦若此矣[21]。而宋荣子犹然笑之[22]。且举世而誉之而不加劝，举世而非之而不加沮，定乎内外之分，辩乎荣辱之境，斯已矣。彼其于世，未数数然也[23]。虽然，犹有未树也[24]。

夫列子御风而行，泠然善也，旬有五日而后反[25]。彼于致福者，未数数然也。此虽免乎行，犹有所待者也[26]。若夫乘天地之正，而御六气之辩，以游无穷者，彼且恶乎待哉！

故曰：至人无己，神人无功，圣人无名[27]。

尧让天下于许由，曰："日月出矣，而爝火不息，其于光也，不亦难乎[28]？时雨降矣，而犹浸灌，其于泽也，不亦劳乎？夫子立而天下治，而我犹尸之，吾自视缺然[29]。请致天下！"许由曰："子治天下，天下既已治也，而我犹代子，吾将为名乎？名者，实之宾也。吾将为宾乎[30]？鹪鹩巢于深林，不过一枝；偃鼠饮河，不过满腹[31]。归休乎君，予无所用天下为！庖人虽不治庖，尸祝不越樽俎而代

累的人。

尧要把天下让给许由。尧说："日月当空时，微微的烛火仍然燃烧不熄，它要和日月争辉，不是很难么？及时雨自天而降，这时还要浇地，对于土地来说，不是徒劳的么？先生您做国君，天下必然大治，我还身居祭司的位子，自感惭愧。请让我把天下让与您。"许由回答说："您治理天下，天下已经大治，这样的话，让我来代替您，我是来图个虚名吗？'名'这个东西，不过是'实'的'宾客'而已，我要作个'宾客'吗？小鸟在深林里筑巢，所需要的不过是一棵树枝；鼹鼠饮水河边，所需要的不过是灌饱了肚子。您还是打消这念头回去吧，国君，天下对我来说没有什么用处！厨师即使不下厨，主祭的人也不会越俎代庖的！"

肩吾向连叔请教，说："我从接舆（人名）那里听到的，都是些大而无当、语无伦次的话。我对他的话感到又惊又怕，他的话就像天下的星河没有边际一样，不合常理，不近人情。"连叔说："他说了什么呢？"

"他说：'在遥远的姑射山上，住着一个神人，肌肤像冰雪，风姿像处子，不吃五谷，吸风饮露；乘着云气，驾驭着

之矣[32]。"

帝尧任贤图治

肩吾问于连叔曰："吾闻言于接舆，大而无当，往而不反。吾惊怖其言，犹河汉而无极也，大有径庭，不近人情焉。"连叔曰："其言谓何哉？"

"曰：'藐姑射之山，有神人居焉[33]。肌肤若冰雪，绰约若处子；不食五谷，吸风饮露；乘云气，御飞龙，而游乎四海之外；其神凝，使物不疵疠而年谷熟[34]。'吾以是狂而不信也。"连叔曰："然。瞽者无以与乎文章之观，聋者无以与乎钟鼓之声。岂唯形骸有聋盲哉[35]？夫知亦有之。是其言也，犹时女也[36]。之人也，之德也，将旁礴万物以为一，世蕲乎乱，孰弊弊焉以天下为事[37]？之人也，物莫之伤，大浸稽天而不溺，

飞龙，遨游于四海之外。他凝神专注，能使万物不受病害，五谷丰登。'我认为这些都是狂言乱语，不能相信。"连叔说："嗯！瞎子，我们无法同他欣赏文彩之美；聋子，我们无法同他聆听钟鼓乐音。岂止是生理上有聋有瞎呢？心智上的'聋'、'瞎'也是有的！这话是针对你说的呀！那位神人，他的德性，与万物浑然为一体；人世追逐纷扰，他怎么会庸庸碌碌地把天下当回事呢！这位神人，外物不能伤害他，滔天的洪水也淹不着他，大旱时，金熔石化、丘枯山焦他也不感到热。他所遗弃的尘垢秕糠，也可以造出尧、舜来。他怎么肯以俗事为务呢？"

宋人去越国贩卖帽子，越人的风俗是不蓄头发，身上刺有花纹，用不着帽子。

尧治理好天下的人民，安定了海内政局，就去遥远的姑射山上、汾水的北边，去拜见四位得道的高士，茫然忘记了他的天下啦！

惠施对庄子说："魏王送我一些大葫芦种子，栽下后竟长成了有五石之重的大葫芦。用这个大葫芦盛水吧，它的坚实程度还不足以承受自身的重量；把它剖开做瓢吧，又大得没地方放它。这葫芦不是不大呀，我因为它没有用处就把它

大旱金石流、土山焦而不热[38]。是其尘垢秕糠，将犹陶铸尧、舜者也，孰肯以物为事[39]？"

神女图

宋人资章甫而适越，越人断发文身，无所用之[40]。

尧治天下之民，平海内之政，往见四子藐姑射之山，汾水之阳，窅然丧其天下焉[41]。

惠子谓庄子曰："魏王贻我大瓠之种，我树之成而实五石[42]以盛水浆，其坚不能自举也。剖之以为瓢，则瓠落无所容[43]。非不呺然大也，吾为其无用而掊之[44]。"

庄子曰："夫子固拙于用大矣！宋人有善为不龟手之药者，世世以洴澼絖为事[45]。客闻之，请买其方百金。聚族而谋曰：'我世世为洴澼

砸了。"

庄子说："先生实在是不善于利用大东西啊！宋国有位擅长制作不龟手的药物的人，他家世世代代都以漂洗丝絮为业。有位过客听说了这种药，情愿用一百金的价钱买他的药方。他回家召集族人商议说：'我们家祖祖辈辈以漂洗丝絮为业，所得不过数金；今天一下子就能卖得一百金，就卖给他吧。'那位过客得到药方后，就去游说吴王。恰好越国进犯吴国，吴王就让这人为将军。在冬天，和越人水战，大败越军，得到了割地封赏的奖励。同样一个能使手不龟裂的药方，有人以此得到封地奖赏，有人却不免于世代漂洗丝絮，这就是使用的方法不同所致。您现在有五石之重的大葫芦，为什么不用它制成腰舟，来浮身于江湖之上呢？反而担心它大得无处可容！可见先生您还是没有开心窍啊！"

惠子对庄子说："我有棵大树，人们都叫它'樗'。它的树干疙疙瘩瘩，不符合绳墨取直的要求，它的树枝也曲曲弯弯，不符合规矩取材的标准。它长在路边，木匠都弃之不顾。现在您的言论（也如此），大而无用，大家都厌弃。"庄子说："先生您没有看见野猫和黄鼠狼吗？它们卑伏着身子，伺机捕

○一○

绖，不过数金。今一朝而鬻技百金，请与之[46]。'客得之，以说吴王。越有难，吴王使之将，冬，与越人战，大败越人，裂地而封之。能不龟手一也，或以封，或不免于洴澼绖，则所用之异也。今子有五石之瓠，何不虑以为大樽而浮乎江湖，而忧其瓠落无所容？则夫子犹有蓬之心也夫[47]！"

惠子谓庄子曰："吾有大树，人谓之樗[48]。其大本拥肿而不中绳墨，其小枝卷曲而不中规矩[49]，立之途，匠者不顾[50]。今子之言，大而无用，众所同去也。"庄子曰："子独不见狸牲乎[51]？

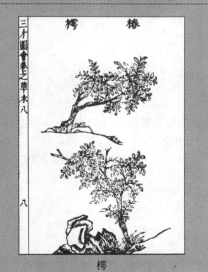

樗

获出游的小动物。它东蹦西跳，上下乱窜；（可是它）却踏中机关，死于网罗之中。再看那牦牛，如天边的云那样的庞然大物，它有大大的本事，但是却不能捉老鼠。现在您有这样的一棵大树，却担心它有什么用处，为什么不把它移栽在什么也没有的乡土上、无边无际的旷野里，在树旁徘徊闲蹀，逍遥自在地卧眠在树荫下。不遭斧斤砍伐，也不受外物的侵害，虽然没有什么用处，可哪里又会烦恼困苦呢！"

＊　　＊　　＊

注释：

[1]冥：同"溟"，海之意。北冥，北海，海水玄黑。

[2]怒：奋起。

[3]海运：海动。徙：迁徙。

[4]《齐谐》：书名，其书已佚。志：记载。

[5]抟：搏击。扶摇：旋转而上的飓风。

[6]野马：像野马一样浮荡在天地间的游气。

[7]坳：凹坑。芥：细草。

[8]胶：胶着。

[9]培风：凭借着风力。天阏：窒息。"莫之夭阏"即无所窒碍。

[10]蜩：蝉虫。学鸠：斑鸠。

[11]决起：奋起。抢：冲上。榆、枋：树木名。"控于地"即"落于地"。

内篇

南华真经

注译

○
一
二

卑身而伏，以候敖者；东西跳梁，不避高下；中于机辟，死于罔罟[52]。今夫斄牛，其大若垂天之云[53]。此能为大矣，而不能执鼠。今子有大树，患其无用，何不树之于无何有之乡、广莫之野，彷徨乎无为其侧，逍遥乎寝卧之下[54]？不夭斤斧，物无害者，无所可用，安所困苦哉！"

*　　　*　　　*

[12]莽苍：草色青苍无际的郊野。飡：同"餐"。果然：饱足之状。宿：一夜，"宿舂粮"意即整夜舂粮。

[13]"之二虫"指的是那二虫（鸟），诸说颇有分歧。一说"二虫（鸟）"当是"蜩和学鸠"（俞樾）；一说"二虫（鸟）"是鹏和蜩（郭象）。兹从俞说，然郭说亦非无理，希察。

[14]朝：早晨。晦：一月的最后一天。朔：一月的最初一天（阳历）。蟪蛄：寒蝉。

[15]冥：同"溟"；溟灵，大树。大椿：一种大树。

[16]以久特闻：以长寿（特别）闻名。匹：相比。

[17]棘：商朝大夫，汤之师。

[18]穷发：不毛之地。草木乃大地的毛发。

[19]羊角：旋风上下呈羊角状。绝：越过。

[20]斥：池沼。鴳：麻雀。

[21]知：通"智"。效：效力。比：合。

[22]犹然：笑貌。

[23]劝：劝勉、激励。数数然：匆促的样子。

[24]树：树立。未树，未达之意。

[25]泠然：轻盈的样子。

[26]有所待：有所依凭之意。郭象《庄子》注萃取了"有待、无待"这一对范畴，这是郭象的发挥。检视《庄子》一书，并无"无待"一词，仅有"相待"和"不相待"（《大宗师》）和"恶乎待哉？"之语。

[27]"至人无己，神人无功，圣人无名"乃庄子的一组凝炼命题。至人、神人和圣人是体（或得）道者；无己，忘我；无功，功成遂事而不居；无名，超脱名累，不求浮名。

[28]爝火：微火。

[29]尸：尸祝，祭司。缺然：欠缺，引申为歉意、惭愧。

[30]宾：相对于主，有次要、从属之意。

[31]鹪鹩：小鸟。偃鼠：鼹鼠。

[32]樽：酒器。俎：肉器。

[33]藐：遥远。姑射之山：传说中的山名，《山海经·东山经》载"姑射之山"、"北姑射之山"、"南姑射之山"；又《海内北经》载"列姑射"、"射姑国"（据考，即"姑射国"）。

[34]淖约：仪态轻妙的样子。疵疠：病害。

[35]瞽者：盲人。

[36]时：是；女：汝（即你）。

[37]旁礴：混同。"旁礴万物以为一"，与万物混融，成为一体。蕲：求。弊弊焉：劳困的样子。

[38]大浸：洪水。稽：及。"大浸稽天"，漫天大水。

[39]陶：制陶。铸：冶金。

[40]资：买；在此可引申为贩卖。章甫：冠戴（帽子）。断发文身：剪去头发，刺上文身。

[41]窅：通"杳"。窅然：深远幽晦之状。

[42]贻：赠送。瓠：葫芦。树：培植。实：葫芦的结实。

[43]瓠落：廓大（《释文》引简文帝之说，可参）。

[44]呺然：虚廓的样子。掊：击破。

[45]龟手：手的皲裂之状如龟纹。

洴：浮。澼：漂洗。絖：丝絮棉絮。"洴澼絖"，即漂洗丝絮。

[46]鬻：卖。

[47]蓬：蓬茅。蓬之心，茅塞不开之心。

[48]樗：臭椿树。

[49]擁：通"臃"。中绳墨：合于绳墨。

[50]涂：通"途"。

[51]狸：猫。狌：黄鼬。

[52]卑身：低身。敖：通"遨"，遨游之意。机辟：捕兽的机关。罔：网。罟：网的总称。

[53]斄：或即牦牛。

[54]彷徨：徘徊。广莫：通"广漠"。逍遥：庄子的核心概念之一，其主要内涵是无为以游世。

齐物论第二

南郭子綦隐机而坐，仰天而嘘，苔焉似丧其耦[1]。颜成子游立侍乎前，曰："何居乎？形固可使同槁木，而心固可使如死灰乎？今之隐机者，非昔之隐机者也[2]？"子綦曰：•"偃，不亦善乎，而问之也！今者吾丧我，汝知之乎？女闻人籁而未闻地籁，女闻地籁而未闻天籁夫[3]！"

子游曰："敢问其方。"

子綦曰："夫大块噫气，

齐物论第二

南郭子綦（人名）倚着几案安坐，仰天而嘘，仿佛是形骸消释、骨肉都融的样子。颜成子游（人名）侍立在一旁，问道："怎么啦？形体诚然可以使它像枯木一般，但心智能使之如死灰一样么？今天倚案静坐的您，跟以往的您不一样啊！"子綦回答道："偃（颜成子游的字），你问得好！今天我忘了我自己，你知道吗？你听见过'人籁'（籁即箫，意指声响）却没听见过'地籁'，即使听见过'地籁'却

其名为风[4]。是唯无作,作则万窍怒吗[5]。而独不闻之寥寥乎[6]?山林之畏佳,大木百围之窍穴,似鼻、似口、似耳、似枅、似圈、似臼,似洼者,似污者[7]。激者、谪者、叱者、吸者、叫者、譹者、宎者、咬者[8]。前者唱于,而随者唱喁[9]。泠风则小和,飘风则大和,厉风济则众窍为虚[10]。而独不见之调调之刁刁乎[11]?"

林木松风图

子游曰:"地籁则众窍是已,人籁则比竹是已。敢问天籁[12]。"

子綦曰:"夫吹万不同,而使其自己也。咸其自取,怒者其谁邪[13]?"

大知闲闲,小知间间;

又没有听见过'天籁'吧。"

子游说:"请问它们的含义?"

子綦说:"天地呼出的气息,叫做风。风不发作则已,一发作则万物都在吐气怒吼。你难道没有听见过狂风呼啸吗?山陵中高低错落的地方,百围大树的窍穴,像鼻子,像嘴巴,像耳朵,像梁上的方孔,像圈,像春臼,像深池,像浅池。(它的声音)像湍流的水声,像离弦的箭矢声,像呵叱声,像吸气声,像呼叫声,像号啕声,像沉吟声,像哀叹声,前面的风呜呜地唱着,后面的风呼呼地和着。徐徐清风则有细细的和声,猎猎长风则有轰鸣的和音,狂风止歇,万窍也归之于寂。难道你没有看到风过之处的摇曳晃动吗?"

子游说:"'地籁'就是从万窍之中发出的声音,'人籁'就是竹箫之类的乐器吹奏出来的声音,那么,请问'天籁'又是什么呢?"

子綦说:"风吹过万窍,万窍的声音各不相同,这都是由于窍穴本身所致,都是取决于它们自己!(除了它们自己以外)有谁能使它们发出声音呢?"

大智者故步自封,小智者斤斤计较;雄辩者盛气凌人,大言炎炎，小言詹詹[14]。其梦也魂交，其觉也形开[15]。与接为构，日以心斗[16]。缦者、窖者、密者；小恐惴惴，大恐缦缦[17]。其发若机栝，其司是非之谓也；其留如诅盟，其守胜之谓也；其杀若秋冬，以言其日消也；其溺之所为之，不可使复之也；其厌也如缄，以言其老洫也；近死之心，莫使复阳也[18]。喜怒哀乐，虑叹变慹，姚佚启态[19]。乐出虚，蒸成菌[20]。日夜相代乎前，而莫知其萌。已乎！已乎！旦暮得此，其所由以生乎！

非彼无我，非我无所取。是亦近矣，而不知其所为使。若有真宰，而特不得其眹[21]。可行已信，而不见其形，有情而无形[22]。

百骸、九窍、六藏，赅而存焉，吾谁与为亲[23]？汝皆说之乎[24]？其有私焉？如是皆有为臣妾乎？其臣妾不足以相治乎？其有真君存焉？如求得其情与不得，无益损乎其真[25]。

一受其成形，不忘以待尽。与物相刃相靡，其行尽

木讷者啰哩啰嗦。他们在梦寐中也是心神烦乱，醒来时更是四体不安。与外界的人搅和在一起，整日里勾心斗角。有的慢条斯理，有的心怀叵测，有的谨慎周密。小恐惧者，则惴惴不安；大恐惧者，则失魂落魄。他们的出语，就像利箭射出一样；可以这样说，（言辩中的）是非就是因此而滋生的。（他们）守口如瓶时就像谨守誓约一样，这叫做以守取胜。他们的颓败就像秋冬的衰草，这就是说他们日益消毁。他们沉溺其中，已经不能自拔了。他们把自己封闭起来，就是说有一道自封自守的城池。濒于僵死的心灵，是不能使它恢复生机的。他们欣喜、愤怒、悲哀、快乐，他们忧虑、喟叹、反复无常、麻木不仁，他们轻浮、放纵、张狂、做作，好像从空虚的乐管中发出的声，又像从地气中蒸发出来的菌。这种种情态每日每夜都在心中交战不已，却不知道它们怎么萌发的。罢了罢了！有朝一日悟到了这个道理，就可以明白它们是怎么萌生的吧！

没有"彼"（"我"的对应物，如他人、他物等）就没有"我"；（同样）没有"我"，"彼"也没法寄托了。这一点接近真理，但不知道是什么东西在驱使它。仿佛有个"真宰"，

南华真经

注译

如驰，而莫之能止，不亦悲乎[26]！终身役役而不见其成功，苶然疲役而不知其所归，可不哀邪！人谓之不死，奚益？其心与之然，可不谓大哀乎！人之生也，固若是芒乎[27]？其我独芒，而人亦有不芒者乎？

夫随其成心而师之，谁独且无师乎[28]？奚必知代而心自取者有之？愚者与有焉。未成乎心而有是非，是今日适越而昔至也[29]。是以无有为有，虽有神禹且不能知，吾独且奈何哉[30]！

禹

夫言非吹也，言者有言，其所言特未定也[31]。果有言邪？其未尝有言邪？其以为异于鷇音，亦有辩乎？其无辩乎[32]？

却又不见端倪。可以从行动上得到它的证验，尽管不能看见它的形迹，但它确实是真实存在着的而又没有形迹的。

百骸、九窍、六脏，样样齐全。它们中的哪一个与我最为亲近呢？你对它们是一样的喜欢呢？还是有所偏爱呢？这样的话，它们都是作为臣妾吗？它们这些臣妾之间就不可以相互支配了吗？是轮流作君臣吗？它们中有"真君"吗？无论我找得到还是我找不到这个"真君"的真实存在，都不会对"真君"的本性有什么损失或增加。

人一旦禀受天地之气而形成形体，就不能忘却自身的存在，一直到死。（他们）与外物冲突摩擦，生命如马奔般地耗尽，又不能使它止步，这不是很可悲吗！他们碌碌终生又不见他们有什么成就，困顿劳苦却又不知道自己的归宿，这不是很可哀吗？（这样的人）虽然大家都承认他还活着，又有什么意思！他们的形体在一直变化，直到老死；他们的心灵也和形体一样，直到磨灭；这能不说是人生的大悲哀么？人生在世，本该如此迷昧吗？是不是只有我一个人迷昧，还有不迷昧的其他人呢？

如果把自己的成见当作（判定是非的）标准的话，那

道恶乎隐而有真伪？言恶乎隐而有是非？道恶乎往而不存？言恶乎存而不可？道隐于小成，言隐于荣华。故有儒、墨之是非，以是其所非而非其所是[33]。欲是其所非而非其所是，则莫若以明[34]。

物无非彼，物无非是。自彼则不见，自知则知之。故曰：彼出于是，是亦因彼，彼是方生之说也[35]。虽然，方生方死，方死方生；方可方不可，方不可方可；因是因非，因非因是。是以圣人不由而照之于天，亦因是也。是亦彼也，彼亦是也。彼亦一是非，此亦一是非，果且有彼是乎哉？果且无彼是乎哉？彼是莫得其偶，谓之道枢[36]。枢始得其环中，以应无穷[37]。是亦一无穷，非亦一无穷也。故曰：莫若以明。

以指喻指之非指，不若以非指喻指之非指也；以马喻马之非马，不若以非马喻马之非马也[38]。天地一指也，万物一马也。

可乎可，不可乎不可。道行之而成，物谓之而然。恶乎然？然于然。恶乎不然？

么谁还没有一个标准呢？何必非得要知道变化之理并且在内心中得以印证的人才有（一个标准）呢？愚人也有自己的标准啊！如果没有成见就产生了是非，这种事就像今天去越国而昨天已到达一样（荒谬）。这就是把没有当作有。把没有当作有，即使是有神明之知的大禹也不能明白，我又有什么法子呢？

言辩不是吹风，（所以）言辩的人（必定）有所言辩。言辩的人所言说、所辩论的，并不一定就是（不可动摇的）定论。这算是言说（辩）了，还是算没有言说（辩）？他们（言辩者）认为自己的言说不同于雏鸟的鸣叫，到底是不同呢还是相同？

道是如何因为阐发得不彻底而真伪莫辩？言辩是如何因为阐发得不充分而是非难分？道在什么地方不存在？言辩在哪些方面不宜认可？大道被成见所遮蔽，真正的言辩被浮丽的辞藻所遮蔽。因此，便有了儒家和墨家的是非之辩，（他们互相）肯定对方所否定的又否定对方所肯定的。与其要肯定对方所否定的而否定对方所肯定的，还不如以空明的心境去面对事物的本性。

世间之物没有不是"彼"的（从他物方面看），也没有不

内篇

南华真经

注译

○一八

公孙龙

不然于不然。物固有所然，物固有所可。无物不然，无物不可。故为是举莛与楹，厉与西施，恢恑憰怪，道通为一[39]。

西施

其分也，成也；其成也，毁也。凡物无成与毁，复通

是"此"的（从自身方面看）。从他物的角度看不见的，从自身的角度来看就会明瞭。所以，"彼"产生于"此"，"此"也依存于"彼"。"彼"和"此"是同时（一起）产生的主张就是如此。虽然如此，生的同时就伴随着死，死的同时就伴随着生；对的同时就伴随着错，错的同时就伴随着对。遵循"是"也就是遵循"非"，遵循"非"也就是遵循"是"。所以圣人不根据是或非来下判断，而是如其本然地来认识事物，也就是遵循事物本身（来行事）。"此"也就是"彼"，"彼"也就是"此"。"彼"有一套是非，"此"也有一套是非，"彼""此"果真有分别吗？果真没有什么分别吗？不要把"彼""此"对立起来，这就是"道枢"（道的关键、核心）。把握了"道枢"才能把握住"环中"，才能以此应会无穷（的事物）。"是"是无穷尽的，"非"也是无穷尽的。所以说，还不如以空明的心境去洞悉事物的本来面目。

用"指"（名谓）来论证"指之非指"这一命题，不如以"非指"（事物本来就不可指谓）来论证"指之非指"这一命题；用白马（名）来论证"白马非马"命题，不如以

南华真经

注译

内篇

〇
一
九

为一。唯达者知通为一，为是不用而寓诸庸。庸也者，用也；用也者，通也；通也者，得也，适得而后（已）（矣）。因是已，已而不知其然谓之道。

劳神明为一而不知其同也，谓之朝三。何谓朝三？狙公赋芧，曰："朝三而暮四[40]。"众狙皆怒。曰："然则朝四而暮三。"众狙皆悦。名实未亏而喜怒为用，亦因是也。是以圣人和之以是非，而休乎天钧，是之谓两行[41]。

古之人，其知有所至矣。恶乎至？有以为未始有物者，至矣，尽矣，不可以加矣！其次以为有物矣，而未始有封也[42]。其次以为有封焉，而未始有是非也。是非之彰也，道之所以亏也。道之所以亏，爱之所以成。果且有成与亏乎哉？果且无成与亏乎哉？有成与亏，故昭氏之鼓琴也；无成与亏，故昭氏之不鼓琴也[43]。昭文之鼓琴也，师旷之枝策也，惠子之据梧也，三子之知几乎皆其盛者也，故载之末年[44]。唯其好之也以异于彼，其好之

"非马"（不是从"马"的"名"的方面，而是从"马"的"实"的方面）来论证"白马非马"这一命题。天地，可以归结为一种"指"（名谓），万物也因此可以用一个"马"来指称。

对的就是对的，不对的就是不对的。道路是走出来的，某一事物是人们把它叫成这种事物的。为什么这样？这样就是这样；为什么不是这样？不是这样就不是这样。对某一事物的称谓一向就被认为是这样，也一向被认为某一事物的称谓是对的。没有什么事物不是这样（被称谓），没有什么事物不被认为（其名谓）是对的。所以草茎和庭柱，丑妇和西施，以及一切稀奇古怪的东西，从道的角度来看，都是一回事。

分离解析意味着（有新的）生成；（新的）生成意味（旧的）毁灭。（从道的角度来看），万物既没有生成也没有毁灭，（因为无论成毁）都归之于"一"（整体）。只有通达之士才能了解万物相通为一个整体（这一道理），因此，通达之士不用成毁的观点去看问题，而是因任事物的自然功用而已。因任事物的自然功用，（从道的角度来看）就是"用"，（这样）就可以无所不通，无所不通就意味着无所不得。达到有所

也欲以明之。彼非所明而明之，故以坚白之昧终[45]。而其子又以文之纶终，终身无成。若是而可谓成乎？物与我无成也。是故滑疑之耀，圣人之所图也[46]。为是不用而寓诸庸，此之谓以明。

今且有言于此，不知其与是类乎？其与是不类乎？类与不类，相与为类，则与彼无以异矣。虽然，请尝言之：有始也者，有未始有始也者，有未始有夫未始也者；有有也者，有无也者，有未始有无也者，有未始有夫未始有无也者。俄而有无矣，而未知有无之果孰有孰无也[47]。今我则已有谓矣，而未知吾所谓之其果有谓乎，其果无谓乎？

天下莫大于秋豪之末，而太山为小；莫寿于殇子，而彭祖为夭[48]。天地与我并生，而万物与我为一。既已为一矣，且得有言乎？既已谓之一矣，且得无言乎？一与言为二，二与一为三，自此以往，巧历不能得，而况其凡乎[49]！故自无适有，以至于三，而况自有适有乎！无适

得就近乎"道"了。遵循事物的本然就是了，已经如此而又不知道这是怎么一回事，这就叫做"道"。

（有人）殚精竭虑去谋求（事物的）"一致"，殊不知它们本来就是同一的，这是所谓的"朝三"。什么叫做"朝三"呢？有个养猴人给猴子分橡子，说："早上分给三升，晚上分给四升"。猴子们听了都发怒。养猴人便改口说："那么早上四升，晚上三升吧。"猴子们都高兴了。（对于橡子来说）名和实都没有什么改变，但猴子的喜怒作为却大不相同，这就是顺着猴子们的本性罢了。所以圣人混同是非，而又保持事物的自然的均衡，这就叫做"两行"（即任由是非两个方面各自发展）。

古时候的人，他们的知识达到了最高的境界。什么是知识的最高境界呢？那时有的人认为，（宇宙）开始时，未曾有"物"，（这样的认识）是最高的知识，是尽善尽美的知识，是无以复加的知识。其次，认为（宇宙）开始时，是有"物"存在的，但是那时尚未有界限。再其次，认为万物有界限、有区别，但还没有是非。是非的显明，是道损坏的原因。道的损坏的原因，也就是爱憎产生的原因。真的有产

焉，因是已！

　　夫道未始有封，言未始有常，为是而有畛也[50]。请言其畛：有左、有右、有伦、有义、有辩、有竞、有争，此之谓八德。六合之外，圣人存而不论；六合之内，圣人论而不议[51]。春秋经世先王之志，圣人议而不辩。故分也者，有不分也；辩也者，有不辩也。曰："何也？""圣人怀之，众人辩之以相示也。故曰辩也者，有不见也[52]。"

　　夫大道不称，大辩不言，大仁不仁，大廉不嗛，大勇不忮[53]。道昭而不道，言辩而不及，仁常而不成，廉清而不信，勇忮而不成。五者园而几向方矣！故知止其所不知，至矣。孰知不言之辩，不道之道？若有能知，此之谓天府[54]。注焉而不满，酌焉而不竭，而不知其所由来，此之谓葆光[55]。

　　故昔者尧问于舜曰："我欲伐宗、脍、胥敖，南面而不释然[56]。其故何也？"舜曰："夫三子者，犹存乎蓬艾之间。若不释然，何哉？昔者十日并出，万物皆照，

生和损坏吗？真的没有产生和损坏吗？有了产生和损坏，所以昭文（人名）才能弹琴；没有产生和败坏，昭文就不弹琴了。昭文的琴技，师旷的音律，惠子（施）的善辩，三位先生的知识都差不多是登峰造极了，所以都被记载在书中，传于后世。正因为他们各有所好，这一点和其他人不同；他们又要将其所好使其他人了解。使人了解人所不必（或不能）了解的东西，所以（惠施）迷昧于"坚白"之辩而终其一生。昭文的儿子也继承父业，消磨他的精力于琴技上，终身无成。像这样就可以称作有成就吗？那么即使是像我这样也可以算作有成就的人了。像这样不能算作有成就吗？这样一来他人和我都谈不上有成就了。所以，巧言令色的炫耀，正是圣人所要摒弃的。所以圣人无所用而寄之于庸常之用，这就是所谓的"以明"（以空明的心境去认识事物的本来面目）。

　　这里有一些言论，不知和上面的言论（"以明"之论）是同类的呢、还是和上面的言论不同类。同类和不同类是相对待而成的，这样的话，这些言论和上面的言论就没有差别了。尽管如此，请允许我再谈一谈这个问题。有人主张有开始，有人主张不曾有开始，还有人

南华真经

注译

〇〇二

而况德之进乎日者乎！"

舜

啮缺问乎王倪曰："子知物之所同是乎？"

曰："吾恶乎知之？"

"子知子之所不知邪？"

曰："吾恶乎知之！"

"然则物无知邪？"

曰："吾恶乎知之！虽然，尝试言之：庸讵知吾所谓知之非不知邪？庸讵知吾所谓不知之非知邪[57]？且吾尝试问乎汝：民湿寝则腰疾偏死，鳅然乎哉[58]？木处则惴慄恂惧，猨猴然乎哉[59]？三者孰知正处？民食刍豢，麋鹿食荐，蝍蛆甘带，鸱鸦耆鼠，四者孰知正味[60]？猿猵狙以为雌，麋与鹿交，鳅与鱼游[61]。

主张不曾有什么"不曾有开始"；有人主张"有"，有人主张"无"，有人主张不曾有"无"的"无"，还有人主张不曾有"无"之不曾有的"无"。忽焉生出了"有"和"无"，不知这"有"和"无"究竟是"有"呢还是"无"？现在我已经说过的这些说法，不知道我所谓的这些话到底是说了呢还是没说？

天下不会比秋毫之末更大，那么泰山也是小的了；（人）都不会比夭折的婴孩更长寿，那么彭祖也是短命的了。天地与我共生共存，万物与我浑然融为一体。既然已经融为一体，还有什么可说的？既然已经说它融为一体，那你又能说你什么也没说吗？"一"（万物一体）加上对它的言说就是"二"，（这个）"二"（对"一"的言论）加上"一"本身就成了"三"。从这样下去，就是高明的历算家也不能算出结果，更何况普通人呢！所以，从"无"到"有"就能到"三"，何况从"有"到"有"呢？不必再推算下去了，就这样罢！

道本来是没有分界的，言说本来也是没有定论的，因此（对道的言论）便（使道）有了区别。这些区别是：左、右，伦、义，分、辩，竞、争，这

毛嫱、丽姬，人之所美也；鱼见之深入，鸟见之高飞，麋鹿见之决骤[62]。四者孰知天下之正色哉？自我观之，仁义之端，是非之途，樊然殽乱，吾恶能知其辩[63]？"

啮缺曰："子不知利害，则至人固不知利害乎？"

王倪曰："至人神矣！大泽焚而不能热，河汉沍而不能寒，疾雷破山、飘风振海而不能惊[64]。若然者，乘云气，骑日月，而游乎四海之外。死生无变于己，而况利害之端乎！"

神女图

瞿鹊子问乎长梧子曰[65]："吾闻诸夫子：圣人不从事于务，不就利，不违害，不喜求，不缘道，无谓有谓，有

叫做"八德"。天地六合之外，圣人不予评说；天地六合之内，圣人述说但不评议；《春秋》是先王治世的记载，圣人只是议论而不加辩论。因此，有分别就等于没有分别；有辩论就等于没有辩论。有人问（这是）为什么呢？（因为）圣人胸中容有万物，众人则辩论不已以炫耀自己。所以说，争辩的人，是有不明白的地方的。

真正的道是不能以名谓相称的，最高的（真正的）辩论是不能以言说来辩论的，最高的（真正的）仁是不能以仁来作为其本质的，最高的（真正的）清廉不是平常意义上的谦让，最高的（真正的）勇武是不伤人的。对于"道"来说，如果能被说得很明白透彻，它就不是"道"了；对于"言说"来说，如果辩论不休，它就有所不及了；对于"仁"来说，如果给它规定了一个标准的话，它就不能有所建树；对于廉洁来说，太清白了就会流于虚伪；对于勇武来说，伤害他人就不能算作勇。这五个方面（都适得其反），就像本来想圆却变成方一样。所以，在智慧、知识所达不到的地方停下来，那才是最高明的。谁懂得超乎言辞的论辩、不可言说的道呢？若有人能懂得这些，那他就可以被称之为"天府"（天然的仓

内篇

南华真经

注译

○二二

内篇

南华真经

注译

〇
二
四

谓无谓，而游乎尘垢之外。夫子以为孟浪之言，而我以为妙道之行也[66]。吾子以为奚若？”

孔子

长梧子曰：“是黄帝之所以听荧也，而丘也何足以知之[67]？且汝亦大早计，见卵而求时夜，见弹而求鸮炙[68]。予尝为汝妄言之，女亦为汝妄听之。奚旁日月、挟宇宙，为其脗合，置其滑涽，以隶相尊[69]？众人役役，圣人愚芚，参万岁而一成纯[70]。万物尽然，而以是相蕴。

“予恶乎知说生之非惑邪？予恶知恶死之非弱丧而不知归者邪？丽之姬，艾封人之子也。晋国之始得之也，涕泣沾襟。及其至于王所，

库）。（这个“天府”）注之不满，取之不尽，不知它源自何处，这就叫做“葆光”（深藏光明于内心）。

从前，尧问舜道：“我打算讨伐宗、脍、胥敖（国名）三国，每日上朝心里总有些不安，这是什么原因呢？”舜说：“那三个国家，就像存在于杂草之间，你干吗要耿耿于怀呢！”过去十个太阳一起出来，普照万物，更何况道德比太阳更有光辉呢！”

啮缺问王倪道：“先生知道万物的共同标准吗？”

“我怎么知道！”

“先生知道您所不知道的吗？”

“我怎么知道！”

“那么对于万物来说，是无法知晓的了？”

“我怎么知道！虽然如此，姑且谈一谈罢。（你）怎么知道我所说的知道不是不知道呢？（你）怎么知道我所说的不知道不是知道呢？我来问问你：人睡在潮湿的地方就会患腰疼和偏瘫，泥鳅也是这样吗？（人）在树上就会恐惧颤抖，猿猴也会这样吗？三者（人、泥鳅、猿猴）有谁知道应该住于何处？人们吃粮吃肉，麋鹿吃草，蜈蚣喜欢吃蛇，猫头鹰和乌鸦则爱吃老鼠，四者（人、鹿、蜈蚣、猫头鹰和乌鸦）有谁知道

与王同筐床，食刍豢，而后悔其泣也[71]。予恶乎知夫死者不悔其始之蕲生乎？

"梦饮酒者，旦而哭泣；梦哭泣者，旦而田猎。方其梦也，不知其梦也。梦之中又占其梦焉，觉而后知其梦也。且有大觉而后知此其大梦也，而愚者自以为觉，窃窃然知之。君乎！牧乎[72]！固哉！丘也与梦皆梦也，予谓女梦亦梦也。是其言也，其名为吊诡[73]。万世之后而遇一大圣，知其解者，是旦暮遇之也。

"既使我与若辩矣，若胜我，我不若胜，若果是也，我果非也邪？我胜若，若不吾胜，我果是也，而果非也邪？其或是也？其或非也邪？其俱是也？其俱非也邪？我与若不能相知也，则人固受其黮暗，吾谁使正[74]？使同乎若者正之，既与若同矣，恶能正之？使同乎我者正之，既同乎我矣，恶能正之？使异乎我与若者正之，既异乎我与若矣，恶能正之？使同乎我与若者正之，既同乎我与若矣，恶能正之？然则我

什么东西最可口好吃呢？狝猴和猿作雌雄之配，麋和鹿交配，泥鳅和鱼相伴。毛嫱、丽姬（美女名），是人们所公认的美人，但鱼见了她们就潜入了深水，鸟见了她们就高飞而去，麋鹿见了她们就狂奔远遁，四者（人、鱼、鸟、鹿）到底谁知道什么是天下的美色呢？依我之见，仁义的端绪，是非的途径，都纷杂错乱，我怎么能搞清楚！"

啮缺说："先生您不知道利害（之别），那么圣人本来也是不懂利害（之别）吗？"

王倪说："至人神极了！大草泽上的火不能使他热，江河上的坚冰不能使他冷，奔雷劈山、狂风掀海也不能使他惊惧。像这样的人，乘着云气，骑着日月，遨游于四海之外，对于死生，他无动于衷，更何况利害呢！"

瞿鹊子问长梧子说："我听孔夫子说，圣人不从事世俗的工作，不追逐利益，也不逃避灾害，不热衷于追求，也不拘执于道，把没说当作言说，把说了当作没说，（他的心）神游于尘世之外。孔夫子认为这是一些荒诞不经的话，但我认为是对妙道的阐述。先生您是怎么认为的？"

长梧子说："这些话，黄帝听了也会迷惑不解的，孔丘

南华真经

内篇

注译

〇二五

南华真经

注译

与若与人俱不能相知也，而待彼也哉？"

"何谓和之以天倪[75]？"曰："是不是，然不然。是若果是也，则是之异乎不是也亦无辩；然若果然也，则然之异乎不然也亦无辩。化声之相待，若其不相待[76]。和之以天倪，因之以曼衍，所以穷年也[77]。忘年忘义，振于无竟，故寓诸无竟[78]。"

罔两问景曰[79]："曩子行，今子止；曩子坐，今子起[80]。何其无特操与[81]？"景曰："吾有待而然者邪？吾所待又有待而然邪？吾待蛇蚹蜩翼邪[82]？恶识所以然？恶识所以不然？"

昔者庄周梦为胡蝶，栩栩然胡蝶也[83]。（自喻适志与[84]）不知周也。俄然觉，则蘧蘧然周也[85]。不知周之

庄周梦蝶

凭什么能够懂得呢！不过你也太急于求成了，好比看见鸡蛋就要（让鸡）打鸣报晓，看见弹丸就要烤鸟肉。我试着为你姑妄言之，你也姑妄听之吧。（你）为什么不依傍着日月，怀抱着宇宙，与宇宙日月混为一体，任其混乱，把卑贱的视作高贵的呢？众人劳苦奔忙，圣人愚钝昏噩，把千百年间的一切混同为一个精纯不杂的整体。万物都是如此，就是这样地相互包含（在精纯混一之中）。

"我怎么知道贪恋生命不是一种迷惑（愚昧）呢？我怎么知道厌恶死亡不是那种少壮离家而不知返乡（的情形）呢？丽姬是艾地驻守边疆的人的女儿，当晋国娶回她的时候，（她）哭得泪湿衣襟。等（她）到了王宫，与晋王同床共寝，吃着美味佳肴，又后悔（当初的）哭了。我怎么能知道死的人不后悔——他起初祈求活命——呢？

"梦里饮酒的人，早晨（醒来）哭泣；梦里哭泣的人，早晨（醒来）打猎（作乐）。当他们做梦的时候，是不知道他们在做梦。梦里还有梦，等到醒了后才知道是做梦。直到彻底清醒了才知道这是一场大梦，但是愚昧的人自认为是清醒的，自以为挺明白。君王

梦为胡蝶与？胡蝶之梦为周与？周与胡蝶则必有分矣。此之谓物化[86]。

注释：

[1]隐：倚着。几：几案。嘘：呼气。苔焉：虚寂的样子。耦：通"偶"，匹对；"丧耦"即忘我（或忘物）：忘却我之形骸（或外物）。

[2]伺：服侍。居：缘故。

[3]偃：颜成子游的字。"吾丧我"乃庄子哲学的重要命题。"丧我"即"忘我"——忘除形骸，摒除感知思虑；《大宗师》："堕肢体，黜聪明，离形去知，同于大通，此谓坐忘。""坐忘"就是"丧我"。籁，箫。"人籁，地籁，天籁"之说详下。

[4]大块：天地。噫气：吐气。

[5]窍：孔穴。呺：同"号"，号叫。

[6]翏翏：长风之音。

[7]畏佳：通"崴（或崔）崔"，高峻的样子。"似鼻似口"，是形容窍穴的形状；枅：梁上的方孔；臼：舂米的器具；洼：深地；污：浅塘。

[8]"激者、谪者"句，形容音声；激者，急流声；谪者，飞矢声；叱者，怒气声；吸者，吸气声；叫者，喊叫声；谯者，号哭声；宎者，风行空谷之声；咬者，哀叹声。

[9]"前者唱于而随者唱喁"句：风发出"于"声，众窍就以"喁"声应和。

[10]泠风：小风。飘风：大风。厉风：狂风。

[11]调调、刁刁：都是摇动的样

呀，奴隶呀，（这些区别）都是鄙陋的啊！孔丘和你都是在梦中的啊，我说你在梦中（这"说"本身）也是在梦中的啊！像这样的言论，被称之为诙谐荒唐之谈。在万世之后，如果能遇到一位大圣人知道这其中的解释，（对大圣人来说）这些事（荒唐之谈）是朝朝暮暮的平常事。

"倘若我和你辩论，你胜我，我不胜你，你真的就对了吗？我真的就错了吗？我胜你，你不胜我，我真的就对了吗？你真的就错了吗？其中有一方是对的？有一方是错的？还是双方都对、双方都错？我和你都无法相互判知（是非对错）。而世人本来也就是稀里糊涂，我让谁来评判呢？让和你看法一致的人来作评判，既然和你一致了，又怎么能评判呢？让和我看法一致的人来作评判，既然与我一致了，又怎么能评判呢？让和你我的看法都不一致的人来评判，既然和你我都不一致，怎么能够评判呢？让和你我意见相同的人来评判，既然和你我的意见相同了，又怎么能够评判呢？既然如此，我、你和他人都不能互相判知（是非对错），还要再等另一个吗？"

"什么叫做'用自然的分际来调和（是非）'？"回答说：

内篇

南华真经

注译

〇三七

南华真经

注
译

子。调调,大动;刁刁,微动。

[12]比竹:笙竽之类的(管)乐器。

[13]吹万不同:风吹万千孔窍,发声各个不同。

[14]闲闲:其义殊费解,盖指自以为是的样子。间间:细察。炎炎:辞气激烈。詹詹:啰嗦。

[15]魂交:心神纠缠。形开:四体不安。

[16]接:接触(之事物),引申为外界。构,交合。

[17]缦者:慢条斯理的人;窖者:心怀叵测的人;密者:心思细密的人。缦缦:失魂落魄的样子。

[18]机栝:弓箭。诅盟:盟誓。杀:肃杀。溺:沉溺。厌:闭塞。洫:败坏。

[19]怒:同"慑",恐惧之意。姚:浮躁;佚:放纵;启:放荡;态:作态。

[20]乐:乐声。虚:空虚(指乐器的孔窍)。蒸:湿热之气。菌:菌类。

[21]真宰:真性主宰。朕:通"朕",征兆。

[22]可行己信:可以从行动上得到证验。情:情实;朱谦之认为"情"即"精"(《老子校释》),其说可参。

[23]赅:齐全。

[24]说:同"悦"。

[25]真:真性,纯粹、素朴的本然之性。

[26]相刃相靡:冲突摩擦之意。

[27]芒:迷昧。

[28]成心:成见之心,与灵(或神)明之心相对。师:取法,可引申为标准。

"把不对的当成对的,把不是正确的当作是正确的。如果对的真的是对的,那么对的和不对的之间的不同也无须置辩;如果正确的真的是正确的,那么正确的和不正确的之间的不同也无须置辩。纷乱的言辩(是非之辨等)是相互依存的。如果要破除这种相对待(相互依存),(就要)以自然的分际来调和(是非),因循着无穷的变化,为的是安享天年。忘却年月忘却仁义,畅游于'无'的境界,因此(圣人)栖身于虚无的境界里。"

影子之外的淡影问影子说:"刚才您行走着,现在您停下了;刚才您坐下,现在又站起了。为什么没有独立性呢?"影子说:"我是因为有所依赖才这样的啊!我所依赖的(东西)又有所依赖才这样的啊!我所依赖的,就像蛇依赖它腹下的鳞皮和蝉依赖它的翅膀一样!(我)怎么知道为什么是这样?又怎么知道为什么不是这样?"

从前,庄周梦中幻为蝴蝶,好一只栩栩如生的蝴蝶啊!怡然自得的自我感觉中,忘掉了自己原本是庄周啦!忽而惊醒,仍是一个痴痴的庄周呀!不知道是庄周在梦中化为蝴蝶呢?还是蝴蝶在梦中化成了庄周?庄周和蝴蝶必定是有

南华真经

注译

[29]今日适越而昔至也:今天起程去越国,昨天就抵达啦——喻其荒谬。适:去往。至:到。

[30]神禹:神明的大禹。

[31]吹:吹风。特:但,只。未定:没有定准。

[32]彀:雏鸟。

[33]是其所非:肯定另一家所否定的。非其所是:否定另一家所肯定的。

[34]莫若以明:莫若,不如;以,用来;明,神明,一种超乎知见之上的高级智慧。"明(见)"的特点是以空明不昧之心,照见(即"物来则照","照之于天")万物的本来。

[35]彼是方生:彼和此是并生的。方,并;生,存在。案:彼此、可不可之说,在《齐物论》里有充分的论述。《齐物论》认为,是非乃有定准,彼此之际可以相通。彼此互生,那么彼此也就一同存在("方生");类此,"可"与"不可"也是并生的。但先秦的墨子、公孙龙之流的"形名学说"与庄子之说正相反对。《墨子》说:"彼彼此此与彼此同。说在异。"(《经下》)"正名者彼此。彼此可:彼彼止于彼,此此止于此。彼此不可:彼且此也,此亦可此。彼此止于彼此。"(《经说下》)《公孙龙子》说:"其名正,则唯乎其彼此焉。故彼彼止于彼,此此止于此,可。彼此而彼且此,此彼而此且彼,不可。"(《名实论》)可见,墨、公孙都认为"彼此"不同,庄子却认为彼此相通。故此《墨子》和《公孙龙子》都主张"正名"(注意与孔子的"正名"之异同),而庄子却要"因是因非,因非因是。是以圣人不由而照之于天,亦因是也……彼是莫得其偶,谓之道枢。"

区别的,这就叫做"物化"(物的迁化)。

* * *

看来,"因是因非"、"彼是莫得其偶"要在"(神)明(之)见"之下,才能实现。因为一般的"知见",只会带来彼此是非的分别。

[36]道枢:道的枢机、关键。

[37]环中:圆环之中,比喻彼此是非相通,可以反复无穷。

[38]指:指谓,同时又有所指谓之物的意思。案:此段言论与上一段相仿,思辨强劲,历来注说者歧义纷纭,曲为之解。其实,它是同惠施、公孙龙之流辩难的结论。

公孙龙说:"物莫非指,而指非指。"这就是说,"指"(指谓)和"物"(所指)是分离的,庄子认为,此物与彼物相通。(见注[37])可以推出万物并同;也就是说:"天地一指也,万物一马也。"原因在于:"举莛与楹,厉与西施,恢恑憰怪,道通为一";因此,为了区别万物而赋名于物的"指谓"本来就不必,事物本来就不可也毋须"指谓",此即庄子的"非指"之论,所以说"不若以非指(不可指谓)喻指之非指也"。"指之非指"乃是公孙龙的命题。

[39]莛:草茎;楹:柱子。厉:丑陋;恢:诙谐;恑:通"诡",狡猾;憰:通"谲",诡诈;怪:怪异。

[40]狙:猴子。狙公:养猴子的老人。芧,橡子。

南华真经

注译

[41]钧：通"均"，均平；天钧，天然的均平。两行：任由是非等对立的双方各行其道。

[42]封：疆界。

[43]昭氏：即昭文，以善弹琴著称。

[44]师旷：著名乐师。枝策：用枝或策叩击拍节。据：依靠。梧：梧桐。

[45]坚白：即名家（公孙龙）之论。参《公孙龙子·坚白论》。庄子认为讲谈坚白论题的人不明大道，故说"坚白之昧"。

[46]滑疑：幽淡暗晦之意。"滑疑之耀"，相当于老子所说的"光而不耀"。（58章）图：希冀。

[47]俄而：忽然。

[48]秋豪：（动物的）秋天的毫毛。末：末梢。殇子：夭折的孩童。彭祖：传说中长寿的人。

[49]巧历：高明的历算家。凡：凡人。

[50]畛：界线。

[51]六合：天地四方形围合的世界。

[52]怀之：存于心中而不言辩。

[53]嗛：通"谦"，谦逊。忮：伤害。

[54]天府：自然的府库。

[55]注：灌注。酌：汲取。葆：保藏。葆光：内藏光辉而不外泄。

[56]宗、脍、胥敖：三个小国名。南面：临朝。释然：宽怀。

[57]庸讵：疑问词，相当于"何"、"安"等。

[58]湿寝：在湿的地方睡眠。偏死：半身不遂。鳅：泥鳅。

[59]木处：住在高树上。惴、慄、

恂：恐惧。猨：即猿。

[60]刍豢：用草饲养的牲畜叫刍，用谷子饲养的牲畜叫豢。荐：美草。蝍蛆：蜈蚣。带：小蛇。鸱：猫头鹰。耆：同"嗜"，爱好。

[61]猵狙：一种类近猿猴的动物。

[62]决：迅疾。决骤：快跑。

[63]樊然：杂乱的样子。殽：淆乱之意。

[64]冱：冰冻。

[65]瞿鹊子、长梧子：虚拟人名。

[66]孟浪：轻率、荒诞。

[67]荧：眼花缭乱。听荧：听了以后，感到疑惑。

[68]大：通"太"。大早计，太操之过急。卵：鸡蛋；时夜：司夜。"见卵而求时夜"，见鸡蛋就要得到打鸣报晓的鸡。弹：弹丸。鸮：一种鸟。炙：烧烤。"见弹而求鸮炙"，见了弹丸就要吃烤鸟肉。

[69]奚：何不，疑问词。旁：依傍。脗：同"吻"。滑涽：昏乱。"置其昏乱"，任其昏乱。

[70]芚：通"沌"。愚沌，愚昧混沌。参：糅合。一：一体化。纯：纯粹不杂。"参万岁而一成纯"，把千万年间的一切都混同为一个精纯不杂的整体。

[71]筐床：君主的床。

[72]君：君王，尊贵者；牧：牧人，卑贱者。

[73]吊诡：恢恑，荒诞之意。

[74]黮闇：昏昧不明。

[75]天倪：自然的分际。

[76]化声：是非之辨。相待：

[77]曼衍：流行变化。

[78]竟：通"境"。振：畅通逍遥之意。寓：寄托。

[79]罔两：影子之外的淡影。景：通"影"。

[80]曩：过去。

[81]特操：独立的操守。

[82]蛇蚹：蛇皮。

[83]栩栩然：翩翩飞舞的样子。

[84]喻：觉得。适志：合乎心意。

[85]蘧蘧然：惊疑貌。

[86]物化：物我融化为一。

南华真经

注译

养生主第三

吾生也有涯，而知也无涯[1]。以有涯随无涯，殆矣！已而为知者，殆而已矣[2]！为善无近名，为恶无近刑，缘督以为经，可以保身，可以全生，可以养亲，可以尽年[3]。

庖丁为文惠君解牛，手之所触，肩之所倚，足之所履，膝之所踦，砉然响然，奏刀騞然，莫不中音[4]。合于桑林之舞，乃中经首之会[5]。

文惠君曰："嘻，善哉！技盖至此乎[6]？"

庖丁释刀对曰："臣之所好者道也，进乎技矣[7]。始臣解牛之时，所见无非牛者；三年之后，未尝见全牛也；方今之时，臣以神遇而不以目视，官知止而神欲行[8]。依乎天理，批大郤，导大窾，

养生主第三

我们的生命是有限的，而知识却是无限的。以有限的生命追求无限的知识，是疲惫的呀！像这样以有限的生命追求无限的知识，不过是追求疲惫罢了！行（所谓的）善，不要贪求好名声，作（所谓的）恶不要以身试法；要遵循中正之道，把它当作（行事的）准则。（如此）就可以保护身体，可以保全性命，可以保养自己，可以享尽天年。

庖丁为文惠君宰割牛，手触之处，肩倚之处，脚踏之处，膝抵之处，都发出砉砉的声响。舞刀的声音，和桑林舞的乐曲、经音乐的节奏一样。

文惠君赞叹道："嘻，太棒了！这大概是登峰造极的技术吧？"

庖丁放下刀，回答说："我所追求的是道，比起技术、技巧来，更进了一层。当我刚开始宰牛的时候，看见的牛不过是牛；三年之后，就看不见

内篇

南华真经

注译

○三二

因其固然[9]。技经肯綮之未尝，而况大軱乎[10]！良庖岁更刀，割也；族庖月更刀，折也；今臣之刀十九年矣，所解数千牛矣，而刀刃若新发于硎[11]。彼节者有间，而刀刃者无厚，以无厚入有间，恢恢乎其于游刃必有余地矣，是以十九年而刀刃若新发于硎[12]。虽然，每至于族，吾见其难为，怵然为戒，视为止，行为迟，动刀甚微，謋然已解，如土委地[13]。提刀而立，为之四顾，为之踌躇满志，善刀而藏之[14]。"文惠君曰："善哉！吾闻庖丁之言，得养生焉。"

公文轩见右师而惊曰[15]："是何人也？恶乎介也[16]？天与，其人与？"曰："天也，非人也。天之生是使独也，人之貌有与也[17]。以是知其天也，非人也。"

泽雉十步一啄，百步一饮，不蕲畜乎樊中[18]。神虽王，不善也[19]。

老聃死，秦失吊之，三号而出[20]。弟子曰："非夫子之友邪？"曰："然。""然则吊焉若此，可乎？"曰：

整头的牛了；现在，我不是用眼睛，而是用'神'来看牛，眼睛的官能停用了，'神'才能启用。依照牛的天然的生理（结构），刀劈骨肉间的缝隙，刀入骨节之间的空隙，顺着牛体本身的样子来行刀。从来也没有磕碰过筋腱、骨肉，更何况那些大骨呢！好的厨师一年换一把刀，那刀已经卷刃了；一般的厨师一个月换一把刀，那刀已经折断了；我的这把刀已经用了十九年了，所宰杀剔骨的牛也有数千头了，但刀刃好像刚磨出来的一样。牛的骨节之间是有缝隙的，而刀刃却没有什么厚度，用薄薄的刀刃刺入缝隙，游行于牛体中的刀刃肯定有宽宽的余地啊，这就是为什么我的刀用了十九年而刀刃好像刚磨出来的一样的原因。虽然如此，每当遇到骨节、筋腱交错的地方，我感到难于处理，就小心谨慎不敢懈怠，眼睛紧盯着，动作缓缓，动刀轻轻。牛体霍霍作响地分解了，像土散落在地上一样。我提着刀站起，环顾四周，感到志得意满，擦拭好刀收了起来。"文惠君说："太妙了！我听了庖丁这一番话，得到了养生的道理了。"

公文轩（人名）见到右师（官名），惊问道："这是什么人呢？怎么只有一只脚呢？是

南华真经

注译

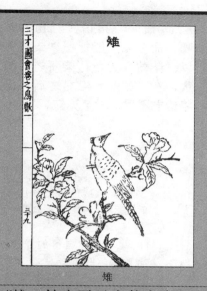

雉

"然。始也吾以为其人也，而今非也。向吾入而吊焉，有老者哭之，如哭其子；少者哭之，如哭其母。彼其所以会之，比有不蕲言而言，不蕲哭而哭者。是遁天倍情，忘其所受，古者谓之遁天之刑[21]。适来，夫子时也；适去，夫子顺也。安时而处顺，

老聃

天生的，还是人为的？"右师说："是天生的，不是人为的。我是生就的一只脚，而人的外貌都是与生俱来的。所以我的独脚是天生的，不是人为的。"

沼泽里的野鸡走上十步才能吃到一口食，走上百步才能喝到一口水，（尽管如此）它也不会祈求被蓄养在笼子里。（笼里的野鸡）精力即使很旺盛，但那也是很不快意的。

老聃死了，秦失（人名）去吊丧，大哭三声就出去了。他的弟子问他："您不是老师的朋友吗？"秦失说："是的。"弟子又问："那么，像这样的吊丧，行吗？"秦失说："可以。原来我以为你们是和老聃一样的人，现在看来并不是这样。刚才我进去吊丧，那里面有老年人在哭他，像哭他们的孩子一样哭他；有年轻人在哭他，像哭他们自己的父母一样哭他。他们之所以在一起哭诉，肯定有一种不必说而说、不必哭而哭的原因。这（原因）就是违反了天道的真理，忘却了受命于天的道理——古时候的人称作触犯了天道。当他生到世间时，老师是应时而生；当他弃世而去时，老师是顺应天道而去。安于缘分，顺应天道，欢欣和哀苦都不会入侵了，古时候把这称作解除了倒悬之苦。"

哀乐不能入也，古者谓是帝之县解[22]。"

指穷于为薪，火传也，不知其尽也[23]。

注释：

[1]涯：边际、分野；无涯，无穷、无限。

[2]"已而为知"即"如此而为知"。

[3]近：接近，这里有追求之意。刑：刑法。缘：顺着；督：中空；经：常道。"缘督以为经"，顺着中正之道。养亲：一说保养自己，一说赡养双亲；两说均可通。

[4]踦：通"倚"。砉然：骨肉相离的声音。砉：同"砉"。

[5]桑林：乐曲名。经首：乐章名。中：合乎。

[6]謋：同"嘻"。

[7]进：更进一层，超过。

[8]神：神明之知，不同感官之知（官知）的一种智慧。

[9]天理：天然的纹理。"批大郤"，刀劈骨肉之间的缝隙。"导大窾"，引刀深入骨节的空处。"因其固然"，根据它本来的样子。

[10]技：通作"枝"，这里指支脉。经：经脉。"技经"，指经络结聚之处。肯：附在骨头上的肉。綮：骨肉连接处。軱：大骨。

[11]良庖：优秀的庖丁。割：卷刃。族：众；族庖，一般的庖丁。折：断裂。发：出，这里指磨好。硎：磨刀石。

[12]恢恢乎：宽广的样子。

"指"（指谓，对物的称呼、命名）只能把握"柴薪"，以"柴薪"为止；柴薪之上的火，在"柴薪"燃尽之后，仍将传之不尽，以至无穷。

*　　　*　　　*

[13]怵然：警觉的样子。"视为止"，紧盯着。謋然：解体的样子。"如土委地"，像土崩瓦解一样。委，散落。

[14]踌躇：悠然自得的样子。善刀：擦拭摆弄停当之意。

[15]公文轩：宋人。右师：官名；这里用作人名。

[16]介：独，这里指（右师的）独脚。

[17]人之貌有与也：人的外貌是被赋予的。与，给与。

[18]泽雉：草泽里的野鸡。啄：啄食。蕲：祈求。樊：笼子。

[19]神：神气。王：通"旺"，旺盛之意。

[20]秦失：亦作"秦佚"，老聃的朋友。吊：凭吊。号：号哭。

[21]遁：逃避；倍：违背。"忘其所受"，忘了他所禀受的本性。刑：刑罚。"遁天之刑"，违背天性所遭致的刑罚。

[22]帝：天帝，天地万物的主宰。县：同"悬"。悬解，解除了倒悬之苦。

[23]指：指谓。"指穷为薪"，指谓（命名）以薪柴为尽极。意即：薪柴上的火焰不能以指（谓）来把握，因为"火焰"相传，以至无尽。

南华真经 注译

人间世第四

颜回见仲尼，请行[1]。曰："奚之？"曰："将之卫。"曰："奚为焉？"曰："回闻卫君，其年壮，其行独[2]。轻用其国，而不见其过；轻用民死，死者以国量乎泽若蕉，民其无如矣[3]！回闻之夫子曰：'治国去之，乱国就之，医门多疾。'愿以所闻思其则，庶几其国有瘳乎[4]！"

像子颜

颜回

仲尼曰："譆！若殆往而刑耳[5]。夫道不欲杂，杂则多，多则扰，扰则忧，忧而不救。古之至人，先存诸己而后存诸人[6]。所存于己者未定，何暇至于暴人之所行？

人间世第四

颜回求见仲尼（即孔子），向他辞行。仲尼问："上哪儿去？"颜回说："要去卫国。"仲尼问："去干什么？"颜回说："我听说卫国的国君年轻气盛，行事专断；治国轻率，看不到自己的过错；草率地对待人民的生命，为国而死的人像草芥布满了沼泽一样，人民都没有活命的地方了。我曾经听老师讲过：'离开太平的国度，奔赴离乱的国度，医生的门庭里充斥着患病的人'。根据我所听说的道理来想（治理的）办法，或许可以治愈这个国家的病呐！"

仲尼说："嘻！你大概是去找罪受的吧！对于道来说，不要杂乱不纯，杂乱就会导致繁多，繁多就会导致纷扰，纷扰就会导致忧虑，有了忧虑就不可救药了。古时候的'至人'，（都是）先替自己着想，然后再为别人着想。（你）自己的事情尚未管好，哪有什么工夫去管暴虐的卫国国君的事呢？另外，你知道道德丧失和智识运用是怎么来的么？道德毁坏（的原因）在于'名'，智识出现于争斗之中。'名'这个东西，是（人们）互相攻击的工具；智识这个东西，是（人们）互相争斗的工具。这二

南华真经

注译

且若亦知夫德之所荡而知之所为出乎哉[7]？德荡乎名，知出乎争。名也者，相轧也；知者也，争之器也[8]。二者凶器，非所以尽行也。且德厚信矼，未达人气；名闻不争，未达人心[9]。而强以仁义绳墨之言术暴人之前者，是以人恶有其美也，命之曰灾人。灾人者，人必反灾之，若殆为人灾夫！

"且苟为悦贤而不肖，恶用而求有以异？若唯无诏，王公必将乘人而斗其捷[10]。而目将荧之，而色将平之，口将营之，容将形之，心且成之[11]。是以火救火，以水救水，名之曰益多。顺始无穷，若殆以不信厚言，必死于暴人之前矣！

"且昔者桀杀关龙逢，纣杀王子比干，是皆修其身，以下伛拊人之民，以下拂其上也，故其君因其修以挤之[12]。是好名者也。

"昔者尧攻丛枝、胥敖，禹攻有扈，国为虚厉，身为刑戮[13]。其用兵不止，其求实无已，是皆求名实者也，而独不闻之乎？名实者，圣

者，都是凶器，是不能够用它们来（指导人们）的行为的。淳淳有信，是不会被人们了解的；不求闻达，是不会被人们理解的。在暴虐的人跟前牵强地游说仁义、法度之类的言论，这样做（的原因）是认为：（即使）丑的人也是有他认可为美的东西（意即暴虐的人也认可仁义）的。（这样的游说者）称之为灾人。灾人这种人，人们必然反过来使他遭殃，你大概要当个灾人吧？

"假如（卫王）爱贤才而远小人，那么，哪里用得着你去改变他？你只有什么也不说，（否则）卫王一定会抓住你的话柄而逞其辩才。你将头晕目眩，表情惘然。只有语无伦次地为自己开脱，拱手作揖，（最后）心里也就依顺人家了。这就是用火救火，用水救水，这叫做助纣为虐。（如果）你一开始依顺他，就只有没完没了地依顺，你如果再要直言进谏的话，是肯定要死在暴虐的国君面前的。

"过去，夏桀杀关龙逢，商纣杀王子比干，这样的贤臣都是有修养的，并且以鄙下的身份去爱护人民百姓，这就是以下犯上。所以，他们的国君就因为他们有高尚的道德修养而杀了他们。（可见）他们是追求名声的人！"

人之所不能胜也，而况若乎！虽然，必有以也，尝以语我来[14]。"

三才圖會　人物四卷　十八

像別聖先

孔子

颜回曰："端而虚，勉而一，则可乎[15]？"

曰："恶！恶可！夫以阳为充孔扬，采色不定，常人之不违，因案人之所感，以求容与其心。名之曰日渐之德不成，而况大德乎[16]！将而不化，外合而内不訾，其庸讵可乎[17]！"

"然则我内直而外曲，成而上比[18]。内直者，与天为徒。与天为徒者，知天子之与己，皆天之所子，而独以己言蕲乎而人善之，蕲乎而人不善之邪？若然者，人谓

"从前，尧攻打丛枝国、胥敖国，禹攻打有扈国，使这些国家废墟累累，冤鬼遍野，他们的国君也遭到杀身之祸。（尧和禹）不断地打仗，不停地追求实利，这些人都是追求名利的人，难道你还没有听说吗？名利这玩意儿，（即使）圣人也不能超然其上，更何况你呢？尽管话是这么说，你肯定有自己的理由，把你的理由说给我听听吧！"

颜回说："（我）端正又虚心，执著又专一，（这样做）行吗？"

（孔子）说："嗨，这怎么能行！（卫君）以暴戾之气充盈于心，张扬于外，喜怒无常，一般的人都不敢违抗他。（卫君还）压制别人的想法来使之顺从自己的主张。可以这么说，每天让（他）积点小德都办不到，更何况大的德性呢？（他）必定是顽固不化，（即使）表面附和，心里却不消除己见，（你的想法）怎么行得通呢？"

"那么我内心端正而表面曲就，引用古人的先例来使话说得得体。内心端正诚实（的方面），就是与自然为同类。与自然为同类的人，明白国君和自己都是上天的孩子，为什么偏要将自己的言论求得别人的赞同呢？（或者）求得别人的不赞同呢？像这样的人，人们把

南华真经 注译

○三七

之童子,是之谓与天为徒。外曲者,与人为徒也。擎跽曲拳,人臣之礼也[19]。人皆为之,吾敢不为邪?为人之所为者,人亦无疵焉,是之谓与人为徒[20]。成而上比者,与古为徒。其言虽教,谪之实也,古之有也,非吾有也[21]。若然者,虽直而不病,是之谓与古为徒。若是则可乎?"

仲尼曰:"恶!恶可!大多政,法而不谍,虽固亦无罪[22]。虽然,止是耳矣,夫胡可以及化!犹师心者也[23]。"

颜回曰:"吾无以进矣,敢问其方。"

仲尼曰:"斋,吾将语若!有心而为之,其易邪[24]?易之者,皞天不宜[25]。"

颜回曰:"回之家贫,唯不饮酒不茹荤者数月矣。如此,则可以为斋乎?"

曰:"是祭祀之斋,非心斋[26]也。"

回曰:"敢问心斋?"

仲尼曰:"若一志,无听之以耳而听之以心,无听之以心而听之以气[27]!听止于耳,心止于符[28]。气也者,虚而待物者也。唯道集虚[29]。

他称作'童子'(天真自然的孩子),这也叫做与自然同类。表面曲就(的方面),就是与别人同类。执笏跪拜,磕头作揖,是普通臣民的礼节。人们都(这么)做,我怎敢不做呢?做人们所做的,人们也不指责你,这就叫做与别人同类。引用古人的先例来使话说得得体,是与古人同类。我的话虽然是教育他,批评他,(但这是)古人说的呀,不是我说的,像这样做,虽然内心诚直又不会出漏子,这叫做与古人同类。这样(做)行吗?"

孔子说:"唉!怎么可以呢!这些纠正人家错误的方法太多而不够通达。它们尽管浅陋倒也还不至于获罪。不过,仅此而已,又怎么能教化他呢?你太固执己见了。"

颜回说:"我没有更好的办法了,请问您有什么办法吗?"

孔子说:"斋戒吧,我会告诉你的。你存心去做(感化卫君的事),能改变他吗?(如果能)改变他,就不符合天理了。"

颜回说:"我家里很穷,几个月以来我都没有吃酒吃肉了。像这样可以算作斋戒了吗?"

(孔子说:)"这是祭祀用的斋戒,不是心的斋戒。"

虚者，心斋也[30]。"

颜回曰："回未始得使，实自回也；得使之也，未始有回也；可谓虚乎[31]？"

夫子曰："尽矣[32]。吾语若！若能入游其樊而无感其名，入则鸣，不入则止[33]。无门无毒，一宅而寓于不得已，则几矣[34]。决迹易，无行地难[35]。为人使易以伪，为天使难以伪。闻以有翼飞者矣，未闻以无翼飞者也；闻以有知知者矣，未闻以无知知者也。瞻彼阕者，虚室生白，吉祥止止[36]。夫且不止，是之谓坐驰[37]。夫徇耳目内通而外于心知，鬼神将来舍，而况人乎[38]！是万物之化也，禹舜之所纽也，伏羲

心斋

颜回说："请问什么是心的斋戒呢？"

孔子说："你心志纯一不作他想，不要用耳朵来听而要用心来听；不要用心来听而要用气来听。停止用耳朵来听声，停止用心来感知（事物）。（这样就可以用虚静的'气'来感知了。）气这个东西，是虚空的，因而是可以容纳外物的。只有在虚静空明的状态下，'道'才能涌现。虚静空明的状态，就是心的斋戒啊。"

颜回说："我在没有听说这番道理以前，总觉得有了颜回存在着（即不能忘我）；听了这番道理之后，觉得颜回不存在了；这就叫做虚静空明吗？"

孔夫子说："完全对！我告诉你，你（现在）可以悠游于樊篱之间而不为名声所动。（卫君）接受你的话你就说，不接受你的话你就别说。毋须设医门，也毋须去救治他。心思专注，（做事）根据不得已而为之（这一原则），这样就差不多行了。不走路容易，走路不留行迹就难了。受人的支配容易产生虚伪，顺其自然就难以产生虚伪。（我们）听说过有羽翼而能飞的（鸟），从未听说过没有翅膀而能飞的（鸟）；听说过用心智去求得知识的人，从未听说过不用心智来获得知识的人。观照那个虚静空明

南华真经

注译

几蘧之所行终，而况散焉者乎[39]！"

叶公子高将使于齐，问于仲尼曰[40]："王使诸梁也甚重。齐之待使者，盖将甚敬而不急。匹夫犹未可动，而况诸侯乎[41]！吾甚慄之[42]。子常语诸梁也曰：'凡事若小若大，寡不道以欢成[43]。事若不成，则必有人道之患[44]。事若成，则必有阴阳之患[45]。若成若不成而无后患者，唯有德者能之。'吾食也执粗而不臧，爨无欲清之人[46]。今朝受命而夕饮冰，我其内热与[47]？吾未至乎事之情，而既有阴阳之患矣[48]！事若不成，必有人道之患，是两也。为人臣者不足以任之，子其有语我来[49]！"

仲尼曰："天下大戒二：其一，命也；其一，义也[50]。子之爱亲，命也，不可解于心；臣之事君，义也，无适而非君也，无所逃于天地之间[51]。是之谓大戒。是以夫事其亲者，不择地而安之，孝之至也；夫事其君者，不择事而安之，忠之盛也；自事其心者，哀乐不易施乎前，

（之心），虚静空明之中生出了（精纯不杂）的纯白纯素。吉祥留驻在凝定的空明（之心）上。如果心神不宁，这就叫做'坐驰'（形体虽安坐，心神却奔腾不息）。使耳目感官之间通达，并且排除心机，神明之智就会居于心中，更何况是人（的智慧）呢？这就是万物的迁化，就是禹舜所认为的关键所在，就是伏羲、几蘧（人名）所终生奉行的东西，更何况普通人呢！"

叶公子高（人名）将要出使齐国，去向孔子请教，问道："楚王交给我的使命是很重大的，齐国对待使者，总是很礼敬而实际上是怠慢的。一个匹夫尚且不能轻慢，更何况是诸侯呢！我很害怕。先生经常对我说：'凡事无论大小，没有不遵循道而有善果的。事情如果办不成，就一定会有人为的祸患；事情办成了，就一定会有阳阴失调带来的祸患。无论是办成还是办不成都不会遭致祸患，只有有德性的人才能做到这一点。'我吃粗食，不求精美，是一个对饮食没有奢望的清欲的人。现在，我早晨受命出使而傍晚就要喝冰水，我的内心焦躁啊！我还不清楚事情的真相，就已经有了阴阳失调的祸患了；事情如果办不妥，肯定还会有人为的祸

知其不可奈何而安之若命，德之至也[52]。为人臣子者，固有所不得已。行事之情而忘其身，何暇至于悦生而恶死[53]？夫子其行可矣！

"丘请复以所闻：凡交近则必相靡以信，远则必忠之以言，言必或传之[54]。夫传两喜、两怒之言，天下之难者也。夫两喜必多溢美之言，两怒必多溢恶之言[55]。凡溢之类妄，妄则其信之也莫，莫则传言者殃[56]。故《法言》曰：'传其常情，无传其溢言，则几乎全[57]。'

"且以巧斗力者，始乎阳，常卒乎阴，泰至多奇巧；以礼饮酒者，始乎治，常卒乎乱，泰至则多奇乐[58]。凡事亦然，始乎谅，常卒乎鄙，其作始也简，其将毕也必巨[59]。

"言者，风波也；行者，实丧也。夫风波易以动，实丧易以危。故忿设无由，巧言偏辞[60]。兽死不择音，气息茀然，于是并生心厉[61]。剋核大至，则必有不肖之心应之，而不知其所以然也[62]。苟为不知其然也，孰知其所终？故《法言》曰：'无迁令，

患。这二者，为人臣子的人实在受不了，先生您有什么高见，请赐教！"

孔子说："天下有两个大的戒条：其一是命，其一是义。子女爱父母，是命定的，是不能在心里消除的；臣下为君王服务，是义（所规定的），任何国家都不能没有君王，这是在天地之间逃避不了的。这就叫做大戒。因此，侍奉父母的人，无论在什么情况下都要使父母安适，这就是最大的孝了；伺事君王的人，不论什么事都要安然处之，这就是高度的忠了；只听从自己内心召唤的同时，又要像对待命定中的事那样安然处之，这就是无与伦比的德性了。做人臣子的人，本来就有不得已的事，遇事能根据事情的实际去做而忘却自己，怎么能够有工夫考虑到贪生畏死的事呢？先生您可以起程了！

"我愿意把我听到的复述一遍：凡是国与国之间，交往亲近的必定是以诚信来维系（两国的关系）；交往疏远的必定是用忠言来维系，（一定要）有人来传达（这种）言辞。如果传言的人（即使者）传达的是（可以使）两国喜和怒的言辞，这是天底下难为的事。使两国都高兴的言辞肯定多是些太过分的好话，使两国

内篇

南华真经

注译

〇
四
一

内篇

无劝成，过度，益也[63]。'迁令、劝成，殆事[64]。美成在久，恶成不及改，可不慎与！

"且夫乘物以游心，托不得已以养中，至矣[65]！何作为报也？莫若为致命。此其难者[66]。"

颜阖将傅卫灵公太子，而问于蘧伯玉曰[67]："有人于此，其德天杀。与之为无方，则危吾国；与之为有方，则危吾身[68]。其知适足以知人之过，而不知其所以过。若然者，吾奈之何？"

蘧伯玉曰："善哉问乎！戒之，慎之，正汝身也哉！形莫若就，心莫若和[69]。虽然，之二者有患。就不欲入，和不欲出[70]。形就而入，且为颠为灭，为崩为蹶；心和而出，且为声为名，为妖为孽。彼且为婴儿，亦与之为婴儿；彼且为无町畦，亦与之为无町畦；彼且为无崖，亦与之为无崖[71]。达之，入于无疵[72]。

"汝不知夫螳螂乎？怒其臂以挡车辙，不知其不胜任也，是其才之美者也[73]。戒之，慎之，积伐而美者以犯之，几矣！

都生气的言辞必定多是些太过分的坏话。凡是过分的东西，都近似于虚妄的，虚妄就会导致失信，（如果）失信的话，传言的使者就要遭殃了。所以古书《法言》上说：'要传达事情的真实情形，不要传达过分的言辞，（这样）就可以保全自己了。'

"那些以智巧争斗的人们，常以明争开始，以暗斗结束，（争斗）太过分了就会充斥着异乎寻常的巧智；那些按照礼仪饮酒的人，常常是以规规矩矩开始，而以乱七八糟结束，（饮酒）太过分了就会充满奇怪的享乐。任何事情都是如此：以诚信开始，以鄙恶结束，它开始的时候简简单单，它将结束的时候就必定变得庞杂了。

"语言这个东西就像风波一样；有为之举意味着真实的丧失。那风波容易翻动，真实的丧失容易导致危亡。所以愤怒的发作没有什么别的原因，就是由于花言巧语、不公允的言辞所致。野兽将死的时候就乱叫，气咻咻的，同时还产生了狠戾之心。（凡事）逼迫得太厉害，必定就会有不良的心念来回应，你还不知道这是什么缘故呢！如果你不知道这是什么缘故的话，那谁能知道（你）的最终结果是怎样的呢？

南华真经

注译

内篇

〇四三

"汝不知夫养虎者乎？不敢以生物与之，为其杀心之之怒也；不敢以全物与之，为其决之之怒也[74]。时其饥饱，达其怒心[75]。虎之与人异类，而媚养己者，顺也，故其杀者，逆也[76]。

"夫爱马者，以筐盛矢，以蜄盛溺[77]。适有蚊虻仆缘，而拊之不时，则缺衔毁首碎胸[78]。意有所至而爱有所亡，可不慎邪[79]！"

匠石之齐，至于曲辕，见栎社树[80]。其大蔽数千牛，絜之百围，其高临山十仞而后有枝，其可以为舟者旁十数[81]。观者如市，匠伯不顾，遂行不辍[82]。弟子厌观之，走及匠石[83]，曰："自吾执

所以，《法言》说：'不要强求改变，不要强求成功。过度就是'益'（多）了，强求改变和强求成功是危险的事，完美的成就需要持之以恒，而做丑事又不能悔改。（这）能不谨慎（从事）吗？

"就顺应事物的自然罢，使内心悠然自适；依托于不得已（而为之的事物上），使自己的内心得以养护，这就够了！何必有所作、有所为来谋取（诸如成功之类的）还报呢？不如按照天命（自然）所规定的来行事——这是很困难的事。"

颜阖（人名）将要去做卫灵公太子的太傅，（他去）向蘧伯玉（人名）请教，说："现在有一个人，天资顽劣。给他讲些邪门歪道，就会危害我们的国家；给他讲些正大的道理，就会危及自身。他的智识足以知道别人的过失，却不能知道过失的原因。像这样的人，我怎么办呢？"

蘧伯玉说："（你）问得好！要有所戒备，要小心谨慎，要端正你自己就行了！就身形（即外在表现）而言，不如随顺、与人俯仰；就内心而言，不如中和、超乎是非。虽然如此，这两者还会引来祸患。随顺不要太过分，调和也不要太露骨。随顺太过分的话，就会引起败坏、毁灭；调和太露骨

南华真经

注译

斧斤以随夫子，未尝见材如此其美也。先生不肯视，行不辍，何邪？"

曰："已矣，勿言之矣！散木也，以为舟则沉，以为棺椁则速腐，以为器则速毁，以为门户则液樠，以为柱则蠹。是不材之木也[84]。无所可用，故能若是之寿。"

匠石归，栎社见梦曰[85]："女将恶乎比予哉？若将比于文木邪[86]？夫柤梨桔柚，果蓏之属，实熟则剥，剥则辱[87]；大枝折，小枝泄[88]。此以其能苦其生者也，故不终其天年而中道夭，自掊击于世俗者也[89]。物莫不若是。且予求无所可用久矣！几死，乃今得之，为予大用。使予也而有用，且得有此大也邪？且得也若与予也皆物也，奈何哉其相物也？而几死之散人，又恶知散木！"

匠石觉而诊其梦[90]。弟子曰："趣而无用，则为社何邪[91]？"

曰："密[92]！若无言，彼亦直寄焉，以为不知己者诟厉也[93]。不为社者，且几有剪乎[94]？且也彼其所保与众异，

的话，就会引起声名之虞、妖孽之祸。他如果像个婴孩，那么也姑且随着他做个婴孩；他如果内心没有分别界限，那么你不妨也随着他泯却分别界限；他如果没边没沿，那么你也就随着他没边没沿吧！如果做到这一点，就可以达到没有什么毛病的境地了。

"你不知道那螳螂吗？奋力举起其臂膀去阻挡车轮，不知道他自己的力量不足以胜任，这是因为他把自己的才能夸耀得太过分的缘故。要戒惧，要谨慎啊！你如果太多地夸耀自己而去触犯他，就危险了。

"你不知道那养虎的人吗？（他）不敢用活的动物喂它，因为怕它扑杀活物时的狂暴；也不敢用完整的动物来喂它，因为怕它撕碎动物时的狂暴。在老虎饥饿或饱餐的时候，搞清楚它狂暴的性情。虎和人虽是异类却驯服于养它的人，（是因为养虎的人）顺着它；而它所以扑杀（人或动物），是因为（他们）逆着它（的缘故）。

"那爱马的人，用筐来盛马粪，用盛水的器皿来盛马尿。正好有蚊虻叮在马身上，爱马的人出其不意地拍打蚊虻，（马受惊后）扯断了勒口、碰破了头、划伤了胸。出

而以义喻之，不亦远乎[95]！"

南伯子綦游乎商之丘，见大木焉有异，结驷千乘，隐，将芘其所藾[96]。子綦曰："此何木也哉！此必有异材夫？"仰而视其细枝，则拳曲可以为栋梁；俯而视其大根，则轴解而不可以为棺椁；咶其叶，则口烂而为之伤；嗅之，则使人狂酲三日而不已[97]。子綦曰："此果不材之木也，以至于此其大也。嗟夫！神人以此不材。"

宋有荆氏者，宜楸柏桑[98]。其拱把而上者，求狙猴之杙者斩之；三围四围，求高名之丽者斩之；七围八围，贵人富商之家求樿傍者斩之[99]。故未始其天年而中道夭于斧斤，此材之患也。故解之以牛之白颡者，与豚之亢鼻者，与人有痔病者，不可以适河[100]。此皆巫祝以知之矣，所以为不祥也。此乃神人之所以为大祥也。

支离疏者，颐隐于脐，肩高于顶，会撮指天，五管在上，两髀为胁[101]。挫针治繲，足以糊口；鼓笑播精，足以食十人[102]。上征武士，

于（爱马）之意却使得所爱（的马）有所损伤，这能不谨慎吗？"

一个名叫石的木匠去齐国，（他）到了一个叫曲辕的地方，看见了一颗叫"栎"的做社神的树。栎树那个大哟，可以覆盖数千只牛，量一量它需要一百个人来围抱它，树身高达山顶，十仞以上才有树枝，可以用作造船的旁枝就有数十枝。围观（树）的人像赶集市一样，但木匠师傅却看也不看，一直向前走，不停脚步。（他的）徒弟看了个够，追上木匠，说："从我拿起刀斧跟随师傅以来，从来没见过像这么好的木材。先生看也不肯看一眼，走个不停，为什么呢？"

（木匠）说："行了，不要说了！（那是）散木呀！用（它）来做船，船就会沉；用（它）来做棺材，棺材很快就会腐烂；用（它）来做器具，器具就会很快坏掉；用（它）来做门，门就会流浆液；用（它）来做柱子，柱子就会生蠹虫。这是一种不成材的树呀，不能用（它）来做有用的东西，所以才能活到如此的寿命。"

木匠回家后，栎社树在（他的）梦里出现了，说："你能拿什么来和我相比呢？你要拿我和有纹理的木材相比吗？那楂树梨树桔树柚树，（还有）

南华真经

注译

内篇

〇四六

则支离攘臂游于其间；上有大役，则支离以有常疾不受功；上与病者粟，则受三钟与十束薪[103]。夫支离其形者，犹足以养其身，终其天年，又况支离其德者乎！

孔子适楚，楚狂接舆游于其门，曰[104]：

"凤兮凤兮，何如德之衰也[105]！

来世不可待，往世不可追也！

天下有道，圣人成焉；天下无道，圣人生焉！

方今之时，仅免刑焉！

福轻乎羽，莫之知载；祸重乎地，莫之知避。

已乎，已乎，临人以德。殆乎，殆乎！画地而趋[106]。

迷阳迷阳，无伤我行[107]！

吾行郤曲，无伤吾足[108]。"

山木，自寇也；膏火，自煎也。桂可食，故伐之；漆可用，故割之[109]。人皆知有用之用，而莫知无用之用也。

注释：

　[1]颜回：孔子的学生，鲁人，字子渊。仲尼：孔子的字。孔子与颜回的对话出自假托，并非史实。

瓜果之类（的东西），果实熟了就被摘去了，被摘去就会被扭折；大枝被扭折，小枝被牵动。这就是因为它们有才能而害苦了它们自身，所以不能享尽天年而中途夭折，被世俗（的人）打击。凡物没有不是这样的。而我追求没有什么用（这一目标）已经很久了，差点被砍死，现在我才得以不死，这正是我的'大用'。假使我有用，我还能长到这么大吗？而且，你和我都是'物'，又怎么能对我品头论足呢？你这个将死的散人，又怎么能知道散木呢？"

石木匠醒来后，把他的梦告诉了他的徒弟。徒弟说："（它）意在追求无用，为什么还要做社神树呢？"

木匠说："住嘴！你别说了！它也不过是寄托于社神而已，使那些不了解它的人指责它，（如果）它不做社神树的话，早已被砍掉若干次了。况且它用以保全自己的方法与众不同，那么以常理来忖度它，不是相差太远了吗？"

南伯子綦去商丘游览，看到了一颗大树，与众不同，（它）可供千乘的车马隐息于树荫下。子綦说："这是什么树啊！这树肯定有奇异的材质吧？仰看它的细枝，弯弯曲曲，不能用作栋梁；俯察它的

［2］行独：行事专断蛮横。

［3］死者以国量乎泽若蕉：为国而死的人像草芥一样布满了沼泽。蕉，草芥。如，归往。

［4］庶几：或许可以；含希冀之意。瘳：病愈；这里指国家恢复常态。

［5］谞：同"嘻"。若：你。殆：恐怕，大概。刑：受刑。"若殆往而刑耳"，你恐怕是要去受刑的吧。

［6］先存诸己而后存诸人：先考虑自己而后考虑别人。存，心存。

［7］荡：败坏。

［8］相轧：相互倾轧。

［9］矼：笃实。

［10］斗：角斗。捷：善辩。

［11］荧：目眩。平：平定，这里指表情呆滞。营：营救，这里指为自己开脱。容：面容。形：呈现。

［12］桀：夏朝末代暴君。关龙逢：夏桀时的贤臣，因直言劝谏而被杀。纣：商朝末代暴君。比干：纣王的叔父，因规谏纣王而被杀。伛拊：爱护育。拂：违反。

［13］丛枝、胥敖、有扈：小国名。"国为虚厉"，国土成为废墟，百姓成为厉鬼。

［14］有所：有所依凭。

［15］端：端正。虚：虚心。勉：勤勉。一：专一。

［16］以阳为充孔扬：以刚猛之气充满于内，张扬于外。阳，刚猛暴戾之气。充，充满。孔，甚。扬，张扬。采色不定：喜怒无常。采色，面部表情。案人之所感：压制别人的劝谏。案，压抑。感，使之感到的意思。容与：放纵。

［17］訾：非议。

树干，树干中间分裂，不能用作棺材；舐一舐它的叶子，嘴就会溃烂受伤；嗅一嗅它，就会使人发酒疯，三天也不能止歇。"

子綦说："这树果然是那种不成材的树呀！所以它才能长成这么大。神人啊，就是这样不成材的呀！"

宋国有个姓荆的人，会种楸树、柏树、桑树。碗口粗以上的树，想要做拴猴子木桩的人就砍了它；三人四人合抱粗的树，想用作高大屋宇栋梁的人就砍了它；七人八人合抱粗的树，富贵人家想做棺材的人就砍了它。因此，（这些树）都不能享尽其天年，在（生命的）中途就夭折于斧斤（的砍伐），这是（成）材（之木）的祸患呀！所以，襄除白额头的牛和鼻孔上翻的猪，以及有痔疮的人不能用来祭河神，这都是巫祝所知道的，认为它们不祥。但这正是神人之所以认为是最吉祥的。

支离疏（人名）这个人，脸隐没在肚脐下，肩膀耸在头顶上，头上的发髻朝天，五官也朝天，两条大腿处在肋骨的位置。（他）以缝缝补补来轻松地糊口。（再）筛糠舂米，足可以养活十口人。国君征兵时，支离摇摇晃晃地优游于其中，国君征役时，支离因总是

南华真经

注译

[18]成而上比：言辞得体又征引古人的话作依据。成：允当；上：古代、古人；上比：从古之意。

[19]擎：举着，这里指手持朝笏。跽：长跪。曲拳：鞠躬。

[20]疵：毛病、诽谤。

[21]谪：遣责。

[22]大多：即太多。谋：适当。

[23]师心：以内心的成见为师。

[24]易：改变。

[25]嗃：通作"吴"，广大之意。不宜：不适当、不符合。

[26]心斋：内心的斋戒。通常所说的斋戒是祭祀的斋戒，不饮酒茹荤，素食而已。心斋，也就是洒心去欲，不以七情六欲为资粮，以求养心怡性。

[27]若一志：你心志专一。"无所之以耳而听之以心"句，言闭塞感官（"无听之以耳"）返照于内心（"听之以心"）。"无听之以心而听之以气"句，言摒弃心知（"无听之以心"）听任自然的气性（"听之以气"）。这里的"气"，乃人本质中的虚寂之性，即下文所说："气也者，虚而待物者也。"

[28]俞樾认为，"听止于耳"应为"耳止于听"，其说可从。符，结合。"心止于符"，谓心知是由心与外界相接触所致。

[29]唯道集虚：只有道才能集结于虚空之处。案：因为道是无形的，空虚的。

[30]"虚者，心斋也"句，言心斋就是那种唯道集虚的心态。

[31]"回未始得使……可谓虚乎？"句，言颜回未尝禀领心斋之教以前，切实感到自己是颜回；得此教诲后，就不曾有颜回了，这就叫做虚空么？

有疾病而免受劳役；国君在赈济有疾病的人以粮食时，（他）得到了三钟米和十捆柴草。那形体支离不全的人，还能够保养他的身体，享尽天命而终，更何况那些不为德业所拘的人呢？

孔子到了楚国，楚国的狂人接舆徘徊在孔子的面前唱道：

凤啊，凤啊！德性堕落啊！

来世不可期待呀，往世不可追溯呀！

天下有道，圣人可以有成就啊；

天下无道，圣人可以产生啊！

现在这个时代，只求免于刑罚吧！

福惠比羽毛还轻，却不知道乘载；

祸患比大地还重，却不知道回避。

罢了，罢了！在别人面前炫耀自己的德性！

危险啊，危险啊！画地为牢！

荆棘啊，荆棘啊！不要刺伤我的行为。

绕着走吧，绕着走吧！不要刺伤我的脚！

山中的大树自招砍伐，膏火自招煎熬。桂树可以进食，所以遭到砍伐；漆胶可以使用，所以（被从树上）割下

[32]尽：尽善尽美。

[33]樊：樊篱。无感其名：不为名位所动。入：采纳或听得进；"入则鸣，不入则止"，听得进就进谏，听不进就不劝谏。

[34]门：即上述之"医门多疾"的"门"；毒，救治。"无门无毒"，不设医门也不去救治（卫君），听任自然之意。一宅：安心于一宅，宅指心府；一，心灵的凝聚状态。寓，寄寓。不得已：无为之意。几：差不多、接近。

[35]决迹易：不走路容易；无行地难：走路脚不踩地困难。

[36]瞻：瞻望、观照。阙者：空处。"瞻彼阙者"，观照那（心斋之境）空明之境。白：纯白纯素的本性。"虚室生白"，虚明的心斋之境生出纯白的本性。"吉祥止止"，吉祥善福留止在如止水一样的虚明之心上。

[37]坐驰：形体虽安坐，心神却奔驰不息。

[38]徇：使。"徇耳目内通"，使感官（耳目等）反观内照。外：排除在外。"外于心知"，把心知排除在外。鬼神将来舍：神明之知将留驻在心中。舍，心宅。鬼神，并非鬼怪神灵，而是神妙不测的灵明（或神明）之知（智慧的高级状态）。"鬼神（即神明）来舍（即心宅）"的思想，可与《管子》中的《内业》、《心术》诸篇参证。

[39]伏戏：也作伏羲，传说中远古的帝王。几蘧：传说中远古的帝王。散焉者：疏散的人，即平民。

[40]叶公子高：楚庄王玄孙，被封于叶地，字子高，名诸梁。使于齐：出使齐国。

[41]匹夫：凡人。动：感动。

来。人们都知道有用的用处，却不知道没有用的用处。

* * *

[42]慄：害怕、恐惧。

[43]寡不道以欢成：没有不遵循道而能有善终的。

[44]人道之患：人为的祸患。

[45]阴阳之患：阴阳失衡而导致的祸患。这里的"阴阳"可以引申为喜怒哀乐等情绪，"阴阳之患"就是喜怒忧惧侵扰内心所导致的病患。

[46]执粗：食用粗茶淡饭。臧：精美。爨：烹饪。清：清凉。"爨无欲清之人"句，此句颇费解，盖谓（叶公子高）是一个对饮食没有奢望的清欲的人。

[47]"朝受命而夕饮冰，我其内热与？"句，言（叶公子高）早期时接受使命，傍晚时要喝冰水，他的内心焦渴不堪呀！

[48]事之情：事情的实质。情，情实。

[49]任：承担。

[50]戒：戒条、法则。

[51]"无适而非君"句，言所到之处，没有不是王土的。所以下句又说："无所逃乎天地之间"，这是在天地之间逃避不了的。

[52]不易施乎前：不轻易在心中出现。施，施行。

[53]悦生而恶死：贪恋生命，畏惧死亡。

[54]靡：维系。

[55]两喜两怒之言：使两国国

南华真经

注译

君或喜或怒之言。溢美之言：太过分的好话。溢恶之言：太过分的坏话。溢：超出。

[56]妄：虚妄。莫：通"漠"，淡漠，薄信之意。映：遭映。

[57]《法言》：古书名。古人称书为"言"，是一个通例；如《汉书·艺文志》载《谰言》、《鹖冠子·天权》所引的《逸言》、《鬼谷子·谋篇》所引的《阴言》等。

[58]阳：明争；阴：暗斗。泰至：太过分之意。治：合乎规矩；乱：没有规矩。

[59]谅：诚信。鄙：险恶。

[60]忿：愤恨。设：发作。无由：没有缘由。偏辞：一面之辞。

[61]不择音：意即狂叫。萌然：气息短促的样子。厉：恶毒。心厉，心生狠毒。

[62]剋核：逼迫。大：通"太"。大至，太甚。不肖之心：不善之心。

[63]迁令：改变命令。劝成：促成。过度，益也；过度就是益多。

[64]殆事：危险的事。殆，危殆。

[65]美成：美事，犹言善事。恶成：恶事，犹言丑事。不及改：来不及悔改。乘：乘坐；乘物，与物同行，犹言顺物。游心：内心虚明，悠然游世，即"逍遥游"。托：依托。不得已：言其无为。养中：恬养内心。

[66]致命：达乎天命。

[67]颜阖：鲁国的贤人。傅卫灵公大子：给卫灵公太子作老师。大，太。傅，太傅，老师。蘧伯玉：卫国贤臣。

[68]其德天杀：天资顽劣。方：道理。

[69]形莫若就：身形不如亲近

（他）。心莫若和：内心不如和顺。

[70]入：深入，有太过分之意。出：超出，有太露骨之意。

[71]崩：崩坏。蹶：失败，挫折。孽：灾害。町畦：界限。无崖：无边之意。

[72]无疵：没有毛病。

[73]怒其臂：奋臂。"是其才之美"，即"以其才之美为是"，自以为才能高超之意。

[74]生物：活着的食物。全物：整全的食物。决：撕碎。

[75]达：了解。

[76]媚：讨好。逆：触犯。

[77]矢：即"屎"。蜄：大蛤，这里指蛤壳。溺：尿。

[78]适：正巧。仆缘：附着，这里指叮咬。拊：拍击。不时：出其不意，突然。衔：马勒口。缺衔，扯断了勒口。

[79]意有所至而爱有所亡：有爱马之意却使所爱的马有所损伤。

[80]匠石：名叫石的木匠。曲辕：虚拟地名。栎：树名。社：社神。"栎社树"，当作社神的栎树。

[81]絜：量度。

[82]顾：看。辍：停止。

[83]厌：满足，厌观，饱看一番。

[84]散木：不成材的树木。棺椁：棺材。槺：松木心。液槺，意谓像松木心那样流溢脂液。蠹：虫蛀。不材之木：不成材的木。

[85]见：同"现"。见梦，出现在梦中。

[86]文木：有纹理的树木。

[87]柤：通"楂"，山楂。梨，

无核的果实。辱，侮辱，这里指摧残的意思。

[88]泄：通"拽"，牵引。

[89]掊：击打。

[90]诊：通"畛"，告知。

[91]趣：趣向、意向。

[92]密：住嘴之意。

[93]直寄焉：只不过寄身而已。诟厉：辱骂。

[94]剪：砍伐。

[95]义：常理。喻：说明。

[96]南伯子綦：人名，即《齐物论》中的南郭子綦。商之丘：即商丘，今在河南省。驷：四匹马拉的车。芘：通"庇"，荫庇。藾：树荫。

[97]拳曲：弯弯曲曲的样子。咶：同"舐"，舐。醒：醉酒。不已：不止。

[98]荆氏：宋国地名。适：适宜，这里指适宜种植。楸：落叶乔木。柏、桑：树名。

[99]拱：两手相合；把：一手所握。杙：木桩。斩：砍伐。高名之丽：高楼大厦的栋梁。高名，高大屋宇。丽，通"欐"，栋梁。樿傍：棺材。

[100]颡：额头。亢鼻：鼻孔上翻。适河：投入河中，这里指祭祀河神。

[101]支离疏：假托人名。"支离"指形骸不全。颐：下巴；脐：肚脐。"颐隐于脐"，下巴挤在肚脐里。会撮：发髻。五管：五官。髀：股骨。胁：肋骨。

[102]缄：即"针"。挫缄，这里指缝补衣物。纆：补衣。鼓：振动。筴：小簸箕。播：扬去尘土和糠屑。足以食十人：足可以养活十个人。

[103]攘臂：捋起衣袖，露出臂膀。游：优游自得。役：劳役。常疾：长期残疾。功：工作。"不受功"，不受役使。钟：度量单位。束：捆。

[104]楚狂接舆：楚国的狂士接舆。

[105]凤：凤鸟，喻指孔子。

[106]画地而趋：画地为牢之意。

[107]迷阳：荆棘。

[108]郤曲：曲折，这里有绕着走之意。

[109]寇：砍伐。膏：油脂。桂：桂树。

德充符第五

鲁有兀者王骀，从之游者与仲尼相若[1]。常季问于仲尼曰[2]："王骀，兀者也，从之游者，与夫子中分鲁[3]。立不教，坐不议，虚而往，实而归。固有不言之教，无

德充符第五

鲁国有个一只脚的人，名叫王骀，追随他的人，和（追随）孔子的人（数）差不多，常季（人名）问孔子说："王骀是一个一只脚的人，追随他的人，和先生您平分鲁国。（他）立不施教，坐不议论，

南华真经

注译

形而心成者邪[4]？是何人也？"

孔子讲学图

仲尼曰："夫子，圣人也。丘也直后未往耳[5]！丘将以为师，而况不若丘者乎？奚假鲁国，丘将引天下而从之。"

常季曰："彼兀者也，而王先生，其与庸亦远矣，若然者，其用心也，独若之何[6]？"

仲尼曰："死生亦大矣，而不得与之变；虽天地覆坠，亦将不与之遗。审乎无假而不与物迁，命物之化而守其宗也[7]。"

常季曰："何谓也？"

仲尼曰："自其异者视之，肝胆楚越也；自其同者视之，万物皆一也[8]。若然者，且不知耳目之所宜，而游心乎德之和[9]。物视其所

（追随他的人却）空空地来，满载而归。的确有不用言说的教化，不求诸外形而内心有得的人吗？这是什么样的人呢？"

孔子说："那位先生，是圣人啊，我也是落在他后面还没有去拜见他呢！我还要以他为师，更何况不如我的人呢！何止是鲁国，我要号召天下的人来追随他。"

常季说："他是一个一只脚的人，却胜过了先生，平常人和他相比就更差得远了。像这样的人，他的心是如何运用的？"

孔子说："死生是一件大事，却不能使他有什么变化；尽管天塌地陷，也不能使他失落些什么，处于无所凭藉、无所待（的境界而不随着）外物的变迁（而变迁），安命于事物的变化而固守自己的根本。"

常季说："（这是）什么意思呢？"

孔子说："（如果）从事物之间的差异性上来看，肝和胆的距离，就相当于楚国和越国的距离（那么远）；（如果）从事物之间的共同性上来看，万物都是'一'。像这样的人，连耳目适宜于声色都不知道，心灵游放在德的调和境界里；对于物来说，把它看作是与万物相同的'一'就不会看到它有什么丧失，（所以他）把自

一而不见其所丧，视丧其足犹遗土也[10]。"

常季曰："彼为己，以其知得其心，以其心得其常心[11]。物何为最之哉？"

仲尼曰："人莫鉴于流水，而鉴于止水，唯止能止众止[12]。受命于地，唯松柏独也正，在冬夏青青；受命于天，唯尧、舜独也正，在万物之首。幸能正生，以正众生[13]。夫保始之征，不惧之实，勇士一人，雄入于九军[14]。将求名而能自要者而犹若是，而况官天地、府万物、直寓六骸、象耳目、一知之所知而心未尝死者乎[15]！彼且择日而登假，人则从是也[16]。彼且何肯一物为事乎！"

申徒嘉，兀者也，而与郑子产同师于伯昏无人[17]。子产谓申徒嘉曰："我先出则子止，子先出则我止[18]。"其明日，又与合堂同席而坐。子产谓申徒嘉曰："我先出则子止，子先出则我止。今将我出，子可以止乎？其未邪[19]？且子见执政而不违，子齐执政乎[20]？"

己丧失了一只脚看作是遗弃的尘土。"

常季说："他是为自己而修的人。（他）用他的智识来求得他的'心'，又用他的'心'（进一步）来求得他的'常心'。人们又怎么会聚在他的门下呢？"

孔子说："人不能以流水为镜子，却能以止水为镜子，只有自身静止才能使他物得以静止。（在）受命于地（的东西中），只有松柏禀受中正（的自然之性），在冬天和夏天都是郁郁葱葱；（在）受命于天（的东西中），只有尧舜能禀受自然的本性，为万物之中的灵长。幸好他们能各正其性，（才能）以此使芸芸众生得以合乎其本性。保全原始（本性）的苗头，（譬如勇士保全其）无所畏惧的本性。（这样）一名勇士，才能只身冲入九军之中。谋求功名并且自发地能邀取功名的将士尚能如此，更何况主宰天地，包囊万物，以六骸为寄身的寓所，以耳目所见为幻像，以使万物为'一'的智慧照乎所知的境域，而心里不曾有死（生）观念的人呢！他是一个可以超然远引指日可待的人，（这样的人）人们都追随他。他哪里还会肯把世俗的事情当回事呢！"

申徒嘉是个一只脚的人，

南华真经

注译

〇五三

南华真经

注译

像産子鄭

子产

申徒嘉曰："先生之门，固有执政如此哉？子而说子之执政而后人者也。闻之曰：'鉴明则尘垢不止，止则不明也。久与贤人则无过。'今子之所取大者，先生也，而犹出言若是，不亦过乎！"

子产曰："子与若是矣，犹与尧争善。计子之德，不足以自反邪[21]？"

申徒嘉曰："自状其过，以不当亡者众；不状其过，以不当存者寡[22]。知不可奈何而安之若命，唯有德者能之。游于羿之彀中[23]。中央者，中地也；然而不中者，命也[24]。人以其全足笑吾不全者多矣，我怫然而怒，而适先生之所，则废然而反[25]。

（他）和郑国人子产一道师从伯昏无人（人名）。子产对申徒嘉说："我先出去，您留下；（或者）您先出去，我留下。"过了一天，子产和申徒嘉又在一个屋里同席而坐。子产对申徒嘉说："我先出去您就留下，您先出去我就留下。现在我要出去，您能留下呢？还是不留下呢？您和执政的人相遇而下回避，您和执政的人平起平坐吗？"

申徒嘉说："老师的门下，还有像这样的执政者吗？您因为自己是执政者而洋洋得意，看不起别人吗？（我）听（老师）说：'镜子明亮，灰尘就不会沾染，沾染上灰尘，（镜子）就不明亮了。和贤德的人长期相处就不会有过失。'现在您所借重的，是老师，但您又说这样的话，不是过分了吗？"

子产说："您这样一个一只脚的人，还要和尧争短长！估量一下您自己的德性，难道还不足以使自己反省吗？"

申徒嘉说："让人自己说说他的过错，认为不该断足的人很多；不为自己的过错辩解，认为应受断足的刑罚，这样的人就少了。知道（断足的刑罚）而无可奈何，从而把它当作命运泰然处之，只有有德的人才能这样做。在羿的射程

不知先生之洗我以善邪？[26]吾之自寤吾邪[27]？与夫子游十九年矣，而未尝知吾兀者也。今子与我游于形骸之内，而索我于形骸之外，不亦过乎！"

羿

子产蹴然改容曰[28]："子无乃称[29]！"

鲁有兀者叔山无趾，踵见仲尼[30]。仲尼曰："子不谨，前既犯患若是矣[31]。虽今来，何及矣？"无趾曰："吾唯不知务而轻用吾身，吾以亡足。今吾来也，犹有尊足者存，吾是以务全之也。夫天无不覆，地无不载，吾以夫子为天地，安知夫子之犹若是也！"

孔子曰："丘则陋矣！

之内活动，射程的中央地段，是必中之地；然而有没被射中的，（那也）是命运。有很多人，因为他们有两只脚而讥笑我只有一只脚，我勃然大怒。到了老师这里以后，就怒气消释归于平静了。不知是老师用善德洗涤我呢，还是我自己有所觉悟了呢？我跟随老师已有十九年了，从来不曾理会自己是一只脚的人。如今，您和我相交于形骸之内，又从形骸之外来了解我，不是太过分了吗？"

子产脸色变了，神色不安地说："您别这么说了！"

鲁国有个被砍了脚趾的人，叫叔山无趾。（他）用脚跟走路，去拜见孔子。孔子说："您不小心吧！触犯法律，受了这样的刑罚。现在来见我，哪儿来得及？"

叔山无趾说："我只是不谙世事，看轻自己的身骸，我是因此而被砍了脚趾。今天我来到这里，（因为）还有比脚更尊贵的东西没有丧失。没有什么东西是天所不能覆盖的，也没有什么东西是地所不能承载的，我把先生您当作（承载覆盖一切的）天地，哪里知道先生是这个样子呢？"

孔子说："我太浅陋了！先生您怎么不进来呢？请讲讲您所听到的（见解）吧！"

南华真经

注译

〇五五

内篇

南华真经

注译

○五六

夫子胡不入乎？请讲以所闻。"无趾出。孔子曰："弟子勉之！夫无趾，兀者也，犹务学以补前行之恶，而况全德之人乎！"

无趾语老聃曰："孔丘之于至人，其未也邪？彼何宾宾以学子为？彼且蕲以诹诡幻怪之名闻，不知至人之以是为己桎梏邪[32]？"

老聃曰："胡不直使彼以生死为一条，一可不可为一贯者，解其桎梏，其可乎[33]？"

老聃授经

无趾（扭头）走了。

孔子说："弟子们，要努力啊！叔山无趾是一个没有脚趾的人，还要用学习来弥补以前所犯下的过失，更何况德性完美的人呢？"

无趾对老聃说："对于'至人'（即得道之人）来说，孔子还不够格吧？他为什么还聚徒（讲学）呢？他是要以诡异怪诞来博取声名，不懂得'至人'是以声名看作自己的桎梏吧？"

老聃说："你为什么不直接让他把死生当作一贯的事，把可与不可当作一贯的事。（以此）来解除他们的桎梏，这样做不就行了吗？"

无趾说："（这是）天对他的刑罚，怎么能解除呢？"

鲁哀公向孔子问道："卫国有个丑陋的人，名叫哀骀它。与他相处的男人，恋慕他恋慕得不忍离去；女人们一见他，就央求父母说：'与其做别人的妻子，宁愿做先生的小妾。'这样的女人，不止十几个。从来没有听说过他主张什么，只不过总是附和别人罢了。（他）没有君王的地位来救人于死地，（也）没有积蓄的粮食使人果腹，而且又因面目丑恶使天下人惊骇，附和（别人）而没有（自己的）主张，（他的）知识又不超出四

无趾曰："天刑之，安可解[34]！"

鲁哀公问于仲尼曰："卫有恶人焉，曰哀骀它[35]。丈夫与之处者，思之不能去也。妇人见之，请于父母，曰'与为人妻，宁为夫子妾'者，十数而未止也。未尝有闻其唱者也，常和人而已矣[36]。无君人之位以济乎人之死，无聚禄以望人之腹，又以恶骇天下，和而不唱，知不出乎四域，且而雌雄合乎前，是必有异乎人者也[37]。寡人召而观之，果以恶骇天下。与寡人处，不至以月数，而寡人有意乎其为人也；不至乎期年，而寡人信之[38]。国无宰，寡人传国焉[39]。闷然而后应，泛而若辞[40]。寡人丑乎，卒授之国[41]。无几何也，去寡人而行。寡人恤焉若有亡也，若无与乐是国也[42]。是何人者也？"

仲尼曰："丘也尝使于楚矣，适见㹠子食于其母者[43]。少焉眴若，皆弃之而走[44]。不见己焉尔，不得类焉尔。所爱其母者，非爱其形者也。战而死者，其人之葬也不以翣

方之外，然而，男男女女都涌向他，这样的（人）肯定有异乎常人的地方。我召他来，一看之下，果然是丑得吓人。（他）和我在一起，不到一个月，而我就对他这样的人有了倾慕之心；不到一年，我就（完全）信任他了。国中没有宰相，我把国家托付给他。（他）木然奉应，漠然的样子似乎是在推辞。我觉得难为情，但最终还是把国家交付于他。没过多久，（他）离开我走了。我闷闷不乐，好像失去了什么一样，好像在这个国家里没有人能和我共乐了。这是个什么人呀！"

孔子说："我也曾经出使楚国。正好看见（一群）小猪在死去的母猪身上吃奶。很快，就惊慌地逃离母猪。（因为母猪）不看它们，不和它们是一类。它们爱自己的母亲，不是爱母猪的形体，而是爱其形体上的、主宰形体的东西。战死的人，下葬时用不着棺材饰物；受过砍脚刑罚的人，他们的鞋子也不再得到爱惜。（这）都是（因为）根本的东西丧失掉了。作天子的侍从，（女的）不剪指甲，不穿耳洞；（男的）娶老婆的人就赶出宫外，不让他再回来。形体完整还尚且如此，更何况德性完整的人呢！现在，哀骀它没有言说而获得

南华真经

注译

〇五七

南华真经

注译

资；刖者之屦，无为爱之[45]。皆无其本矣。为天子之诸御，不爪剪，不穿耳，取妻者止于外，不得复使[46]。形全犹足以为尔，而况全德之人乎！今哀骀它未言而信，无功而亲，使人授己国，唯恐其不授也，是以才全而德不形者也。"

孔子与鲁哀公

哀公曰："何谓才全？"

仲尼曰："死生、存亡、穷达、贫富、贤与不肖、毁誉、饥渴、寒暑，是事之变、命之行也[47]。日夜相代乎前，而知不能规乎其始者也[48]。故不足以滑和，不可入于灵府[49]。使之和豫，通而不失于兑；使日夜无郤，而与物为

信用，没有功劳而为人敬重，这样的人一定是才能完整、德性不外露的人呵！"

哀公说："什么是才能完整？"

孔子说："生死存亡，得志失意，贫富贤愚，耻辱荣耀，饥渴寒暑，这些都是事情的变化，天命的运行。眼前是日夜的交替，而心智是不能探知它的根本。所以，不能扰乱心性的和顺，不能使之进入心灵。使人平和，与外物相通而又不至于流于外物。使得日夜不停地相续流逝，而随顺外物而为春天（或秋天），这是与外物接触后，内心反映出四时的变化啊。这就叫做'才能完整'。"

"什么叫德性不外露呢？"

答："平的状态，是水最平静最静止的状态。它可以当作法度，（即）内心保持（平和）而外部也不能游荡（的法度）。有德的人，是养成了和顺修养（的人）。德性不外露的人，外物与他同在。"

他日，哀公告诉闵子（孔子的学生）说："我初当国君的时候，肩负着管理人民的职责，为他们的生死而感到忧虑，自以为这是最高的德性了。今天，我听了'至人'的话，恐怕我并没有名副其实，不仅是作贱自己而且使国家灭

春，是接而生时于心者也[50]。是之谓才全。"

"何谓德不形[51]？"

曰："平者，水停之盛也。其可以为法也，内保之而外不荡也[52]。德者，成和之修也[53]。德不形者，物不能离也。"

哀公异日以告闵子曰[54]："始也吾以南面而君天下，执民之纪而忧其死，吾自以为至通矣[55]。今吾闻至人之言，恐吾无其实，轻用吾身而亡其国。吾与孔丘非君臣也，德友而已矣！"

闉跂支离无脤说灵公，灵公说之，而视全人——其脰肩肩[56]。甕㼜大瘿说齐桓

齐桓公与管仲

亡。我和孔子的关系不是君臣（的关系），是德性修养的朋友（关系）啊！"

有脚拐、背驼、没有嘴唇的人去游说卫灵公。卫灵公喜欢他，（以至于）看健全的人反而觉得其脖子要用肩膀来支撑（的样子有些别扭）。有个脖子上长着瓦盆大的瘤子的人去游说齐桓公，桓公喜欢他，（以至于）看健全的人反而觉得其脖子要用肩膀来支撑（的样子有些别扭）。所以，德性上有过人之处，对身骸形迹就有所"忘"。人，不忘他已然忘却的而忘掉他所不曾忘掉的，这叫做"真正的忘"。

所以，圣人是可以逍遥的，（这时，他）把智谋当作孽障，约束当作胶粘（般不自由）。德性当作社会风化（的结果），工巧当作商用的谋利。圣人不去谋求，用智谋干什么？不用斧斤砍开东西，用胶水干什么？没有任何丧失，用德（即得）干什么？不买卖东西，用商业干什么？这四件事，都是天的养育。天的教育，就是天的哺育。既然受食于天，又用人为干什么呢？（圣人）有人的外形，但没有人的情感。有人的外形，所以（圣人）能与人相处；没有人的情感，所以（圣人）是非不沾染在身。渺小啊，（那些）属于人（性）的方面；

公，桓公说之，而视全人——其脰肩肩[57]。故德有所长而形有所亡。人不忘其所忘而忘其所不忘，此谓诚忘。

故圣人有所游，而知为孽，约为胶，德为接，工为商[58]。圣人不谋，恶用知？不斫，恶用胶[59]？无丧，恶用德？不货，恶用商？四者，天鬻也[60]。天鬻者，天食也。既受食于天，又恶用人！有人之形，无人之情[61]。有人之形，故群于人；无人之情，故是非不得于身[62]。眇乎小哉，所以属于人也；謷乎大哉，独成其天[63]。

惠子谓庄子曰[64]："人故无情乎？"

庄子曰："然。"

惠子曰："人而无情，何以谓之人？"

庄子曰："道与之貌，天与之形，恶得不谓之人[65]？"

惠子曰："既谓之人，恶得无情？"

庄子曰："是非吾所谓情也。吾所谓无情者，言人之不以好恶内伤其身，常因自然而不益生也[66]。"

宏大啊，只有那成就天（性）的方面。

惠子对庄子说："人原本就没有情感吗？"

庄子说："是的。"

惠子说："人没有情感的话，凭什么你为人呢？"

庄子说："道赋予了他容貌，天赋予了形体，为什么他不叫人呢？"

惠子说："既然叫做人，为什么没有情感呢？"

庄子说："我所说的情感（从根本上说）就是是非。我所说的没有情感的人，是说他不以（自己的）好恶（之情）来伤害身心，总是因任自然而不去（人为地）追求对身躯的好处。"

惠子说："不追求对身躯的好处，怎么能有他的身躯呢？"

庄子说："道赋予了他容貌，天赋予他形躯，不要因为好恶（之情）而伤害身心。现在，您放逐自己的'神'于外，劳苦自己的'精'（力），倚在树下与人辩论，靠着干枯的梧桐而眠。天赋予您形体，您却用它来宣扬'坚白'之论。"

惠子曰："不益生，何以有其身？"

庄子曰："道与之貌，天与之形，无以好恶内伤其身。今子外乎子之神，劳乎子之精，倚树而吟，据槁梧而瞑[67]。天选子之形，子以坚白鸣[68]。"

注释：

[1]兀：通"跀"，独脚，断足之刑罚后的残疾。王骀：假设人名。相或：相当，差不多。

[2]常季：人名。

[3]中分鲁：平分鲁国。意即在鲁国他们的学生是一半对一半。

[4]"无形而心成"句，言不必诉诸形容言语，内心就有所知。

[5]直后未往：只是落在后面而未能去追随。直，只。后，落后。未往，没有从学于王骀。

[6]王先生：超过先生。王，超过。庸：常人。

[7]审：知晓。假：凭借。无假，无所凭依，相当于无待。命：听命于。宗：根本。

[8]"自其异者视之，肝胆楚越也；自其同者视之，万物皆一也"句，言若从事物的差异性这一角度来看，肝和胆的距离（或差别）就像楚国和越国的距离（或差别）一样大；若从事物的同一性这一角度来看，万事万物都是一样的。案：这是庄子的齐物命题，在此处说明美与丑、健全与残缺之间的差别并不足以蒙心，真正值得关注的，是人的

内在精神：德。下文的"德不形"命题，也是论证这一主题的。

[9]"不知耳目之所宜"句，"所宜"，所适宜；句谓不知道耳目所感到适宜的对象（声色）是什么。这就是说耳目所感的声色犬马之类，是无所谓的；重要的是"徇耳目内通"（《人间世》）和"听于无声，视于无形"（即道）——亦即"游心于德之和"：游心在德（性）的和谐境界里。

[10]"物视其所一而不见其所丧，视丧其足犹遗土也"句，从"道通为一"（《齐物论》）的立场来看，多一只脚少一只脚是一样的，因而王骀不知道他少了一只脚，他把脚看成弃土。

[11]彼为己：他修一己之身；彼，他，指王骀。"以其知得其心"，用感官之知来提炼成心知（思虑谋略之知）。"以其心得其常心"，用他的心知来达到他的常心（真常之心，即灵明不昧之心）。

"以其"两句概括了庄子心性论的基本点：与器质之心相对的有心灵意义的"心"，它可以分成两个部分：一、心；二、常心。心和常心的外围是感知（目视，耳闻，手触……）。外围的感官之知可以奔流入心知，心思、计谋、机巧、诡辩、策略……等都是属于心知范畴，庄子的成心、机心之类也正和此心相当。与"心（知）"不同，常心是超心思的。从心知的观点来看，常心是浑浑噩噩、昏昏昧昧的，庄子中屡见不鲜的"去和"、"忘"之类正描述了常心的状态。然而，常心的

南华真经

注译

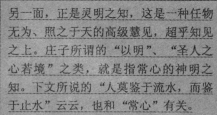

另一面，正是灵明之知，这是一种任物无为、照之于天的高级慧见，超乎知见之上。庄子所谓的"以明"、"圣人之心若境"之类，就是指常心的神明之知。下文所说的"人莫鉴于流水，而鉴于止水"云云，也和"常心"有关。

[12]鉴：镜子，这里指观照。唯止能止众止：只有止水才能留下万物的静影。

[13]生，通"性"。正生即正性，指合乎本性。

[14]保：持守。征：信守诺言。

[15]要：要求。官：主宰。府：府藏。直：只。寓：寄寓。六骸：头、身、四肢，指代人身。"直寓六骸"，只是以人身为寄寓之所。"象耳目"，以耳目为虚象（案即摆设）。"一知之所知"，用使万物成为"一"的神明之知来照乎所知的境域。"心未尝死者"，指得常心的人。参本篇注[9]。

[16]登假：上升，即登升玄道。

[17]申徒嘉：郑国人。子产：郑国大夫，姓公孙名侨，字子产。伯昏无人：假托人名。

[18]止：停下，这里指留下。

[19]其：还是、抑或。

[20]见执政而不违：看见执政大臣而不加回避：子产为郑国的执政大臣，故有此说。齐：一致。"齐执政"，和执政大臣一样。

[21]计：估计。自反：自我反省。

[22]状：陈述。

[23]羿：传说中的善射者。彀：拉满弓。彀中，射程之内。

[24]中央：中间。中地：被命中之地。

[25]怫：通"勃"。"怫然而怒"，

勃然大怒。废然：怒平气息的样子。

[26]洗我以善：以善束洗我（心）。

[27]寤：醒悟。

[28]蹴然：变色。

[29]子无乃称：您别这样说了！称，称述。

[30]叔山无趾：假托人名。踵见：用脚后跟行走去拜见。

[31]谨：谨慎。犯患：遭殃。

[32]蕲：求。诡诡：奇异。桎梏：镣铐。

[33]一条：犹一贯。

[34]天刑之：天对他的惩罚。句谓孔子违反了天性而遭受惩罚。

[35]恶：丑陋。哀骀它：假托人名。

[36]和：附和，即和而不唱之意。

[37]君人之位：人君的地位。济：救助。聚：积聚。禄：俸禄。望：本指月满，这里指饱满之意。"望人之腹"，使人肚子饱满。"以恶骇天下"，面目丑陋得使天下人感到害怕。四域：四方。"雌雄合于前"，男男女女集合在他那里。

[38]有意乎其为人也：对他的为人产生了倾慕之意。期年：一年。

[39]宰：宰相。传国：把国家政事相托付。

[40]闷然：神情淡漠的样子。泛：漠不关心。辞：推辞。

[41]丑：难为情。

[42]恤焉：忧虑貌。

[43]适：恰好。豚：通"豚"，小猪。食：指吃奶。

[44]少焉：一会儿。眴若：惊

慌状。

[45]翣：棺材的装饰物。翣资，棺材的费用。刖：断足的刑罚。屦：鞋子。

[46]诸御：侍从。

[47]命之行：天命（即天道）的运行。

[48]规：同"窥"，探知。

[49]滑：乱。和：和顺。灵府：即心灵。

[50]和豫：和顺安逸。兑：通"悦"，喜悦。郤：通"隙"。无郤，没有间断。"接而生时于心"，接触外物，在内心产生了四时的变化。意即顺物。

[51]德不形：德性（本性之全）并不依赖于形体（可形之于外）。这是庄子的重要命题，参本篇注[8]。

[52]荡：动荡。

[53]成和之修：养成和顺的修养。

[54]闵子：人名，孔子弟子。

[55]纪：纲纪，法纪。通：通达。

[56]闉跂支离无脤：假设人名。闉：屈曲。跂：通"企"，踮脚。支离：形骸不全。脤：唇。"说灵公"，游说灵公。"灵公说之"，灵公喜欢他；说，喜悦。胒：颈。肩肩：用肩膀来担负（即支撑）。

[57]瓮㼜大瘿：假托人名。瓮㼜，瓦盆。瘿，病瘤。"瓮㼜大瘿"，脖子下面长着瓦盆大小的瘤子的人。

[58]孽：祸害。约：约事；胶：胶

着。接：与外界接触，这里指社会风化。工：工巧；商：生意；有谋利之意。

[59]斫：砍削。

[60]鬻：通"育"，养育。

[61]有人之形，无人之情：有人的外形，没有人的情感。案：庄子所谓的"情（感）"是纠缠于是非臧否的，下文说："是非吾所谓情也"，可证。

[62]群与人：与人为群，和众人在一起。

[63]眇：细小。螯：阔大。

[64]惠子：即惠施。

[65]与：赋予。

[66]常因自然：总是顺合自然。不益生：不贪求生命。益，增多，这里指人为地增多，即贪求。庄子的"不益生"之论可以和老子的"贵大患若身"（十三章）、"生生之厚"（五十章）、"益生曰祥（案：祥即妖）"（五十五章）相互参证。

[67]神：心神；精：精气。据：靠着。槁梧：干枯的梧桐树。瞑：通"眠"。

[68]选：选择，决定。"坚白"，惠施、公孙龙等名家的论题。"以坚白鸣"，以坚白之说向世人喧嚷。

大宗师第六

知天之所为，知人之所为者，至矣。知天之所为者，

南华真经

注译

内篇

○六一

大宗师第六

知道天的作用，知道人的作用，就到顶了！知道天的作

南华真经

注译

天而生也；知人之所为者，以其知之所知，以养其知所不知，终其天年而不中道夭者，是知之盛也[1]。

虽然，有患：夫知有所待而后当，其所待者特未定也[2]。庸讵知吾所谓天之非人乎？所谓人之非天乎？且有真人而后有真知。

何谓真人？古之真人，不逆寡，不雄成，不谟士[3]。若然者，过而弗悔，当而不自得也。若然者，登高不慄，入水不濡，入火不热。是知之能登假于道也若此[4]。

古之真人，其寝不梦，其觉无忧，其食不甘，其息深深。真人之息以踵，众人之息以喉[5]。屈服者，其嗌言若哇[6]。其耆欲深者，其天机浅[7]。

真人图

用是自然而然地产生；知道人的作用是（通过）用人的智识所知道的去"养"其智识所不知道的。（因而）能终享天年而不中途夭折，这就是智识的顶点。

虽然如此，也还有缺陷。智识必有所依赖然后才能允当，（但）它所依赖的东西不能确定呀！怎么知道我所说的"天"不是"人"，所说的"人"不是"天"呢？有"真人"才能有"真知"。

什么叫"真人"？古代的真人，不以失败为不顺利，不居功自傲，不对任何事殚思竭虑。像这样的人，有了过失也不追悔，处事得当也不沾沾自喜。像这样的人，登临高处而不颤栗，到了水里也淹不着，到了火里也热不着，这是智识能达到道（的高度）的人才能做到的。

古代的真人，睡觉不做梦，醒来也没有忧思，吃饭也不求美味佳肴，呼吸深沉。真人是用脚跟呼吸的，众人是用咽喉呼吸的。（辩论中）说不过别人的人，他咽塞在喉咙里的话就像要呕吐一样。那些嗜好欲望深的人，天机就浅。

古代的真人，不知道贪恋生，（也）不知道害怕死。他出（生）时并不高兴，他入（土）时也不拒绝。飘然而去，

古之真人，不知悦生，不知恶死。其出不䜣，其入不距；翛然而往，翛然而来而已矣[8]。不忘其所始，不求其所终[9]。受而喜之，忘而复之[10]。是之谓不以心捐道，不以人助天，是之谓真人[11]。若然者，其心志，其容寂，其颡𫖮[12]。凄然似秋，煖然似春，喜怒通四时，与物有宜而莫知其极[13]。故圣人之用兵也，亡国而不失人心；利泽施乎万世，不为爱人[14]。故乐通物，非圣人也；有亲，非仁也；天时，非贤也；利害不通，非君子也；行名失己，非士也；亡身不真，非役人也[15]。若狐不偕、务光、

伯夷

飘然而来罢了。不忘记他的（生命的）开端，也不追求他的（生命的）终结。受命（于天）时欢欣，忘命时复归（于天）。这就被称之为不用心智来损害"道"，不用人为来助益"天"，这就是所说的"真人"。像这样的人，他的心思专一，他的容颜平静，他的额头开阔。凄清之状，好像秋天一样；温和之状，好像春天一样，（他的）喜怒和四时相联系，顺应外物而不去求知它的尽头。所以，圣人用兵打仗，（即使）亡掉国家也不会失去人心。（圣人的）好处泽被万世，不是出于爱人之意。所以，（那些）乐意与万物打交道的人，不是圣人；有亲情，不是仁；失却时机，不是贤人；不把利与害看作一致的，就不是君子；为了追求名声而丧失了自己的本性，不是士人；死了的和丧失本性的人，都是不能指使别人的啊。像狐不偕（人名）、务光、伯夷、叔齐、箕子、胥余、纪他、申徒狄，都是些以他人的苦差事当作自己的苦差事，以他人安逸当作自己的安逸而不把自己的安逸当作安逸的人。

古代的真人，他的情状是：群而不党，好像有所不足却不接受什么；态度安闲卓然不群却又不固执，胸襟宽广而又不浮华；乐陶陶的样子好像是欢

南华真经

注译

伯夷、叔齐、箕子、胥馀、纪他、申徒狄，是役人之役，适人之适而不自适其适者也[16]。

古之真人，其状义而不朋，若不足而不承；与乎其觚而不坚也，张乎其虚而不华也；邴邴乎其似喜乎，崔乎其不得已乎，滀乎进我色也，与乎止我德也，厉乎其似世乎，謷乎其未可制也，连乎其似好闭也，悗乎其忘言也[17]。以刑为体，以礼为翼，以知为时，以德为循[18]。以刑为体者，绰乎其杀也；以礼为翼者，所以行世也；以知为时者，不得已于事也；以德为循者，言其与有足者至于丘也；而人真以为勤行者也[19]。故其好之也一，其弗好之也一。其一也一，其不一也一。其一与天为徒，其不一与人为徒。天与人不相胜也，是之谓真人[20]。

死生，命也，其有夜旦之常，天也[21]。人之有所不得与，皆物之情也[22]。彼特以天为父，而身犹爱之，而况其卓乎[23]！人特以有君为愈乎己，而身犹死之，而况其真乎[24]！

喜，干这干那，他都是不得已而为之，（他）颜色和悦使我笑逐颜开，（他）随和令我心悦诚服。胸怀宽广啊，又好像和世人一样；高远啊，未可限量；优游啊，好像十分闲逸的样子；心不在焉啊，连要说的话都忘记了。以刑法为根本，以礼仪为羽翼，以智识为时变，以德性为依据。以刑法作为（治国）根本的人，杀人没有什么限制；以礼为（治国）羽翼，是为了将礼推行于世；以智识为时变，是处事之际不得已而为之的；以德性为依据来行事，本来是和有足的人都可以走到山丘上一样平常，而人们却真的以为（只有）脚力劲健的人才能走到的。所以，他所喜欢的，一视同仁；他所不喜欢的，也一视同仁。一样的他一样地看待，不一样的他也一样地看待。一样看待就是以天为师范，不一样看待就是以人为师范。天的方面和人的方面是并行不悖的，这就叫真人。

生和死，是命定的，它有一种日夜交替般的规律，是天定的。人们对于（这些命定或天定）无能为力，这都是人的本性（所致）。人们只是以天为父，从而爱戴它，更何况比天更伟大的道呢？人们只是认为国君（的地位）超过自己，

泉涸，鱼相与处于陆，相呴以湿，相濡以沫，不如相忘于江湖[25]。与其誉尧而非桀也，不如两忘而化其道[26]。

夫大块载我以形，劳我以生，佚我以老，息我以死[27]。故善吾生者，乃善吾死也。

夫藏舟于壑，藏山于泽，谓之固矣[28]。然而夜半有力者负之而走，昧者不知也[29]。藏小大有宜，犹有所遁。若夫藏天下于天下而不得所遁，是恒物之大情也[30]。特犯人之形而犹喜之[31]。若人之形者，万化而未始有极也，其为乐可胜计邪？故圣人将游于物之所不得遁而皆存[32]。善妖善老，善始善终，人犹效之，又况万物所系而一化之所待乎[33]！

夫道有情有信，无为无形，可传而不可受，可得而不可见；自本自根，未有天地，自古以固存；神鬼神帝，生天生地；在太极之先而不为高，在六极之下而不为深，先天地生而不为久，长于上古而不为老[34]。狶韦氏得之，以挈天地；伏戏氏得之，以袭气母；维斗得之，终古不

从而为他效死力，更何况（高于国君地位的）他们（自己）的精纯本性呢？

泉水枯竭了，鱼一起在陆地上呆着，用湿气互相吹拂，用水沫互相沾湿；（与其这样）不如让它们在江河湖海里彼此忘记。与其赞誉尧而非难桀，不如把他们都忘记而同化于大道。

大地负载着我的形体，生命使我劳顿，衰老使我享受清闲，死亡使我（最终）安息。所以，以我的生为乐事就是以我的死为乐事的原因。

把船藏在山谷里，把山藏在大泽中，可以说是牢固的吧！然而，夜半三更的时候，有力气的人扛起来就走，睡梦中的人没有觉察。不论是藏大物还是藏小物，都可以妥善地藏起，但还是有遗失的可能。如果把天下藏在天下中，就不会遗失了，这是稳固事物的根本所在。仅仅是铸造了一个人形就欢欣若狂，（殊不知）像人形这种东西，是千变万化没有穷尽的，他的欢喜岂不就是没完没了吗？所以，圣人要与物不离、顺随于物，物也就不会遗失，得以保全。中途夭折也欣然，终老天年也欣然；生也欣然，死也欣然，（这样的人）人们还（值得）效法，更何况是万事万物的根本、一切变化所依凭的

内篇

南华真经

注译

〇六七

内篇

南华真经

注译

忒；日月得之，终古不息；堪坏得之，以袭昆仑；冯夷得之，以游大川；肩吾得之，以处大山；黄帝得之，以登云天；颛顼得之，以处玄宫；禺强得之，立乎北极；西王母得之，坐乎少广[35]。莫知其始，莫知其终。彭祖得之，上及有虞，下及五伯；傅说得之，以相武丁，奄有天下，乘东维，骑箕尾，而比于列星[36]。

西王母

南伯子葵问乎女偊曰[37]："子之年长矣，而色若孺子，何也[38]？"

曰："吾闻道矣。"

南伯子葵曰："道可得学邪？"

（大道）呢？

道，有情实有期信，但却"无（所作）为"又"无形（迹）"；可以心传却不可以（像知识那样）教授，可以得之于内却不可以看见它（的样子）；自己就是自己的根本；尚没有天地的时候，它本来就存在着；使鬼具有神明，使（天）帝具有神明，生出了天，生出了地；在太极之上也不觉得高，在六合之下也不感到深，比天地的产生还要在先也不觉得长久，比上古（时代）还要久远也不感到老。豨韦氏（人名）得到了它（即道），用来开天辟地；伏戏（人名）得到了它，用来调和元气；北斗（星）得到了它，终古不改运行的轨迹；日月得到了它，永不会熄灭；堪坏（神名）得到了它，占据了昆仑山；冯夷得到了它，用来畅游大江大河；肩吾（山神），凭着它居住在大山中；黄帝得到了它，用以上登云天；颛顼得到了它，凭着它住在玄宫里；禺强得到了它，占据了北极；西王母得到了它，住在少广山上，不知道她的开始，也不知道她的终结；彭祖得到了它，他的寿命上可以达乎虞舜之世，下可以达乎五霸之时；傅说得到了它，凭着它做了武丁的宰相，执掌天下，（死后）乘骑在东

曰：“恶！恶可？子非其人也。夫卜梁有圣人之才，而无圣人之道；我有圣人之道而无圣人之才，吾欲以教之，庶几其果为圣人乎！不然，以圣人之道告圣人之才，亦易矣[39]。吾犹守而告之，参日而后能外天下；已而外天下矣，吾又守之，七日而后能外物；已外物矣，吾又守之，九日而后能外生；已而外生矣，而后能朝彻，朝彻而后能见独，见独而后能无古今，无古今而后能入于不死不生[40]。杀生者不死，生生者不生[41]。其为物，无不将也，无不迎也，无不毁也，无不成也[42]。其名为撄宁[43]。撄宁也者，撄而后成者也。”

女仙图

南伯子葵曰：“子独恶

维、箕尾（两星）之间，与众星并列争辉。

南伯子葵（人名）问女偶，说：“您的年岁已高，但面色像童子一般，什么原因呢？”

答：“我闻得道了。”

南伯子葵说：“道是可以学的吗？”

答：“不！怎么可以呢！您不是那种可能学道的人。卜梁倚（人名）有圣人之才却没有圣人之道，我有圣人之道却没有圣人之才。我想来教他，那他很快就会成为圣人了！其实不然，用圣人之道来教导圣人之才，是容易的吧！我仍然守护着教导着他。三天以后，他才能置天下于度外；能把天下置之度外了，我又守护着他，七天之后，能把‘物’置之度外；能把‘物’置之度外以后，我还守护着他，九天之后，能把生死置之度外；能把生死置之度外了，然后才能进乎豁然贯通（的境界）；豁然贯通之后就能体察到那独立自存的道；体察到那独立的道就能超越古往今来；超越古往今来之后就能达到不死也不生（的境界）。能使有生命的东西死亡的东西，它本身是不会死亡的，能使有生命的东西获得生命的东西，它本身是没有生命的。他对于万物，没有不奉迎的，也没有不欢送的；没有不毁灭的，也

内篇

南华真经

注译

〇六九

南华真经

注译

〇七〇

闻之?"

曰:"闻诸副墨之子,副墨之子闻诸洛诵之孙,洛诵之孙闻诸瞻明,瞻明闻之聂许,聂许闻之需役,需役闻之于讴,于讴闻之玄冥,玄冥闻之参寥,参寥闻之疑始[44]。"

子祀、子舆、子犁、子来四人相与语曰[45]:"孰能以无为首、以生为脊、以死为尻,孰知死生存亡之一体者,吾与之友矣[46]!"四人相视而笑,莫逆于心,遂相与为友[47]。俄而子舆有病,子祀往问之[48]。曰:"伟哉!夫造物者将以予为此拘拘也[49]。"曲偻发背,上有五管,颐高于齐,肩高于顶,句赘指天,阴阳之气有沴,其心闲而无事,跰𨇰而鉴于井,曰:"嗟乎!夫造物者又将以予为此拘拘也[50]。"子祀曰:"女恶之乎[51]?"曰:"亡,予何恶[52]?浸假而化予之左臂以为鸡,予因以求时夜;浸假而化予之右臂以为弹,予因以求鸮炙;浸假而化予之尻以为轮,以神为马,予因以乘之,岂更驾哉[53]!且夫得

没有不完成的。这叫做'撄宁'。撄宁,就是经受干扰而后达到静寂境界。"

南伯子葵问:"您是从哪里听到这些的呢?"

答:"(我)是从副墨(文字的意思)的儿子那里听来的,副墨的儿子是从洛诵(背诵的意思)的孙子那里听来的,洛诵的孙子是从瞻明(眼亮的意思)那里听来的,瞻明是从聂许(咬着耳朵低语的意思)那里听来的,聂许是从需役(所为的意思)那里听来的,需役是从于讴(歌谣的意思)那里听来的,于讴是从玄冥(渺茫昏暗的意思)那里听来的,玄冥是从参寥(高旷虚寂的意思)那里听来的,参寥是从疑始(专心于本始的意思)那里听来的。"

子祀、子舆、子犁、子来四个人在一起谈论,说:"谁要是能把'无为'当作头,把生命当作脊背,把死亡当作屁股,谁要是能知道生死存亡都是一码事,我们(愿)和他成为朋友!"四个人相视而笑,心心相印,就成了彼此的好友。不久,子舆得了病,子祀去看望他。子舆说:"伟大啊!造物主!把我搞成拘挛卷曲的样子。"腰弯背驼,五脏脉管朝上,面颊被挤在肚脐里,肩膀比头顶还高,颈椎向

内
篇

南华真经

注译

〇七一

者，时也，顺也。安时而处顺，哀乐不能入也，此古之所谓县解也[54]。而不能自解者，物有结之[55]。且夫物不胜天久矣，吾又何恶焉！"

俄而子来有病，喘喘然将死[56]。其妻子环而泣之[57]。子犁往而问之，曰："叱！避！无怛化[58]。"倚其户与之语曰[59]："伟哉造化！又将奚以汝为[60]？将奚以汝适？以汝为鼠肝乎？以汝为虫臂乎？"子来曰："父母于子，东西南北，唯命是从。阴阳于人，不翅于父母[61]。彼近吾死而我不听，我则悍矣，彼何罪焉[62]？夫大块载我以形，劳我以生，佚我以老，息我以死。故善吾生者，乃善吾死也。今（之）大冶铸金，金踊跃曰：'我且必为镆铘[63]！'大冶必以为不祥之金[64]。今一犯人之形，而曰'人耳！人耳！'夫造化者必以为不祥之人[65]。今一以天为大炉，以造化为大冶，恶乎往而不可哉！"成然寐，蘧然觉[66]。

子桑户、孟子反、子琴张三人相与友，曰[67]："孰

上，子舆因阴阳不调而生了病，但他内心却悠闲自得。无所事事，蹒跚着走到井台旁，照自己（的形象），说："啊！那造物主又要把我搞成拘挛卷曲的样子了。"子祀说："你厌恶这个样子吗？"答："没有，我干吗要厌恶呢！假如（造物主）把我的左臂变成鸡，我就因此而去让它鸣啼报晓；如果（造物主）把我的右臂变成弹丸，我因此而用它来（打鸟）吃烤鸟肉；如果（造物主）把我的屁股变成车轮，以神来作（拉车的）马，我因此而乘坐它，哪里还用得着再去找车呢！有所得，在于应时；有所失，在于顺应。安于时变而处于随顺（的状态），喜怒哀乐就不能进入心中，这就是古代所称述的'解除倒悬'。不能自己解除倒悬的人，（是因为他）被外物束缚着。况且'物'不能很长久地违背天意，我又厌恶什么呢？"

不久，子来又有了病，奄奄一息，命不久矣。他的妻子儿女在他身边绕着哭泣。子犁去看望他，说："嗨！躲开此！不要害怕生死的变化。"（子犁）倚在门上，对子来说："伟大啊，造化！又要把你变成什么呢？又要把你送到哪里去呢？把你变成老鼠的肝脏么？把你变成虫子的臂膀么？"子来

能相与于无相与，相为于无相为[68]？孰能登天游雾，挠挑无极，相忘以生，无所终穷[69]？"三人相视而笑，莫逆于心，遂相与为友。

莫然有间，而子桑死，未葬[70]。孔子闻之，使子贡往侍事焉[71]。或编曲，或鼓琴，相和而歌曰：

"嗟来桑乎！

嗟来桑乎！

而已反其真，

而我犹为人猗[72]！"

子贡趋而进曰："敢问临尸而歌，礼乎？"二人相视而笑曰："是恶知礼意？"

子贡反，以告孔子曰："彼何人邪？修行无有，而外其形骸，临尸而歌，颜色不变，无以命之[73]。彼何人者邪？"

孔子曰："彼游方之外者也，而丘游方之内者也[74]。外、内不相及，而丘使女往吊之，丘则陋矣！彼方且与造物者为人，而游乎天地之一气[75]。彼以生为附赘悬疣，以死为决疢溃痈[76]。夫若然者，又何知死生先后之所在？假于异物，托于同体；忘其

说："儿子对于父母（之命），（不管）东西南北，都要惟命是从。阴阳之于人，不次于父母之于人。它让我接近死亡而我要是不听从的话，那我就是凶顽不顺了，它又有什么罪过呢？那大地负载我的形体，生命使我劳顿，衰老使我失去活力，死亡使我得以安息。所以，以我的生为乐事正是以我的死为乐事的原因呀！如今，有一个技艺高超的铁匠铸造铁器，铁（在冶炉里）踊跃着，喊道：'我将必定会铸成镆铘剑！'技艺高超的铁匠肯定会认为（这是）不吉祥的金属。现在，（有的人或物）一旦生成人的形状，就喊道：'我是人啦！我是人啦！'那造化的主宰肯定认为（这是）不吉祥的人。现在，把天地当作一个大冶炉，把造化当作大铁匠，到什么地方不可以呢？"（说罢）呼呼地睡去，（不久又）突然地醒来。

子桑户、孟子反、子琴张三个人相交为朋友，说："谁能够相交在不相交（的关系中），相互帮助于不相帮助中？谁能够登上青天，游观在云雾里，上下跳跃于无极之地，忘了生命，消除了终结（即死亡）？"三个人相视而笑，心心相印，于是就成了彼此的朋友。

肝胆，遗其耳目[77]。反复终始，不知端倪，芒然彷徨乎尘垢之外，逍遥乎无为之业[78]。彼又恶能愦愦然为世俗之礼，以观众人之耳目哉[79]？"

子贡曰："然则夫子何方之依[80]？"

孔子曰："丘，天之戮民也。虽然，吾与汝共之。"

子贡曰："敢问其方[81]？"

孔子曰："鱼相造乎水，人相造乎道[82]。相造乎水者，穿池而养给；相造乎道者，无事而生定[83]。故曰鱼相忘乎江湖，人相忘乎道术。"

子贡曰："敢问畸人[84]。"

曰："畸人者，畸于人而侔于天[85]。故曰天之小人，人之君子；人之君子，天之

孔子与弟子

· 不久，子桑户去世了，没有下葬。孔子听说了，派子贡来帮忙料理丧事。有一个人编乐曲，另一个弹琴，两人相和而歌，唱道：

"唉呀！桑户呀！
唉呀！桑户呀！
你已经返回本真了，
我等仍在做人那！"

子贡向前问道："请问在尸体前面歌唱，合乎礼吗？"（子琴张、孟子反）两个人相视而笑，说："你知道礼的本意是什么？"

子贡回去后，把这话告诉了孔子，说："他们是些什么样的人呢？把虚无当作修行的目标，把身躯置之度外，对着尸体唱歌，面不改色，没有办法来形容他们。他们是什么人呀？"

孔子说："他们是逍遥在尘世之外的人，而我是生活在尘世之中的人。尘世之内外是隔离的，我派你去吊丧，是我的浅陋啊！他们正要与造物主同在，遨游于天地之间阴阳之气的流行中。他们把生命看作是身上的肉瘤，把死亡看作毒疮的破溃。像这样的人，又怎么能知道生前死后到底是怎么一回事！（他们）借助于其他东西，寄托于相同的'道'体；忘掉了他们（身中）的肝胆，丢却了他们的耳目；在生死之

内
篇

南华真经

注译

〇七三

南华真经

注译

〇七四

小人也。"

颜回问仲尼曰："孟孙才，其母死，哭泣无涕，中心不戚，居丧不哀[86]。无是三者，以善处丧盖鲁国。固有无其实而得其名乎[87]？回壹怪之[88]"。

仲尼曰："夫孟孙氏尽之矣，进于知矣[89]。唯简之而不得，夫已有所简矣[90]。孟孙氏不知所以生，不知所以死。不知就先，不知就后[91]。若化为物，以待其所不知之化乎[92]！且方将化，恶知不化哉？方将不化，恶知已化哉？吾特与汝，其梦未始觉者邪！且彼有骇形而无损心，有旦宅而无情死[93]。孟孙氏特觉，人哭亦哭，是自其所以乃[94]。且也相与吾之耳矣，庸讵知吾所谓吾之乎[95]？且汝梦为鸟而厉乎天，梦为鱼而没于渊[96]。不识今之言者，其觉者乎？其梦者乎？造适不及笑，献笑不及排[97]。安排而去化，乃入于寥天一[98]。"

意而子见许由[99]。许由曰："尧何以资汝[100]？"

意而子曰："尧谓我汝必躬服仁义而明言是非[101]。"

际反复往来，不知道哪里是开端和终结；在尘世之外茫然无主地徘徊，在（清虚）无为之事中逍遥自得。他们又怎么能稀里糊涂地实行那世俗的礼节，用来让众人去看样子呢！"

子贡说："那么，老师您是依从哪一方呢？"

孔子说："我是上天所惩罚的人呀！尽管这样，我和你一起，去追求尘世之外的生活。"

子贡说："请问如何去做呢？"

孔子说："鱼在水中生活，人在道中生活。在水中生活，给（鱼）挖个水池就可以养（鱼）了；在道中生活，无所事事就可以安然无恙了。所以说，鱼在江湖里互相忘记，人在道术中也互相忘记。"

子贡说："请问畸人是什么？"

孔子说："畸人，就是不同于平常的人而和上天齐一的人。所以说，对于天来说是小人的人，对人来说就是君子；对人来说是君子的人，对于天来说，就是小人。"

颜回问孔子，说："孟孙才（人名），他的母亲死了，（他）哭泣但没有眼泪，心里也不悲伤，在服丧时也不哀痛，没有这三条，却由于善于守丧而名盖鲁国，果真有那种

许由曰："而奚来为轵[102]？夫尧既已黥汝以仁义，而劓汝以是非矣[103]。汝将何以游夫遥荡恣睢转徙之途乎[104]？"

氏唐陶尧帝

尧

意而子曰："虽然，吾愿游于其藩[105]。"

许由曰："不然。夫盲者无以与乎颜色之好，瞽者无以与乎青黄黼黻之观[106]。"

意而子曰："夫无庄之失美，据梁之失力，黄帝之亡其知，皆在炉捶之间耳[107]。庸讵知夫造物者之不息我黥而补我劓，使我乘成以随先生邪[108]？"

许由曰："噫！未可知也。我为汝言其大略：吾师乎！吾师乎！䪠万物而不为义，

没有其实而获得虚名的人吗？我一直很诧异这件事。"

孔子说："那孟孙氏做得很彻底，超过了一般人的知识所达到的地步，（人们）想简化丧礼却办不到，（孟孙氏）已经简化了它了。孟孙氏不知道生的原因也不知道死的原因。不知道恋生，也不知道求死。如果（他）化作其他物事，那只不过是以此来等待不可知的变化而已。况且在将要变化的时候，怎么知道不会变化的呢？在不变化的时候，又怎知已经变化了呢？就拿我和你来说吧，都是在梦中没有醒过来的人啊！他的外在形骸有所改变，但内心却没有损伤，有惊惧的外表却没有被死所扰动的情感。孟孙氏特别清醒，别人哭他也哭，这就是他之所以是这个样子的原因。（人们）互相说的'我呀我呀'的，又哪里知道我所说的'我'（的意思）呢？况且你梦见你变成了鸟在天空奋飞，梦见你变成了鱼而沉没在深渊里。不知道今天的谈话的人，是醒着的人呢，还是睡梦中的人？碰到令人高兴的事还来不及笑，发笑来不及安排。安然于自然的推移，随着变化而变化，谅能进入寥廓的、与天为一的境界。"

意而子（人名）拜见许由。许由说："尧是怎么教育你

内篇

南华真经

注译

〇七五

南华真经

注译

○七六

泽及万世而不为仁，长于上古而不为老，覆载天地、刻雕众形而不为巧[109]。此所游已！"

颜回曰："回益矣[110]。"

仲尼曰："何谓也？"

曰："回忘仁义矣。"

曰："可矣，犹未也[111]。"

他日复见，曰："回益矣。"

曰："何谓也？"

曰："回忘礼乐矣。"

曰："可矣，犹未也。"

他日复见，曰："回益矣！"

曰："何谓也？"

曰："回坐忘矣。"

仲尼蹴然曰[112]："何谓坐忘？"

颜回曰："堕肢体，黜

颜回

的？"

意而子说："尧告诉我：'你必须亲身实践仁义，明辨是非'。"

许由说："你来（这里）干什么呢？尧既然已经用仁义给你脸上刺了字，又用是非割掉了你的鼻子，你将凭什么遨游在自由逍遥的通路上呢？"

意而子说："尽管这样，我还是想在这条道路上走走。"

许由说："不行。那盲人是不能同他欣赏漂亮的容颜的，瞎子是不能同他观摩艳丽的花纹的。"

意而子说："（美女）无庄（人名）忘却了她的美色，力士据梁（人名）忘却了他的力气，黄帝忘了他的智识，都是由于陶冶锻炼（的结果），怎么知道造物主不会抹去我脸上所刺的字，补好我被割去的鼻子，让我有一个完整的形体来追随先生呢？"

许由说："唉！不能揣度呵！我给你说个大概吧：我的老师啊，我的老师啊！调和万物而不是由于'义'，恩泽流布于万代而不是由于'仁'，比上古更古远也不是由于老，包含天地，雕刻着万物的形状而不是由于技巧。这就是（你）所（要）遨游的道路啊！"

颜回说："我有进益了。"

聪明，离形去知，同于大通，此谓坐忘[113]。"

仲尼曰："同则无好也，化则无常也。而果其贤乎！丘也请从而后也[114]。"

子舆与子桑友，而霖雨十日，子舆曰[115]："子桑殆病矣[116]！"裹饭而往食之。至子桑之门，则若歌若哭，鼓琴曰："父邪！母邪！天乎！人乎！"有不任其声而趋举其诗焉[117]。子舆入，曰："子之歌诗，何故若是？"曰："吾思夫使我至此极者而弗得也[118]。父母岂欲吾贫哉？天无私覆，地无私载，天地岂私贫我哉？求之为之者而不得也！然而至此极者，命也夫！"

坐忘图

孔子说："什么意思？"

答："我忘却仁义了。"

说："很好，不过还不够。"

过了几天，又见面了。（颜回）说："（又）有进益了。"

（问）道："什么意思？"

说："我忘却礼乐了。"

说："很好，但还不够。"

又过了几天，又见面了。说："我有进益了。"

问："什么意思？"

答："我'坐忘'了。"

孔子神色顿变，问："什么是'坐忘'？"

颜回说："废弃肢体，抛弃耳聪目明，离析肢体，涤除智识，与大道同一，这就叫'坐忘'。"

孔子说："同于大道，就没有偏好了；随顺大化就不会执着了。你果然是贤人呵！我也愿步你后尘呵！"

子舆和子桑做朋友，但下了十天的雨。子舆说："子桑恐怕是饿了。"拿上饭去给他送去。到了子桑的门前，（听到里面）像唱歌又像哭泣，正在弹琴唱道："父亲呵，母亲呵！天呵，人呵！"有气无力，而又急促地唱念着他的诗句。子舆进门，说："您吟唱歌诗，为什么像这样呢？"子桑说："我想不明白是什么使我陷入如此

南华真经

注译

注释：

[1]"以其知之所知，以养其知所不知"句，言用智见所能知晓的来怡养智见所不能知晓的。智见所能知晓的，形与色也；智见所不能知晓的，道与德也。"中道夭"，生命的中途夭折。

[2]知有所待而后当：知识有所依赖，然后才能允当（即得其实）。知识所依赖的，是外物。所以说："其所待者特未定也。"特，只不过。未定，不能确定。

[3]逆：违背。寡：失败。"不逆寡"，不以失败为背运。"不雄成"，不以成功而趾高气扬。谟：图谋。士：通"事"。"不谟士"，不对任何事苦心殚虑。

[4]栗：通"慄"，战慄。濡：沾湿。登假于道：登升于道。

[5]真人之息以踵：真人的气息由脚跟出入。踵，脚跟。

[6]嗌言：阻塞在喉头的话语。哇：呕吐。

[7]耆：通"嗜"，嗜好。天机：自然的机能。

[8]出：生；入：死。沂：同"欣"：欣喜。距：同"拒"，拒绝、回避。"其出不沂，其入不距"句，谓生不欢欣，死不拒斥，意即顺应。翛然：自由自在的样子。往：死；来：生。以往来喻死生，如《养生主》："适来，夫子时也；适去，夫子顺也。"

[9]始：生；终：死。

[10]受：得到，犹言生；忘：失却，犹言死。复：复归于授受生命的大道。

[11]捐：损害。"不以心捐道"，不以人的心志来损害道。

绝境的。父母哪里会让我贫穷呢？上天无私地覆盖一切，大地无私地承载一切，天地能偏心眼地让我贫困吗？（我）寻找使我贫困的原因，却没有找到！然而我陷入了如此绝境，（是）命呵！"

* * *

[12]心志：心神专一。容寂：面容平静。颡：额头。頯：宽阔的样子。

[13]凄然似秋，暖然似春，喜怒通四时：言与物婉转，随顺之意。与物有宜：和万物相配合。宜，配合。参《德充符》："与物为春，是接而生时于心者也。"

[14]利：好处；泽：恩泽。

[15]乐通物：乐意与万物打交道。有亲：有所偏爱。天时：疑即"失时"，兹从钟泰《庄子发微》作"失时"解。行名：追求名声。亡身：死亡。不真：不能保存真性。役：役使。

[16]狐不偕、务光、伯夷、叔齐、箕子、胥余、纪他、申徒狄：都是人名，传说中的贤人，都是为名为义而死的人。适：舒适。

[17]状：外表与情态。义：宜。朋：朋党。"义而不朋"，与物相处有宜而不结交朋党，即群而不党之意。

若不足而不承：好像有所不足却不接受什么。容与：态度安闲的样子。觚：特立超群之意。坚：坚实，这里指固执。张乎：阔大的样子，这里指胸襟开阔。华：浮华。邴邴：欣喜貌。崔崔：运动的样子。滀乎：颜色和悦的样子。与乎：随和的样子。止我德：使我心性归服。历：疑作"广"。"广乎其似世也"，胸怀宽广又好像和世人一样。謷乎：高远的样子。连乎：绵远的样子。悗乎：心不在焉的样子。

[18]刑：刑法。体：主体。"以刑为体"，以刑法为主，为根本。"以知为时"，以智识为时变。时，时变。"以德为循"，以德性为依据。循，依据。

[19]绰乎：宽广的样子。

[20]"天与人不相胜"句，言天和人不相抵触。相胜，相抵触、相侵犯。

[21]夜旦：日夜。

[22]有所不得与：有不能干预的。与，参与、干预。情：情实。

[23]特：只是。卓：卓越。

[24]愈乎己：超过自己。愈，超过。

[25]涸：干涸。呴：吐气。濡：沾湿。沫：口沫。

[26]誉：称颂。

[27]大块：大地。佚：同"逸"，安逸。

[28]壑：山沟。固：牢固。

[29]昧：通"寐"，睡着。

[30]藏大小：当作"藏小大"，意即藏小于大。有宜：得当。遁：同"遯"，丢失。恒：固定。

[31]特：仅，只。犯：同"范"，模范。"犯人之形"即"范人之形"，铸出一个人形。

[32]"圣人将游于物之所不得遁而皆存"句，言圣人要处于万物不能丢失

的地方，保有万物。

[33]妖：同"夭"，夭折。万物之所系：万物的根本。一化之所待：一切变化所依凭的。

[34]情：情实；一说"情"乃"精"（参朱谦之《老子校释》），其说可存。信：期信，即规律之意。可传而不可受：可以心传却不可以授受（如教授）。自本自根：言没有什么东西可以作为道的根本，道自己作为自己的根本。"未有天地，自古以固存"、"先天地生而不为久，长于上古而不为老"——此言道在时间上的无限性；"在太极之先而不为高，在六极之下而不为深"——此言其空间上的无穷性。

[35]狶韦氏：传说远古时代的帝王。挈：提举，驾驭。伏戏氏：即伏羲氏，传说古代的帝王。袭：和合。气母：元气。维斗：北斗星，此为神名。忒：差错。堪坏：昆仑山神。袭：进入。冯夷：传说中的河神。大川：大江大河。肩吾：传说中的泰山神。处：居住。黄帝：传说中的古代帝王。登云天：传说黄帝在首山采铜，在荆山铸鼎。鼎成，有龙垂绕在鼎上迎接黄帝，于是黄帝和臣妾七十二人，乘云驾龙，登天成仙。颛顼：又称高阳氏，黄帝之孙，又称玄帝，所以下句说"以处玄宫"。禺强：水神；按五行之说，北方为水，故禺强住在北方，所以下句说："立乎北极"。西王母：传说中的女神，住在少广山，所以下句说："坐乎少广"。

[36]彭祖：传说中长寿的人。"上及有虞，下及五伯"句，言彭祖

南华真经

注译

〇八〇

经历了从有虞氏（舜）到五伯（即春秋五霸）的时代。傅说：殷代的贤臣。相：做宰相。奄：才。东维、箕尾：星座名；传说傅说死后升天，乘骑在东维、箕尾两星之间。

[37]南伯子葵：即南伯子綦。葵、綦上古音同。女偊：假托人名。

[38]色若孺子：面色如小孩一样。

[39]卜梁：即卜梁倚，人名。

[40]守：守护。参：同三。"参日"，即三日。"外天下"，把天下置之度外。"外物"，置身物外之意。"外生"，把生死置之度外。朝：一旦。彻：明彻。"朝彻"，豁然贯通。独：指"道"；"见独"即"体道或得道"。

[41]生生者不生：使生命产生的东西本身是不能被生出的。

[42]将：欢送。迎：奉迎。毁：毁灭。成：成形。

[43]撄：扰乱。宁：平静。"撄宁"，虽受干扰却保持宁静。

[44]副墨、洛诵、瞻明、聂许、需役、于讴、玄冥、参寥、疑始：虚拟人名。副墨，喻文字。洛诵，喻传诵。瞻明，喻明目。聂许，喻附耳低语。需役，喻辛勤劳作。于讴，喻歌谣。玄冥，喻虚寂幽远。参寥，喻高远广阔。疑始，喻迷茫无所依归。

[45]子祀、子舆、子犁、子来：虚拟的人名。相与语：交谈。

[46]尻：屁股。

[47]莫逆于心：心心相印的意思。

[48]俄而：不久。问：问候，看望。

[49]拘拘：屈曲不直的样子。

[50]曲偻：驼背。发背：后背向上凸起。

五管：五脏的脉管。

颐：脸颊。齐：通"脐"，肚脐。

句赘：颈椎。"句赘指天"，颈椎上突的样子。

沴：阴阳之气不和顺而产生的危害。

跰𨇤：蹒跚，步履跌撞的样子。

[51]恶：讨厌。

[52]亡：无，没有。

[53]浸：渐渐。假：假如。

化予之左臂以为鸡：把我的左臂变成鸡。

时夜之司夜，指雄鸡啼晓。

鸮炙：烤斑鸠肉。

更：更换。驾：车。

[54]县：同"悬"。县解，解除倒悬之苦，参《养生主》注[22]。

[55]物有结之：被外物纠缠，像结绳一样。

[56]喘喘然：喘息急促的样子。

[57]妻：妻子；子：儿女。环：围着。

[58]叱：呵叱声。避：躲开。怛：惊恐。"无怛化"，无须惊恐生死的变化。

[59]倚：靠。户：门。

[60]为：这里是改变的意思。"又将奚以汝为？"要把你变成什么东西？

[61]翅：啻。不翅，不啻、何止的意思。

[62]悍：凶恶。

[63]冶：冶铁的匠人。金：金属，铜器、铁器。

踊跃：跃起。

镆铘：宝剑名。

[64]不祥：不善、不吉利。

[65]一犯人之形：一旦被铸成人的形状。犯，通"范"，模铸的意思。

[66]成然寐：熟睡。蘧然觉：惊醒。

[67]子桑户、孟子反、子琴张：虚拟人名。

[68]孰：谁。相与于无相与：相交往在无所谓相交往的关系中。

[69]挠挑：循环上升。无极：无尽、无际。

相忘以生：互相把生命都忘了。

[70]莫然：同"漠然"，平静的样子。有间：顷刻之间。

[71]侍事：服务丧事的意思。

[72]反其真：复还本初了。猗：语助词。

[73]外其形骸：把身躯置之度外。

[74]方：六合（天地四方所围合的空间）。"方之内"，指尘世；"方之外"，指理想世界。

[75]方且：正要。人：偶；"为人"，即"为偶"，与……相伴随的意思。"与造化为人"，语见《应帝王》。

[76]以生为附赘悬疣，以死为决疣溃痈：把生当作身上附生的赘肉和疮结，把死当作毒疮的破溃。疣、疮。疣、痈，都是毒疮。决，破溃。

[77]假：托，依附、寄托的意思。异物：犹外物。"假于异物"，依附于外物；"托于同体"，寄寓于相同一的"道"。

遗其耳目：忘了耳目，遗，忘。

[78]芒：同"茫"。尘垢：污浊的尘世。

无为之业：即无为之事。

[79]愦愦然：昏乱、糊涂的样子。

[80]方：即前述"方之内（外）"的"方"。依：依从。

[81]方：方法、方术的意思。

[82]造：往、适、到。

[83]穿池：通往水池。养给：养足，给养充足。

生定：本性安定。生，同"性"；定，安定。

[84]畸：畸形。"畸人"，异人。

[85]畸于人：异于人。

侔：齐一。

[86]孟孙才：姓孟孙名才，鲁人。

中心不戚：内心不悲伤。中心，内心，戚，悲伤。居丧：办丧事。

[87]三者：指上面说的"哭泣无涕，中心不戚，居丧不哀"三者。

盖：覆。"盖鲁国"，这里是高于鲁国其他人的意思。

固：究竟，难道。

[88]壹：确实。

[89]进：超过。

[90]简：简化。

[91]就先：向前追逐。就后：向后退避。

[92]若化为物，以待其所不知之化乎：如果已经化作了某物，那就等待着下一次不可知的变化了。

[93]骇形：形体改变。损心：损伤内心。

旦宅：一作"怛诧"，惊惧的样子。无情死：即"无情于死"，对死亡无动于衷。

[94]特觉：特别清醒。

是自其所以乃：这就是他之所以是这个样子的原因。乃，如此。

南华真经

注译

[95]相与吾之耳:互相说的"我呀我的"。

[96]厉:奋飞。没:沉入。

[97]造适不及笑,献笑不及排:碰到高兴的事,还来不及笑,发笑还来不及排遣。造,至。适,适意,这里指令人欣悦的事。献,发。排,排遣。

[98]安排:安于自然的推移。去化:随着变化而变化。入于寥天一:进入了虚廓、与天同一的境界。

[99]意而子:虚拟人名。

[100]资:给与,帮助,这里指教导。

[101]躬:亲身。躬服,身体力行。

[102]轵:通"只",语助词。

[103]黥:脸上刺字涂墨的刑罚。劓:割去鼻子的刑罚。庄子认为,仁义对于人来说,犹如损伤人的本来面目的刑罚。

[104]遥荡:逍遥放荡。恣睢:放纵不拘。转徙:变迁。涂:通"途",道路的意思。

[105]藩:篱巴,这里指范围、境域。

[106]与:鉴赏。好:漂亮,美好。䘏:瞎。黼黻:衣帛上彩绣的花纹。

[107]无庄:虚拟的美人名,喻不假文饰的意思。据梁:虚拟的勇士名,喻强梁横蛮的意思。

炉捶:冶炼锻打,这里比喻在"道"熏陶之下回归本真的意思。

[108]息我黥:抹去我脸上所刺的字。

乘成以随先生:托载完整的形体来追随先生。成,完具之身。

[109]灥:这里指调和的意思。泽:恩泽。

[110]益:多,增进。

[111]犹未:还不够。

[112]蹴然:神色顿变。

[113]堕:通"隳",废毁的意思。

黜:废除。

同于大通:与大道同一。

[114]请从而后:愿步后尘。

[115]霖:连日的阴雨。"霖雨",连绵的阴雨。

[116]殆:大概。病:潦倒、饥饿的意思。

[117]不任其声:声嘶力竭了。趋:急促。"趋举",急促地吟唱。

[118]极:绝境。

应帝王第七

啮缺问于王倪,四问而四不知[1]。啮缺因跃而大喜,行以告蒲衣子[2]。

蒲衣子曰:"而乃今知之乎[3]?有虞氏不及泰氏[4]。

应帝王第七

啮缺问王倪,问了四次,王倪都不知晓。啮缺高兴得跳了起来,跑去告诉蒲衣子。

蒲衣子说:"你现在知道了吧!有虞氏比不上泰氏。(因为)有虞氏他尚且心怀仁

有虞氏其犹藏仁以要人，亦得人矣，而未始出于非人[5]。泰氏其卧徐徐，其觉于于[6]。一以己为马，一以己为牛[7]。其知情信，其德甚真，而未始入于非人[8]。"

伏羲

肩吾见狂接舆。狂接舆曰："日中始何以语女[9]？"

肩吾曰："告我君人者以己出经式义度，人孰敢不听而化诸[10]？"

狂接舆曰："是欺德也[11]。其于治天下也，犹涉海凿河而使蚊负山也[12]。夫圣人之治也，治外乎？正而后行，确乎能其事者而已矣[13]。且鸟高飞以避矰弋之害，鼷鼠深乎神丘之下以避熏凿之患[14]。

义，用来哗众取宠；（尽管他）也能得人心，但还不能超脱外物的牵累。泰氏睡觉时安适坦然，醒来时慵懒自得。一会儿把自己当作马，一会儿把自己当作牛。他的知见确实可靠，他的德性纯粹素朴，却没有囿于外物的牵累。"

肩吾拜见狂人接舆。狂人接舆说："日中始（人名）告诉了你些什么？"

肩吾说："（他）告诉我：'做君王的人凭自己的意志来制定出法度准则，人们谁敢不听从、谁敢不接受教化呢？'"

狂人接舆说："这是虚伪欺骗人的德行！这样的办法对于治理天下来说，就像到海里去开凿河渠，让蚊虫背负大山一样。圣人治理天下，是用法度准则治理人的外在行为吗？（圣人）端正自己，然后推行于人，任人各尽其能就行了。鸟儿尚且知道往高处飞以躲避罗网的捕捉和弓箭的伤害，鼷鼠（也知道）在神坛底下挖一个深洞来躲避烟熏和挖掘的祸患，这两个小虫什么也不懂吗？"

天根（人名）在殷阳畅游，到了蓼河边，正好遇到了无名人（人名），问道："请问如何治理天下？"

无名人说："走开！你这

南华真经

注译

内篇

而曾二虫之无知[15]？"

天根游于殷阳，至蓼水之上，适遭无名人而问焉[16]。

曰："去！汝鄙人也，何问之不豫也[17]！予方将与造物者为人，厌，则又乘夫莽眇之鸟，以出六极之外，而游无何有之乡，以处圹埌之野[18]。汝又何帛以治天下感予之心为[19]？"又复问，无名人曰："汝游心于淡，合气于漠，顺物自然而无容私焉，而天下治矣[20]。"

阳子居见老聃，曰[21]："有人于此，向疾强梁，物彻疏明，学道不倦[22]。如是者，可比明王乎？"

老聃曰："是于圣人也，胥易技系，劳形怵心者也[23]。且曰虎豹之文来田，猿狙之便执斄之狗来藉[24]。如是者，可比明王乎？"

阳子居蹴然曰："敢问明王之治。"

老聃曰："明王之治，功盖天下而似不自己，化贷万物而民弗恃，有莫举名，使物自喜；立乎不测，而游于无有者也[25]。"

郑有神巫曰季咸，知人

个鄙陋的人，怎么问这样不愉快的问题！我正要和造物主为伍，厌烦了，就骑上那只虚无缥缈之鸟，飞出尘世之外，遨游在什么也没有的地方，安身在广阔无垠的旷野里。你为什么拿治理天下的梦话来刺激我的心思呢？"

天根又问，无名人说："你，让心恬淡虚静地运思，让心气平和无住，顺着（事物的）自然本性而不把自己的私见掺杂进去，天下就已经治理好了。"

阳子居（人名）拜见老聃，问道："（假如）这儿有一个人，敏捷有力，明于事理，学道精勤不知疲倦。像这样的人，可以跟贤明的君王相提并论吗？"

老聃说："这样的人，对圣人来说，（不过是）被他们的才能所束缚、拖累的人，是身体劳苦、心里恐慌的人。虎豹皮毛的花纹招致了被猎杀，敏捷的猴子、能凶猛地捕捉狐狸的狗却遭到了绳索的束缚。像这样的人，可以和贤明的君王相提并论吗？"

阳子居面色顿变，说："请问贤明的君王是如何治理天下的？"

老聃说："贤明的君王的治理（方法是：）功盖天下，好像不是归功于自己，化育万

〇八四

物、恩施万物而人民却不觉得受惠于他。（他）有功德却不去谋求名声，而是让万物各得其所。处于不可测度（的变化中），逍遥于虚无的境界。"

郑国有个通神的巫师叫季咸，（他）知道人的生死、存亡、祸福、寿夭，（可以）预言出某年、某月、某旬、某日，像神一样灵验。郑国人看见他，都躲避着跑开。列子见到他，感到心醉神迷。回去以后，告诉了壶子，说："起初，我以为老师您的道术是最高的，现在发现还有更高的人呀！"

壶子说："我教你的尽是些表面的东西，不都是实质性的东西，你果真得道了吗？一群雌鸟中（如果）没有雄鸟，又哪来的鸟蛋呢？你用表面的道术和世人较量，一定会相信（季咸），所以让别人看穿你。你把他请来试试，给我看看。"

第二天，（列子）和他（季咸）去见壶子。（季咸）出来后对列子说："唉！您的老师要死了，活不了了！（寿数）不过十天了！我看到（他）的怪异之相，见到了湿灰了！"列子进门，泪湿衣襟，告诉壶子（季咸所说的话）。壶子说："刚才我向他显示了面如土色，似动非动，这样（他）大概看见断绝了生机。再请他来。"

第二天，（列子）和他

老聃

之死生、存亡、祸福、寿夭，期以岁月旬日若神[26]。郑人见之，皆弃而走。列子见之而心醉。归，以告壶子，曰[27]："始吾以为夫子之道为至道矣，则又至焉者矣。"

壶子曰："吾与汝既其文，未尽其实，而固得道与[28]？众雌而无雄，而又奚卵焉？而以道与世亢，必信，夫故使人得而相汝[29]。尝试与来，以予示之。"

明日，列子与之见壶子。出而谓列子曰："嘻！子之先生死矣！弗活矣！不以旬数矣[30]！吾见怪焉，见湿灰焉[31]。"

列子入，泣涕沾襟以告壶子。壶子曰："乡吾示之以地文，萌乎不震不正，是殆见吾杜德机也[32]。尝又与来。"

明日，又与之见壶子。出而谓列子曰："幸矣！子之

南华真经

注译

〇八五

内篇

南华真经

注译

先生遇我也，有瘳矣[33]！全然有生矣！吾见其杜权矣[34]！"

列子入，以告壶子。壶子曰："向吾示之以天壤，名实不入，而机发于踵[35]。是殆见吾杜德机也。尝又与来。"

明日，又与之见壶子。出而谓列子曰："子之先生不齐，吾无得而相焉[36]。试齐，且复相之。"

列子入，以告壶子。壶子曰："吾乡示之以太冲莫胜，是殆见吾衡气机也。鲵桓之审为渊，止水之审为渊，流水之审为渊[37]。渊有九名，此处三焉。尝又与来。"

明日，又与之见壶子。立未定，自失而走[38]。壶子曰："追之！"列子追之不及。反，以报壶子曰："已灭矣，已失矣，吾弗及已。"

壶子曰："乡吾示之以未始出吾宗[39]。吾与之虚而委蛇，不知其谁何，因以为弟靡，因以为波流，故逃也[40]。"

然后列子自以为未始学而归。三年不出，为其妻爨，食豕如食人，于事无亲。雕琢复朴，块然独以其形立[41]。

（季咸）又来见壶子。（季咸）出来对列子说："幸好啊！您的老师遇上了我，有救了！完全有生气了。我看到他闭塞的生机开始变化了。"

列子进门，（把季咸的话）告诉壶子。壶子说："刚才我向他显示了天地间的生气，名实不入于心，一线生机从脚跟升起。这样（他）大概看见了我好转的契机了。请他再来。"

第二天，（列子）和他（季咸）又一同去见壶子。（季咸）出来对列子说："您的老师没有斋戒，我不能为他看相。让他斋戒了，再来为他看相。"

列子进门，（把季咸的话）告诉壶子。壶子说："刚才我向他显示了没有征兆的阴阳调和的状态，这样（他）大概是看到了我持平不变的气机了。鲸鱼盘旋之处可以成为深渊，静水所在之处也可以成为深渊，流水回旋之处也可以成为深渊。可以成为深渊的情况有九种，我只给他看了三种。请他再来。"

第二天，（列子）又和他（季咸）去见壶子。（季咸）尚未站稳脚跟，就惊慌失措地跑了。壶子说："追上他！"列子没有追上他。回来后，告诉壶子说："看不见了，不知去向了，我没有追上他。"

内篇

纷而封哉，一以是终[42]。

无为名尸，无为谋府，无为事任，无为知主[43]。体尽无穷，而游无朕[44]。尽其所受乎天，而无见得，亦虚而已。至人之用心若镜，不将不迎，应而不藏，故能胜物而不伤[45]。

南海之帝为儵，北海之帝为忽，中央之帝为浑沌[46]。儵与忽时相遇于浑沌之地，浑沌待之甚善。儵与忽谋报浑沌之德，曰："人皆有七窍，以视听食息。此独无有，尝试凿之。"日凿一窍；七日而浑沌死。

龙君图

注释：

[1]啮缺、王倪：人名。另见《齐

壶子说："刚才我向他显示的是：未曾显示我的根本大道。我向他显示了虚寂而又随顺应变的样子，（他）不知道（我）是一个怎样的人，（我）像草遇到风就顺着披靡，像水随着波浪流动，所以他逃走了。"

然后，列子认为自己还没有开始学道，就回到了家。三年不出门，为他妻子烧饭，喂猪就像给人吃饭一样。对待事物无所用心。（从）做作恢复（到）素朴天真，像土块一样无所依傍地活着。对纷纭的世事，（他）封闭起自己。就这样一直到去世。

不要做名誉的承当者，不要心存谋略，不要做工作的人，不要做智识的主人。与无穷无尽浑然一体，逍遥游放于没有征兆形迹的境界。尽自己禀受于天的所能，而不见有所获得，只不过也是虚无罢了。至人的心思，像一面镜子，去者不送，来者不迎；应物而留驻，所以能够胜过俗物而不为外物所损伤。

南海之帝名叫儵，北海之帝名叫忽，中央之帝名叫浑沌。儵和忽（二人）时常在浑沌那里相遇在一起，浑沌很是善待他们。儵和忽（就）想着报答浑沌的恩德，说："人都有七窍来看来听来吃来呼吸，惟独

南华真经

注译

〇八七

南华真经

注译

物论》。

[2]蒲衣子：传说是尧时人。

[3]而：你；乃：才。

[4]有虞氏：舜帝；泰氏：伏羲。

[5]要：交结、笼络。"犹藏仁以要人"，仍然心怀不仁义来笼络人。

非人：外物。"出于非人"，超然物外。

[6]其卧徐徐：安睡时坦然闲适；其觉于于：醒来时慵懒自得。

[7]一以己为马，一以己为牛：一会儿把自己当作马，一会儿把自己当作牛。

[8]情：确实。信，可信。

其德甚真：他的德性精粹淳朴。

未始入于非人：未曾陷入外物的牵累。

[9]日中始：虚拟人名。何以语女：用什么来教导你。

[10]君人者：指君王。己出经式义度：自己拟定法律准则。经，法典；式，规矩；义，裁断之法；度，准则。

化诸：随之变化，这里指接受教化。

[11]欺德：虚伪的德行。

[12]犹涉海凿河使蚊负山：如在海里开凿河渠、让蚊虫背起大山一样。

[13]正而后行：先端正自己，后推行于人。

[14]矰：一种用丝绳系住以便弋射飞鸟的短箭。弋：弋射，用绳系住箭来射。

鼷鼠：小鼠。神丘：社坛。

[15]曾：乃。

[16]天根：虚拟人名。殷阳：地名，殷山之南。

蓼水：河川名。

这个（浑沌）没有（七窍），（我们）试着凿开它。"（于是）每日凿开一窍，七天的时候，浑沌就死了。

* * *

适遭：正遇见。无名人：虚拟人名，喻没有名称的人。

[17]豫：愉快，欣悦。

[18]与造物者为人：与造物者为伍。为人，为偶，为伍。

莽眇：虚无缥缈。

圹埌：空荡辽旷。

[19]帠：未详何字，兹训"呓"，梦话。

[20]漠：淡漠。

容私：夹杂私心成见。

[21]阳子居：即杨朱，字子居。

[22]向：通"响"，回声。疾：快。"向疾强梁"，言敏捷有力。

物彻疏明：言明于事理。彻，洞彻。疏明，窗（漏窗）一样通明。

[23]胥：智慧，这里指有一定才智的小官吏。易：卜筮的巫官，也指有一技之长的人。技：技能、技巧。系：系累，束缚。

怵：害怕，惊扰。

[24]虎豹之文：虎豹皮毛的花纹。来：招致。田：田猎、捕杀。

猨狙：猴子。便：便捷，敏捷。

藜：狐狸。"执藜"，抓狐狸。藉：用绳子拴住。

[25]似不自己：好像不是出于自己。

贷：施恩。恃：依赖。举名：称述名言。

[26]巫：卜测看相的人。神：灵验。"神巫"，灵验的巫师。季咸：人名。

期：预测。"期以岁月旬日若神"，可以预测出某月某日，像神一样灵验。

[27]心醉：心神迷醉，言为季咸所折服。

壶子：人名，列子的老师。

[28]既其文，未尽其实：尽是些表面的东西，不都是实质性的东西。

[29]道：指的是"既其文"的"道"，并不是真正的"道"。亢：同"抗"，对抗的意思。

[30]不以旬数：用不着用旬（十天为一旬）来计算，也就是活不出十天的意思。

[31]吾见怪焉，见湿灰焉：我看见了怪事了，看见了湿灰了。案：湿灰不能复燃，言壶子必死。

[32]乡：刚才。

萌乎不震不正：言似动而非动的状态。

殆：大概。杜：闭塞。德机：生机、生气。

[33]瘳：病愈。"有瘳矣"，有救了。

[34]权：变。"杜权"，言闭塞的生机有了变化了。

[35]名实不入：虚名实利不系于心。

机发于踵：生气从脚后跟升起。

[36]齐：通"斋"，斋戒。

[37]太冲莫胜：没有征迹可寻的阴阳二气调和而成元气的状态（虚寂）。冲，调和。莫胜，没有征兆。

衡：平衡。"衡气机"，气机持平。

鲵：鲸鱼。桓：盘桓，回旋。审：水深之处。

[38]自失：不能自我控制，言季咸极其惊慌以至失措。

[39]未始出吾宗：未曾呈现我的根本。宗，要本。

[40]与之虚而委蛇：他显示了虚寂而又随顺的样子。委蛇，随顺。

弟靡：放任而又顺从的意思。

[41]爨：烧火煮饭。

食：喂养。豕：猪。

块然：像土块一样。

[42]纷而封哉：对世间的纷扰，拒之门外。

一以是终：就这样一直到终生。

[43]无为：不要。名：名声；尸：主。

"无为名尸"，不要做名声的主人。

"无为谋府"，不要在内心里算计。

"无为事任"，不要做事情的承担者。

"无为知主"，不要做智识的主人。

[44]体尽无穷：与无穷无尽浑然一体。

无朕：没有征迹。

[45]用心若镜：这个"镜"，正是老子所说的"玄鉴"。

应：回应。不藏：心里不存留。

[46]儵：虚拟名字；忽、浑沌也如此。

外 篇

骈拇第八[1]

骈拇枝指出乎性哉！而侈于德；附赘县疣，出乎形哉？而侈于性；多方乎仁义而用之者列于五藏哉？而非道德之正也[2]。是故骈于足者，连无用之肉也；枝于手者，树无用之指也；多方骈枝于五藏之情者，淫僻于仁义之行，而多方于聪明之用也[3]。

是故骈于明者，乱五色，淫文章，青黄黼黻之煌煌非乎？而离朱是已[4]！多于聪者，乱五声，淫六律，金石丝竹黄钟大吕之声非乎？而师旷是已[5]！枝于仁者，擢德

晋平公与师旷

外 篇

骈拇第八

脚拇趾和脚趾粘连，手拇指上又生手指，是从自然本性那里来的么？就禀受天赋而言，它（们）是多余的；附生的肉瘤，是从身上长出来的么？就自然本性而言，（它们也）是多余的；过多地滥用仁义（的念头），是存于胸中（即五脏）的么？它（们）却不是道德的真谛。所以，脚趾粘在一起是连了一块没有用的肉；手上旁生的小指是长了一个没有用的手指；在仁义礼智信上横生枝节如脚趾粘连、旁生歧指，就是沉溺于仁义的施行，而过分地滥用聪明了。

所以，（过分）明眼（如脚趾粘连般过分）的人，迷乱于五色，耽滞于（浮丽的）文饰。青黄黑白的纹饰，不是（使人）眼花缭乱吗？离朱（人名）就是这样的人。过分耳聪的人，迷乱于五声，沉湎于六律，不是（不绝于耳的）金石丝竹、黄钟大吕吗？师旷就是这样的人。在仁义上面多生枝节（如旁生歧指一样）的人，标榜德性来沽名钓誉，难道不是让天下（人）喧嚣骚动，去奉行（那）并不尽善的法式吗？曾参、史䲡就是这样的人！如脚趾粘连般（多言）诡辩的人，

南华真经

注译

南华真经

注译

塞性以收名声,使天下簧鼓以奉不及之法非乎?而曾、史是已[6]!骈于辩者,累瓦结绳窜句,游心于坚白同异之间,而敝跬誉无用之言非乎?而杨、墨是已[7]!故此皆多骈旁枝之道,非天下之至正也[8]。

彼正正者,不失其性命之情[9]。故合者不为骈,而枝者不为跂;长者不为有余,短者不为不足。是故凫胫虽短,续之则忧;鹤胫虽长,断之则悲[10]。故性长非所断,性短非所续,无所去忧也。意仁义其非人情乎,彼仁人何其多忧也[11]!

且夫骈于拇者,决之则泣;枝于手者,龁之则啼[12]。二者或有余于数,或不足于数,其于忧一也。今世之仁人,蒿目而忧世之患;不仁之人,决性命之情而饕贵富[13]。故意仁义其非人情乎,自三代以下者,天下何其嚣嚣也[14]!

且夫待钩绳规矩而正者,是削其性也;待绳约胶漆而固者,是侵其德也;屈折礼乐、呴俞仁义,以慰天下之心者,此失其常然也[15]。天下有常然。常然者,曲者不

断章取义,穿凿附会,在坚白同异之辨上费心耗神,难道不是为那些(可以博得)一时的声誉却没有什么用的言论辩护吗?杨朱、墨翟就是这样的人。因此,这些都是(类如)脚趾粘连手生旁指的左道邪门,并非天下最高的真理。

那最高的真理就是:不违背性命的本质(即人的本然之性)。因此,把粘合在一起不当作粘合,把歧生不当作歧生;(对于)长的不认为是多余,(对于)短的不认为是不足。鸭子的腿虽然短,接上一截却使它忧愁;鹤的腿虽然长,砍下一截却使它悲愁。所以,本性上是长的就不要砍下一截,本性上是短的就不要接上一截,(这样)就没有什么忧愁了。(我)想仁义并不是人的本性吧!那些仁人们太多忧多虑了!

那粘连脚趾的人,割开脚趾就会使他哭泣;歧指生于手上的人,咬掉歧指他就会哭喊。这二者,(指、趾数)或者是比正常的数目多,或者是比正常的数目少,它们的忧患却是相同的。现在的仁人,眼光忧郁,为人世间的祸患发愁;不仁的人却搅乱人的性命的本质(即人的本性),贪图荣华富贵。所以,(我)认为仁义不是人的本性啊!自三代以后,天下太喧嚣了!

以钩，直者不以绳，圆者不以规，方者不以矩，附离不以胶漆，约束不以纆索[16]。故天下诱然皆生，而不知其所以生；同焉皆得，而不知其所以得[17]。故古今不二，不可亏也。则仁义又奚连连如胶漆纆索而游乎道德之间为哉[18]？使天下惑也！

夫小惑易方，大惑易性[19]。何以知其然邪？自虞氏招仁义以挠天下也，天下莫不奔命于仁义。是非以仁义易其性与[20]？故尝试论之：自三代以下者，天下莫不以物易

大舜耕于历山野

舜耕于历山

其性矣[21]！小人则以身殉利；士则以身殉名，大夫则以身

南华真经

注译

用钩绳规矩去修正事物，这样就损伤了事物的本性；用绳子胶漆来固定（事物），这样就破坏了事物的（得之于自然的）原貌。拘泥于礼乐，鼓吹仁义，来慰藉普天下的人心，这违背了人之常情。天下事物都有（一种）"常然"（即本然之性）。"常然"就是：对于弯曲的东西不用钩，对于挺直的东西不用绳墨，对于圆的东西不用圆规，对于方的东西不用矩尺——来衡量，对于要粘合在一起的东西不用胶漆，对于要捆缚的东西不用绳索——来完成。所以，天下万物油然而生，不知道它们为什么这样"生"（长）；（万物）在各得其所方面是一致的，却不知道为什么能有所得。所以，（这道理）古往今来是一样的，不能减损（或增加）些什么。那么，仁义又为什么要像胶漆绳索一样连绵不断地掺和在道德之中呢？（这）使天下人感到迷惑啊！

小惑会迷失方向，大惑会改变本性。怎么知道是这样的呢？自从有虞氏标榜仁义扰乱天下以来，天下的人没有不为仁义而奔命的。这不是用仁义来改变人们的本性吗？所以，试论之：自从三代以来，天下没有不以外物来改易本性的！小人则是为了利益而牺牲自己，

外篇

南华真经

注译

一〇九四

殉家，圣人则以身殉天下。故此数子者，事业不同，名声异号，其于伤性以身为殉，一也[22]。

臧与谷，二人相与牧羊而俱亡其羊[23]。问臧奚事，则挟笑读书；问谷奚事，则博塞以游[24]。二人者，事业不同，其于亡羊均也。

伯夷死名于首阳之下，盗跖死利于东陵之上[25]。二人者，所死不同，其于残生伤性均也。奚必伯夷之是而盗跖之非乎[26]？

伯夷

天下尽殉也：彼其所殉仁义也，则俗谓之君子；其所殉货财也，则俗谓之小人[27]。其殉一也，则有君子焉，有

士人则是为了声名而牺牲自己，大夫则是为了家业而牺牲自己，圣人则是为了天下而牺牲自己。所以，这几种人，干的事情不同，名称也不一样，（但）对于损伤本性，把自己作为牺牲品（这一点）上（却）是相同的。

臧与谷两个人相伴去放羊，却都丢了羊。问臧在干什么，（他）手拿书册在读；问谷在干什么，（他）在掷骰子玩。这两个人，干的事情不同，（但）丢了羊（这一点上）却是一样的。

伯夷为求名而死在首阳山下；盗跖为求利而死在东陵山上。这两个人死的原因不同，（但）摧残生命、伤害本性却是一样的。

天下人都在牺牲自己：那些为仁义而牺牲的，世俗称他们为君子；为财货而牺牲的，称他们为小人。同样是牺牲，有的人成为君子，有的人成为小人。如果从摧残生命伤害本性来看，盗跖也和伯夷一样而已，又何须在他们之间区分君子和小人呢？

那些把自己的本性归属于仁义的人，虽然像曾参、史鳅一样（对仁义的）通达，却不是我所说的善；把自己本性归属于五味，虽然像俞儿（人名）一样（对五味的）通达小人焉。若其残生损性，则盗跖亦伯夷已，又恶取君子小人于其间哉？

且夫属其性乎仁义者，虽通如曾、史，非吾所谓臧也；属其性于五味，虽通俞儿，非吾所谓臧也；属其性乎五声，虽通如师旷，非吾所谓聪也；属其性乎五色，虽通如离朱，非吾所谓明也[28]。吾所谓臧者，非仁义之谓也，臧于其德而已矣[29]。吾所谓臧者，非所谓仁义之谓也，任其性命之情而已矣[30]。吾所谓聪者，非谓其闻彼也，自闻而已矣；吾所谓明者，非谓其见彼也，自见而已矣。夫不自见而见彼、不自得而得彼者，是得人之得而不自得其得者也，适人之适而不自适其适者也。夫适人之适而不自适其适，虽盗跖与伯夷，是同为淫僻也。余愧乎道德，是以上不敢为仁义之操，而下不敢为淫僻之行也[31]。

注释:

[1]骈：并。骈拇，骈连的手（足）趾。取篇首两字为篇名，外篇中的题大多如此；《骈拇》篇的主旨是要人们顺乎自然本性，摈弃仁义、名利的矫饰虚

（即获致），却也不是我所说的善；把自己的本性归属于五声，虽然像师旷一样（对五声的）通达（即获致），不是我所说的耳聪；把自己的本性归属于五色，虽然像离朱一样（对五色的）通达（即获致），也不是我所说的目明。我所说的善，指的不是仁义，而是在于得其自然本性罢了；我所说的善，（并）不是所说的仁义的名称，而是率性顺命而已；我所说的耳聪，不是指它能对外界有所听闻，而是对自己有所听闻而已；我所说的目明，不是指它能看见外物，而是观照自己而已。不自己观照自己而去观照外界的人，不自得自己的本性而去以外物之性为（自己的）本性的人，是得到了别人的本性而不是自己得到了自己的本性的人，是以别人的安适为安适而不是以自己的安适为安适的人啊！以别人的安适为安适而不以自己的安适为安适，无论是盗跖还是伯夷，都是一样的过分邪乱，我对于道德有欠缺，所以上不敢行仁义之事，下不敢做过分和偏执（的事）。

*　　　*　　　*

荣，因为名利、仁义、智巧等等，都是违背人的自然本性的。《骈拇》篇相当于一篇道家的人性论。

南华真经

注译

[2]性：自然本性，没有人为的成分；相当于《内篇》所说的"真"（《内篇》中没有"性"字）。

侈：多余。"侈于德"意即对于正常本性是多余的。

附：附着。赘：赘瘤。县，同"悬"。疣，肉瘤。庄子认为，附赘县疣对自然本性来说是多余的。

多方：多生枝节。五藏：肝、心、肺、脾、肾。正：真正的本质或真谛。

[3]淫：耽迷；僻：邪。

聪明：耳聪目明的意思。

[4]骈于明：过分明察的意思。

淫文章：即耽迷于浮丽文饰的意思。

黼黻：古代礼服上绣着的花纹，黑白相间的称"黼"，黑青相间的称为"黻"。煌煌：缭乱的样子。

离朱：传说中的视力（目明）最好的人。

[5]五声：宫、商、角、徵、羽。六律：把竹子截成长短不等的竹筒，吹出清浊高低不同的十二种声音，这十二音又分为阴六音，称为六吕；阳六音，称为六律。六律的名称是黄钟、太簇、姑洗、蕤宾、无射、夹钟。

金石丝竹：泛指各种乐器，因为各种乐器无不以金（金属）、石、丝、竹来做成。大吕：六吕中的第一音。

师旷：人名，著名乐师。

[6]枝于仁者：在仁义上多生枝节的人。

擢：拔。塞：堵塞。

簧鼓：吹笙击鼓，这里是鼓吹标榜的意思。

奉：尊奉。不及：不是尽善尽美。法：法式。

曾：曾参，孔子弟子。史：史鳅，卫灵公的大臣。曾参和史鳅都是一时的俊杰。

[7]累瓦结绳窜句：比喻堆砌辞藻，穿凿文句。坚白同异：是先秦名家（惠施、公孙龙等）、墨家所注重的问题，其详可参考《公孙龙子》和《墨经》。敝：费力的样子。跬誉：一时的近誉。

杨：指杨朱；墨：指墨翟。杨、墨一向并称，而《墨经》中有"坚白、同异"的学说。

[8]至正：最高、最后的真理。

[9]正正：即上文"至正"之误。

性命之情：性命的本质，相当于"性"。

[10]凫：野鸭。

[11]意：同"噫"，感叹词。

[12]决：割裂。龁：咬掉。

[13]蒿：愁苦的样子。蒿目，眼神忧郁。

决：溃乱。"决性命之情"意犹败坏自然本性。饕：贪。

[14]意：认为。"意仁义其非人情乎"，意犹（我）认为仁义并不是人的本性呵。

嚣嚣：喧哗骚动。

[15]待：有待于或依赖于。钩绳规矩：比喻人为的尺度、标准或规范。正：修正，动词。

削：同下文的"侵"相似，是损伤的意思。

屈折：弯躬折背，比喻举乐行礼。

呴俞：吹嘘。

常然：正常的也是本来的样子。

[16]缳索：绳索。

[17]诱然：油然，不知不觉的样子。同：混通为一。

[18]连连：连续不断的样子。

[19]易方：转向，颠倒方向。易性：改变、颠倒本性。

[20]虞氏：即舜。招：标谤。挠：扰乱。

与：同"欤"，感叹词。

[21]物：一切有形的东西，包括人、仁义等。《庄子》中的"物"与"道"相对：道无形而物有形，与我们今天对"物"的理解有所不同。

[22]以身为殉：指把自身当作牺牲品。

[23]臧、谷：家奴和僮仆，或指两个人名。亡：丢失。

[24]筴：同"策"，书册。

博塞：掷骰子一类的游戏，一说下棋之类的游戏。

[25]首阳：首阳山，地名。东陵：东陵山，地名。

[26]是：肯定。非：否定。

[27]天下尽殉：天下人都为了某种目的而牺牲自己。

[28]属：归属。乎：于。"属其性乎仁义"意谓把本性归属于仁义。

通：通达。臧：善。

俞儿：人名，传说中的味觉灵敏的人。

[29]德：得，指得其天性。"藏于其德"句：善，在于得其本性。

[30]任：率任、顺从。

[31]愧：敬畏。

马蹄第九[1]

马，蹄可以践霜雪，毛可以御风寒。龁草饮水，翘足而陆，此马之真性也[2]。虽有义台路寝，无所用之[3]。及至伯乐，曰："我善治马[4]。"烧之，剔之，刻之，雒之，连之以羁馽，编之以皂栈，马之死者十二三矣[5]！饥之，渴之，驰之，骤之，整之，齐之，前有橛饰之患，而后有鞭筴之威，而马之死者已过半矣[6]！陶者曰："我善

马蹄第九

马，蹄可以践踏霜雪，毛可以抵御风寒。吃草饮水，翘足跳跃，这是马的"真性"（纯粹的本性）。虽然有高台殿堂，（对马来说）也没有什么用。到了伯乐那里，说："我善于调教马匹。"（给马）烙上印记，修剪鬃毛，钉上马掌，套上笼头。绑上络头，系上绊腿，拴在马槽上，（这样）死去的马有十分之二三。让马挨饿挨渴，奔驰飞跑，训练修饰，前面有马嚼子和马缨的灾患，后面有鞭笞的威胁，

南华真经

注译

治埴[7]。"圆者中规，方者中矩。匠人曰："我善治木[8]。"曲者中钩，直者应绳。夫埴、木之性，岂欲中规矩、钩绳哉！然且世世称之曰："伯乐善治马，而陶、匠善治埴、木。"此亦治天下者之过也！

吾意善治天下者不然[9]。彼民有常性，织而衣，耕而食，是谓同德[10]。一而不党，命曰天放[11]。故至德之世，其行填填，其视颠颠[12]。当是时也，山无蹊隧，泽无舟梁；万物群生，连属其乡；禽兽成群，草木遂长[13]。是故禽兽可系羁而游，鸟鹊之巢可攀援而阚[14]。夫至德之世，同与禽兽居，族与万物并[15]。恶乎知君子小人哉？同乎无知，其德不离；同乎无欲，是谓素朴。素朴而民性得矣。及至圣人，蹩躠为仁，踶跂为义，而天下始疑矣[16]。澶漫为乐，摘僻为礼，而天下始分矣[17]。故纯朴不残，孰为牺尊[18]？白玉不毁，孰为圭璋？道德不废，安取仁义？性情不离，安用礼乐？五色不乱，孰为文采？五声不乱，孰应六律？

（这时）死去的马已过半数了！陶匠说："我善于调理粘土。（做成的东西）圆的合乎规，方的合乎矩。"木匠说："我善于做木工活。（做成的东西）弯曲的合乎钩，挺直的符合绳墨。"土木的本性，哪里要去符合规矩钩绳呢？然而，世世代代都称说："伯乐善于调教马匹，陶匠木匠善于做土木活。"这也和治理天下的人是一样的过错。

我认为，治理天下的人不（应）是这样。百姓有固定不移的本性，织布以求有衣穿，耕耘以求有饭吃，这是共同的本性。独往独来而又没有偏私，称之为"天放"（即天然的放任）。所以，最有德业的时代，人们行止悠闲，眼神发直。那个时候，山中没有路径隧道，水上没有舟船桥梁；万物都在一起生长，比邻而居；禽兽成群，草木兹长。因而禽兽可以牵着游玩，可以爬到（树上）探视鸟鹊的窝巢。那最有德业的时代，人和禽兽住在一起，和万物并列为伍。哪里知道（有）君子小人呢！混同于无知，人们的德性不会丧失；混同于无欲，就叫做纯朴纯素。纯朴纯素，人的本性就会得到并保有了。等到圣人（出现），拘执于为仁，汲汲于为义，天下开始疑惑了。纵情为乐，烦琐为礼，天下人从此有了分别（即不再混同）了。所以，不把未经加工过的木剖破，怎么能造出祭器？白玉如果不割开（加以雕琢），怎么能有玉器？道德不被废弃，哪儿来的仁义？本性不被疏离，哪儿来的礼乐？五色不错乱相杂，哪儿来的文采？五声不散乱嘈杂，怎么会应合六律？

摧残原木用来做器皿，是工匠的罪过；毁坏道德来追求仁义，是圣人的过失。马，生活在陆地上则吃草饮水，高兴了就用脖子相摩相蹭，发怒了就转身相踢。马的智识仅止于此。（当给马）加上辕轭，配上额饰，马就懂得了折毁车轭、曲颈脱轭、抵触车幔、吐掉嚼子、咬坏笼头。所以马的智识和神态变得和盗贼一样——这是伯乐的罪过啊。

在赫胥氏的时代，人们活着不知道要干嘛，所作所为也不知道有什么目的，一边吃一边嬉戏，肚子吃得鼓鼓的到处闲逛。人的才能也就到此为止了。等到圣人（出现），用磕头作揖的礼乐（程式）来整顿人的举手投足等姿态，倡导仁义来慰藉天下之心，人们才开始争相追求智识，为了利益的目的而争夺，无法制止。这也是圣人的过失啊！

桃源仙境

夫残朴以为器，工匠之罪也；毁道德以为仁义，圣人之过也。夫马，陆居则食草饮水，喜则交颈相靡，怒则分背相踶[19]。马知已此矣！夫加之以衡扼，齐之以月题，而马知介倪、闉扼、鸷曼、诡衔、窃辔[20]。故马之知而态至盗者，伯乐之罪也[21]。

夫赫胥氏之时，民居不知所为，行不知所之，含哺而熙，鼓腹而游[22]。民能以此矣！及至圣人，屈折礼乐以匡天下之形，县企仁义以慰天下之心，而民乃始踶跂好知，争归于利，不可止也[23]。此亦圣人之过也！

外篇

南华真经

注译

一〇〇

注释：

[1]《马蹄》篇进一步发挥了《骈拇》篇的思想，攻讦提倡仁义礼乐的圣人，主张淳朴无知才是人的真正的本性。

[2]龁：咬嚼。陆：通"踛"，跳跃的意思。

[3]羲：通"峨"。羲台即高台。路：大。

寝：居室。

[4]伯乐：姓孙名阳，伯乐为字。秦穆公时人，传说善于相马、驯马。

[5]雒：通"络"。"雒之"意犹给马套上笼头。

连：绑上。羁：带嚼子的马络头。絷：绊腿。

皂：马槽。栈：马棚。

[6]橛：马嚼子。饰：马缨。筴：即策。

[7]陶者：制作陶器的工匠。

埴：粘土。治埴即揉制陶器。

[8]匠人：做木工活的人。

[9]意：意想，认为。

[10]常性：恒常不变的本性。

同德：共同的本质或本性。

[11]一而不党：意谓独往独来而又无所偏私。党，偏私、偏爱。

天放：放任本性。

[12]填填：悠闲的样子。

颠颠：直视的样子，比喻无所用心。

[13]蹊：小径。隧：隧道。

连属其分：居处在一起的意思。

[14]系羁而游：牵着缰绳来游玩。阓，同"窥"。

[15]族，聚集。

至德之世：最有德业或德性（本性）最完满无缺的世代，这是《庄子》所描绘的"理想国"。

[16]蹩躠：本意是跛者走路的样子，这里引申为费劲的样子。

踶跂：耗神费力的样子。

[17]澶漫：放纵、放荡。摘僻：烦琐的样子。

分：礼仪法度的分别。

[18]尊：同"樽"，酒器。牺尊，刻着牺牲物的祭器，这里指与淳朴不残的自然本性相对立的文明。在《庄子》眼里，牺尊、圭璋、仁义、礼乐、文采、音乐（见下文）都是文明的符号。

[19]陆居：生活在陆地上。靡：同"摩"。

踶：同"踢"。

[20]衡：车辕前端的横木。扼：同"轭"，叉着马颈的条木。

齐：修正、装饰，动词。月题：马额上的金属装饰，形状似月。倪：通"睨"。车辕与车衡相连的部件。介倪，折断车轭；一说怒视，可参考。闉：曲。闉扼，马扭曲着脖子，要摆脱"轭"。鸷：抵。曼：通"幔"。鸷曼，即马抵撞车幔的恶态。诡衔：狡诈地吐掉马嚼子。窃辔：偷偷地咬坏缰绳。

[21]马之知而态至盗者：谓马的智识和态度变得像盗贼一样。知，同"智"。

[22]赫胥氏：传说中的古代帝王。

哺：口含食物。熙：通"嬉"，游戏。

鼓腹：吃得很饱的样子。

[23]匡：匡正，修正的意思。

县：同"悬"。县跂，悬举，提倡。

胠箧第十[1]

将为胠箧探囊发匮之盗而为守备，则必摄缄縢，固扃鐍，此世俗之所谓知也[2]。然而巨盗至，则负匮揭箧担囊而趋，唯恐缄縢、扃鐍之不固也。然则乡之所谓知者，不乃为大盗积者乎[3]？

故尝试论之：世俗之所谓知者，不乃为大盗积者乎？所谓圣者，有不为大盗守者乎？何以知其然邪？昔者齐国邻邑相望，鸡狗之音相闻，罔罟之所布，耒耨之所刺，方二千余里[4]。阖四竟之内，所以立宗庙社稷、治邑屋州闾乡曲者，曷尝不法圣人哉[5]？然而田成子一旦杀齐君而盗其国，所盗者岂独其国邪[6]？并与其圣知之法而盗之。故田成子有乎盗贼之名，而身处尧、舜之安，小国不敢非，大国不敢诛，十二世有齐国。则是不乃窃齐国并与其圣知之法、以守其盗贼之身乎[7]？

尝试论之：世俗之所谓至知者，有不为大盗积者乎？

胠箧第十

为了防备那开箱子、掏袋子、撬柜子的小偷，就一定要扎紧绳子，坚固锁头，这就是世俗所说的智识。然而大盗来了，扛起柜子、提起箱子、担起袋子就走，唯恐捆扎得不紧、锁得不牢固呢！那么，刚才所说的智识，不是为大盗准备的吗？

让我们讨论一下：世俗所说的"智识"（即"知"），有没有不为大盗准备的呢？（世俗）所说的圣人，有没有不为大盗看守（东西）的呢？怎么知道是这样的呢？从前的齐国，邻邑相望，鸡犬之声相闻，渔猎所散布（的范围），犁锄所耕（的地方），方圆在两千多里。统括四境之内，所有建立了宗庙社稷、治理着城镇乡村的人，哪有不效法圣人的呢？然而田成子（人名）一下子就杀了齐国国君，盗取了齐国。（田成子）所盗的，岂止是一个齐国！连同它圣人的智识法度都一起盗走了。所以，田成子（虽然）有盗贼的名声，而享受着像尧舜一样的安稳。小国（对他）不敢非议，大国（对他）不敢诛伐，（这样）拥有齐国有十

外篇

南华真经

注译

一〇二

所谓至圣者，有不为大盗守者乎？何以知其然邪？昔者龙逢斩，比干剖，苌弘胣，子胥靡[8]。故四子之贤，而身不免乎戮[9]。故跖之徒问于跖曰："盗亦有道乎？"跖曰："何适而无有道邪！夫妄意室中之藏，圣也；入先，勇也；出后，义也；知可否，知也；分均，仁也[10]。五者不备而能成大盗者，天下未之有也。"由是观之，善人不得圣人之道不立，跖不得圣人之道不行。天下之善人少而不善人多，则圣人之利天下也少而害天下也多。故曰：唇竭则齿寒，鲁酒薄而邯郸围，圣人生而大盗起[11]。掊击圣

像胥子伍

二十国会

人物四卷

伍子胥

二代了，那么，这不就是盗窃了齐国而且连同圣人的智识法度一并盗走，用来保护他的盗贼之身吗？

（再继续）讨论：世俗所说的那种最有智识的，有不为大盗作准备的吗？所说的那种最高的圣贤，有不为大盗作保护的吗？怎么知道是这样的呢？从前，龙逢被斩首，比干被剖心，苌弘被车裂，伍子胥被碎尸万段。这四位先生是贤能的，但也不能避免被杀戮。所以，盗跖的手下问盗跖说："盗贼也有（盗贼的）道吗？"盗跖说："什么地方能没有道呢？能猜度出屋里有什么东西，就是圣；争先入室，就是勇；出室居后，就是义；知道可以或不可以，就是智识；分赃均平，就是仁。如果不具备这五者却能成为大盗的，是从来没有过的。"由此看来，善良的人不获致圣人的"道"就不能有所成就，盗跖不获致圣人的"道"也就不能横行。天下善良的人居少数而不善良的人居多数，那么圣人施于天下的好处是居少数而祸害天下的坏处却居多数。所以说：唇亡则齿寒，鲁国的酒薄淡而赵国的邯郸被围困，圣人现世则大盗兴起。抨击圣人，释放盗贼，天下才能太平。

河水干涸，谷道就空虚

人，纵舍盗贼，而天下始治矣[12]。

夫川竭而谷虚，丘夷而渊实[13]。圣人已死，则大盗不起，天下平而无故矣！圣人不死，大盗不止。虽重圣人而治天下，则是重利盗跖也[14]。为之斗斛以量之，则并与斗斛而窃之；为之权衡以称之，则并与权衡而窃之；为之符玺以信之，则并与符玺而窃之；为之仁义以矫之，则并与仁义而窃之[15]。何以知其然邪？彼窃钩者诛，窃国者为诸侯，诸侯之门，而仁义存焉，则是非窃仁义圣知邪[16]？故逐于大盗，揭诸侯，窃仁义，并斗斛、权衡、符玺之利者，虽有轩冕之赏弗能劝，斧钺之威弗能禁[17]。此重利盗跖而使不可禁者，是乃圣人之过也。

故曰："鱼不可脱于渊，国之利器不可以示人[18]。"彼圣人者，天下之利器也，非所以明天下也。故绝圣弃知，大盗乃止；擿玉毁珠，小盗不起；焚符破玺，而民朴鄙；掊斗折衡，而民不争；殚残天下之圣法，而民始可与论

了；山丘铲平了，深渊就填实了。圣人死掉以后，大盗也不会兴起，天下就太平无事了。圣人（如果）不死，（那么）大盗也不会止息。虽然是借重圣人来治理天下，（实际上）是大大增加了盗跖的利益。制造了斗斛来量度，（他）连斗秤也一起偷走；制造了印章来作信据，（他）连印章也一起偷走；提倡仁义来矫世，（他）连仁义也一块偷走。怎么知道是这样的呢？那些偷窃小钱的人被杀头，而偷窃国家的人却成了诸侯。诸侯那里的仁义不是偷窃仁义和圣人的智识吗？所以，那些追随大盗，做了诸侯，偷窃了仁义和斗斛、秤、印章的利益的人，即使是高车冠冕的赏赐也不能使他（们）动心，（即使是）有斧劈的威胁也不能禁阻他（们）。这种使盗跖获得丰厚的好处而无法禁止的（局面），是圣人的罪过呵！

所以说："鱼儿不能脱离深渊，（治）国的利器不可用来在人前炫耀。"那圣人，就是天下的利器，是不可以用圣人来晓示天下的。因此，抛却"圣"，断弃"知"（即智识），大盗才会止息；扔掉玉，捣毁珠，小盗就不会有了；焚毁印，砸坏章，百姓就会淳朴无华；摔坏斗，折断秤，百姓就不会

南华真经

注译

一〇四

议；擢乱六律，铄绝竽瑟，塞瞽旷之耳，而天下始人含其聪矣；灭文章，散五采，胶离朱之目，而天下始人含其明矣。毁绝钩绳而弃规矩，攦工倕之指，而天下始人有其巧矣[19]。故曰："大巧若拙[20]。"削曾、史之行，钳杨、墨之口，攘弃仁义，而天下之德始玄同矣[21]。彼人含其明，则天下不铄矣；人含其聪，则天下不累矣；人含其知，则天下不惑矣；人含其德，则天下不僻矣[22]。彼曾、史、杨、墨、师旷、工倕、离朱，皆外立其德而以爚乱天下者也，法之所无用也[23]。

子独不知至德之世乎？昔者容成氏、大庭氏、伯皇氏、中央氏、栗陆氏、骊畜氏、轩辕氏、赫胥氏、尊卢氏、祝融氏、伏牺氏、神农氏，当是时也，民结绳而用之，甘其食，美其服，乐其俗，安其居，邻国相望，鸡狗之音相闻，民至老死而不相往来[24]。若此之时，则至治已。今遂至使民延颈举踵，曰："某所有贤者"，赢粮而

争斗了；把天下圣人的法度摧毁干净，才可以对老百姓议论道德；搞乱六律，销毁竽瑟（之类的乐器），塞住瞽者师旷的耳朵，天下的人才能保住他们的耳聪；毁灭纹彩，消散五色，粘住离朱的眼睛，天下的人才能保住他们的明眼。折断钩绳，抛弃规矩，折断工倕（人名）的手指，天下的人才能保住他们的手巧。所以说："大巧若拙。"铲除曾参、史鳅所实行的，钳住杨朱、墨翟的嘴巴，弃绝仁义，天下人的德性才能够暗合。人们内藏他们的明见，那天下就不会光芒闪烁了；人们内藏聪听，那天下就不会为嘈声所累了；人们内藏他们的智识，那天下就不会有疑惑了；人们内藏他们的德性，那天下就不会有邪僻（的行为）了。那曾参、史鳅、杨朱、墨翟、师旷、工倕、离朱，都是（通过）向外炫耀他们的才德，来迷乱天下的人，效法他们是没有用的。

您难道不知道最有德业的世代吗？以前，在容成氏、大庭氏、伯皇氏、中央氏、栗陆氏、骊畜氏、轩辕氏、赫胥氏、尊卢氏、祝融氏、伏牺氏、神农氏的时代，人们结绳记事。以他们的食物为美味，以他们的衣服为美服，喜爱他们自己的风俗，安居在他们自

趣之，则内弃其亲，而外去其主之事，足迹接乎诸侯之境，车轨结乎千里之外[25]。则是上好知之过也[26]。

秦石榴奥裳商宗祖
天礼全生饥寒脱苦

神农

神农氏

上诚好知而无道，则天下大乱矣！何以知其然邪？夫弓弩毕弋机变之知多，则鸟乱于上矣；钩饵罔罟罾笱之知多，则鱼乱于水矣；削格罗落罝罘之知多，则兽乱于泽矣；知诈渐毒、颉滑坚白、解垢同异之变多，则俗惑于辩矣。故天下每每大乱，罪在于好知[27]。故天下皆知求其所不知而莫知求其所已知者，皆知非其所不善而莫知非其所已善者，是以大乱。

己的住处，邻国之间可以互相看到，鸡鸣狗吠的声音也可以相互听到，人们直到老死也互不往来。像这样的世代，就是最太平的世代啊！现在却让人们伸长脖子、踮起脚来说："某个地方有个贤能的人。"带足了粮食去投奔他，这样（弄得）对内抛弃了双亲，对外抛弃了对主子的侍奉，足迹不断地出入于诸侯国境之间，（他们的）车迹远至千里之外。这是高踞于百姓之上的人们喜欢追求智识的过错呀！

高踞于百姓之上的人真是爱好追求智识却又治国无道，那天下可要大乱了。怎么知道是这样的呢？弓弩、网罗、利箭等机巧的智识多了，飞鸟在天上就乱套了；鱼钩钓饵、渔网、鱼篓的智识多了，游鱼在水中就乱套了；兽枷、罗网的智识多了，走兽就在野地里乱套了；机智、巧诈、阴毒、狡黠、（曲辞）坚白、诡辩同异等机变（言论）多了，平民百姓就被诡辩迷惑了。所以，天下常常大乱，罪过就在于好智。所以天下人都知道追求他们所不知道的，而不知道要追求他们所已经知道的；都知道非难他们所不喜欢的，而不知道非难他们所喜欢的，所以才天下大乱。所以对上搅乱了日月的光明，对下熔毁了山川的精华，

南华真经

注译

南华真经

注译

故上悖日月之明，下烁山川之精，中堕四时之施，惴耎之虫，肖翘之物，莫不失其性[28]。甚矣！夫好知之乱天下也，自三代以下者是已！舍夫种种之民，而悦夫役役之佞；释夫恬淡无为，而悦夫啍啍之意，啍啍已乱天下矣[29]！

注释：

[1]胠：撬开。箧：箱盒一类的盛物用的东西。《胠箧》篇的主旨是绝圣弃智，因为圣人之于世，犹大盗之于世。

[2]探囊：摸口袋。发匮：打开柜子。胠箧、探囊、发匮，都是指盗窃行为。

摄：绑紧。缄、縢：都是绑东西的绳子。

固：使坚固，动词。扃：关闩、门钩一类的东西。鐍，箱子上安锁的环状装置。

[3]乡：刚才。积：积聚、准备的意思。

[4]罔：捕鸟的网。罟：捕鱼的网。耒：犁上的木杷。耨：锄草的农具。刺：插。

[5]阖：总合。竟：通"境"。

邑、屋、州、闾：古代对不同规模的居民点的称呼。《周礼·小司徒》郑注引《司马法》："六尺为步，百步为亩，百亩为夫，三夫为屋，三屋为井，四井为邑。"《周礼·大司徒》："五家为比，五比为闾，四闾为族，五族为

中间还破坏了天时的运行，蠕动的小虫，轻微的物体，没有不丧失它们本性的。太厉害了！那好智扰乱天下啊！从三代以来就都是这样。舍弃纯朴的人们而喜爱劳心累神的奸妄，丢弃恬淡无为而喜爱喋喋不休地教诲别人，喋喋不休就扰乱了天下了。

*　　　*　　　*

党，五党为州。"乡曲：偏僻的乡村。

曷：何、何尝，疑问词。法：效法。

[6]田成子：人名，春秋时齐国大夫田恒，也叫陈恒，田、陈古音同。齐君：指齐简公，为田成子所杀。"盗其国"，指田恒弑君篡齐的事件。（详见《左传·哀公十四年》）

[7]十二世有齐国：自成子到齐王建共有十二代以国相传。此句俞樾疑为"世世有齐国"。（参《诸子平议》），严灵峰认为应作"专有齐国"（参《道家四子新编》）。

[8]龙逢：人名，夏桀时的贤人，为桀所杀。

比干：殷纣王的叔叔，被纣王剖心。

脆：撕裂。苌弘：人名，周敬王时的贤臣。

子胥：即伍员，字子胥，为吴王夫差所杀，尸体被装入袋中，抛入江中，所以糜烂江中。靡：通"糜"，糜烂的意思。

[9]戮：杀害。

[10]妄意：瞎猜。

[11]唇竭而齿寒：即"唇亡齿寒"，嘴唇没有了，牙齿就要受冻了。

"鲁酒薄而邯郸围"句：楚宣公朝会诸侯，鲁恭公迟到，而且献上来的酒也没味。于是，楚国便出兵攻打鲁国。梁惠王早想攻打赵国，但又怕楚国援赵，故借楚国讨伐鲁国之机攻赵，包围了赵国的都城邯郸。

以上两句都是为下句"圣人生而大盗起"句作铺垫。

[12]掊：打击。

纵舍：纵容、放走。

[13]丘夷而渊实：意犹山丘被削平了而深渊就被填实了。

[14]重圣人：借重于圣人意思。

重利盗跖：大大有利于盗跖的意思。重，增加。一说重为加倍、双重的意思，义亦可通，其说可存。

[15]斛：十斗的量器。

权：秤锤。衡：秤杆。

符：符契。玺：印章。

[16]钩：指小钱，一说是指腰带钩。诛：杀。

[17]轩：古代大夫以上的官吏所乘的车。冕：古代大夫以上的官吏所戴的礼帽。轩冕，这里指官爵的意思。

劝：鼓励。

钺：状如斧形的一种武器。

[18]这两句引自《老子》三十六章。利器，指圣智仁义等。

[19]绝圣弃知：语见《老子》十九章。绝、弃，都是抛开的意思。

擿：同"掷"，扔掉。

殚：尽。殚残，彻底毁坏。

擢：乱，搞乱。

铄：销毁。竽：一种乐器。

旷：即师旷，古代著名乐师。含：内藏不露。

胶：粘住。

捔：折断。工倕：尧时的著名巧匠。

[20]大巧若拙：语见《老子》。

[21]削：铲除。曾、史：即曾参、史鳅。

钳：钳住。

攘：拒斥。

玄同：混一暗合。语出《老子》。

[22]铄：通"耀"，炫耀。

僻：邪，不正。

[23]外立其德：谓向外炫耀德性。爚：炫耀。爚乱，迷乱。法：效法。

[24]容成氏、大庭氏、伯皇氏、中央氏、栗陆氏、骊畜氏、轩辕氏、赫胥氏、尊卢氏、祝融氏、伏牺氏、神农氏：十二个传说的氏族首领、上古帝王。

"民结绳而用之，甘其食，美其服，乐其俗，安其居，邻国相望，鸡狗之音相闻，民至老死不相往来"：语出《老子》八十章。

[25]延颈：伸长脖子。举踵：踮起脚跟。

某所：某个地方。

赢：盛满。趣：趋。

[26]上：主上或最高统治者。好：推崇、喜好。

[27]弩：一种机械弓。毕：用于捕鸟兽的网。弋：一种用于射鸟的、带绳子的箭。机变：机巧狡诈。

钩：鱼钩。饵：鱼饵。罾：一种渔网。笱：捕鱼的笼子。

削格：捕兽用的一种机械夹板。

南华真经

注译

罗落：罗网。落，通络。罝：捕兽用的网。罦：一种捕兽网。

　　知诈：诡计多端的意思。渐：剧。渐毒，非常恶毒。颉：同"黠"。颉滑，奸滑。坚白：名、墨家所讨论的问题，这里比喻玩弄诡辞。解垢：诡曲的言辞。同异：也是名、墨家所讨论的问题，《庄子》用它来代表诡辩。

　　每每：常常。

　　[28]悖：背反。

烁：熔炼。精：精粹之物。

　　堕：通"隳"，破坏。施：运行。

　　蝡蝡：蠕动的样子。

　　肖翘：轻微。

　　[29]种种：淳朴的样子。

　　悦：喜爱。役役：疲惫的样子。佞：狡黠。

　　释：丢掉。啍啍：同"谆谆"，喋喋不休的样子。

在宥第十一[1]

　　闻在宥天下，不闻治天下也。在之也者，恐天下之淫其性也；宥之也者，恐天下之迁其德也。天下不淫其性，不迁其德，有治天下者哉？昔尧之治天下也，使天下欣欣焉人乐其性，是不恬也；桀之治天下也，使天下瘁

尧

在宥第十一

　　只听说过要使天下自在宽松，没有听说过要治理天下。自在，是怕天下人泛滥他们的自然本性；宽松宽容，是怕天下人改变他们（受之于天）的德性（即本性）。（如果）天下人不泛滥他们的自然本性，不改变他们的德性，哪里还要治理天下的人呢？过去，尧治理天下（的方法是）使天下的人欢欢欣欣的，在人的自然本性上面加上了快乐（的因素），这是不恬淡啊？桀治理天下（的方法是）使天下的人劳苦疲惫，在人的自然本性上加上了苦楚（的因素），这是不舒畅啊？不恬淡、不舒畅并不是人的德性（即自然本性）；不是（根据）人的德性（来治理天下）而能长治久安，天底下没有这种事。

　　（对于人来说）大喜，会损

瘁焉人苦其性，是不愉也[2]。夫不恬不愉，非德也；非德也而可长久者，天下无之。

人大喜邪，毗于阳；大怒邪，毗于阴[3]。阴阳并毗，四时不至，寒暑之和不成，其反伤人之形乎！使人喜怒失位，居处无常，思虑不处得，中道不成章[4]。于是乎天下始乔诘卓鸷，而后有盗跖、曾、史之行[5]。故举天下以赏其善者不足，举天下以罚其恶者不给[6]。故天下之大，不足以赏罚。自三代以下者，匈匈焉终以赏罚为事，彼何暇安其性命之情哉[7]！

而且说明邪，是淫于色也；说聪邪，是淫于声也；说仁邪，是乱于德也；说义邪，是悖于理也；说礼邪，是相于技也；说乐邪，是相于淫也；说圣邪，是相于艺也；说知邪，是相于疵也[8]。天下将安性命之情，之八者，存可也，亡可也；天下将不安其性命之情，之八者，乃始脔卷狯囊而乱天下也，而天下乃始尊之惜之[9]。甚矣！天下之惑也，岂直过也而去之邪！乃齐戒以言之，跪坐以

伤阳气；大怒，则会损伤阴气。阴气阳气一起损伤，（那么）四时就不会（如期而）至，寒暑（气候）不能得以调和，反过来就会伤害人的身体。使人的喜怒失去常态，坐立不安，思虑得不出结果，办事也半途而废。于是天下才矫情傲慢、乖张怪僻，然后才有盗跖、曾参、史鳝的行为。因此，用尽整个天下（的力量）来奖赏善行也觉得不足，用尽整个天下（的力量）来惩罚恶行也显得不够。所以天下这么大也不足以用赏罚（来治理）。自从三代以来，（天下的人）都喧嚷着要以赏罚为能事，他们哪里有工夫来安命于他们的自然本性呢？！

况且喜好目明嘛，就是（使自然本性）迷乱于色彩；喜好耳聪嘛，就是（使自然本性）迷乱于声音；喜好仁嘛，就是迷乱了（得之于天的）德性；喜好义嘛，就是违背了常理；喜好礼嘛，就是助长了技巧；喜好音乐嘛，就是助长了淫逸；喜好圣嘛，就是助长了技艺；喜好智识嘛，就是助长了天下的弊病。天下人要安命于他们的自然本性，这（以上）八条，是可有可无的。天下的人不要安命于他们的自然本性，这八条，才或拘束或放纵地扰乱了天下。而天下的人才开始尊崇

外篇

南华真经

注译

一〇九

外篇

南华真经

注译

进之，鼓歌以俟之[10]。吾若是何哉？

故君子不得已而临莅天下，莫若无为[11]。无为也，而后安其性命之情。故贵以身于为天下，则可以托天下；爱以身于为天下，则可以寄天下[12]。故君子苟能无解其五藏，无擢其聪明，尸居而龙见，渊默而雷声，神动而天随，从容无为而万物炊累焉[13]。吾又何暇治天下哉！

崔瞿问于老聃曰："不治天下，安藏人心[14]？"老聃曰："女慎，无撄人心[15]。人心排下而进上，上下囚杀，淖约柔乎刚强，廉刿雕琢，其热焦火，其寒凝冰，其疾俯仰之间而再抚四海之外；其居也，渊而静；其动也，县而天[16]。偾骄而不可系者，其唯人心乎[17]！昔者黄帝始以仁义撄人之心，尧、舜于是乎股无胈，胫无毛，以养天下之形[18]。愁其五藏以为仁义，矜其血气以规法度，然犹有不胜也[19]。尧于是放讙兜于崇山，投三苗于三峗，流共工于幽都，此不胜天下也[20]。夫施及三王而天下大

它们，珍惜它们。太严重了！天下人的迷惑啊！哪里认为（这八者）是过错而抛却（它们）呢！而是斋戒以后才谈论它们（即以上八者），跪坐着来接受它们，唱歌跳舞来颂扬它们。像这个样子，我又有什么办法呢？

所以君子不得已而君临天下，不如（实行）无为。无为，然后（可以）安命于自然本性。所以，对形骸的珍重甚于对天下的珍爱，就可以把天下相托付；爱惜形骸甚于爱惜天下，就可以把天下相寄托。所以君子如果能不放纵性情，不滥用他们的耳聪和目明，像尸体一样寂然不动实际上却像飞龙一样活灵活现，像深渊一样静默实际上却像惊雷一样轰鸣，神明运用而随顺天然，从从容容、顺物无为而万物就如风吹尘沙一样自然。我哪里有工夫去治理天下呢？

崔瞿向老聃问道："不治理天下，人心寄居在哪里？"老聃说："你要小心啊！不要扰动人的内心。人心，压抑它，它就消沉，高举它，它就张扬，向下消沉就像被囚禁一样，向上张扬又像不可一世。柔顺的心志能以柔弱化刚强，（人的心理）尖利刻薄，它的躁热如火烧，它的寒冷可以凝结成冰，它的快速可以在举首

骇矣[21]！下有桀、跖，上有曾、史，而儒、墨毕起。于是乎喜怒相疑，愚知相欺，善否相非，诞信相讥，而天下衰矣；大德不同，而性命烂漫矣；天下好知，而百姓求竭矣[22]。于是乎斫锯制焉，绳墨杀焉，椎凿决焉[23]。天下脊脊大乱，罪在撄人心。故贤者伏处大山嵁岩之下，而万乘之君忧慄乎庙堂之上[24]。

老聃

"今世殊死者相枕也，桁杨者相推也，刑戮者相望也，而儒、墨乃始离跂攘臂乎桎梏之间[25]。意[26]！甚矣哉，

俯身之际就能往返四海之外。它安居时，静得像深渊；它跃动时，可以悬在天上。奔驰不羁而又不能约束的，只有人心（才如此）呀！从前，黄帝开始用仁义来扰乱人心，于是尧舜就劳累得大腿上不长肉，小腿上不长毛，为的是养育天下人的形体；为了施行仁义，使他（们）的五藏愁苦，为了制定法度，使他（们）的血气激荡。然而，还是不能完成（对人心的改造）。于是，尧把谨兜放逐到崇山，让三苗（氏族）流放到三峗（地名），将共工（人名）发配到幽州，这些都是仁义没有取胜的例子。（仁义的）施行，到了三王的时代，天下就被搅得鸡犬不宁了。下有桀和跖，上有曾参、史鳛，进而儒墨两家也都兴起了。于是，（便有）互相猜忌的喜怒（情绪），互相欺诈的贤愚（人等），互相非议的善恶（分别），互相讥讽的谎言和实话，（如此）天下就衰退了；不能保有大德（即本来之性），（人们的）性命（即受之于天命的自然本性）就纷乱损伤了；天下的人喜好智识，而百姓（就有）纠葛了。于是，类似斧锯施之于原木一样的施之于人的刑具造出来了，类似绳墨取舍原木一样取舍人的性命之生杀的刑罚制定出来了，类似椎凿摧残原木一样的

南华真经

注译

●●●

南华真经

注译

其无愧而不知耻也甚矣！吾未知圣知之不为桁杨椄槢也，仁义之不为桎梏凿枘也，焉知曾、史之不为桀、跖嚆矢也[27]？故曰绝圣弃知，而天下大治[28]。"

黄帝立为天子十九年，令行天下，闻广成子在于空同之山，故往见之，曰："我闻吾子达于至道，敢问至道之精。吾欲取天地之精，以佐五谷，以养民人。吾又欲官阴阳以遂群生，为之奈何[29]？"

广成子曰："而所欲问者，物之质也；而所欲官者，物之残也。自而治天下，云气不待族而雨，草木不待黄而落，日月之光益以荒矣。而佞人之心翦翦者，又奚足以语至道[30]？"

黄帝退，捐天下，筑特室，席白茅，闲居三月，复往邀之[31]。

广成子南首而卧，黄帝顺下风膝行而进，再拜稽首而问曰："闻吾子达于至道，敢问治身奈何而可以长久[32]？"广成子蹶然而起，曰[33]："善哉问乎！来，吾语女至道。

摧残人的刑法也确定下来了。天下人互相践踏，纷然大乱，罪过就在于扰乱人心。所以贤能的人隐匿在高山深岩之下，而拥有万乘战车的君王则忧虑于庙堂之上。

"现在这个世道，身首异处的死尸相枕千里，披枷戴锁的人拥挤不堪，遭受刑戮的人一个连着一个，儒家、墨家就在这枷锁之间振臂疾呼。唉！太过分了！他们也太不知道惭愧，太不知道羞耻了！我还不知道那圣人的智识不是枷锁、楔木；仁义不是镣铐、榫卯呢！怎么能知道曾参、史鳅不是作为桀、盗跖现世而发出的响箭（即讯号）呢！所以说：抛弃圣人和智识，天下就大治了。"

黄帝做了十九年天子，教令行于天下。听说广成子在空同山上，就去拜见他，说："我听说先生通达'至道'（即最高的道），请问'至道'的精义是什么？我想要摄取天地的精华，来促使五谷生长，来养育百姓；我又想要掌握阴阳来促成一切生物。怎么才能做到呢？"

广成子说："你所要问的，乃是万物的原质；人所要掌握的，乃是万物的残末。自从你治理天下以来，云气不等到凝聚就下开了雨，草木不等到枯

至道之精，窈窈冥冥；至道之极，昏昏默默[34]。无视无听，抱神以静，形将自正[35]。必静必清，无劳女形，无摇女精，乃可以长生[36]。目无所见，耳无所闻，心无所知，女神将守形，形乃长生。慎女内，闭女外，多知为败[37]。我为女遂于大明之上矣，至彼至阳之原也；为女入于窈冥之门矣，至彼至阴之原也[38]。天地有官，阴阳有藏[39]。慎守女身，物将自壮。我守其一以处其和，故我修身千二百岁矣，吾形未尝衰[40]。"

黄帝再拜稽首曰："广成子之谓天矣！"

广成子曰："来！余语女。彼其物无穷，而人皆以为有终；彼其物无测，而人皆以为有极。得吾道者，上为皇而下为王；失吾道者，上见光而下为土。今夫百昌皆生于土而反于土。故余将去女，入无穷之门，以游无极之野。吾与日月参光，吾与天地为常[41]。当我，缗乎；远我，昏乎；人其尽死，而我独存乎[42]！"

云将东游，过扶摇之枝

黄就凋落了，日月的光明更加灰暗了，你这个巧诈的人心胸狭窄，又怎么能谈论'至道'呢？"

黄帝回去（以后），置天下于度外，盖了一所独居的房子，以白茅为席铺，闲住了三个月，又去请见（广成子）。

广成子面向南面安卧，黄帝从下首跪行上前，再三磕头拜礼，问道："听说先生通达'至道'，请问：怎样治理身体才能长命？"广成子猛地站起，说："问得好！来！我告诉你'至道'：'至道'的精华，深远昏暗；'至道'的极致，看不见也听不到；不要看也不要听，静养心神，形体自然就会正常健康。一定要宁静，一定要清虚，不要使你的形体劳碌，不要使你的精气摇荡，就可以长生了。眼睛什么也不看，耳朵什么也不听，心里什么也不知道，形体就可以长生久驻了。重视你的内在的方面，隔绝外在方面（的影响），智慧多了知识多了就会有所败坏。我要帮助你到达那大光明的境界，抵达那纯阳的源头；帮助你进入昏暗幽深的门庭，抵达那纯阴的源头。有掌握天地的（主宰），有容纳阴阳的（处所）。好好看护你的身体，身体自然就会健壮。我保有'至道'的纯一，以此来置身于和谐之中。

南华真经 注译

一一三

南华真经

注译

一一四

黄帝见广成子

而适遭鸿蒙[43]。鸿蒙方将拊脾雀跃而游[44]。云将见之，倘然止，贽然立，曰："曳何人邪？曳何为此[45]？"

鸿蒙拊脾雀跃不辍，对云将曰："游[46]。"

云将曰："朕愿有问也。"鸿蒙仰而视云将曰："吁[47]！"云将曰："天气不和，地气郁结，六气不调，四时不节[48]。今我愿合六气之精以育群生，为之奈何？"

鸿蒙拊脾雀跃掉头曰："吾弗知，吾弗知！"

云将不得问。又三年，东游，过有宋之野，而适遭鸿蒙。云将大喜，行趋而进

所以我修养身体已有一千二百岁了，我的形体还没有衰老。"

黄帝又行礼磕头说："广成子可以说得上是天了！"

广成子说："来！我告诉你：那万物是没有穷尽的，但人们都以为万物有个终结；那万物是无法测度的，但人们都以为有个边界。得到了我的道，上可以为皇，下可以为王。失去了我的道，在上面表现为光芒毕露，在下面却化为尘土。万物都生于土而返回于土。所以我要离开你，进入无穷（变化）的过程（中去），以求遨游于没有范围的旷野。我和日月同其光辉，我和天地同其久长。迎我而来的，昏暗啊！离我而去的，昏暗啊！人们都要死去，而我将独存啊！"

云将（虚拟人名，意思是云气的统帅）到东方游览，经过扶摇（树名）的枝头碰见了鸿蒙（虚拟人名，意思是天地之际的雾露）。鸿蒙正在拍着腿蹦蹦跳跳地游玩。云将看见了，惊奇地停下脚步，一动不动地站在那儿，问道："老先生是什么人呀？老先生在干什么呢？"

鸿蒙拍着大腿蹦跳个不停，对云将说："游玩吧！"

云将说："我想请教一个问题。"鸿蒙抬头看着说："噢！"云将说："天气不和

曰："天忘朕邪？天忘朕邪？"再拜稽首，愿闻于鸿蒙。

鸿蒙曰："浮游不知所求，猖狂不知所往，游者鞅掌，以观无妄[49]。朕又何知？"

云将曰："朕也自以为猖狂，而民随予所往；朕也不得已于民，今则民之放也[50]。愿闻一言。"

鸿蒙曰："乱天之经，逆物之情，玄天弗成，解兽之群而鸟皆夜鸣，灾及草木，祸及止虫[51]。意！治人之过也。"

云将曰："然则吾奈何？"

鸿蒙曰："意，毒哉[52]！僊僊乎归矣[53]！"

云将曰："吾遇天难，愿闻一言。"

鸿蒙曰："意！心养。汝徒处无为，而物自化[54]。堕尔形体，吐尔聪明，伦与物忘，大同乎涬溟[55]。解心释神，莫然无魂[56]。万物云云，各复其根[57]。各复其根而不知，浑浑沌沌，终身不离。若彼知之，乃是离之。无问

（谐），地气郁结（着），六气不调和，四时乱了次序。现在我愿意调和六气的精华来养育各种生物，怎么办呢？"

鸿蒙拍着大腿，蹦跳着，掉头说："我不知道，我不知道！"

云将得不到回答。又过了三年，（再度）到东方游览，路过宋国的土地时，碰巧遇到了鸿蒙。云将高兴极了，快步向前说："天人（您）忘了我吗？天人（您）忘了我吗？"再三礼拜叩首，想要听鸿蒙的指教。

鸿蒙说："逍遥自在，不知道（要）追求什么；无拘无束，不知道（要）去哪里。游心的人形骸放浪，以此来观照万物的真象。我又知道什么呢？"

云将说："我也自认为（自己）是无拘无束的，人民也追随我；对于人民（追随我），我也是不得已，现在可以（有望）摆脱他们了！想听听您的指教。"

鸿蒙说："扰乱天的常理，违背事物的本质，冥苍的上天也不能保全（其自然的状态）。驱散兽群，鸟儿都夜鸣，灾难殃及草木，祸患殃及虫子。噫！这是治理人民的过错啊！"

云将说："那么我该怎么办呢？"

南华真经

注译

其名，无窥其情，物固自生。"

云将曰："天降朕以德，示朕以默。躬身求之，乃今也得。"再拜稽首，起辞而行。

世俗之人，皆喜人之同乎己而恶人之异于己也[58]。同于己而欲之、异于己而不欲者，以出乎众为心也[59]。夫以出乎众为心者，曷常出乎众哉？因众以宁所闻，不如众技众矣。而欲为人之国者，此揽乎三王之利而不见其患者也[60]。此以人之国侥幸也。几何侥幸而不丧矣！悲夫，有土者之不知也！

夫有土者，有大物也。有大物者，不可以物[61]。物而不物，故能物物[62]。明乎物物者之非物也，岂独治天下百姓而已哉[63]！出入六合，游乎九州，独往独来，是谓独有。独有之人，是谓至贵。

大人之教，若形之于影，声之于响。有问而应之，尽其所怀，为天下配[64]。处乎无响，行乎无方。挈汝适复之，挠挠以游无端，出入无旁，与日无始[65]。颂论形躯，

鸿蒙说："噫！（你）中毒太深了！轻飘飘地回去吧！"

云将说："我遇着（您这样的）天人很难，希望能指教我一下。"

鸿蒙说："噫！养心吧！你只要处于无为（状态），万物就自生自化。废弃你的形体，杜绝你的耳聪目明，（忘己）与万物为伍，和元气混同。无所用心，无所用神，漠然像丢了魂一样。万物芸芸，都各自复归它们的本根，复归其本根却不知（其所以然）。（保有）浑浑沌沌（的状态），终其一生也不会疏离（其本性）。如果它知道了（这一点），就是与本根疏离了。不要询问它们的名谓，不要窥探它们的实情，万物都因其固然地自生自化。"

云将说："天人（您）传授给我德性，明示我渊默。（我）亲身（孜孜）以求，现在才得到了！"再三礼拜叩首，起身告辞走了。

世俗的人们，都喜欢别人和自己相同而讨厌别人和自己不同。和自己相同就喜欢，和自己不同就不喜欢的原因是：出人头地的心理。心存出人头地（想法）的人，哪里能够出众呢？因为众人的认同就安于（众人）的认同，（其实这样）不如众人的才智太多了。要想

合乎大同，大同而无己[66]。无己，恶乎得有有[67]？睹有者，昔之君子；睹无者，天地之友。

贱而不可不任者，物也；卑而不可不因者，民也；匿而不可不为者，事也；粗而不可不陈者，法也；远而不可不居者，义也；亲而不可不广者，仁也；节而不可不积者，礼也；中而不可不高者，德也；一而不可不易者，道也；神而不可不为者，天也[68]。故圣人观于天而不助，成于德而不累，出于道而不谋，会于仁而不恃，薄于义而不积，应于礼而不讳，接于事而不辞，齐于法而不乱，恃于民而不轻，因于物而不去[69]。物者莫足为也，而不可不为。不明于天者，不纯于德；不通于道者，无自而可[70]。不明于道者，悲夫！

何谓道？有天道，有人道。无为而尊者，天道也；有为而累者，人道也。主者，天道也；臣者，人道也。天道之与人道也，相去远矣，不可不察也。

做国君的人，这是（想）得到三王的好处却看不到三王（造成）的祸害。这是拿国家来（碰运气）图侥幸。（凡是）图侥幸的，有多少是不亡国的呢？能保住国家的，一万个里面也没有一个；而亡国的，尚无一次成功（保有国家）却有不出一万次地亡国了。可悲啊！拥有国土的人不知（这个道理）啊！

拥有国土就是拥有了大的物（即天下）。拥有大物的人是不能拘泥于物的。拥有（大）物而又不拘泥于（大）物，（这样）才能使物成其物。明白使物成其为物的东西并不是物，岂只是治理天下百姓而已呢！在天地四方（即六合）之间出入，遨游于九州，独往独来，这就叫做"独有"。"独有"的人，被称为最尊贵的人。

伟大人物的教化，就像形体对于影子，声音对于回响一样。有询问就有应答，尽其所知，为天下（人）应答。居处则沉寂无声，行动则不择方向。带领着你回复到（你的本性），与物婉转随顺来遨游于没有边际（的境域）；出来进去，没有随从；随着时间的变化（而变化），没有什么终始。言谈举止，合于大同（即混同于混沌）。合于大同，就没有自己了。（连）自己（都）没有了，

南华真经

注译

一一八

注释:

[1]在:自在。宥:宽宥。在宥,指听凭自然,不加约束。《在宥》篇中关于"在宥天下"的论述,实质上是一种无为而治的主张。

[2]欣欣:高兴欢喜的样子。瘁瘁:劳累辛苦的样子。

[3]"人大喜邪,毗于阳"句谓:对人来说,大喜会损伤阳气的。

[4]中道不成章:做事情半途而废的意思。

[5]乔诘:骄傲自大。乔,骄。诘,指责。卓:出众。鸷:本指一种凶猛的鸟,这里指超众不俗。

[6]举:尽。不给:不够、不足。

[7]匈匈:喧嚣的样子。

[8]相:助益。疵:毛病。

[9]窝卷:卷曲不舒展的样子。狨囊:喧嚷纷争的样子。

[10]齐:通"斋",斋戒。僎:舞。

[11]不得已:也就是取消意志,恬淡无为的意思。莅:临、到。"临莅天下"指统治天下。

[12]"故贵以身于为天下,则可以托天下,爱以身于为天下,则可以寄天下"数语出自《老子》十三章。

[13]解:散。五藏:即五脏。"无解五藏"指不放纵性情。擢:拔,这里指卖弄。尸居:寂然不动的样子。龙见:像龙一样现身。渊默:像渊水一样沉静。雷声:像雷声一般轰鸣。神动而天随:运用神明而又随顺天然。炊:同"吹"。累:通"塿",尘沙。"万物炊累"指万物如风吹尘沙一

怎么还能有"有"呢?着眼于"有"的人,是过去的君子;着眼于"无"的人,是天地之友。

微贱但不可不用的,是物;卑贱却不可不依顺的,是百姓;琐碎但不能不做的,是事情;粗陋却不可不实行的,是法(度);离大道虽然远却不可不遵守的,是义;讲究亲情而又不得不推之及人的,是仁;(虽是)节制却又不可不多记在心的,是礼;(虽)顺应万物但不能不算作高贵的,是德性;永恒而又不能不与时俱变的,是道;神妙不测而又总是显示作用的,是天。所以,圣人观照于天而不加助力,德性自然而成而无须累心,根据道(来应物)而不用谋划,合乎于仁而不矜持,近于义而不以为多,顺从于礼而不违背(礼),应接于事而不推辞,以法度为准绳而不乱来,依靠百姓而不能轻视(他们),顺应事物而不离本性。物,是卑贱而不值得要的,但不能不要。不明白天,德性就不会纯(粹);不获得大道的人,什么也干不成。不明白大道的人,可悲呵!

什么是道?有天道,有人道。无为而尊贵的,是天道;有为而劳累的,是人道。做君主的,是天道;做臣民的,是

样自然。

[14]崔瞿：人名，其人已不可考。

[15]女：同"汝"。慎：谨慎。

　　擾：扰乱。

[16]排下：压抑。进上：张扬。

上下囚杀：指人心或压抑或张扬都好像被囚禁一样（不得解放）。

淖约：柔美。廉刿：尖利。雕琢：刻削。"谦刿雕琢"指人的心理尖刻。

"其疾俯仰之间而再抚四海外"句谓：它的快疾可以在俯仰之间就能到四海外跑两个来回。

县：同"悬"。"悬而天"，好像是在天上的意思。

[17]偾：紧张而兴奋。偾骄，指神思的奔驰。不可系：不可控制。

[18]胈：股上的肉。

[19]"愁其五藏以为仁义"句谓：为了施行仁义而使内心愁苦不堪。

"矝其血气以规法度"句谓：为了建立法规制度而使血气激荡。

[20]放：放逐。讙兜：传说中的人名。崇山：山名。

投：放逐。三苗：古国名，这里指古代三苗的首领。三峗：山名。

流：流放。共工：传说中的人物。幽都：地名。

[21]施：延续。骇：惊骇。

[22]知：通"智"。

否：恶。

诞：荒诞。信：可信。

性命烂漫：指性命（本性受到了损害）。

求竭：其义不详。此举一解以供参考：求竭即纠缠。

[23]钘：斤斧。

椎凿：木匠用来穿孔的工具。

人道。天道对于人道来说，相差很远，不能不明白（这一点）。

*　　　*　　　*

这里，《庄子》用钘锯、绳墨、椎凿等木匠用具来比喻礼仪法度对人的素朴本性的残害，因为这些用具也同样在残害原本。

[24]嵌：深。岩：深岩，比喻深山。

[25]殊：身首异处。相枕：尸体堆在一起。

桁杨：枷锁。

桎：脚镣。梏：手镣。桎梏，束缚。

[26]意：同"噫"。

[27]棱禤：木尖。

凿：榫眼。枘：榫头。

嚆矢：响箭。

[28]"绝圣弃知"语出《老子》。

[29]广成子：虚拟人名。空同：或作"崆峒"，传说中的山名。

至道之精：最高的道理之精华。

官：主宰，动词。遂：顺应。

[30]族：聚集。

佞人：谗谄的小人。翦翦：心地狭小。

[31]捐：放弃。

[32]膝行：跪着前进。

稽首：磕头行礼。

[33]蹶然：迅速起来的样子。

[34]窈窈冥冥：深远昏暗之状。

昏昏默默：晦暗沉寂之状。

[35]抱神以静：用虚静来持守

外篇

南华真经

注译

一二〇

"神"。

形：形体。自正：自然正常。

[36]女：通"汝"。

精：精气。

[37]慎：注重。内：指身内。闭：堵塞。外：指身外。

[38]大明之上：大光明的境界之中。

[39]官：主宰，动词。

藏：府藏。

[40]守其一：意犹持守大道的纯一。一，纯一不杂。

[41]与日月参光：与日月同光。参，同。

[42]当我：迎我而来的东西。

绲、昏：都是幽暗的意思。

远：远我而去的东西。

[43]云将、鸿蒙：都是虚拟人名。"云将"的意思是云气的统帅，"鸿蒙"的意思是天地之际的雾气。

扶摇：树名。适遭：正好遇到。

[44]方：正在。拊：拍击。脾：大腿。

[45]倘然：惊疑的样子。

赘然：呆立不动的样子。

叟：对老者的称谓。

[46]辍：停止。

[47]吁：感叹词。

[48]不节：不合节令。

[49]猖狂：无拘无束之状。

鞅掌：放任自在的意思。

无妄：没有虚假，即真实之意。

[50]放：同"仿"，仿效。

[51]玄天：上苍。

解：散开。止虫：昆虫。

[52]毒：害或中毒。"毒哉"是感叹云将中毒太深了！

[53]僊：即"仙"。僊僊，轻盈灵动的样子。

[54]徒：只，只要。

[55]堕：通"隳"，毁坏。

吐：杜绝。

滓溟：混茫之状。

[56]解、释：放松、放开的意思。

莫：通"漠"。漠然，茫茫然。

[57]"万物云云，各复其根"两句，语本《老子》。云云，众多的样子。

[58]恶：讨厌、嫌恶。

[59]出乎众为心：用意在于出人头地。

[60]欲为人之国者：想做一国的国君的人。

[61]不可以物：不能拘泥于物。

[62]"物而不物，故能物物"句谓：有大物（国土）而又能不拘泥于物，所以才能使得物成其为物。

[63]"物物者非物"谓：使物成其为物的东西，它本身并不是物。

[64]配：合。

[65]挈：携带。适：往。复之：回归本性，即上文所说的"复根"。挠挠：婉转的样子。

无端：没有极限。

与日无始：与时间混同，无所谓终始。

[66]大同：大道。"大同而无己"句谓：归于大同就没有"己"（个体）了，一切混同了。

[67]"无己，恶乎得有有？"句谓：连自己都没有了，哪里还有什么"有"呢？

[68]任：用。

因：顺应。

匿：微小。

陈：施行。

居：遵守。

中：符合。

一：恒一，不变。

神：神妙。

[69]观：看，效法。助：助长。

累：操心。

会：符合。

薄：近。不积：不以为多。

讳：避讳。

[70]无自而可：什么也干不成、行不通。

天地第十二[1]

天地虽大，其化均也；万物虽多，其治一也；人卒虽众，其主君也[2]。君原于德而成于天，故曰，玄古之君天下，无为也，天德而已矣[3]。

以道观言，而天下之君正；以道观分，而君臣之义明；以道观能，而天下之官治；以道泛观，而万物之应备[4]。故通于天地者，德也；行于万物者，道也；上治人者，事也；能有所艺者，技也[5]。技兼于事，事兼于义，义兼于德，德兼于道，道兼于天[6]。故曰：古之畜天下者，无欲而天下足，无为而万物化，渊静而百姓定[7]。《记》曰："通于一而万事毕，无心得而鬼神服[8]。"

夫子曰："夫道，覆载

天地第十二

天地虽然大，它的变化却是均平的；万物虽然多，它们的主宰却是（惟一的）"一"；民众虽然多，他们的主人却是君王。君王以德性为本，就能达到天然（的境界）。所以说："远古（时代）的君王治理天下，不过是（实行）无为，顺应天理（即天的德性）罢了。"

从道的观点来看名位，天下的君王名位就会得当；从道的观点来看（君臣之间的）分别，君臣之间（关于）义（的关系）就会明瞭；从道的观点来看才能，天下的官员都会管理好（他们的工作）；从道的观点看一切，万物都应该是完备的。所以，通行于天地之间（为天地万物所得）的，是德（性）；作用于万物的，是道；主人用来管理人民的，是（政）事；具有某种才能，是技巧。技巧属于事，事属于义，义属于德（性），德属于道，道属于天。所以说，古代

一二一

南华真经

注译

万物者也，洋洋乎大哉！君子不可以不刳心焉[9]。无为为之之谓天，无为言之之谓德，爱人利物之谓仁，不同同之之谓大，行不崖异之谓宽，有万不同之谓富[10]。故执德之谓纪，德成之谓立，循于道之谓备，不以物挫志之谓完[11]。君子明于此十者，则韬乎其事心之大也，沛乎其为万物逝也[12]。若然者，藏金于山，藏珠于渊，不利货财，不近贵富；不乐寿，不哀夭；不荣通，不丑穷；不拘一世之得以为己私分，不以王天下为己处显，显则明[13]。万物一府，死生同状[14]。"

老子

养育天下的（人），没有欲望，天下就富足了；没有作为，万物则自生自化；像渊水一样沉静，老百姓也就安定了。《记》（这本书上）说："（如果）能通达（获得）道（即"一"），（那么）万事大吉；无所用心，（那么）鬼神（也来）服（从）。"

老师说："道，覆盖着万物，承载着万物，洋洋大观啊！君子不能不掏空自己的心啊！无为的施行，就叫做（施行）天道；对无为的名言，就称作德（性）；爱人利物叫做仁；使不同（的东西）成为相同（的东西）叫做大；行为不标新立异就叫做宽；包罗形形色色的万象就叫做富。所以，掌握德（性）就叫做（掌握）纲纪，德（性）有所成就就叫做立身成人，遵循道就叫做完备，不用外物来折磨心志就叫做完全。君子明白（以上）这十条，就能把内心修养成宽阔无边的境界，与万物一同漂流变化。像这样，（就相当于）把金子藏在（产金的）山中，把珍珠藏在深渊里；不认为财货是利益，不趋近富贵；不以长寿为乐事，不以短命为悲哀；不以飞黄腾达为荣耀，不以贫穷潦倒为羞耻。不把普天下的好处据为己有，不认为做天下的君王就有显贵的地位。

夫子曰："夫道，渊乎其居也，漻乎其清也[15]。金石不得，无以鸣[16]。故金石有声，不考不鸣[17]。万物孰能定之？夫王德之人，素逝而耻通于事，立之本原而知通于神，故其德广[18]。其心之出，有物采之[19]。故形非道不生，生非德不明[20]。存形穷生，立德明道，非王德者邪？荡荡乎忽然出，勃然动，而万物从之乎！此谓王德之人。

"视乎冥冥，听乎无声[21]。冥冥之中，独见晓焉；无声之中，独闻和焉[22]。故深之又深，而能万物焉；神之又神，而能精焉。故其与万物接也，至无而供其求，时骋而要其宿，大小，长短，修远[23]。"

黄帝游乎赤水之北，登乎昆仑之丘而南望[24]。还归，遗其玄珠，使知索之而不得，使离朱索之而不得，使喫诟索之而不得也；乃使象罔，象罔得之[25]。黄帝曰："异哉！象罔乃可以得之乎？"

尧之师曰许由，许由之师曰啮缺，啮缺之师曰王倪，

显贵就是炫耀。万物一体，死生一样。"

老师说："道啊！寂静幽深，清澈明朗！金石没有得（之于）道，就不会发出声响。所以金石会发声，但不敲击它，它就不发声。万物中谁能确定使金石发出声响的原因？那盛德的人，以平常心看待事物，以被事物所累为羞耻，立足于（天道这一）根本，智慧与神明相通，所以，他的德性广大。他的心思一动，（是因为）有外物来影响它。所以，形体（如果）没有道就不会产生（有生命的东西），有生命的东西（如果）没有德性就不会明慧。保全身心，终其一生；依据道，明白德，不是盛德的人吗！广阔辽远啊！忽然出现，突然动作，万物都顺从着他啊！这就是盛德的人。

"注视那幽暗昏冥，细听那无声无息。幽暗昏冥之中，只看见晨曦；无声无息中，只听见和音。所以，（在空无之中，只要）深之又深（地探求）就能得到（惚恍之）物；（只要把神明的慧见运用得）神之又神就能得到万物（原初）的（窈冥之）精（气）。所以，他和万物接触，（虽然）一无所有却能供给万物的需求，随时而动，使万物各归其宿，无论是大是小，是长是短，是近是

一二三

南华真经

注译

一二四

黄帝

王倪之师曰被衣[26]。尧问于许由曰："啮缺可以配天乎？吾借王倪以要之。"

许由曰："殆哉，圾乎天下[27]！啮缺之为人之聪明睿知，给数以敏，其性过人，而又乃以人受天[28]。彼审乎禁过，而不知过之所由生[29]。与之配天乎？彼且乘人而无天[30]。方且本身而异形，方且尊知而火驰，方且为绪使，方且为物絯，方且四顾而物应，方且应众宜，方且与物化而未始有恒[31]。夫何足以配天乎？虽然，有族有祖，可以为众父，而不可以为众父父[32]。治，乱之率也，北面之祸也，南面之贼也[33]。"

远。"

黄帝在赤水以北游览，登上了昆仑山向南眺望。归途中，遗失了他的玄珠（道的比喻名）。派知（拟人名，意思是智识）去寻找，没有找到；派离朱（人名）去找，也没有找到；派喫诟（拟人名，意思是巧辩）去找，还是没有找到。（最后）派象罔（拟人之寓名，意思是形迹）去找，象罔找到了。黄帝说："怪了，（只有）象罔才能得到它么？"

尧的老师名叫许由，许由的老师名叫啮缺，啮缺的老师叫王倪，王倪的老师叫被衣。尧向许由问道："啮缺（的德性）也可以上配天子吧！我通过王倪去请他。"

许由说："太危险了！要危及天下了！啮缺这个人，耳聪目明，心存机智，反应敏捷，他的天性过人，你又要把天子之位授予他。他明察于（各种）过失，而且禁阻（多种）过失，但却不知道过失是怎么产生出来的。让他做天子吗？他就要依人为而无视天道，就要以自身为中心而和其他人不一样，就要崇尚智识——像燎原之火一样（的智识），就要为琐细的事务奔忙，就要为外物所拖累，就要应接不暇地与外物打交道，就要投合众人的要求，就要改变万物

尧观乎华，华封人曰[34]："噫！圣人。请祝圣人，使圣人寿[35]。"

尧曰："辞[36]。"

"使圣人富。"

尧曰："辞。"

"使圣人多男子。"

尧曰："辞。

尧帝治国

封人曰："寿、富、多男子，人之所欲也。女独不欲，何邪？"尧曰："多男子则多惧，富则多事，寿则多辱。是三者，非所以养德也，故辞。"封人曰："始也我以女为圣人邪，今然君子也。天生万民，必授之职[37]。多男子而授之职，则何惧之有？富而使人分之，则何事之有？夫圣人，鹑居而鷇食，鸟行而无彰。天下有道，则与物皆昌；天下无道，则修德就闲。千岁厌世，去而上仙，

的生灭变化使万物不能安宁。这怎么能足以德配天子呢？尽管如此，有一族人就必然有一个人被尊为祖，（他）可以被奉为一个族的祖（即诸侯）却不能被奉为族祖的祖（即天子）。治（天下）就是祸乱天下的原因，是做臣子的灾难，是做君王的祸害。"

尧到华州视察，华地守卫边疆的人说："啊，圣人！请让我为你祝福，祝福圣人长寿。"

尧说："不要。"

"祝福圣人富贵！"

尧说："不要。"

"祝福圣人多生儿子！"

尧说："不要。"

守边疆的人说："长寿、富贵、多生儿子，是人们都想要的，您却偏偏不想要，为什么呢？"

尧说："多生儿子，烦恼也多；富贵，就多事；长寿，就多困窘。这三者，不是能用来怡养德性的东西，所以（我）不要。"

守边疆的人说："起初我还以为你是一个圣人呢，现在看来，不过是一个君子。上天养育了数不清的人民，必定会授予他们所要干的事。多生了儿子，儿子们又有他们各自所要干的事，哪还有什么烦忧呢？富贵而使别人来分享，哪还有

南华真经

注译

一二六

乘彼白云，至于帝乡[38]。三患莫至，身常无殃，则何辱之有[39]？"

封人去之，尧随之曰："请问。"

封人曰："退已！"

尧治天下，伯成子高立为诸侯[40]。尧授舜，舜授禹，伯成子高辞为诸侯而耕。禹往见之，则耕在野。禹趋就下风，立而问焉，曰："昔尧治天下，吾子立为诸侯。尧授舜，舜授予，而吾子辞为诸侯而耕。敢问其故何也[41]？"

子高曰："昔尧治天下，不赏而民劝，不罚而民畏。今子赏罚而民且不仁，德自此衰，刑自此立，后世之乱

王禹夏

禹

什么烦事呢？圣人，居如鹌鹑，食如布谷，行迹像飞鸟掠过天空一样无影无踪。天下有道（时），就和万物一样同其昌盛；天下无道（时），就闲居（独处）来修养德性。千年以后，厌弃人世了，（就）离开人世，（上）升为仙人，乘着那白云，到达天帝的国度。（这样）三种祸患都不会招致，自身也总是不会遭殃，那么，哪里还有困窘呢？"

守边疆的人离开了，尧跟随着他，说："请指教。"

守边疆的人说："回去吧！"

尧治理天下（时），伯成子高（人名）被册立为诸侯。尧（把帝位）传授给舜，舜传授给禹，（这时）伯成子高辞退诸侯的名位，去种地（了）。禹去拜见他，（他）正在田里耕作。禹快步上前，站在下首，问道："过去尧治理天下，先生您被册立为诸侯。尧传位给舜，舜传位给我，而您却辞去了诸侯的名位来耕田，请问其中的原因是什么？"

子高说："过去尧治理天下（时），不（实行）奖赏而人们也勤劳，不（实行）惩罚而人们也敬畏。现在，您（实行了）奖赏和惩罚，人们却不仁（不义）了，德性从此衰退，刑罚从此确立，后世的灾

自此始矣!夫子阖行邪[42]?无落吾事!"伹伹乎耕而不顾[43]。

泰初有无,无有无名[44]。一之所起,有一而未形[45]。物得以生,谓之德;未形者有分,且然无间谓之命;留动而生物,物成生理谓之形;形体保神,各有仪则谓之性;性修反德,德至同于初[46]。同乃虚,虚乃大[47]。合喙鸣,喙鸣合,与天地为合[48]。其合缗缗,若愚若昏,是谓玄德,同乎大顺[49]。

夫子问于老聃曰[50]:"有人治道若相放,可不可,然不然[51]。辩者有言曰:'离坚白,若县宇[52]。'若是则可谓圣人乎?"

老聃曰:"是胥易技系、劳形怵心者也[53]。执留之狗成思,猿狙之便自山林来[54]。丘,予告若,而所不能闻与而所不能言[55]:凡有首有趾、无心无耳者众,有形者与无形无状而皆存者尽无[56]。其动,止也;其死,生也;其废,起也;此又非其所以也[57]。有治在人[58]。忘乎物,忘乎天,其名为忘己。忘己之人,是之谓入于天[59]。"

祸(也)从此开始了!您怎么还不走开呢?不要妨碍我的事!"专心耕地,不去理会禹。

远古(或世界)的尽头,只有"无","无"是没有名称的。"一"起源(于"无"),有了"一"却还没有"形"(象)。万物得到了(这个"一")就生成生长,这叫做德;没有"形"(象)的东西会分化出区别来的,但是(这些)区别尚且紧密地联系在一起,这叫做"命";("命")有所留滞、停顿就生成了物,物形成各自的纹理,(这)叫做形;形体中得存着精神,而且(形体)各有各的规律,(这)叫做性(即本性);(人可以)修养自己的本性复归到"德"(的原初状态),(道)德达到最高的境界就是混同于最原初的状态。混同于最原初的状态就是虚廓,虚廓就是广大。鸟喙闭合(比喻不言)和鸟鸣(比喻言)相同,言与不言相同(的境界),就是与天地合为一体(的境界)。这种合为一体(的境界),像泯灭无迹一样,像愚昧又像昏暗,这就是玄德(即深远的德性),(玄德)和最大的顺应是混同的。

孔子向老聃问道:"有些人修道相互仿效,把不对的说成对的,把不是的说成是。辩者有句话叫做:'石头的坚硬

南华真经

注译

孔子见老子

蒋闾葂见季彻曰[60]："魁君谓葂也曰：'请受教[61]。'辞不获命[62]。既已告矣，未知中否，请尝荐之[63]。吾谓鲁君曰：'必服恭俭，拔出公忠之属而无阿私，民孰敢不辑[64]？'"

季彻局局然笑曰[65]："若夫子之言，于帝王之德，犹螳螂之怒臂以当车轶，则必不胜任矣[66]！且若是，则其自为处危，其观台多物，物将往迹者众[67]。"

蒋闾葂觇觇然惊曰[68]："葂也汇若于夫子之所言矣[69]！虽然，愿先生之言其风也。"

季彻曰："大圣之治天下也，摇荡民心，使之成教易俗，举灭其贼心，而皆进其独志[70]。若性之自为，而民不知其所由然。若然者，岂兄尧、舜之教民溟涬然弟之哉[71]？

（触）性和它的白颜色是分离的，（这个道理）像挂在天上一样（明白）。'像这样就可以称为圣人了吗？"

老聃说："这是小吏、差役因一技之长而身心交瘁的人啊。善捕猎的狗（被其才能）所累，猿猴因其敏捷而（被猎人）从山林里（捉来）。孔丘，我告诉你，你所不曾听说和不能说的是：凡是有头有脚的人，大多都是没有心没有耳的人；形体和无形无状（的道）同时具有（的人），基本上没有。它的运动，就是停止；它的死，就是生；它的颓废，就是勃起，这（六者）不是它有心而求的。有心于治，就是依靠人为。忘了外物，忘了天（地），也称作忘了自己。忘了自己的人，可以说融入了天道。"

将闾葂（人名）遇见了季彻（人名），说："鲁国国君也对我说：'请指教'。（我）推辞却得不到允许。既然已经告诉了（鲁君），不知道对不对。让我说给你听听。我对鲁君说：'一定要实行恭让、俭朴，擢用公正忠厚的人而不要徇私情，民众谁敢不顺从！'"

季彻嘿嘿（怪）笑道："先生这些话，对于帝王的德性来说，就像螳螂奋臂来阻挡车轮一样，那是肯定不能胜任

欲同乎德而心居矣^[72]！"

子贡南游于楚，反于晋，过汉阴，见一丈人方将为圃畦，凿隧而入井，抱瓮而出灌，搰搰然用力甚多，而见功寡^[73]。子贡曰："有械于此，一日浸百畦，用力甚寡而见功多，夫子不欲乎？"

为圃者卬而视之曰^[74]："奈何？"曰："凿木为机，后重前轻，挈水若抽，数如泆汤，其名为槔^[75]。"为圃者忿然作色而笑曰^[76]："吾闻之吾师，有机械者必有机事，有机事者必有机心^[77]。机心存于胸中，则纯白不备；纯白不备，则神生不定；神生不定者，道之所不载也^[78]。

桔槔

的事。假如要这样做，那他就是自己给自己造成危险，就像城阙上悬挂着许多法律条文，到那里去的人很多一样。"

将闾葂惊慌失措地说："对先生您所说的话，我也茫然不知啊！尽管如此，想请先生说个大概吧。"

季彻说："伟大的圣人治理天下（的办法），（是）让人心受到鼓舞，使人们接受教化，改变习俗，把他们心中的恶念完全消灭，促进他们自己的志向。好像人的本性自动地去做，人们并不知道其原因。像这样，岂能尊崇尧舜教化的民众，而自己觉得低他们一等呢？想要与德混同，（必须要）心安神定啊！"

子贡到南方的楚国漫游，返回晋国（的途中），路过汉阴，看到一个老汉正在菜园里干活。（他）挖了一条地道通到井底，抱着瓦罐取水浇地，费力很多而成效很小，子贡说："这里有种机械，一天就可浇灌一百畦地，费力很少而成效很大，先生不想用它吗？"

浇园人抬起头，看着子贡说："怎么？"子贡说："凿开原木，做成机械，后面重，前面轻，提水像抽水一样，快得像沸涌的开水，它的名称叫做'槔'。"浇园人一脸怒气，却笑着说："我听我的老师讲，有

南华真经

外篇

注译

一二九

吾非不知，羞而不为也。"

子贡瞒然惭，俯而不对[79]。有间，为圃者曰："子奚为者邪？"

曰："孔丘之徒也。"

为圃者曰："子非夫博学以拟圣、于于以盖众[80]、独弦哀歌以卖名声于天下者乎？汝方将忘汝神气，堕汝形骸，而庶几乎？而身之不能治，而何暇治天下乎？子往矣，无乏吾事[81]！"

子贡卑陬失色，顼顼然不自得，行三十里而后愈[82]。其弟子曰："向之人何为者邪[83]？夫子何故见之变容失色，终日不自反邪[84]？"

曰："始吾以为天下一人耳，不知复有夫人也[85]。吾闻之夫子：事求可，功求成，用力少，见功多者，圣人之道。今徒不然[86]。执道者德全，德全者形全，形全者神全[87]。神全者，圣人之道也。托生与民并行而不知其所之，汒乎淳备哉[88]！功利机巧，必忘夫人之心。若夫人者，非其志不之，非其心不为[89]。虽以天下誉之，得其所谓，謷然不顾；以天下非之，失

机械必定要用机械来干活，用机械来干活必定会有机巧之心。心里有机巧之心，那么纯白（纯素）之心就不完整了。纯白（纯素）之心不完整，心神就会不安定。心神不定的人，是大道所不容（纳）的人。我不是不知道（机械之用），而是以用它们为耻辱啊。"

子贡满脸羞愧，低着头不说话，过了一会儿，浇园人问："您是干嘛的？"

子贡说："（我是）孔丘的徒弟。"

浇园人说："您难道不是那种以博学来和圣人相比，盛气凌人要压倒众人，独自弹唱哀歌来博取天下的名声的人吗？（如果）你正要忘却你的神气，毁坏你的形体，就差不多近乎道了！（但）你的自身尚不能治理，怎么能去治理天下呢？您去吧，不要碍我的事。"

子贡惭愧不安，表情不自然，垂头丧气地不自在，走了三十里才恢复常态。子贡的弟子说："刚才那个人是干什么的？先生为什么见了他脸色（都）变了，一整天还恢复不过来呢？"

子贡说："起初，我以为天下只有一个人而已，殊不知还有这样的人。我听孔夫子说

其所谓，傲然不受[90]。天下之非誉无益损焉，是谓全德之人哉！我之谓风波之民[91]。"

反于鲁，以告孔子，孔子曰："彼假修浑沌氏之术者也[92]。识其一，不知其二；治其内，而不治其外[93]。夫明白入素，无为复朴，体性抱神，以游世俗之间，汝将固惊邪[94]？且浑沌氏之术，予与汝何足以识之哉！"

孔子授徒

谆芒将东之大壑，适遇苑风于东海之滨[95]。苑风曰："子将奚之？"

曰："将之大壑。"

曰："奚为焉？"

曰："夫大壑之为物也，

过：事情求其可行，功业求其成效，用力少，成就大，（就是）圣人之道。如今却不是这样。把握（天）道的人，德性健全；德性健全的人，形骸也可以健全；形骸健全的人，精神（也）健全。精神健全就是圣人之道。托迹于世，和民众在一起，不知道（即不问）哪里是归宿，愚昧茫然，纯粹完整啊！这样的人，心里肯定忘失了功利和机巧。像这样的人，不合乎他的意向就不去，不合乎他的本心（的事）就不做。就是天下（的人）都称赞他说得符合事实，（他）傲然不作理会；就是天下（的人）都非难他，说得不符合事实（他也）漠然没有反应。天下人的赞美和非议对他都没有什么作用、影响，这就是德性健全的人啊！我却被称为（那种）——像风吹野草就摇动，波涌浮萍就飘动一样——左右摇摆的人。"

（子贡）回到鲁国，告诉了孔子。孔子说："他是修习混沌之术的人呀！（他）只知其一，不知其二；修养内心却不修饰外在。（像这样）心地明净达到纯素（纯白）境界，顺物无为回归本然之性，保养本性涵养精神，来遨游于人世间的人，你当然会感到惊讶的！好混沌之术，我和你又怎么能懂得呢！"

注焉而不满，酌焉而不竭，吾将游焉[96]。"

苑风曰："夫子无意于横目之民乎[97]？愿闻圣治。"

谆芒曰："圣治乎？官施而不失其宜，拔举而不失其能，毕见其情事而行其所为，行言自为而天下化[98]。手挠顾指，四方之民莫不俱至，此之谓圣治[99]。"

"愿闻德人。"

曰："德人者，居无思，行无虑，不藏是非美恶[100]。四海之内，共利之之谓悦，共给之之谓安。怊乎若婴儿之失其母也，傥乎若行而失其道也，财用有余而不知其所自来，饮食取足而不知其所从，此谓德人之容[101]。"

"愿闻神人。"

曰："上神乘光，与形灭亡，此谓照旷[102]。致命尽情，天地乐而万事销亡，万物复情，此之谓混冥[103]。"

门无鬼与赤张满稽观于武王之师，赤张满稽曰[104]："不及有虞氏乎，故离此患也[105]！"门无鬼曰："天下均治而有虞氏治之邪？其乱而后治之与？"

谆芒（拟人喻名，意思是茫然）将东去大海，在东海之滨正巧遇到了苑风（拟人喻名，意思是小风）。苑风问："您要到哪里去？"

谆芒说："要去大海。"

苑风问："（去）干嘛？"

谆芒说："大海这个东西，（往里）注水也注不满，（往外）取水也取不尽。我要于此游乐啊！"

苑风说："先生不能关心普通人民百姓吗？想听听（您讲）圣人治理（的方法）。"

谆芒说："圣人之治嘛，政令措施不能不合适，选拔人才不能不根据才能，看清了事情的真相然后去做应该做的。言行都听凭自然而为，天下自然就太平了。一个手势，一个眼神，四方百姓没有不顺从的，这就叫做圣人之治。"

"要听听（您讲的关于）有德性的人（的事）。"

说："有德性的人，静居不去苦思，行动没有谋求，心中没有是非美丑（之类的）。四海之内的共同的利益，就是他的愉悦；共同的满足，就是他的安乐。怅然好像婴儿失去了母亲，茫然好像行人迷失了道路，财货用之不完却不知道（财货）是从哪里来的，饮食充足却不知道取自哪里，这就是有德性的人的样子。"

赤张满稽曰："天下均治之为愿，而何计以有虞氏为？有虞氏之药疡也，秃而施髢，病而求医[106]。孝子操药以修慈父，其色燋然，圣人羞之[107]。至德之世，不尚贤，不使能，上如标枝，民如野鹿[108]。端正而不知以为义，相爱而不知以为仁，实而不知以为忠，当而不知以为信，蠢动而相使不以为赐[109]。是故行而无迹，事而无传[110]。"

孝子不谀其亲，忠臣不谄其君，臣、子之盛也[111]。亲之所言而然，所行而善，则世俗谓之不肖臣。而未知此其必然邪？世俗之所谓然而然之，所谓善而善之，则不谓之道、谀之人也。然则俗故严于亲而尊于君邪？谓己道人，则勃然作色；谓己谀人，则怫然作色[112]。而终身道人也，终身谀人也，合譬饰辞聚众也，是终始本末不相坐[113]。垂衣裳，设采色，动容貌，以媚一世，而不自谓道、谀；与夫人之为徒，通是非，而不自谓众人，愚之至也[114]。知其愚者，非大愚也；知其惑者，非大惑也。

"想听听（有关）神人（的情形）。"

说："至上的神人乘着光辉，形迹灭亡，这叫虚明空旷。穷尽性命，天地欢乐，万事消亡，万物复归到本来的面目（即本然之性），这叫做混同幽深。"

门无鬼（人名）与赤张满稽（人名）观看周武王的军队。赤张满稽说："不如虞舜（的）啊！所以（百姓）遭受（用兵）的灾祸啊！"门无鬼说："（如果）天下太平，何必还要虞舜的治理呢？天下大乱，然后才（有）治理（得天下太平）吧？"

赤张满稽说："天下人都以太平为愿望，何必要考虑虞舜呢？虞舜（治理天下好像）是治疗溃疡的，头秃才用假发，有病了才去就医。孝顺的儿子煎药，伺候慈爱的父亲，面有憔悴之色，圣人（却）感到羞耻。最有德业的世道，不推重贤才，不鼓励能力。君王像树梢（一样柔顺无为），百姓像野鹿（一样自由自在）。（人的行为）端正却不知道这是义；相互友爱，却不知道这是仁；诚实，却不知道这是忠信；得当，却不知道这是信用；行动（出于自然）而互相帮助，却不知道这是恩赐。所以行事没有痕迹，事迹也不流传。"

孝顺的儿子不奉承他的父

南华真经

注译

一三四

大惑者，终身不解；大愚者，终身不灵。三人行而一人惑，所适者，犹可致也，惑者少也；二人惑则劳而不至，惑者胜也。而今也以天下惑，予虽有祈向，不可得也[115]。不亦悲夫！

大声不入于里耳，折杨、皇荂，则嗑然而笑[116]。是故高言不止于众人之心[117]。至言不出，俗言胜也。以二缶钟惑，而所适不得矣[118]。而今也以天下惑，予虽有祈向，其庸可得邪！知其不可得也而强之，又一惑也。故莫若释之而不推[119]。不推，谁其比忧[120]？厉之人夜半生其子，遽取火而视之，汲汲然唯恐其似己也[121]。

百年之木，破为牺尊，青黄而文之，其断在沟中[122]。比牺尊于沟中之断，则美恶有间矣，其于失性一也[123]。跖与曾、史，行义有间矣，然其失性均也。且夫失性有五：一曰五色乱目，使目不明；二曰五声乱耳，使耳不聪；三曰五臭薰鼻，困惾中颡；四曰五味浊口，使口厉爽；五曰趣舍滑心，使性飞

母，忠臣不讨好他的君主，（这是）做臣子、儿子的高超境界。（对）父母所说的话，（一概）赞同，所做的事（一概认为是）善行，那么，世俗就认为这是不肖之子；（对）君主所说的话（一概）赞同，所做的事（一概认为是）善行，那么世俗都认为这是不肖之臣。然而却不知道这是一定如此的么？世俗所认为是对的就认为是对，（世俗）所认为是好的就认为是好，就不认为他是阿谀奉承的人。难道世俗比双亲更可敬，比君主更尊贵么？说自己奉承人，就勃然大怒；说自己阿谀人，就面露不愉之色，然而，却要终其一生阿谀人，奉承人。（用）附会的比喻和文绉绉的言辞来哗众，这是开始和结束、本和末的脱节（如倒置）。穿着考究，装模作样，搔首弄姿，来向世俗献媚，而自己却不认为是阿谀奉承；执着于是非，却不自知是凡夫俗子，（真是）愚昧到家了！知道自己愚昧的，算不上太愚；知道自己糊涂的，算不上太糊涂。最糊涂的人，终其一生也不觉悟；最愚昧的人，终其一生也不聪明。三个人同行，有一个糊涂，（对于）要去的目的地（来说），还可以抵达，（因为）糊涂的人是少数；（如果）有两个糊

扬[124]。此五者，皆生之害也。而杨、墨乃始离跂自以为得，非吾所谓得也。夫得者困，可以为得乎？则鸠鸮之在于笼也，亦可以为得矣[125]。且夫趣舍声色以柴其内，皮弁鹬冠、搢笏绅修以约其外[126]。内支盈于柴栅，外重缰缴，睆睆然在缰缴之中而自以为得，则是罪人交臂历指而虎豹在于囊槛，亦可以为得矣[127]！

鹞鹛

三才图卷会之鸟兽

呼一

鹞鹛

注释：

[1]《天地》篇取篇首两字为篇名。从内容上来看，《天地》篇讲了一套《庄子》的"君人南面之术"。其中，对儒家尊奉的尧舜禹汤以及当时的显学杨墨都进行了批判。

[2]均：平均，没有偏私的意思。

涂，劳顿（之后）还到不了（目的地），（因为）糊涂的人占了上风。而现在，天下都陷于糊涂（之中），我虽然有所祈求向往，却不能达到，不也是可悲吗！

雄浑的音乐，灌不进俚俗之人的耳朵，折扬、皇荂（这类的俚俗巷曲），（一听）就哈哈大笑。所以，高妙的言论不会留在众人的心里；高妙的言论不显现，流俗的言论就会得逞。两个缶打响，那钟的声音就迷惑了（即被干扰了），那么，就不能达到预期的目的。现在，天下都糊涂了，我虽然有所祈求向往，哪里可以实现呢！知道它不能实现却又要强求，这又是（一种）糊涂呀！所以，不如放手而不去推求。不推求，还和谁一起忧愁呢！丑陋的人，在半夜生儿子，忙点灯来看他（的模样），紧张得惟恐他（长得）像自己。

百年的大树，锯开做成牺牲的祭器，画上青黄（彩色）相间的花纹，余下的断木扔在沟里。把做成牺牲的祭器和扔在沟里的断木相比，是有漂亮和丑陋之别的，然而（对于）它们失去本性来说，是一样的。失去本性（的情形）有五种：第一是五色扰乱眼睛，使眼睛不能明察；第二是五声扰乱耳朵，使耳朵不能聪听；第三是

外篇

南华真经

注译

一三六

一：即道。下文说："泰初有无，无有无名。一之所起，有一而未形。"可见，"一"即"道"，乃万物的主宰。

人卒：民众。

[3]原于德：以德为本。原，本。成于天：达到天的境界。

玄古：远古、上古。君：治理，动词。

天德：得之于天的本性，它的内容是无为。

[4]以道观言：从"道"的观点来看"言"（名分）。下仿此。

分：分别、职分。

能：才能。官治：履行职责。

泛观：看待一切。

[5]通：得。在《庄子》看来，所谓的"德"，是得之于天或得之于天地的意思。

[6]兼：统属。

[7]畜：养育。"畜天下者"指君王，古代君主认为自己养育天下人。

渊静：如渊水一样平静。定：安定。

[8]记：书名，陆德明《经典释文》说它是老子的著作，不知何据。

"通于一而万事毕，无心得而鬼神服"又见于《西升经》。

[9]剽：挖空。剽心，即清心。夫子：指老子。

[10]无为为之：根据"无为"原则来行事。

无为言之：对"无为"的名说。"德"的内容即"无为"，故这里说"无为言之之谓德。"

不同同之：把不同的东西混同起来，即归于"一"。

崖异：标新立异。宽：宽容。

五臭熏坏鼻子，使鼻孔壅塞，中伤额窦；第四是五味使口腔污浊，使口腔有病有伤；第五是得失取舍扰乱内心，使本性飞扬躁动。这五条，都是人生（命）的祸害。而杨朱、墨翟却（高首）阔步地自认为有所得。（但）不是我所说的"得"。有"得"却（感到）困窘，可以算作有"得"吗？那么，斑鸠被关在笼子里，也可以算作"得"了！况且取舍得失、声色（犬马）——像柴堆一样堆积——在心中，峨冠博带、手执玉笏束缚着外表。内心为柴棚所充斥，外面又捆上了几道缠绕的绳索，眼睁睁地被绑在绳索之中还自以为有所得，那么罪犯两臂交叉（带上枷锁），手指被夹绑，虎豹被装入兽槛，（就）也可以算作有得了。

*　　　*　　　*

有万不同：包容万种不同的东西。

[11]执：掌握。纪：纲纪。

循：遵照。备：完备。

挫：折磨。完：完全。

[12]韬：宽阔无涯。事心：即修养内心。

沛：流逝的样子。为：与。"为万物逝"的意思是：与万物一同变化流逝。

[13]不乐寿：不以长寿为喜事。

不哀夭：不为夭亡而悲哀。

不荣通：不以飞黄腾达而感到荣耀。

不丑穷：不因穷困而感到羞愧。丑，羞愧。

拘：取。一世之利：整个天下的利益。私分：私有。

王：动词，做王。显：显贵。

[14]一府：一体。

同状：同样。

[15]"渊乎其居"句谓（道）幽静沉寂的状态。

漻：清澈的样子。"漻乎其清"句说明"道"是精纯清明的。

[16]金石：指代乐器。

[17]"故金石有声，不考不鸣"句，疑郭象注误入本文（参钟泰《庄子发微》）。考，敲击。

[18]王德：盛德。

素：纯朴。逝：流逝。"耻通于事"，不愿为俗事所牵累。

本原：指天道。知：智识。神：神明。

[19]出：向外。心之出，即内心之动（非渊静）。

采：牵引，影响。

[20]生（第一个）：产生。生（第二个）：通"性"。

[21]冥冥：幽暗的样子，这里指代"五形"。

[22]晓：微曦。

和：和声。

[23]至无：虚无的极点。

时骋而要其宿：与时流逝却又成为万物的归宿。

[24]赤水：河名。

[25]知、离朱、喫诟、象罔：都是虚拟的人名。知代表智慧，离朱比喻聪明，喫诟的意思是巧辩，象罔象征着没有形迹。

[26]许由、啮缺、王倪、被衣（即蒲衣子）：都是人名，参《内篇》注。

[27]殆、圾：都是危险的意思。

[28]给：敏捷。数：快速。

[29]审：明白，明察。

[30]且：将。乘人：依恃人为。无天：无视天道。

[31]方且：正要。本身：以自身为本。异形：形迹不同于别人。

尊：崇尚。火驰：像大火燎原一样快捷。

绪：端绪，比喻细微。使：役使。绪使，被琐细的事所牵累。

绂：束缚。为物绂，即被外物所束缚。

四顾：四下看，比喻应接不暇。物应：与万物相应接。

应众宜：投合大众的需要。

与物化：随万物变化。恒：恒常。

[32]族：家族。有族有祖，有一族人就有一个祖宗。

"可以为众父，而不可以为众父父"句谓：祖可以为众族属的父，但不能为"众父父"（指"天"）。

[33]南面、北面：指君、臣。

贼：灾害。

[34]华：华州，地名。

封人：守边疆的人。

[35]祝：祝福。

[36]辞：不接受。

[37]职：职位。

[38]上仙：升仙。

南华真经

注译

一
三
八

帝乡：天帝所居的地方。

[39]三患：即上文所说的多惧、多事、多辱。

[40]伯成子高：人名。

[41]下风：谦辞，犹今言"足下"。

[42]阖：通"盍"，何不。

[43]倡倡：专心的样子。不顾：不看、不理睬。

[44]泰初：远古的初始。泰初有无，原初之时只有"无"（无形、无名）。

[45]"一之所起，有一而未形"句谓："一"（道或元气）是起源于无形无名的泰初，它还没有固定一家的形状（即"恍惚"）。

[46]物得能生谓之德：物得到了"一"而被产生了出来，就叫做"德。"

"未形者有分，且然无间谓之命"句谓：无形的东西进一步演化出有分别的东西，但是这些有分别的东西尚且紧密无间地联系在一起，这叫做"命"。

"留动而生物，物成生理谓之形"句谓："命"有所停滞就形成"物"，物形成了各自的纹理，这就叫做"形"。

"形体保神，各有仪则谓之性"句谓：形体中保存着精神，而且"形"有各自的规律，这叫做"性"。

"性修反往，德至同于初"句谓：人可以修养一己的本性，使之返回到"德"的原初状态。

[47]同乃虚：混同于原初就达到了虚极的境界。

[48]喙：鸟兽的嘴。合喙鸣，比喻"不言"。喙鸣合，比喻"言"。

[49]缗：昏暗的样子。

玄德：玄妙深远的德性。

大顺：指道；道无所忤逆，故称大顺。

[50]夫子：指孔夫子。

[51]放：仿，仿效。

"可不可，然不然"句谓：把不对的当作对的。

[52]辩者：指辩者学派，如公孙龙之流。

离白坚：辩者的诡辩命题。若县寓：就像挂在天上一样显而易见。

[53]胥易：指吏役。

[54]留：留牛，一种动物。执留之狗，用来捕猎留牛的狗，比喻有非凡才能的狗。思：颇费解。成思：意犹受到牵累的意思。

[55]若、而：你。

[56]有首有趾：指有人的形体。无心无耳：指昧于大道。

有形：即有首有趾。无形无状：指道。尽无：绝无。

[57]以：用心的意思。非其所以，并不是有心而为。

[58]有治在人：有心于治就是依靠人为的意思。

[59]入于天：融入于大道。

[60]将闾葂：人名，未详何人。季彻：人名，不知何人。

[61]请受教：请指教。

[62]辞不获命：推辞却得不到允许。

[63]中：符合。

荐：陈述。

[64]服：实行。辑：顺从。

[65]局局：怪笑的样子。

[66]当：同"挡"，轶：车辙，这里指车轮。

[67]自为处危：自己使自己身处危险。

观台：城门的两阙。物：指城阙两边悬挂的法令条文。

[68]觑觑然：惊惶的样子。

[69]汇：愚昧无知。若：然、样子。

[70]举：完全。

[71]兄：尊崇。溟涬：混沌不明的样子。

[72]心居：心定。

[73]圃：菜园。畦：小菜园。

搰搰：用力的样子。

[74]卬：同"仰"。

[75]机：机械。

挈：取。

数：快。

泆汤：通"逸荡"。

槔：一种汲水的机械。

[76]忿然：发怒的样子。

[77]机心：机诈之心。

[78]纯白，指本然的心。《庄子》认为，人心本来是"纯白"的，所谓"机心"就是对本心的玷染。

神：神明，纯白之心的高级认识功能。

[79]瞒然：惭愧的样子。慙："惭"的异体字。

[80]夫：那种，指示代词。

[81]乏：阻碍。

[82]卑陬：惭愧不安的样子。

顼顼然：低垂着头的样子。

愈：恢复常态。

[83]向：刚才。

[84]反：返，返回常态。

[85]夫人：那种人。

[86]徒：却。

[87]执：掌握。

[88]淳：通"纯"。"汇乎淳备"

谓：愚昧糊涂，纯朴完备。

[89]非其志：不合乎他的志愿。下句仿此。

[90]得其所谓：符合事实。

謷然：傲然，自得的样子。

傥然：无心的样子。

[91]风波之民：即上文所说的那种"可不然，然不然"的、左右摇摆的人。

[92]彼：他。假：托。修：修习。浑沌氏：虚拟人名。

[93]内：指内心。外：指外在功业。

[94]明白入素：心地明净达到纯白之心的境界。

复朴：返归自然素朴本性。

体性抱神：保养本性，涵养神气。

固：何。

[95]谆芒、苑风：都是虚拟的人名。

之：往、到。

大壑：大沟，这里指东海。

[96]酌：取水。

[97]横目之民：横着长眼的民众，这里指人民。

[98]官施：政令措施。

拔举：选拔人才。

毕见：全都看清。情事：事情真相。

行言自为：言行出于自然。

[99]手挠顾指：指手势和眼神。

[100]恶：丑。

[101]怊：惆怅。

傥：无心的样子。

容：情状、形象。

[102]上神：至上的神人。乘

一二九

光：借助光辉。

照旷：虚明空旷。

[103]万物复情：万物回复到了其本来面目。

混冥：无分别的同一的混沌状态。

[104]门无鬼、赤张满稽：都是虚拟的人名。

师：军队。

[105]离：通"罹"，遭难。

[106]疡：溃疡。药疡，治疗溃疡。

施：用。髢：假发。

[107]修：伺候。

憔然：憔悴的样子。

[108]"上如标枝，民如野鹿"句谓：上层的统治者像标枝（树末端的小枝）一样无所作为，民众像野鹿一样自在生息。

[109]蠢动：自然而然地行动。

相使：互相帮助。

赐：恩赐。

[110]事而无传：事迹没有留传。

[111]谀、谄：都有巴结、奉承的意思。

盛：顶点。

[112]道人、谀人：都是奉承、讨好人的意思。

怫然：发怒的样子。

[113]合譬：凑合比喻、附会牵强。

饰辞：文绉绉的辞藻。

不相坐：不相关联。

[114]垂衣裳：指讲究穿戴。

设采色：指装模作样。

动容貌：指搔首弄姿。

通：同。通是非，指人云亦云。

[115]祈向：祈求向往。

[116]里：指俗人。里耳，俗人的耳朵。

折扬、皇荂：通俗曲目名。

嗑然：笑的样子。

[117]高言：深奥的言论。止：入。

[118]缶：粗俗的乐器。钟：用于雅乐的高级乐器。二缶钟惑，两个缶的音响使钟的音响听不清了。

[119]释：放弃。推：推行。

[120]比：并。

[121]厉之人：丑陋的人。

遽：急忙。

汲汲然：匆忙的样子。

[122]破：剖开。牺尊：祭祀用的酒樽。

文：装饰。

断：树的断桩。

[123]比：比较。

间：分别。

[124]臭：气味。

困窒：闷塞。中：受伤。颡：额。困窒中颡，指鼻孔闷塞，甚至使额窦受伤。

厉：爽，伤、疮之类的病。

趣舍：取舍。趣，通"取"。

滑：乱。

使性飞扬：使得人性浮躁。

[125]鷃：又叫鸥鷃，似麻雀。

[126]柴其内：内心为柴栅所堵塞。

皮弁：一种皮帽子。鹬：鸟名。鹬冠，用鹬毛装饰的帽子。搢：插。笏：手版。绅：大带。修：长。搢笏绅修，指的是官服的装束。约：束缚。外：外表。

[127]支盈：塞满。

重：再加上。缰：绳索。缴：缠绕。

外篇

南华真经

注译

一四〇

睆睆然：睁着眼睛的样子。

交臂历指：古代的一种酷刑。罪人两臂交叉，手指用竹木棒夹绑，再用绳子拉紧。

槛：圈，用于捕捉虎豹，能进不能出，故称囊槛。

天道第十三[1]

天道运而无所积，故万物成；帝道运而无所积，故天下归；圣道运而无所积，故海内服[2]。明于天，通于圣，六通四辟于帝王之德者，其自为也，昧然无不静者矣[3]！圣人之静也，非曰静也，善故静也[4]。万物无足以铙心者，故静也[5]。水静则明烛须眉，平中准，大匠取法焉[6]。水静犹明，而况精神[7]？圣人之心静乎？天地之鉴也，万物之镜也。夫虚静恬淡寂漠无为者，天地之平而道德之至也，故帝王圣人休焉[8]。休则虚，虚则实，实则伦矣[9]。虚则静，静则动，动则得矣。静则无为，无为也，则任事者责矣[10]。无为则俞俞[11]，俞俞者，忧患不能处，年寿长矣。夫虚静恬淡寂漠无为者，万物之本也。明此以南乡，尧之为君也；明此以北面，舜之为臣也[12]。以此处

天道第十三

天道运行而没有什么停滞，所以万物能够成长；帝王之道运行而没有什么停滞，所以天下（人）能够归服；圣人之道运行而没有什么停滞，所以四海之内（的人）都宾服。明白了天道，有得于圣（人之道），对（作）帝王的德性全面禀受的人，他的自在的运作，懵懵懂懂地没有什么不安静。圣人的安静，并不说是（一般意义上的）安静，（而是因为）善于安静，所以才安静的。万事万物都不能够干扰其内心，所以（是）安静的。水安静，就可以清楚地照见人的须发眉毛，（水）的平可以作标准——高明的匠师以（它）为法度。水静况且（可以）明照，更何况精神（之静）呢！圣人的心清静啊！（是）天地的镜子啊，万物的镜子啊！那虚静、恬淡、寂寞、无为，是天地的平准，也是道德的顶点。所以帝王和圣人都安心于此。安心于此就可以致清虚，清虚就可以充实，充实就可以合乎伦常。清虚就

外篇

南华真经 注译

一四一

南华真经

注译

上，帝王天子之德也；以此处下，玄圣素王之道也[13]。以此退居而闲游，江海山林之士服；以此进为而抚世，则功大名显而天下一也[14]。静而圣，动而王，无为也而尊，朴素而天下莫能与之争美[15]。夫明白于天地之德者，此之谓大本大宗，与天和者也；所以均调天下，与人和者也[16]。与人和者，谓之人乐；与天和者，谓之天乐。庄子曰："吾师乎，吾师乎！齑万物而不为戾，泽及万世而不为仁，长于上古而不为寿，覆载天地，刻雕众形而不为巧[17]。此之谓天乐。故曰：'知天乐乐者，其生也天行，其死也物化。静而与阴同德，动而与阳同波[18]。故知天乐者，无天怨，无人非，无物累，无鬼责。故曰：其动也天，其静也地，一心定而王天下；其鬼不祟，其魂不疲，一心定而万物服[19]。言以虚静推于天地，通于万物，此之谓天乐[20]。天乐者，圣人之心以畜天下也[21]。

夫帝王之德，以天地为宗，以道德为主，以无为为

可以安静，安静就可以运动，运动就可以有所得了。安静就可以无为，（君主）无为，干事的人就（可以）尽职尽责了。无为就可以自在从容。自在从容，忧患就不会相伴随，（那么）寿命就会久长。虚静、恬淡、寂寞、无为，是万物的本根呀！明白了这一点来做君主，尧就是这样做君主的；明白了这一点来做臣民，舜就是这样做臣民的。以此来居高位，就是帝王天子的德性，以此来居下位，就是（那些深怀圣人之德和无冕之王的德性）人的法则。以此辞官退居，闲散地去游历，江海山林（中）的隐士（对他）心服；以此来努力精进去安抚天下，就会立功扬名，使天下统一。安静，成为圣人；运动，成为帝王。无为，地位尊荣；朴素，天下没有什么可以和它比美。那明白了天地的德性的人，就可以称之为（掌握了）最根本的宗旨、与天道和谐一致的人。使天下均平协调，是与人（道）和谐的人。与人（道）和谐，叫做人乐；与天（道）和谐，叫做天乐。庄子说："我的老师啊，我的老师！毁坏万物却不是因为暴戾，恩德泽被千秋万代而不是因为仁爱，比上古更久远而不是因为长寿；包囊承载天地，塑造万物却不是因

常[22]。无为也，则用天下而有余；有为也，则为天下用而不足[23]。故古之人贵夫无为也。上无为也，下亦无为也，是下与上同德[24]。下与上同德则不臣。下有为也，上亦有为也，是上与下同道。上与下同道则不主。上必无为而用天下，下必有为为天下用，此不易之道也。

故古之王天下者，知虽落天地，不自虑也；辩虽雕万物，不自说也；能虽穷海内，不自为也[25]。天不产而万物化，地不长而万物育，帝王无为而天下功。故曰：莫神于天，莫富于地，莫大于帝王。故曰帝王之德配天地[26]。此乘天地、驰万物而用人群之道也。

本在于上，末在于下。要在于主，详在于臣。三军五兵之运，德之末也；赏罚利害，五刑之辟，教之末也；礼法度数，形名比详，治之末也；钟鼓之音，羽旄之容，乐之末也；哭泣衰绖，隆杀之服，哀之末也[27]。此五末者，须精神之运，心术之动，然后从之者也[28]。

为工巧。这就叫天乐。"所以说，知道天乐的人，他的生长是随着天道流行（而运行的），他的死亡也是随着物的变迁（而变化的）。安静（时）和阴（气）同一秉性，运动（时）和阳气共同波动。所以，知道天乐的人，天不怨，人不恨，没有外物的拖累，没有鬼神的责怪。所以说：他运动像天（一样运动），他安静像地（一样安静），专心于安静（的境界）就可以称王天下；鬼神不来侵害，精神不会疲惫。专心于安定（的境界）就可以使万物归服。这说的是把虚静（的道理）推广于天地，贯彻于万物（之中），这就叫天乐。天乐，就是用圣人之心（即虚静）来管治天下。

帝王的德性，（要）以天地为根本，以道德为主导，以（自然）无为为法则。无为（法则）用来驱使天下则无所不能；有为（的做法）被天下（人）所驱使还是归于无为。所以，古代人是看重无为（法则）呀！君上无为，臣下也无为，这样臣下和君上就具有同一个秉性（即德性）了。臣下和君上具有同样的德性，那么臣下就不成其为臣下了。臣下有为，君上也有为，这样君上和臣下就同道了，君上和臣下同道，那么君主就不成其为君主了。（所

南华真经

注译

一四四

末学者,古人有之,而非所以先也。君先而臣从,父先而子从,兄先而弟从,长先而少从,男先而女从,夫先而妇从。夫尊卑先后,天地之行也,故圣人取象焉[29]。天尊地卑,神明之位也;春夏先,秋冬后,四时之序也;万物化作,萌区有状,盛衰之杀,变化之流也[30]。夫天地至神,而有尊卑、先后之序,而况人道乎?宗庙尚亲,朝廷尚尊,乡党尚齿,行事尚贤,大道之序也[31]。语道而非其序者,非其道也。语道而非其道者,安取道?

是故古之明大道者,先明天而道德次之,道德已明而仁义次之,仁义已明而分守次之,分守已明而形名次之,形名已明而因任次之,因任已明而原省次之,原省已明而是非次之,是非已明而赏罚次之;赏罚已明而愚知处宜,贵贱履位,仁贤不肖袭情[32]。必分其能,必由其名[33]。以此事上,以此畜下,以此治物,以此修身,知谋不用,必归其天[34]。此之谓大平,治之至也[35]。

以)君上必须是(遵循)用无为(法则)来驱使天下,臣下必须是(遵循)有为(法则)来供天下驱使。这是不能改变的原则。

所以古代称王天下的人,尽管(他的)智识包罗天地(万物),自己(却)不去思虑;虽然辩才可以粉饰一切,自己(却)不去言说;虽然才能可以做完国内的一切事情,自己(却)不去做。上天不产生什么,但万物(却)(自然)化育;大地不生成什么,但万物(却自然)成长;帝王不干什么,但天下(却)有功德。所以说,没有比天更神奇的,没有比地更富饶的,没有比帝王更伟大的。所以说,帝王的德性可以和天地相提并论。这就是乘借着天地,驱使万物,支配人群的原则啊!

根本的东西由君上(来掌握),枝节的东西由臣下(来掌握);君上掌握扼要的东西,臣下掌握详实的东西。三军(之阵)、五种兵器运用,是德性的末流;赏罚奖惩、五刑之法,是教化的末流;礼仪法律、制度措施、考核刑名,是治理的末流;钟鼓演奏的音乐,盛妆的舞姿,是音乐的末流;呼天抢地,披麻戴孝,是哀痛的末流。这五种末流,须要(经过)精神的修养、内心

故书曰："有形有名[36]。"形名者，古人有之，而非所以先也。古之语大道者，五变而形名可举，九变而赏罚可言也[37]。骤而语形名，不知其本也；骤而语赏罚，不知其始也[38]。倒道而言、忤道而说者，人之所治也，安能治人[39]？骤而语形名赏罚，此有知治之具，非知治之道[40]。可用于天下，不足以用天下。此之谓辩士，一曲之人也[41]。礼法数度，形名比详，古人有之。此下之所以事上，非上之所以畜下也。

昔者舜问于尧曰："天王之用心何如[42]？"

尧曰："吾不敖无告，不废穷民，苦死者，嘉孺子而哀妇人，此吾所以用心已[43]。"

舜曰："美则美矣，而未大也[44]。"

尧曰："然则何如？"

舜曰："天德而出宁，日月照而四时行，若昼夜之有经，云行而雨施矣[45]！"

尧曰："胶胶扰扰乎[46]！子，天之合也；我，人之合也[47]。"

夫天地者，古之所大也，

的判断，然后才能听从。

末流的学问，古人那里就已有了，但这并不能因此把它放到前面。君主在前，臣子跟从；父亲在前，儿子跟从；兄长在前，弟弟跟从；年长者在前，年轻的跟从；男人在前，女人跟从；丈夫在前，妇人跟从。这尊卑前后，（是）天地所施行的，所以圣人效法它（来制定规则）。天尊地卑，是天神地明的位置；春天夏天在前，秋天冬天居后，（这）是四时的顺序；万物的化生，（在）萌芽（阶段）都有各自的形状，从繁盛到衰败的过程，是变化的迁流（所致）啊！那天地是最神奇的，况且还有尊卑先后的顺序，更何况人的法则呢！宗庙里是崇尚亲情的，朝廷上是崇尚尊贵的，乡邻之间是崇尚年岁的大小的，办事是崇尚贤能的，（这）是大道的顺序啊！谈论大道（时）却不谈大道的顺序，（那么）谈论的就不是大道。谈论大道而又谈论的不是那个大道，怎么能把握大道呢？

所以古代明白大道的人，首先明了天道，接下来是道德；明了了道德以后，接下来是仁义；明了了仁义以后，接下来是职分；明了了职分以后，接下来是形名（即名实关系）；明了了形名以后，接下来是安排

外篇

南华真经

注译

一四六

而黄帝、尧、舜之所共美也。故古之王天下者，奚为哉？天地而已矣[48]！

帝尧治国

孔子西藏书于周室，子路谋曰："由闻周之征藏史有老聃者，免而归居，夫子欲藏书，则试往因焉。[49]"

孔子曰："善。"

往见老聃，而老聃不许，于是繙十二经以说[50]。老聃中其说，曰："大谩，愿闻其要[51]。"

孔子曰："要在仁义。"

老聃曰："请问仁义，人之性邪？"

孔子曰："然。君子不仁则不成，不义则不生。仁义，真人之性也，又将奚为矣[52]？"

老聃曰："请问何谓仁义？"

孔子曰："中心物恺，兼

职位；明了了安排职位以后，接下来是考察；明了了考察以后，接下来是"是非"；明了了是非以后，接下来是赏罚；明了了赏罚以后，愚昧的（人）和有智识的（人）都安排得当，尊贵的（人）和微贱的（人）都各就各位，仁贤的人和不成器的人都会根据实际情况（给予恰当的安排）。职分必须根据才能（来安排），必须使之合乎其名位。用这个办法为君上服务，用这个办法来对待臣下，用这个办法来处理事务，用这个办法来修身（养性），（就可以）不用智虑谋略，而肯定复归于天道（即自然）。这就称作太平，是治理（天下）的最高境界。

所以，书上说："有形必有名。"讲论形名的人，古代就有了，但不能因此而把它放在前面。古代谈论大道的人，推论五次才可以举出形名，推论九次才可以谈到赏罚。一下子谈论形名，不知道它的根本（所在）啊，一下子谈到赏罚，不知道它的开始啊。颠倒了道（的次序）来谈论，违背了道来言说的人，（应该）被别（人）来统治，怎么能统治人。一下子谈论形名赏罚，这只是知道统治的手段，而不知道统治的原则。可以被天下所用，而不能运用天下。这样的

爱无私，此仁义之情也[53]。"

老聃曰："意！几乎后言[54]。夫兼爱，不亦迂乎[55]？无私焉，乃私也。夫子若欲使天下无失其牧乎[56]？则天地固有常矣，日月固有明矣，星辰固有列矣，禽兽固有群矣，树木固有立矣[57]。夫子亦放德而行，循道而趋，已至矣[58]！又何偈偈乎揭仁义，若击鼓而求亡子焉[59]？意！夫子乱人之性也。"

孔子见老子

士成绮见老子而问曰[60]："吾闻夫子，圣人也。吾固不辞远道而来愿见，百舍重趼而不敢息[61]。今吾观子非圣人也，鼠壤有余蔬而弃妹之者，不仁也[62]。生熟不尽于

人称为辩士，是一孔之见的人。礼仪法律、制度措施、形名考核（之类），古代人就有。这些都是臣下用来为君上服务，而不是君上用来管治臣下（的东西）。

从前，舜问尧道："天王（即遵从天道的君王）的用心是怎样的？"

尧说："我对有苦无处诉说的人不傲慢，不抛弃穷人，怜悯死去的人，喜爱小孩子，哀怜女人，这就是我的用心了。"

舜说："好（尽管）是好，但还算不上伟大。"

尧说："那么，要怎么样（才算得上伟大）呢？"

舜说："（有了）天德，就会呈现安宁了。（像）日月照耀，四时运行（一样），像昼夜（交替）有常规一样，（像）阴云布满就会下雨（一样）。"

尧说："（我只是）劳劳碌碌呀！您，与天（道）相合；我，与人（道）相合。"

天地，自古以来就当作大的东西，（也）是黄帝、尧、舜所共同赞同的。所以，古代做帝王的人，做什么呢？（不过像）天地（一样自然无为）罢了。

孔子要把自己的书藏在位于西方的周王室中，子路给

南华真经

注译

前，而积敛无崖[63]。"

老子漠然不应。士成绮明日复见，曰："昔者吾有刺于子，今吾心正郤矣，何故也[64]？"

老子曰："夫巧知神圣之人，吾自以为脱焉[65]。昔者子呼我牛也而谓之牛，呼我马也而谓之马[66]。苟有其实，人与之名而弗受，再受其殃[67]。吾服也恒服，吾非以服有服[68]。"

士成绮雁行避影，履行遂进而问[69]："修身若何？"

老子曰："而容崖然，而目冲然，而颡頯然，而口阚然，而状义然[70]。似系马而止也，动而持，发也机，察而审，知巧而睹于泰，凡以为不信[71]。边竟有人焉，其名为窃[72]。"

夫子曰："夫道，于大不终，于小不遗，故万物备[73]。广广乎其无不容也，渊渊乎其不可测也[74]。形德仁义，神之末也，非至人孰能定之[75]？夫至人有世，不亦大乎[76]？而不足以为之累；天下奋棅，而不与之偕；审乎无假，而不与利迁[77]。极物之真，能

（他）出主意说："我听说周王室管藏书的官叫老聃，辞去了官职回了家，先生想要藏书，那我去通过（老聃来办）吧！"

孔子说："好吧。"

（孔子和子路）去拜见老聃，但老聃不赞同（孔子藏书于周室）。于是，（孔子）便解说十二部经书，来说服老聃。老聃打断了他的话，说："太繁琐了，请讲讲要点。"

孔子说："要点在于仁义。"

老聃说："请问，仁义是人的本性吗？"

孔子说："对，君子没有仁就不成（其为君子），没有义就不能生存下去。仁义，确实是人的本性啊，还要怎么样呢？"

老聃说："请问，什么叫仁义？"

孔子说："内心和外物相悦，兼爱天下，没有私心，这就是仁义的实质。"

老聃说："噫！（你这些）无关紧要的话，（对人）是有害的。那兼爱，不是迂腐吗？没有私心，正是有私心。先生您想使天下（人民）不丢掉饭碗吗？那么天地本来就有常规，日月本来就有光辉，星辰本来就有排列，禽兽本来就有群居（之性），树木本来就

守其本[78]。故外天地，遗万物，而神未尝有所困也[79]。通乎道，合乎德，退仁义，宾礼乐，至人之心有所定矣[80]。"

世之所贵道者，书也[81]。书不过语，语有贵也[82]。语之所贵者，意也，意有所随[83]。意之所随者，不可以言传也，而世因贵言传书。世虽贵之，我犹不足贵也，为其贵非其贵也[84]。故视而可见者，形与色也；听而可闻者，名与声也。悲夫！世人以形色名声为足以得彼之情[85]。夫形色名声，果不足以得彼之情，则知者不言，言者不知，而世岂识之哉[86]？

桓公读书于堂上，轮扁斫轮于堂下，释椎凿而上，问桓公曰[87]："敢问公之所读者，何言耶？"

公曰："圣人之言也。"

曰："圣人在乎？"

公曰："已死矣。"

曰："然则君之所读者，古人之糟魄已夫[88]！"

桓公曰："寡人读书，轮人安得议乎？有说则可，无说则死[89]！"

轮扁曰："臣也以臣之

有直立（之性）。先生（最好也）仿效（天）德来行动，遵循（天）道来实践，就达到最高境界了！又为什么要竭力地去高扬仁义，好像敲着鼓去寻找丢失了的孩子呢！噫！先生扰乱了人们的本性啊！"

士成绮（人名）见到老子，问道："我听说先生是圣人。所以不顾路远来求见，路过了百家旅舍也不敢停步，脚上起了一层硬茧也不敢停步。现在，我看先生不是圣人。老鼠的住处有剩菜，遗弃（东西），这是不仁。生的熟的食物堆在眼前，看不到边，还要无休无止地聚敛。"

老子面无表情，不理会（他）。士成绮第二天又见（老聃），说："昨天我讥刺了您，今天我的心里有些别扭，是什么缘故呢？"

老子说："那机巧智慧神圣的（一类）人，我自认为和我不相干了。过去，您喊我牛，我就叫做牛；喊我是马，我就叫做马。假如名副其实，别人给了我一个名而不接受，会遭受双重的灾难的。我总是这样地接受别人对我的称呼，不是觉得应该接受而接受。"

士成绮像雁一样斜步而行，像避开自己的影子一样侧着身体，穿着鞋子就进来了，问："修身是怎么回事？"

外篇

南华真经

注译

一五〇

事观之。斫轮，徐则甘而不固，疾则苦而不入，不徐不疾，得之于手而应于心，口不能言，有数存焉于其间[90]。臣不能以喻臣之子，臣之子亦不能受之于臣，是以行年七十而老斫轮[91]。古之人与其不可传也死矣，然则君之所读者，古人之糟魄已夫！"

齐桓公与管仲画像砖

注释：

　　[1] 取篇首两字为篇名。《天道》篇的中心是论述"天道无为"的道理，对"无为"之旨反复申明。

　　[2] 运：运行。积：积滞、停滞。

　　[3] 明于天：洞明天道。

　　通于圣：通达于圣道。

　　辟：开通。六通四辟，全面通晓。

　　昧然：愚昧的样子。

　　[4] "非曰静也善故静也"句，通常的句读是："非曰静也善，故静也。"如此则文意难能索解，所以本书的句读为："非曰静也，善故静也。"意思是：不是指一般意义上的静，而是因为善于静而称之为静。这正是《老子》"善行

老子说："你的表情傲慢，你的目光灼灼逼人，你的前额突出，你的嘴巴大张，你的样子高傲，好像拴起来的（踽踽欲试的）马，想动而被约束住了，（如果）放开了就像弩机一样快速，观察仔细，机智多端，能看到太多的东西，对一切都认为不可信。边境有一个这样的人，他的名字叫'偷窃'。"

　　先生说："道，从大的方面来说，无穷无尽；从小的方面来说，无孔不入，没有什么遗漏的地方；所以，万物之中具有道。广阔广大啊，没有什么不容纳的！渊深幽深啊，不可测度啊！刑名、功德、仁义，是精神的末流，不是至人，谁能确定它们？至人拥有天下，不也是（很）重要吗？但（他）不至于因为管理天下而劳累；天下的人都在争权夺利但（他）不与他们为伍；保持纯真（的本性）而不因利益改变（自己）；穷尽万物的本性，能够固守根本。所以，（他）把天地置之度外，遗弃万物，精神就从来没有被困扰过。和道相贯通，和德相符合，疏远仁义，抛弃礼乐，至人之心就可以安定了！"

　　世人所珍重的"道"，（写在）书（上）。书上写的不过是语言。（那么）语言有为世

无辙迹"（见《老子》二十七章）的意思。

[5]铙：通"挠"，干扰。

[6]明烛：比喻清楚地照见。须眉：眉发，比喻细微之物。

准：水准，引申为标准。

取法：效法。

[7]"水静犹明，而况精神？"句谓：水的渊静尚可以明照秋毫，更何况虚静的精神呢？这是说虚静的精神可以知照天地，洞彻万物。故下文有句："天地之鉴也，万物之镜也。"

[8]休焉：指栖心在沉静之中。

[9]实：充实。

伦：理。

[10]任事者责矣：办事的人就尽其职责了。

[11]俞俞：从容自得的样子。

[12]南乡：即南向，指君临天下。

[13]玄圣、素王：指那些有圣人和帝王之德性却没有圣人、帝王名位的人。

[14]退居：辞官（职）的意思。

江海山林之士：即隐士。服：佩服。

进为：指出来做官。抚世：治世。

[15]朴素：本义指没有遭致过斧斤的原木和没有沾染过的素帛（布），这里指无为之道。

[16]天地之德：指无为。

大本大宗：最根本的宗旨。

和：和谐、顺应。

均调：谐调。

[17]繅：调和。庑：高。

泽：施恩。

刻雕：比喻塑造。

[18]同波：同流。

人所珍重之处。语言之所以被珍重，（在于语言所传达的）意义，有伴随意义的东西。伴随意义的东西，是不可以通过言辞来传达的，但世人却一贯是珍重言辞，以书册相传授。世人虽珍重言辞、书册，我却不珍重（它们），因为（我认为）他们所珍重的并不是（真正）珍贵的东西。所以，（用眼睛能）看见的（东西），是形状和颜色；（用耳朵能）听见的（东西），是名称和声音。可悲啊！世人都认为凭着形色名声就足以了解大道的实质。那形色名声，确实不足以了解大道的实质，那么知道的人就不言语，言语的人就不知道，世人怎么会懂得呢？

齐桓公在堂上读书，轮扁（人名）在堂下做车轮。（轮扁）丢下锤子凿子走上堂来，问齐桓公："请问，王公读的书里，说些什么？"

齐桓公说："（是）圣人的言论。"

说："圣人还在世吗？"

齐桓公说："已经死了。"

说："那么国君所读的东西，是古人的糟粕啊！"

齐桓公说："我在读书，（你这个）造车轮的人怎么能议论呢？说得出道理还可以，说不出道理就要杀死你！"

轮扁说："我用我的工作

南华真经

注译

[19]祟：鬼神给人造成的灾祸。

魂：精神。

[20]通：贯彻的意思。

[21]畜：畜养，这里指管理。

[22]宗：根本。

常：常法。

[23]"无为也，则用天下而有余；有为也，则为天下用而不足"数语，本于《老子》七十七章："天之道，其犹张弓欤！天之道，损有余而补不足；人之道则不然，损不足以奉有余。"推敲"有余"和"不足"的意思，不外是指"有为"和"无为"而已。如此，"无为也，则用天下而有余"句可以解作：无为之道在施用天下时是无不为的，这正是"无为而无不为"的精义所在。下文中的"帝王无为而天下功"即此意。"有为也"句略同。

[24]上、下：指统治者与被统治者，即君主和臣民。

[25]落：同"络"，网罗、包罗的意思。

辩：言辩。雕：粉饰。

[26]配：比。

[27]五刑：剕、墨、刑、宫、大辟。辟：法律。

比：比较。详：审核。

羽旄之容：比喻舞蹈。

衰：通"缞"，丧服。经：麻孝。

隆：提级。杀：降级。在古礼中，丧服分为五个等级。在不同的场合中穿不同的丧服。

[28]精神之运，心术之动：指精神的修养和内心的判断。

[29]取象：效法。

[30]萌区：萌芽。有状：呈现出各自的形状。

来观察（这件事）。做轮子，动作慢了就松滑而不牢固，动作快了就滞涩而安不进去。不快不慢，得心应手，却说不出来，分寸大小（的尺度）心中有数。我不能把这些（经验）告诉我的儿子，我的儿子也不能从我这里得到这些（经验），所以，我以七十岁的衰老之身（还得）做轮子。古代的人和他们的不可言传的东西一起死掉了，那么君王所读的书，（不过）是古人的糟粕罢了！"

*　　*　　*

流：流利。

[31]尚亲：讲究亲疏关系。

尚齿：讲究年龄大小。

[32]分守：职分、职责。

因任：安排职位。

原省：考察。

愚知处宜：愚钝的人也知道如何得体地去做事。

履位：各就各位。

袭：因，根据。情：实，实际。

[33]"必分其能，必由其名"句谓：必须根据才能、名位来安排职分。

[34]事上：侍奉君主。

畜下：统治民众。

治物：处理事务。

归其天：归于天道自然。

[35]大平：即太平。

[36]故书：未详哪一本书。

有形有名：有形的东西都是有

名（称）的。

[37]五变、九变：即上文所说的：一天、二道德、三仁义、四分守、五形名、六因任、七原省、八是非、九赏罚。举：列举。

[38]骤：突然。

[39]倒、连：都是相反的意思。倒道、连道指把次要的东西放在主要的东西之前，乱了次序。

[40]具：手段。

[41]一曲之人：局限在一管之见而不知全体大用的人。

[42]天王：即帝王，依照天道行事的帝王。

[43]放：通"傲"，傲慢。无告：悲苦无告的人。

废：抛弃。

苦：悲悯。苦死者，哀怜死去的人。

嘉：亲善。孺子：小孩。哀：哀怜。

所以用心：用心之所在。

[44]美：美好。

大：伟大。

[45]而：则。出：呈现。宁：安宁。天德而出宁，遵循天德而行事就会呈现安宁。下文"日月照而四时行，若昼夜之有经，云行而雨施矣"，讲的是"自然"、不假人为的意思。

[46]胶胶：纠缠的样子。扰扰：扰乱的样子。

[47]天之合：合于天道。

人之合：合于人道。

[48]天地而已：意谓像天地一样自然无为罢了。

[49]西藏书于周室：把书藏在西方的周王室。

谋：筹划。

征藏：收藏。征藏史，收藏管理书籍的官吏。

免而归居：免去官职回家隐居。

因：通过。

[50]繙：解说。

十二经：孔子所尊奉的十二部书，不详何指。

说：说服。

[51]中：打断，中间插话。

谩：通"漫"，指不着边际。大谩，指太不着边际。

要：要旨、要义。

[52]真人之性：确实是人的本性。

[53]中心：内心。恺：和悦。中心物恺，内心和外物相悦。

兼爱：无所不爱。这是墨子的主张。

[54]意：通"噫"，感叹词。

几：危害。后言：无关紧要、次要的言论。

[55]迂：迂腐。

[56]牧：牧养、养育。

[57]立：指生长的地方。

[58]放：通"仿"，仿效。

[59]偈偈：用尽气力的样子。揭：高举。

若击鼓而求亡子：好像敲锣打鼓地去寻找丢失了的孩子一样；表示不得法。

[60]士成绮：人名。

[61]固：通"故"。

舍，古时行三十里或三十五里一止宿叫做一舍。百舍，指路途遥远。趼：通"茧"。重趼，指脚掌上磨出的厚茧。息：停下来。

[62]鼠壤：老鼠生活的地方。余蔬：剩菜。弃妹：遗弃东西。

[63]生熟：指生食、熟食。积敛：聚财。无崖：没有止境。

[64]郤：通"隙"。吾心正郤，指我心正有些别扭。

[65]脱：脱离，这里指不相干。

[66]"子呼我牛也谓之牛，呼我马也谓之马"句谓：您喊我为牛，我就叫做牛；喊我为马，我就叫做马。这与《应帝王》篇所说的"一以己为马，一以己为牛"意思相同，注意这种观点与名家（如公孙龙）、墨家（《墨子》）的异同。

[67]实：实际。再受其殃：错上加错、罪上加罪。

[68]服：服从、接受。

[69]雁行避影：像大雁一样斜步行进，像避开自己的影子一样。履行：穿着鞋子走。古时登堂入室要脱去鞋子。

[70]而：你。崖然：傲慢的样子。冲然：目光外射的样子。阚然：张口动唇的样子。义：通"峨"。义然，高高在上的样子。

[71]系马而止：拴住奔马，这里比喻强自约束、控制。持：约束。也：如。机：机械。睹：看见。泰：太过。凡：一切。

[72]竟：通"境"。

[73]终：尽。遗：漏。

[74]广广乎：宽广的样子。容：包容。

渊渊乎：深深的样子。

[75]形德：即刑德，刑名功德的意思。

[76]有世：得天下。

[77]棅：通"柄"，权柄。奋棅：指争权夺利。偕：同。审：守，保持。无假：纯真。

[78]极：尽。真：指纯粹本性。极物之真，指洞彻万物的真性。

[79]外天地：把天地摒除于心外。遗：遗忘。神：指不同于"知（智识）"又高于"知"的"神明"。困：束缚：局限。

[80]通：得。退：离开。宾：通"摈"，抛弃。定：安定。

[81]"世之所贵道者，书也"句谓：世人尊奉道，依赖于书籍。

[82]语：语言文字。

[83]"语之所贵者，意也"句谓：语言文字之所以被人们所珍视，在于它所传达的"意"（意义）。随：随从，附带。

[84]为其贵非其贵：因为世人所珍贵的（语言），并不是真正值得珍贵的。

[85]彼：指道。情：实质。

[86]果：实在。

[87]桓公：齐桓公。扁：人名，是个做车轮的木匠，故称轮扁。斫：砍削。椎凿：都是木匠用的工具。

[88]魄：通"粕"。糟粕，没有价值的东西。

[89]议：议论。

说：讲出道理来。

[90]徐：缓慢。甘：松滑。固：坚固。

苦：涩滞。不入：松得安不进去。

数：分寸。

[91]喻：晓喻，说明。

老：终老于。

天运第十四[1]

"天其运乎？地其处乎[2]？日月其争于所乎[3]？孰主张是[4]？孰维纲是[5]？孰居无事而推行是[6]？意者其有机缄而不得已邪[7]？意者其运转而不能自止邪？云者为雨乎？雨者为云乎[8]？孰隆施是[9]？孰居无事淫乐而劝是[10]？风起北方，一西一东，在上彷徨[11]。孰嘘吸是[12]？孰居无事而披拂是[13]？敢问何故？"

古天文图

天运第十四

"天是运行（着）的吗？地是静止（着）的吗？日月是交替出现——像争着居住的地方一样——吗？是谁在主宰？是谁在维系？是谁闲着没事来推动（它）？或者是有某种机关（控制着它）而使（它）不由自主？或者是（它自己）运转却不能使自己停下来？是云化作了雨？还是雨化作了云？是谁在作云作雨？是谁闲着没事去推动云雨之会？风起于北方，一会儿（向）西，一会儿（向）东，一会又在天上往来回旋。是谁在一呼一吸（而成为风）？是谁闲着没事来煽动（它）？请问为什么（是这样）呢？"

巫师咸祒说："来，我告诉你。天有（上下四方之）六极和（金、木、水、火、土这）五常，帝王顺应它们就天下太平，违反它们就凶险了。《洛书》上九个方面所记载的事情，（都是）实现了太平，道德完备（的事），（可以）

南华真经 注译 一五五

巫咸䄟曰："来，吾语女。天有六极五常，帝王顺之则治，逆之则凶[14]。九洛之事，治成德备，监照下土，天下戴之，此谓上皇[15]。"

商大宰荡问仁于庄子[16]。

庄子曰："虎狼，仁也。"

曰："何谓也？"

庄子曰："父子相亲，何为不仁？"

曰："请问至仁。"

庄子曰："至仁无亲[17]。"

太宰曰："荡闻之，无亲则不爱，不爱则不孝。谓至仁不孝，可乎？"

庄子曰："不然。夫至仁尚矣，孝固不足以言之[18]。此非过孝之言也，不及孝之言也。夫南行者至于郢，北面而不见冥山，是何也[19]？则去之远也。故曰：以敬孝易，以爱孝难；以爱孝易，以忘亲难；忘亲易，使亲忘我难。夫德遗尧、舜而不为也，利泽施于万世，天下莫知也，岂直大息而言仁孝乎哉[20]？夫孝悌仁义，忠信贞廉，此皆自勉以役其德者也，不足多也[21]。故曰：至贵，国爵并焉；至富，国财并焉；

像镜子一样以照天下，天下拥戴，把它叫做'上皇'（即至高无上的皇）。"

商（的后裔宋国的）主宰（官职名）荡（人名）向庄子请教"仁"（的问题）。庄子说："虎狼是有仁性的。"

（太宰荡）说："怎么讲？"

庄子说："（虎狼）的父子相亲，为什么不是仁呢？"

（太宰荡）说："请问'至仁'（最高的仁爱）是什么呢？"

庄子说："'至仁'是没有亲情（之爱）的。"

太宰说："我听说，没有亲情就没有爱，没有爱就没有孝。说'至仁'是不孝的，行吗？"

庄子说："不对。那'至仁'是高级的境界，孝本来就不足以说明它。这并不就是说孝的说法有什么不对，而是孝的说法达不到（'至仁'的境界）啊。那朝南方行走的人，到了郢都，向北方（望去）却看不到冥山，这是为什么呢？（这是因为）距离冥山太远了。所以说：以（尊）敬为孝——相对于以（亲）爱为孝来说——是容易的，以（亲）爱为孝——相对于以（尊）敬为孝来说——是困难的；以（亲）爱为孝——相对于以忘怀父母（当作孝）来说——是

至愿，名誉并焉[22]。是以道不渝[23]。"

庄子

北门成问于黄帝曰[24]："帝张咸池之乐于洞庭之野，吾始闻之惧，复闻之怠，卒闻之而惑，荡荡默默，乃不自得[25]。"

帝曰："汝殆其然哉[26]！吾奏之以人，征之以天，行之以礼义，建之以大清[27]。夫至乐者，先应之以人事，顺之以天理，行之以五德，应之以自然，然后调理四时，太和万物[28]。四时迭起，万物循生[29]。一盛一衰，文武伦经[30]。一清一浊，阴阳调和，流光其声[31]。蛰虫始作，

容易的，以忘怀父母（当作孝）——相对于以（亲）爱为孝来说——是困难的；忘怀父母容易，使父母忘怀我就（相对）困难了；使父母忘怀我容易，连天下都忘怀就（相对）困难了；忘怀天下容易，使天下（人）忘却我就（相对）困难了。那具有德性的人遗忘尧舜，不做尧舜所做的事，恩泽被及万世，天下的人都不知他，这岂是赞叹、宣扬仁孝（所能做得到的）么？孝悌仁义、忠信贞廉，这些都是自己勉励自己去劳苦其本性的人，不足为训。所以说：最尊贵的就是舍弃一国的爵位（也在所不惜）；最富有的就是舍弃一国的财货（也在所不惜）；最称心如意的就是舍弃名誉（也在所不惜）。因此，大道是始终不渝的。

北门成（人名）问黄帝说："你在广阔的原野上演奏咸池（乐曲名）之乐，我刚开始听了很害怕，再听就心意松弛，听到最后，感到（有些）迷惑，恍恍惚惚，不由自主。"

黄帝说："你差不多会这样吧！我用人事（的主题）来弹奏，以自然为象征，按照仪礼来进行，以天道为根本。四季依次更迭，万物顺着四季而生育。乐音的强弱，表现文治武功的方略。乐调的清浊，（象征着）阴阳调和，使音声像

南华真经

注译

吾惊之以雷霆[32]。其卒无尾，其始无首。一死一生，一偾一起，所常无穷，而一不可待[33]。汝故惧也。吾又奏之以阴阳之和，烛之以日月之明。其声能短能长，能柔能刚；变化齐一，不主故常[34]。在谷满谷，在阬满阬[35]。涂郤守神，以物为量[36]。其声挥绰，其名高明[37]。是故鬼神守其幽，日月星辰行其纪[38]。吾止之于有穷，流之于无止[39]。予欲虑之而不能知也，望之而不能见也，逐之而不能及也。傥然立于四虚之道，倚于槁梧而吟[40]。目知穷乎所欲见，力屈乎所欲逐，吾既不及，已夫[41]！形充空虚，乃至委蛇[42]。汝委蛇，故怠[43]。吾又奏之以无怠之声，调之以自然之命[44]。故若混逐丛生，林乐而无形，布挥而不曳，幽昏而无声[45]。动于无方，居于窈冥，或谓之死，或谓之生；或谓之实，或谓之荣。行流散徙，不主常声[46]。世疑之，稽于圣人[47]。圣也者，达于情而遂于命也[48]。天机不张，而五官皆备[49]。此之谓天乐，无言而心悦。

流动的光辉一样。冬眠的虫子开始蠕动时，我就用春雷来表现（春天）的惊醒。这音乐在完结时没有末尾，在开端时没有起始。（乐曲）忽而停息忽而兴起，忽而低沉忽而高扬，以无穷的变化为常法，全然不可预料。所以你会惊惧害怕的。我又用阴阳的调和来演奏，用日月的光明来照亮它。它的声音可短可长，可柔可刚，变化虽有规律，（却）不以旧的常法（规律）为囿。（这乐音）在山谷里就充满了山谷，在坑里就充满了坑。闭目塞听，静守精神，以事物为它自己的量度。它的声音悠扬，表现了高亢明朗。所以鬼神守在幽暗之处，日月星辰按照其规律运行。我（让声音）停息在有尽头的地方，使它的流响无尽（地萦绕）。您想要忖度它却不能知晓它，看它却看不见，追它又追不着。漠然地站在四方都渺茫空虚的道路上，靠着一株枯槁的梧桐树而自吟自唱：'眼睛的知识以它所能看到的（东西）为止，精力以它所能追逐到的东西为止，我既然追不上，算了！'形体内被空虚所充满，就可以随顺，你如果（能）随顺，就（能）懈怠（放松）。我又用不懈怠的声音来演奏，用自然中的必然来调和它。所以（它）

故有焱氏为之颂曰：'听之不闻其声，视之不见其形，充满天地，苞裹六极[50]。'汝欲听之而无接焉，而故惑也[51]。乐也者，始于惧，惧故崇；吾又次之以怠，怠故遁；卒之于惑，惑故愚；愚故道，道可载而与之俱也。"

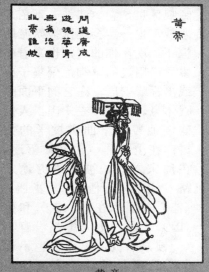

问道广成
游逸崆峒
无为治国
北帝谁欤

黄帝

黄帝

孔子西游于卫。颜渊问师金曰[52]："以夫子之行为奚如[53]？"

师金曰："惜乎，而夫子其穷哉[54]？"

颜渊曰："何也？"

师金曰："夫刍狗之未陈也，盛以箧衍，巾以文绣，尸祝齐戒以将之[55]。及其已

像（万物）混杂追逐、聚生在一块一样，众音合奏却又没有声音之形迹，张扬而不羁，幽咽而无声。乐音响动，不知它起于何方；止息于深微幽渺（之境）；有人说它是死（的情状），有人说它是生（的情状），有人说它是结果（的情状），有人说它是开花（的情状）。（乐音）流动、变化，乐调不能固定。世俗的人对这曲调产生了怀疑，（去）询问圣人。圣人，就是通达于人情而又随顺天命的人。（尽管）五官都具备，但不动用其天机。这叫做天乐（天然的快乐），不能诉诸言语而内心愉快。所以，有焱氏（人名）为此歌颂道：'听之不闻其声音，视之不见其形状，充满于天地之间，包括上下四方。'你想要听它却听不着，所以（你）迷惑了。乐曲开始时（使人）害怕，害怕就伤神；接下来我又使（乐曲）放松，放松后就不再害怕；最后（使你）迷惑，迷惑就蒙昧；蒙昧就可以进乎道（的境界了），大道也就可以负载他，和他在一起。"

孔子西去卫国旅行，颜渊问师金（人名）道："（你）认为我老师的做法怎么样？"

师金说："可惜呀！你的老师要倒霉了！"

南华真经

注译

陈也，行者践其首脊，苏者取而爨之而已[56]。将复取而盛以箧衍，巾以文绣，游居寝卧其下，彼不得梦，必且数眯焉[57]。今而夫子亦取先王已陈刍狗，聚弟子游居寝卧其下。故伐树于宋，削迹于卫，穷于商、周，是非其梦邪[58]？围于陈、蔡之间，七日不火食，死生相与邻，是非其眯邪[59]？夫水行莫如用舟，而陆行莫如用车。以舟之可行于水也，而求推之于陆，则没世不行寻常[60]。古今非水陆与？周、鲁非舟车与？今蕲行周于鲁，是犹推舟于陆也[61]。劳而无功，身必有殃[62]。彼未知夫无方之传，应物而不穷者也[63]。且子独不见夫桔槔者乎[64]？引之则俯，舍之则仰[65]。彼人之所引，非引人者也，故俯仰而不得罪于人[66]。故夫三皇五帝之礼度法度，不矜于同而矜于治[67]。故譬三皇五帝之礼义法度，其犹柤梨橘柚邪[68]？其味相反而皆可于口。故礼义法度者，应时而变者也。今取猿狙而衣以周公之服，彼必龁啮挽裂，

颜渊说："为什么？"

师金说："（祭祀用的）草扎成的狗没有摆出来以前，用盒子盛着，用绣巾掩着，巫师斋戒后事奉着它。等到摆出来后，（过往的）行人踩着它的头和脊背，拾草的人拿它去当柴烧。要把它再放入盒子，掩上绣巾，（不论）是出行（还是）安居，都在它的下面睡眠休息，它（即使）不招来恶梦，也一定会屡次被妖魔所惊吓。现在你的老师也拿着先生早已用过的草狗，聚集子弟或出行或安居，在它的下面睡眠休息。所以，在宋国，人们砍倒他曾在下面讲过学的大树；在卫国，（他）被驱逐；在周宋之间，被逼进穷途末路；这不是他的恶梦吗？（他）被围困在陈（国）和蔡（国）之间，七天里都没有吃（一顿）热饭，离死亡也不远了，这不是他被妖魔所惊吓吗？在水上行进，（什么都）不如乘船；在陆路行进，（什么都）不如乘车。因为船可以在水中行走，来推着它在陆地上行走，那么一辈子也走不了多远。古时和现在，不是水和陆吗？周室和鲁国，不是舟和车吗？现在，寻求在鲁国推行周室（的制度），就像在陆地上推着船行走一样！劳而无功，身家性命还必定遭殃。他

尽去而后慊[69]。观古今之异，犹猨狙之异乎周公也。故西施病心而矉其里，其里之丑人见之而美之，归亦捧心而矉其里[70]。其里之富人见之，坚闭门而不出；贫人见之，挈妻子而去之走[71]。彼知矉美而不知矉之所以美。惜乎，而夫子其穷哉！"

西施

孔子行年五十有一而不闻道，乃南之沛见老聃[72]。老聃曰："子来乎？吾闻子，北方之贤者也。子亦得道

不晓得没有定向的驿车能应接事物的无穷变化。况且你难道没有见过桔槔吗？你牵拉它，它就偃伏；一松开（它），它又仰起。它，是人们所牵拉的东西——像人拉桔槔一样，而不是牵拉人的东西。所以，不论它是偃伏还是仰起都不会得罪别人。所以三皇五帝的礼仪法度，可贵之处不在于它们彼此相同而在于（能使天下得以）治理。三皇五帝的礼仪法度，就像山桂、梨、橘子、柚子一样，它们的味道不同却都很可口。所以，礼义法度（之类），是应该顺应时代而加以变化的（东西）。现在让猴子穿上周公的衣服，它（猴子）肯定会咬坏撕裂，全部除去以后才觉得舒坦。观察古代与现今的差异，就像猴子不同于周公一样。所以西施心口痛，皱着眉头，里坊中的丑女看见了，认为（西施皱着眉头）很美，回去后也捂着胸口，皱着眉头。里坊中的有钱人见了，把大门关紧不出来；穷人见了，带着妻儿避开了。她（指丑女）知道皱着眉是美的却不知为什么皱着眉会美的原因。可惜呀，你的老师要倒霉了！"

孔子活了五十一岁了，还没有听说道，就去南方的沛国去见老聃。老聃说："您来啦！我听说过您是北方的贤人，您

南华真经

注译

一六一

外
篇

南华真经

注译

一
六
〇

乎？"

孔子曰："未得也。"

老子曰："子恶乎求之哉？"

曰："吾求之于度数，五年而未得也[73]。"

老子又曰："子又恶乎求之哉？"

曰："吾求之于阴阳，十有二年而未得也[74]。"

老子曰："然。使道而可献，则人莫不献之于其君；使道而可进，则人莫不进之于其亲；使道而可以告人，则人莫不告其兄弟；使道而可以与人，则人莫不与其子孙[75]。然而不可者，无佗也，中无主而不止，外无正而不行[76]。由中出者，不受于外，圣人不出；由外入者，无主于中，圣人不隐[77]。名，公器也，不可多取[78]。仁义，先王之蘧庐也，止可以一宿而不可久处[79]。觌而多责[80]。古之至人，假道于仁，托宿于义，以游逍遥之虚，食于苟简之田，立于不贷之圃[81]。逍遥，无为也；苟简，易养也；不贷，无出也。古者谓是采真之游[82]。以富为是者，

得道了吗？"

孔子说："还没有得道。"

老子说："您是如何求道的呢？"

（孔子）说："我通过法度礼数来求道，五年还没有得道。"

老子说："您又如何求道呢？"

（孔子）说："我通过阴阳来求道，（经过了）十二年还没有得道。"

老子说："对了。假使道可以献出，那么人们都不会不把道献给他们的君主；假使道可以进奉，那么人们都不会不把道进奉给他们的父母；假使道可以告知别人，那么人们都不会不把道告知他们的兄弟；假使道可以给人，那么人们都不会不把道给予他们的子孙。但这些都不可以（办到），没有别的原因，内心没有主宰，什么也留不住；外面没有内在的印证，（道）也不能得以推行。出自内心的，外界不接受，（所以）圣人的内心也就不生出什么；从外界进入内心的，内心对此没有主宰，所以圣人也就不把它放在心上。名声，是公用的器物，不能过多地依赖它。仁义，是先王的施舍，只可以（在其中）住一宿而不能久居。沉湎于仁义就会遭到多方责难。古代的圣人，

不能让禄；以显为是者，不能让名[83]。亲权者，不能与人柄。操之则慄，舍之则悲，而一无所鉴，以窥其所不休者，是天之戮民也[84]。怨、恩、取、与、谏、教、生、杀八者，正之器也，唯循大变无所湮者为能用之[85]。故曰正者，正也[86]。其心以为不然者，天门弗开矣[87]。"

老子教化图

孔子见老聃而语仁义[88]。老聃曰："夫播穅眯目，则天地四方易位矣；蚊虻噆肤，则通昔不寐矣[89]。夫仁义憯然，乃愤吾心，乱莫大焉[90]。吾子使天下无失其朴，吾子亦放风而动，总德而立矣[91]！

借助于仁，寄宿于义，用来遨游于逍遥的境界，在简陋的田地里随意取食，在不用借贷给别人的园子里立足。逍遥，就是无为；苟且简便，就是易于活命；不借贷给别人，就是没有损耗。古代的人称这是采集真性的漫游。认为富有是好的人，不会让出（他的）俸禄；认为显荣是好的人，不会让出（他的）声名。热衷于权势的人，不会让给别人权位的，掌权时恐惧，丧失权位时又悲伤；却全然没有认清（道理），看出他们不断追求的东西（究竟是什么），这些人是上天刑戮过的民众啊。怨恨、恩泽、获得、付出、批评、教导、生、死这八条，是纠正行为的器具，只有根据大道变化而不粘滞的人才能运用它。所以说：治理好天下，就是正确运用。心里对此不以为然的人，天道的大门是不会打开的。"

孔子见到老聃，讲论仁义。老聃说："把谷糠撒到眼里，迷了眼，那天地四方就变换了位置了；蚊虻咬着，整夜就睡不着觉。仁义的毒害，在于搅动我的内心，没有什么祸乱比它更大了。先生您不要使天下的人失去他们的纯朴本性，先生您也随风而动，修持德性而自立，又何必殚思竭力像背负着大鼓去寻找丢失的儿

南华真经

注译

南华真经

注译

又奚杰杰然若负建鼓而求亡子者邪[92]？夫鹄不日浴而白，乌不日黔而黑[93]。黑白之朴，不足以为辩；名誉之观，不足以为广[94]。泉涸，鱼相与处于陆，相呴以湿，相濡以沫，不若相忘于江湖[95]。"

孔子见老聃归，三日不谈[96]。弟子问曰："夫子见老聃，亦将何规哉[97]？"

孔子曰："吾乃今于是乎见龙[98]。龙，合而成体，散而成章，乘云气而养乎阴阳。予口张而不能嗋，予又何规老聃哉[99]！"

子贡曰："然则人固有尸居而龙见，雷声而渊默，发动如天地者乎[100]？赐亦可得而观乎[101]？"遂以孔子声见老聃[102]。老聃方将倨堂而应，微曰[103]："予年运而往矣，子将何以戒我乎[104]？"

子贡曰："夫三皇五帝之治天下不同，其系声名一也[105]。而先生独以为非圣人，如何哉？"

老聃曰："小子少进[106]！子何以谓不同？"

对曰："尧授舜，舜授禹。禹用力而汤用兵，文王

子呢？白鹤用不着天天洗澡，却是白的；乌鸦用不着天天染黑，也是黑的。白黑是它的纯朴的本性，是用不着辩解的；名誉的哗众，不必扩大。泉水干涸了，鱼儿一起在陆地上，互相吹着湿气，用口沫互相濡湿，（与其这样）不如让它们在江湖中相互忘却。"

孔子拜见老聃回来后，三天（都）不讲话。弟子问道："老师见到了老聃，有什么规劝呢？"

孔子说："我现在真的是见到了龙。龙，合起来成为一体，散开来成为文采。乘着云气，用阴阳（二气）怡养自己。我（吃惊得）张口（结舌）、嘴也合不拢，我又有什么能规劝老聃的呢？"

子贡说："难道有人真的像死尸般静居而像龙腾般运动、发声如雷而沉默如渊、发动和天地一样的人吗？我也能去看一看吗？"

于是，（子贡）就以孔子的名义去拜见老聃。老聃正坐在堂上，接待（子贡），轻轻地说："我已年迈了，你拿什么来告诫我呢？"

子贡说："三皇五帝治理天下的办法不同，但都有同样的声名。先生却偏偏认为（他们）不是圣人，为什么？"

老聃说："小伙子，坐近

顺纣而不敢逆，武王逆纣而不肯顺，故曰不同。"

老聃曰："小子少进！余语汝三皇五帝治天下。黄帝之治天下，使民心一[107]。民有其亲死不哭而民不非也[108]。尧之治天下，使民心亲[109]。民有为其亲杀其服而民不非也[110]。舜之治天下，使民心竞[111]。民孕妇十月生子，子生五月而能言，不至乎孩而始谁，则人始有夭矣[112]。禹之治天下，使民心变[113]。人有心而兵有顺，杀盗非杀人，人自为种而'天下'耳[114]。是以天下大骇，儒、墨皆起。其作始有伦，而今乎妇女，何言哉[115]！余语汝：三皇五帝之治天下，名曰治之，而乱莫甚焉。三皇之知，上悖日月之明，下睽山川之精，中堕四时之施[116]。其知憯于蛎虿之尾，鲜规之兽，莫得安其性命之情者，而犹自以为圣人，不可耻乎[117]？其无耻也！"子贡蹴蹴然立不安[118]。

孔子谓老聃曰："丘治《诗》、《书》、《礼》、《乐》、《易》、《春秋》六经，自以为久矣，孰知其故

点，您为什么说（三皇五帝治理天下的办法）是不同的呢？"

回答说："尧授权位给舜，舜授权位给禹。禹（治理天下）运用苦力而汤运用兵力，周文王顺着纣王，不敢叛逆（纣王）；周武王（却）叛逆纣王，不肯顺着（纣王），所以说（他们）不同。"

老聃说："小伙子再稍坐近点，我给你讲讲三皇五帝治理天下的事：黄帝治理天下，使人民一心。有人死了父母也不哭泣，别人也不非议。尧治理天下，让民心亲爱父母，有人为了他的父母减除礼节，别人也不非议。舜治理天下，让民心有争斗，孕妇怀胎十月生子，子生下来，五个月就能说话，还不会笑就能辨认人，那么人们开始有夭折的了。禹治理天下，让民心变得奸诈，人有了奸诈之心后，（认为使用）兵器（杀人）也是合理的了，（因为）杀的是盗贼而不是人。人们各自结伙拉帮却以'天下'（的名义相标榜），所以天下人都害怕极了，儒家、墨家都兴起了。刚开始时，还有些秩序，现在是哗众罢了，还有什么好说的！我告诉你：三皇五帝治理天下，名义上说是治理，（实际上）是使天下乱得不可收拾了。三皇的智识，对上是掩盖了日月的光明，对下是损伤

南华真经

注译

矣，以奸者七十二君，论先王之道而明周、召之迹，一君无所钩用[119]。甚矣！夫人难说也？道之难明邪？”老子曰：“幸矣，子之不遇治世之君也！夫《六经》，先王之陈迹也，岂其所以迹哉[120]！今子之所言，犹迹也。夫迹，履之所出，而迹岂履哉？夫白鶂之相视，眸子不运而风化。虫，雄鸣于上风，雌应于下风而风化[121]。类，自为雌雄，故风化[122]。性不可易，命不可变，时不可止，道不可壅。苟得其道，无自而不可；失焉者，无自而可[123]。”

孔子不出三月，复见，曰：“丘得之矣[124]。乌鹊孺，鱼傅沫，细要者化，有弟而兄啼[125]。久矣，夫丘不与化为人[126]。不与化为人，安能化人[127]！”

老子曰：“可，丘得之矣。”

注释：

[1]取篇首"天其运乎"中两字为篇名。《天运》篇的主旨是讲"天道自然"，但各段文字不相联属，属杂纂体裁。

[2]处：静止，与上句的"运"

了山川的精华，中间又毁坏了四时运行的秩序。他们的智识比蛇蝎的尾巴还毒，小动物不能安于它们的本性，（他们）还自以为（自己）是圣人，不是可耻吗？他们多么无耻啊！”子贡局促地站立不安。

孔子对老聃说：“我究心于《诗》、《书》、《礼》、《乐》、《易》、《春秋》六经，自认为已经很长时间，熟悉其中的道理了。用它们来游说七十二个君主，论说先王之道，彰明周公、召公的功绩，但是没有一个君主重用（我）。太难了！人们都太难说动了！道是难以明白的吗？”

老子说：“太侥幸了！您没有遇到想要治理天下的国君！那六经，是先王的陈迹，岂是先王之所以有迹的原因呢？您现在所说的，就像（地上的）印迹。印迹，是鞋子踏出来的，印迹怎么能是鞋子呢？白鶂相互凝视，眼珠子不动就可以致孕；（有一种）虫子，雄的在上风头鸣叫，雌的在下风头应和，就可以致孕；类这种东西，自己就具备雌雄两性，所以就能（自己）致孕。本性是不可改变的，天命是不能改变的，时光是不可留止的，大道是不可壅塞的。假如得到了道，没有什么不可以的；失去了道，就没有什么可

（动）"相对。

[3]"日月其争于所乎"句谓：日月交替出没，似争夺处所一样。

[4]主张：主宰。是：这，这样。

[5]维纲：维系、控制。

[6]居无事：无为自处的意思。推行：推动。

[7]意：或者。机缄：机关。"意者其有机缄而不得已"句谓：或者是有某种机关而使它的运行不由自主。

[8]"云者为雨乎？雨者为云乎？"句谓：是云化作了雨呢？还是雨化作了云？

[9]隆：兴。施：降。隆施，兴云作雨。

[10]淫乐：古人常把云雨之会看作是天地的交媾，故称为淫乐。劝：助长。

[11]一西一东：忽然向西，忽然向东。

彷徨：飘移不定的样子。

[12]噓：吹气。吸：吸气。

[13]披拂：煽动。

[14]巫咸：传说中的巫师名。袑：一说是巫咸的名字，一说是"招"字之误。

六极：四方上下。五常：即五行。

[15]九洛：指九畴洛书。九洛之事，就是洛书上九个方面所记载的内容。

监：同"鉴"。监照，像明镜一样明照。下土：指天下。

戴：拥戴。

上皇：至高无上的皇。

[16]商：这里指宋国，因为宋国是商的后裔。大宰：即太宰，官职名。荡：人名。问仁：请教关于"仁"的问

以的了。"

孔子三个月闭门不出，又去见老聃，说："我得到它（道）了！乌鸦和喜鹊孵蛋（而生），鱼儿吐沫（而生），蜂虫是化生的，生了弟弟后哥哥（因失去父母爱怜）痛哭。太久了，我没有和造化为友了，不和造化为友，怎么能教化别人呢？"

老子说："可以，孔子得道了。"

* * *

题。

[17]至仁无亲：最高境界的仁是不讲求亲爱之情的。这与孔门把"仁"解释为基于"亲亲"关系之上的"爱"有很大的不同。

[18]孝固不足以言之：孝本来也不能足以说明它（指至仁的境界）。

[19]郢：楚国都城。

冥山：山名。

[20]德遗尧、舜：有德的人忘怀尧舜。

利泽：好处。施：施恩。

大息：通太息，长叹。

[21]勉：奋力。役：奴役，拖累。

多：赞颂。

[22]国爵：国君的爵位。并：通"摒"，抛弃。

国财：国库的财物。

至愿：最高的愿望。

[23]渝：通"逾"，过分。

南华真经

注译

一六八

[24]北门成：人名，黄帝的臣子。

[25]张：演奏。咸池：乐曲名。

惧：心意松弛。

惑：心意惶惑。

荡荡默默：心神恍惚的样子。

不自得：不能自主。

[26]殆其然：恐怕就是这样。殆，恐怕。

[27]建：建立。大清：即太清，这里指道。

[28]"夫至乐者，先应之以人事，顺之以天理，行之以五德，应之以自然，然后调理四时，太和万物"数语，乃郭象注文羼入本文。

[29]迭起：指更替。

循：顺。循生，指顺着次序而生。

[30]一盛一衰：一强一弱。

伦经：即经纶。

[31]流光其声：使声音像流动的光辉一样。

[32]蛰虫：冬眠蛰伏的虫子。作：动。

[33]偾：跌倒，这里指乐声的下降。

所常无穷：以无穷的变化为常法。

一而不可待：全都不能预料。

[34]不主故常：不遵守陈法。主，守。

[35]阬：通"坑"。

[36]涂：闭塞。郤：通"隙"，这里指感官，（孔窍）。涂郤，指闭目塞听。

以物为量：以万物为自己的量度。

[37]挥绰：悠扬。高明：高亢明快。

[38]幽：阴暗的地方。

[39]流之于无止：流响不尽的意

思。

[40]傥然：无心的样子。四虚：四方。

"倚于槁梧而吟"句，同《德充符》"依树而吟，据槁梧而瞑"的意思相同，可互参。

[41]屈：尽。

[42]形充空虚：形体之内空虚无物。

委蛇：顺应无为的意思。

[43]惧：心意松弛。见前注。

[44]无怠：不懈怠。

自然之命：天道的必然性。

[45]混逐丛生：混杂在一起、并生在一起的样子。

林乐：群乐，合奏的意思。

布挥：张扬。不曳：没有约束。

[46]行流：流动。散徙：分散运转。

[47]稽：考，询问。

[48]遂：顺。

[49]天机：指没有心机的纯白之心。不张：不动。

[50]有焱氏：神农氏。

苞裹：即包裹，包囊、包容的意思.

[51]接：接触。五官感于外物，称为接。

[52]卫：卫国。

颜渊：人名，孔子的弟子。师金：鲁国的太师，名金。

[53]以：认为。奚如：如何。

[54]惜：怜惜，可怜之意。穷：穷途末路的意思。

[55]刍狗：用草扎成的、用作祭祀的狗。陈：陈列。

箧衍：箱子之类的盛器。

巾：盖上布巾，动词。文绣：绣着花纹的东西。

齐戒：斋戒。齐，通"斋"。将：奉。将之，奉刍狗。

[56]践：践踏。首脊：头和脊背。

苏者：拾草的人。爨：烧。

[57]数眯：屡次受到梦魇的惊吓。眯，梦魇。

[58]伐树于宋：据说，孔子曾在宋国的一颗大树下讲学。宋司马桓魋想杀孔子，在孔子离去后，桓魋连那颗大树也砍掉了。

削迹：绝迹，再也不去。

穷：穷困。商：指宋国。周：指周王室。

[59]围于陈、蔡之间：据说孔子去楚国的途中路经陈、蔡（国名），被陈、蔡的大夫围困了七日。其间，孔子一行粮尽炊灭，几乎饿死。

邻：近。死生相与邻，指生命与死亡相距不远。

[60]没世：终生。

[61]蕲：求。蕲行周于鲁，在鲁国推行周室的制度。

[62]殃：灾殃。

[63]无方：没有固定方向。传：驿车。

[64]桔槔：参《天地》注。

[65]引：拉。

舍：通"捨"，放。

[66]彼：指桔槔。

[67]矜：珍重。

[68]譬：比方。

柤：通楂，一种果树，其果味如山楂。

[69]猨：通"猿"。猨狙，猿猴。

彼：指猨狙。龁、咶：咬。挽裂：

扯破。

慊：满意。尽去而后慊，全部丢去才能满意。

[70]西施：人名，越国美女。病心：心口痛。矉：通"颦"，皱眉。里：居里，古时二十五家为一里。

捧心：捂着胸口。

[71]坚闭：紧闭。

挈：携带。妻子：老婆孩子。

[72]沛：地名，今江苏沛县。老聃：即老子。

[73]度数：制度条款。

[74]阴阳：关于阴阳的学说。

[75]献：贡献、奉献。

[76]佗：通"他"。

中：内心。无主：无主见。止：止留。

外无正而不行：外部的事物没有内心的印证也不能够得以推测。

[77]不隐：即不藏，不放在心上。

[78]名：名声。

[79]蘧庐：旅舍。

[80]觏：有交织的意思，这里指沉湎。

[81]假：借助。

托宿：寄住。

逍遥之虚：指逍遥的境界。

苟简：简陋的意思。

[82]采真之游：采集真性的行为。

[83]以富为是：认为富有是对的、好的。是，对、好。

禄：俸禄。

显：显贵。

[84]柄：权柄。

南华真经

注译

憟：通"栗"，恐惧。

一无所鉴：对一切都不觉察。

窥：视，这里指追求。休：停止。

天之戮民：指违反天性，为天道所杀的人。

[85]正之器：治理好天下的工具。

循：顺。大变：自然的变化。湮：止滞。

[86]"正者，正也"句谓：治理好天下的方法是正确地运用"正之器"。

[87]天门：指通向天道的门户。

[88]语：讲论。

[89]播：播散。

易：变。

虻：一种蚊虫。噆：叮咬。

通昔：整夜。寐：睡着。

[90]憯：通"惨"。憯然，凄惨的样子。

愤：激奋、搅乱。

[91]朴：纯素的本性。

放风而动：随风而动。

总：持。

[92]杰杰然：用尽气力的样子。"又奚杰杰然若负建鼓而求亡子者邪"句，《天道》有："又何偈偈乎揭仁义，若击鼓而求亡子焉"，可以互相参证。

[93]日浴：天天洗澡。

黔：黑色。日黔，天天染黑。

[94]广：扩大。

[95]涸：干涸。"泉涸"以下数语，参见《大宗师》篇。

[96]谈：讲话。

[97]规：规劝。

[98]见龙：指见老聃。

[99]嗋：合。口张而不能嗋，形容张口结舌的样子。

[100]"尸居而龙见"、"雷声而渊默"：见《在宥》注。

[101]赐：子贡名。

[102]以孔子声：凭着孔子的声望。

[103]方将：正。倨：通"踞"，坐。倨堂，坐在堂上。

微：轻轻地。

[104]年运而往：行年老迈。

戒：劝诫。

[105]一：一致。

[106]少进：稍稍往前来。

[107]使民心一：使民众的心思纯一，没有杂念。

[108]民有其亲死不哭而民不非也：有人在亲人死去后而不哭，别人却不非议他。非，非议。

[109]使民心亲：使人们的内心亲爱自己的亲人。

[110]杀其服：着孝服的意思。

[111]竞：竞争。使民心竞，使人们的心里充满了竞争意识。

[112]不至乎孩而始谁：还没有到会笑的时候就能分清谁是谁了。孩，笑。夭：夭折，指未到寿终即死亡。

[113]变：变诈。

[114]心：指变诈智巧之心。顺：合理。兵有顺，指师出有名。

杀盗非杀人：杀死盗贼算不上是杀人。这是一种"兵有顺"的逻辑。

种：同伙。人自为种而"天下"耳：人们各自结党营私却又以"天下"的名义来进行。

[115]伦：伦理。妩：媚人的样子。女：汝，你。

[116]"上悖日月之明，下暌山川之情，中堕四时之施"数语，参《胠箧》篇注。

[117]憯：通"惨"，毒害。蛎虿：是一种有毒的虫子。

鲜规之兽：指小动物。

[118]蹴蹴然：心神不安的样子。

[119]孰：同"熟"。

钩：取。

[120]所以迹：迹（脚印）所由出，这里指履。

[121]白鶂：一种水鸟。

风：交配。化：孕育。

"虫，雄鸣于上风，雌应于下风而风化"句谓：有一种虫，雄的在上风处鸣叫，雌的在下风处应和就可以致孕。

[122]类：一种动物，具有雌雄两性。

[123]自：由。

焉：此。

[124]得之：得通。

[125]乌鹊：乌鸦和鹊。孺：孵化而生子。

傅：相。沫：口沫。傅沫，指以口沫相交而致孕。

细要者：指蜂虫。要，通"腰"。化：化生。

[126]与化为人：与大化为友。人，偶。

[127]"不与化为人，安能化人"句谓：不与造化为友，又怎么能教化别人呢！

刻意第十五[1]

刻意尚行，离世异俗，高论怨诽，为亢而已矣[2]。此山谷之士，非世之人，枯槁赴渊者之所好也[3]。语仁义忠信，恭俭推让，为修而已矣[4]。此平世之士，教诲之人，游居学者之所好也[5]。语大功，立大名，礼君臣，正上下，为治而已矣。此朝廷之士，尊主强国之人，致功并兼者之所好也[6]。就薮泽，处闲旷，钓鱼闲处，无为而已矣[7]。此江海之士，

刻意第十五

刻意追求行为高尚，超脱世俗，不拘小节，高谈阔论（一些）怨言和非议，（不过是）为了表现清高罢了。这（样的人）是山谷中的隐士，不满社会的人，他们是（一些）心灰意冷、想要投水的人所爱好的。讲论仁义忠信，廉恭俭朴容让，为了修养罢了。这些是使天下太平的人士，教育诲导别人的人，是到处游学和定居讲学的人所爱好的。谈论大功，建立盛名，使君臣（之间）以礼相待，使上下秩序合理，为了治理（国家）罢

南华真经

注译

一七二

避世之人，闲暇者之所好也。吹呴呼吸，吐故纳新，熊经

山林隐士图

鸟申，为寿而已矣[8]。此道引之士，养形之人，彭祖寿考者之所好也[9]。

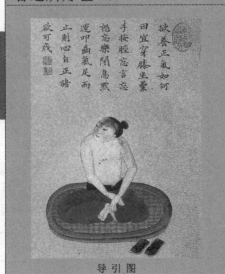

欲养正气如何
曰宜穿膝坐票
手按股闲忘言
恬忘众闲息然
运叩幽气足而
止则心日正诸
欲可戒

导引图

了。这些是朝廷之士，尊奉君主，使国家强盛的人，是想建功立业、兼并别国的人所爱好的。到水泽，置身空旷，钓鱼清闲，是无为罢了。这些是江海之士，逃避世俗的人，是闲暇的人所爱好的。吹气呼吸、吐故纳新，像熊一样悬在树上，像鸟一样伸展两翼，为的是长寿罢了。这些是（练习）导引（术）的人士，是养护形体的人，是彭祖之流的长寿的人所爱好的。

至于那种不刻意追求就（自然）清高，不讲论仁义就有修养，没有功业名声就平治天下，没有江海（自然）就闲适，不用导引（自然）就长寿的人，没有什么他所不能忘怀的，没有什么他所不能具有的。（他内心）恬淡无比但一切美物都追随他。这就是天地间的大道，圣人的德性呵！

所以说：恬淡寂寞虚无无为，这是天地的基准，是道德的实质，所以说：圣人宽怀，就会平易。平易就会恬淡了。平易恬淡（的话），忧患就不会进入（内心），邪气就不能损伤身体，所以他德性健全而神气不亏损。所以说：圣人，他的生是天的运行，他的死是与物一起变化的结果。宁静时和阴气的本性一致，动作时与阳气的波动一致。不去做福业

若夫不刻意而高，无仁义而修，无功名而治，无江海而闲，不道引而寿，无不忘也，无不有也。淡然无极而从美从之，此天地之道，圣人之德也[10]。

故曰：夫恬惔寂漠，虚无无为，此天地之平而道德之质也[11]。故曰：圣人休休焉则平易矣，平易则恬惔矣[12]。平易、恬惔，则忧患不能入，邪气不能袭，故其德全而神不亏。故曰：圣人之生也天行，其死也物化[13]。静而与阴同德，动而与阳同波[14]。不为福先，不为祸始。感而后应，迫而后动，不得已而后起[15]。去知与故，循天之理[16]。故无天灾，无物累，无人非，无鬼责[17]。其生若浮，其死若休[18]。不思虑，不豫谋[19]。光矣而不耀，信矣而不期[20]。其寝不梦，其觉无忧。其神纯粹，其魂不罢[21]。虚无恬惔，乃合天德。

故曰，悲乐者，德之邪也；喜怒者，道之过也；好恶者，德之失也。故心不忧乐，德之至也；一而不变，静之至也；无所于忤，虚之

之前（的善事），也不做祸害之前（的恶事）。感于外物，然后才有所反应，受到了逼迫然后才有所动，不得已然后才有所为。抛却智识和习惯，遵循天理。因此没有来自上天的灾害，没有被外物所累，没有被人非议，没有被鬼神责怪。他的生存像浮游，死亡像休息。不思考，不预先谋划。有光辉但不耀目，诚信但不必约定。他睡着时不做梦，他醒来后没有忧愁。他的神气纯粹，没有杂质，他的魂魄不疲劳。虚无恬淡，才合乎"天德"（即天的德性）。

所以说：悲伤和欢乐，是德性的邪路；喜悦和愤怒，是大道的过失；喜欢和厌恶，是德性的过失。所以，内心没有忧愁和快乐，是德性的最高（境界）；专一而不加改变，是宁静的最高（境界）；没有什么冲突，是虚的最高（境界）；不和外物纠缠，是恬淡的最高（境界）；没有什么倒行逆施，是纯粹的最高（境界）。所以说：形体劳顿，不休息就会生病，精力用个没完就会劳累，劳累就会衰竭。

水的本性，没有杂质就清，没有扰动就平；堵塞不流动，也不能清；这是天德的象征呀！所以说：纯粹而没有杂质，宁静专一而不改变，恬淡而无所

外篇

南华真经 注译

一七三

南华真经

注译

至也；不与物交，惔之至也；无所于逆，粹之至也[22]。故曰：形劳而不休则弊，精用而不已则劳，劳则竭。

水之性，不杂则清，莫动则平，郁闭而不流，亦不能清[23]。天德之象也。故曰：纯粹而不杂，静一而不变，惔而无为，动而以天行，此养神之道也[24]。

夫有干越之剑者，柙而藏之，不敢用也，宝之至也[25]。精神四达并流，无所不极，上际于天，下蟠于地，化育万物，不可为象，其名为同帝[26]。

纯素之道，唯神是守[27]。守而勿失，与神为一。一之

北海真人图

作为，运动就根据天道而动，这就是怡养神气的方法啊。

拥有干（地名）越（地名）宝剑的人，（把宝剑）放在匣子里藏起来，舍不得使用它，宝爱到了极点。精神四通八达，到处流溢，无所不至，上达于天，下入于地，化育万物，却不能以形象（求之），它的名字如同天帝。纯素的大道，只能专心地守着自己的精神（才能得到）。守护着（道），别遗失它，和神明成为一体。成为一体就（可以）精神通于大道，合乎天命所规定的秩序。俗话说："众人重视利益，廉洁之士重视名声，贤能的人崇尚志向，圣人以精神为贵。"所以，素，就是说没有什么掺杂其间；纯，就是说于精神不亏损，能够体会纯和素的人，（就）叫做真人。

精通，合于天伦[28]。野语有之曰[29]："众人重利，廉士重名，贤人尚志，圣人贵精。"故素也者，谓其无所与杂也；纯也者，谓其不亏其神也。能体纯素，谓之真人[30]。

注释：

[1]取篇首两字为篇名。《刻意》篇主要讲述了修养心神之道。刻意，过分着意的意思。

[2]高论怨诽：高谈阔论、发牢骚。亢：高。为亢，表现清高。

[3]山谷之士：隐居山谷的人。

非世之人：对抗社会的人。枯槁：身体憔悴，这里指使自己身形憔悴的人。赴渊：这里指投水自杀。

[4]修：修养。

[5]平世之士：使天下太平的人。

游居学者：指游学或定居讲学的人。

[6]致功：致力。并兼：兼并，这里指兼并别国。

[7]就：到。薮：湖泊。

处闲旷：生活在荒凉无人的地方。

[8]吹：出气慢。呴：出气快。

吐故纳新：吐出浊气，吸入新鲜的气。

经：悬吊。申：通"伸"。熊经鸟申，像熊一样做悬吊式的动作，像鸟一样做伸展式的动作，都是指体操动作。

[9]道引：即导引，形体的锻炼方法之一。

彭祖：传说中长寿的人。寿考：长寿。

[10]淡然：淡漠的样子。

[11]恢：通"淡"。

道德之质：道德的实质。

[12]休休焉：宽怀的样子。

[13]天行：天道的运行。

物化：像物一样生灭变化。

[14]"静而与阴同德，动而与阳同波"两句，另见于《天道》篇。

[15]感而后应：感于外物之后，才作出回应。

[16]去知与故：抛弃智识和习惯；故，习惯。

[17]无天灾：没有天灾。

无物累：没有被外物所累。

无人非：没有被别人非议。

无鬼责：没有被鬼神责怪。

[18]浮：像浮萍飘浮。

休：休息。

[19]豫：同"预"。预谋，预测未来的事情。

[20]光矣而不耀：光辉内敛而不外耀。

期：约定。

[21]纯粹：精纯不杂的意思。

不罢：不疲劳。

[22]一而不变：恒一而不变。

忤：逆。无所于忤，没有丝毫悖逆。

交：交接，接触。

[23]郁闭：堵塞。

[24]养神：修养心神。

[25]干：古代小国名，后被吴国所灭。越：越国。

柙：通"匣"。

[26]四达并流：四通八达、无所不在。

蟠：遍及。

象：形。不可为象，不可以以

南华真经

注译

一七六

形迹求之。

同帝：如同天帝。

[27]纯素：没有杂染的纯粹本质，即道，故称纯素之道。

惟神是守：专意守持着"神"（"神明"）。

[28]一之精通：成为一体就可以精通于大道，也就是说，和神明成为一体即可使自己的精神合于大道。"一"即上文所说的"与神为一"。

天伦：天所规定的秩序。

[29]野语：犹今天的俗语、俗话。

[30]体：体悟或融为一体。

真人：《庄子》书中的理想人格。

缮性第十六[1]

缮性于俗，学以求复其初；滑欲于俗，思以求致其明，谓之蔽蒙之民[2]。

古之治道者，以恬养知[3]。知生而无以知为也，谓之以知养恬[4]。知与恬交相养，而和理出其性[5]。夫德，和也；道，理也。德无不容，仁也；道无不理，义也；义明而物亲，忠也；中纯实而反乎情，乐也；信行容体而顺乎文，礼也[6]。礼乐遍行，则天下乱矣。彼正而蒙己德，德则不冒，冒则物必失其性也[7]。古之人在混芒之中，与一世而得淡漠焉[8]。当是时也，阴阳和静，鬼神不扰，四时得节，万物不伤，群生不夭，人虽有知，无所用之，此之谓至一[9]。当是时也，

缮性第十六

用世俗的方法来修养本性，就是借助学问来求得复归原初（形态）；沉湎于世俗的欲望，就是用思虑算度来求得明悟：这叫做被蒙蔽的人。

古代修道的人，用恬静来怡养智识。（即使）有智识也不凭借着智识行事，叫做用智识来怡养恬静。智识和恬静互相怡养，谐和与条理就会在性中养成。德性，就是谐和；道，就是条理。德（即自得于天的本性）没有什么不能容纳的，就叫做仁；大道，没有什么不合乎条理的，就叫做义；义理明白，与物相亲，就是忠；内心纯粹而又充实，同时又诉诸情感，就是乐；行为有信用，姿态优雅，合乎文饰（的要求），就是礼。礼与乐的推行有偏差，天下就要大乱。他人的德性本来就是纯正的，却要他接受自己的德性，而德

莫之为而常自然[10]。

逮德下衰，及燧人、伏羲始为天下，是故顺而不一[11]。德又下衰，及神农、黄帝始为天下，是故安而不顺。德又下衰，及唐、虞始为天下，兴治化之流，澆淳散朴，离道以善，险德以行，然后去性而从于心[12]。心与心识知，而不足以定天下，然后附之以文，益之以博[13]。文灭质，博溺心，然后民始惑乱，无以反其性情而复其初[14]。

伏羲

由是观之，世丧道矣，道丧世矣，世与道交相丧也[15]。道之人何由兴乎世、世亦何由兴乎道哉[16]！道无以兴乎世，世无以兴乎道，虽圣人

性是不能被覆盖（即接受）的。如果德性蒙受了改造，必定会失去自己的本性。古代的人，（生活）在混混沌沌之中，（即便是）给予他整个世界，也（非常）淡漠。在那个时候，阴阳和谐平静，鬼神也不来搅扰，四季与节令相应，万物都没有被伤害，一切生命都没有夭折，人虽然有智识，但并不使用，这叫做最纯粹（的时代）。在那个时候，无所作为就常常合乎自然。

等到德性衰败，燧人氏、伏羲开始掌管天下时，由此顺从民心，但（民心）不能纯一了。德性继续衰败，到了神农、黄帝开始掌管天下时，由此（人民）安居但不顺心。德性又继续衰败，到了唐、虞开始掌管天下时，开始了教化治理的风气，扰乱破坏了淳朴的本性，离开大道去做（所谓的）善事，危害德性（即素朴本性）去做事，然后，去掉（人的）本性而随从（人的）心智。（人的）心和互相识知不足以安定天下，然后又附加上文饰，添上博学。文饰淹没本质，博学使心陷溺，然后人民开始迷惑骚乱，无法返回到他原初的本性了。

由此看来，人世丧失了大道，大道也丧失了人世，人世和大道互相丧失了。得道的人怎么能使人世兴起，人世又怎

南华真经

注译

不在山林之中，其德隐矣。隐，故不自隐[17]。古之所谓隐士者，非伏其身而弗见也，非闭其言而不出也，非藏其知而不发也，时命大谬也[18]。当时命而大行乎天下，则反一无迹；不当时命而大穷乎天下，则深根宁极而待[19]：此存身之道也。古之存身者，不以辩饰知，不以知穷天下，不以知穷德，危然处其所而反其性已，又何为哉[20]？道固不小行，德固不小识。小识伤德，小行伤道。故曰正己而已矣[21]。

乐全之谓得志[22]。古之所谓得志者，非轩冕之谓也，谓其无以益其乐而已矣[23]。

隐士图

么能兴起道呢？道没有办法兴起人世，人世也无法兴起道。虽然圣人不在山林中，他的德性也隐匿了。隐匿，并不是把自己藏匿起来。古代所谓的隐士，并不是潜伏起身形不让别人看见，不是闭住嘴不说话，不是把自己的智识藏起来不运用，（是因为）世运背离大道。和世运相合而且天道盛行时，就复归于道而没有形迹；和世运不相合而且天道黯淡时，就要深藏在静处等待（世运的变化）：这是保存身家性命的方法。古代保存身家性命的人，不用诡辩来粉饰（自己的）智识，不用智识来使天下困顿，不用智识来消灭（自己的）德性（即本性），独自处在他应该在的地方，复归他的本性，（除此以外）别的还能干什么呢！道本来就不是"小行"（即与大道相背的等而下之的行为），德（性）本来也不是"小识"（即与德性相违背的见识）。"小识"伤害德，"小行"伤害德（性）。所以说：自己履行正道就行了。

彻底的（快）乐就是得志（即自适其志）。古代所谓的得志，不是指地位尊崇，而是指没有什么还能增加他的快乐。现在所说的得志，是指地位显荣。身居显荣的地位，（但它）并不是本性，（只是）外

今之所谓得志者，轩冕之谓也。轩冕在身，非性命也，物之傥来，寄者也[24]。寄之，其来不可圉，其去不可止[25]。故不为轩冕肆志，不为穷约趋俗，其乐彼与此同，故无忧而已矣[26]。今寄去则不乐。由是观之，虽乐，未尝不荒也。故曰：丧己于物，失性于俗者，谓之倒置之民[27]。

物偶尔过往，寄托一时（而已）。（外物的）到来，挡不住；（外物的）离去，也留不住。所以，（有德的人）不因为身居显荣的地位而为所欲为，也不因为穷困而随波逐流，他对这种（潦倒穷困的）处境和那种（身居显荣的）地位是一样地快乐，所以（他）没有忧愁呀！现在，寄托一时的东西丧失了就（闷闷）不乐。由此观之，虽然有快乐，也未尝不心慌意乱。所以说：在外物之中丧失了自己，在世俗之中迷失了（自己的）本性，就叫做本末倒置的人。

* * *

注释：

[1]缮：修。缮性，修养一己之性。取篇首两字为题。《缮性》篇的主旨是讲修心养性。

[2]俗：世俗之学，这里指儒墨等各家学说。

复其初：回归到原初的本性。

滑欲于俗：意犹沉湎于世俗的欲望。思：这里指思虑、盘算等有为之心。

蔽蒙：蒙蔽，蒙昧闭塞。

[3]恬：恬淡无为。知：智识。

[4]知生而无以知为：智识产生了也不凭借着它来行事。

[5]交相：互相。

和理：谐和与条理，即德与道。参下文。

[6]义明：义理明白。物亲：与物相亲，即爱物的意思。

中：内心。纯实：纯粹而又充实。反乎情：返回到自己的自然情感。

信行：有信用的行动。容体：优雅的仪态。

[7]蒙：蒙受、接受。

冒：覆盖、外加。

物：这里指人。《庄子》中的"物"有时含有"人"的意思。

[8]混芒：混沌。

与：给予。与一世，给予他整个世界的意思。得：能。

[9]和静：平和安静。

得节：与节令相合拍。

至一：最高的、最纯粹的境界。

[10]莫之为：无为。

[11]逮：及，等到。

燧人：燧人氏，传说中的远古帝王。伏羲：即伏羲氏。

顺而不一：指民心顺从却不十分纯粹了。

[12]兴：开始。治化：统治、

南华真经

注译

一七九

教化。流：风气。

溴：同"枭"，扰乱。溴淳散朴，破坏纯朴的本性。

离道：疏离于道。善：疑为"为"。离道以为，背道而行。

险：危害。

去性而从于心：舍却淳朴本性而依恃着心识或私心。

[13]附：附加，文饰。

益：增加。

[14]文灭质：文饰掩盖了纯朴的本质。

博溺心：博杂淹没了本心。

[15]丧：败坏。

[16]何由：凭什么。

[17]"隐，故不自隐"句谓：隐居，并不是把自己隐藏起来。

[18]时命大谬：世运违背了大道。

[19]当时命：合于世时。

反一无迹：返归大道而不留形迹。

"一"即道。

待：静待。

[20]危然：独然、与众不同的样子。

[21]正己：端正自己使自己履行正道。

[22]乐全之谓得志：彻底的快乐就叫做自适其意。

[23]轩冕：表示官爵。

益：增加。

[24]"轩冕在身，非性命也"句谓：高官厚禄对于一己之身来说，并不是本性所固有的。

傥：偶然。寄：寄居。

[25]圉：抵挡。止：留止。

[26]肆志：为所欲为。

穷约：穷困。趋俗：随波逐流。

[27]倒置之民：本末倒置的人，也可以解作"倒悬（头朝下挂着）之民"。

秋水第十七[1]

秋水时至，百川灌河[2]。泾流之大，两涘渚崖之间，不辩牛马[3]。于是焉河伯欣然自喜，以天下之美为尽在己[4]。顺流而东行，至于北海，东面而视，不见水端，于是焉河伯始旋其面目，望洋向若而叹曰[5]："野语有之曰：'闻道百，以为莫己若者。'我之谓也[6]。且夫我

秋水第十七

秋水应时而来，千百条流水注入黄河。水流那个大呀，两崖及河中水洲之间，连牛马都不能分辨清楚。于是河伯（即河神）沾沾自喜，以为天下的壮美都在自己这里了。（他）顺着流水东行，到了北海，向东一看，连水面的边际都看不见。于是河伯收敛起得意之色，望着一片汪洋向北海若（海神）叹道："俗话说：'听到过许多道理，就认为没

尝闻少仲尼之闻而轻伯夷之义者，始吾弗信[7]。今我睹子之难穷也，吾非至于子之门则殆矣，吾长见笑于大方之家[8]。"北海若曰："井蛙不可以语于海者，拘于虚也；夏虫不可以语于冰者，笃于时也；曲士不可以语于道者，束于教也[9]。今尔出于崖涘，观于大海，乃知尔丑，尔将可与语大理矣[10]。天下之水，莫大于海：万川归之，不知何时止而不盈；尾闾泄之，不知何时已而不虚；春秋不变，水旱不知[11]。此其过江河之流，不可为量数，而吾未尝以此自多者，自以比形于天地，而受气于阴阳，吾在于天地之间，犹小石小木之在大山也[12]。方存乎见少，又奚以自多[13]？计四海之在天地之间也，不似礨空之在大泽乎[14]？计中国之在海内，不似稊米之在大仓乎[15]？号物之数谓之万，人处一焉；人卒九州，谷食之所生，舟车之所通[16]。此其比万物也，不似豪末之在于马体乎[17]？五帝之所连，三王之所争，仁人之所忧，任士之所劳，

有比得上自己的人了'，说的正是我啊！我曾经听说有人贬低孔子的学问和轻视伯夷的行为，起初我还不相信。现在我看到您（一望无际）不能穷尽，我要是不到您的门口来就坏了，我就一直会被得道者见笑的。"北海若说："（对于）井底之蛙不能和它谈论大海，（因为它）局限在（井的）范围内；（对于）夏天的虫子不能和它谈论冰雪（的事），（因为它）受时间的限制；（对于）一知半解的人不能和他谈论大道，（因为他）受教化的约束。现在你从河道中出来，看到了大海，才知道你的浅陋，可以和你谈论大道理啦。天下的水，没有比海水更大的了：千万条河流都流归大海，不知道什么时候才停止，但（大海）总是不能溢满；尾闾（排泄海水的地方）排泄海水，不知何时才能停止，但（大海）总也不干；无论是春天还是秋天，（大海总是）不变；无论是有洪水还是有大旱，（大海总是）不知道。大海的水超过江河的水，多得不能计量。但我从未因此觉得自己（的水）很多，（我自认为）我和天地的形体相比，尽管禀受了阴阳之气，我在天地之间，就像小石块小树木在大山上一样。正显得（自己）太少，又怎么能自以为（自己）多呢？

南华真经

注译

一

八

一

外篇

外篇

南华真经

注译

一八二

尽此矣[18]！伯夷辞之以为名，仲尼语之以为博[19]。此其自多也，不似尔向之自多于水乎[20]？"

河伯

河伯曰："然则吾大天地而小毫末，可乎[21]？"

北海若曰："否！夫物，量无穷，时无止，分无常，终始无故[22]。是故大知观于远近，故小而不寡，大而不多：知量无穷[23]。证向今故，故遥而不闷，掇而不跂，知时无止[24]。察乎盈虚，故得而不喜，失而不忧：知分之无常也[25]。明乎坦涂，故生而不说，死而不祸：知终始之不可故也[26]。计人之所知，不若其所不知；其生之时，

想一想四海在天地之中，不（正）像石块上的小孔在浩瀚湖的泊之中吗？想一想中原在四海之内，不（正）像米粒在大粮仓之中吗？称呼物的数量以万计，人占其中之一；人众在九州之内，在稻谷等粮食生长的地方，在舟船车马能够通达的地方。人和万物相比，不就像一根毫毛在马的身上吗？五帝为之操劳的，三王为之争斗的，仁人为之忧虑的，能人为之辛劳的，全都是这（渺小天下中的事）！伯夷拒绝（成为国君）是为了声名，孔子谈论讲学是为了显示学问的渊博。这是他们自以为多啊，不（正）像你刚才自以为（自己的）水多吗？"

河伯说："那么我把天地当作大的，把毫末当作小的，可以吗？"北海若说："不行。物，在体量上没有穷尽，在时间上没有止息，（物与物之间的）分界没有常度，生或者灭，也没有一定之规。所以'大知'（即高级的智慧）既能看到远又能看到近，因此小的看起来也不小，大的看起来也不大；（由此）知道（物的）体量是无穷尽的。求证于古今（的事情），所以遥远（的古代的事情）也不糊涂，近在眼前（的事）也有不可企及的，（由此）知道时间没有

不若未生之时[27]。以其至小，求穷其至大之域，是故迷乱而不能自得也[28]。由此观之，又何以知豪末之足以定至细之倪？又何以知天地之足以穷至大之域[29]？"

河伯曰："世之议者皆曰[30]：'至精无形，至大不可围[31]。'是信情乎[32]？"

北海若曰："夫自细视大者不尽，自大视细者不明[33]。夫精，小之微也；垺，大之殷也：故异便[34]。此势之有也。夫精粗者，期于有形者也；无形者，数之所不能穷也[35]。可以言论者，物之粗也；可以意致者，物之精也[36]。言之所不能论，意之所不能致者，不期精粗焉。是故大人之行，不出乎害人，不多仁恩；动不为利，不贱门隶；货财弗争，不多辞让；事焉不借人，不多食乎力，不贱贪污；行殊乎俗，不多辟异；为在从众，不贱佞谄；世之爵禄不足以为劝，戮耻不足以为辱；知是非之不可为分，细大之不可为倪[37]。闻曰：'道人不闻，至德不得，大人无己[38]。'约分之至也[39]。"

止息。明白了盈和虚（的道理），所以有所得也不沾沾自喜，有所失也不郁郁寡欢；（由此）知道（事物之间的）分际是无常的。明白了（生命的）坦途，所以活着也不高兴，死去也不当作是灾祸；（由此）知道生生灭灭没有一定之规啊！比较一下人所知道的（事物），没有他所不知道的（多）；他活着的时间，没有他没有出生的时间（长）；用最小（的东西）来穷尽最大的领域，所以（感到）迷乱却又不能得到（解答）。由此看来，又怎么能知道毫末（这样的细物）足以能够确定为最小的标准，又怎么知道天地足以能够穷尽最大的领域呢？"

河伯说："人世间的议论者都说：'最精微（的东西）是无形的，最大（的东西）是不能设定范围的。'这是真实的情况吗？"

北海若说："从细微的观点去看宏大（的事物）是看不见尽头的，从宏大的观点去看细微（的东西）是看不清的。'精'，是（细）小中的微小；城外的大城，是大（物）中的大（物）；所以各有分别，这是常有的情势，（无论是）精细（还是）粗（放），都是依赖于'形'（体）的东西；无形的东西，从数量上是不能分开的；

南华真经

注译

一八三

南华真经

注译

河伯曰："若物之外，若物之内，恶至而倪贵贱[40]？恶至而倪大小？"

北海若曰："以道观之，物无贵贱；以物观之，自贵而相贱；以俗观之，贵贱不在己[41]。以差观之，因其所大而大之，则万物莫不大；因其所小而小之，则万物莫不小[42]。知天地之为稊米也，知豪末之为丘山也，则差数睹矣[43]。以功观之，因其所有而有之，则万物莫不有；因其所无而无之，则万物莫不无[44]。知东西之相反而不可以相无，则功分定矣[45]。以趣观之，因其所然而然之，则万物莫不然；因其所非而非之，则万物莫不非[46]。知尧、桀之自然而相非，则趣操睹矣[47]。

"昔者尧、舜让而帝，之、哙让而绝；汤、武争而王，白公争而灭[48]。由此观之，争、让之礼，尧、桀之行，贵贱有时，未可以为常也。梁丽可以冲城而不可以窒穴，言殊器也；骐骥骅骝一日而驰千里，捕鼠不如狸狌，言殊技也；鸱鸺夜撮蚤，

不可以设定范围的东西，在数量上是不能穷尽的。可以用语言来谈论的东西，是物的粗（放）的部分，可以（用心）来意识到的东西，是物的精（细）的部分；语言不能谈论，意识不能察知到的东西，是不依赖于精（细）和粗（放的区别）的。所以，伟大的人的行为，没有害人之心，也多施恩惠；一举一动并非有利（于人），但也不鄙视奴仆；不争财货，也不怎么谦让；做事不求别人，不赞颂自食其力，也不能贪污为鄙贱；行事和世俗不同，但又不赞扬怪异的东西；随俗，顺从众人，但又不以阿谀奉承为卑贱；世俗的高官厚禄不足以鼓舞（他），但戮毒耻辱也不足以羞辱（他）；（由此可知）是与非是不可能进行量度，细微和宏大也不可能（确立一个）标准。听人说：'得道的人不求名闻，最高的德性不求有所获得，伟大的人是忘我的。'这就最大限度地消除差别（对立）了。"

河伯说："（在）物的外面和物的内面，从什么地方来分别贵贱呢？从什么地方来区分大小呢？"

北海若说："从道（的角度）来看，物没有贵贱（之别）；从物（的角度）来看，（万物都自以为）贵而（相互）

察毫末，昼出瞋目而不见丘山，言殊性也[49]。故曰：盖师是而无非、师治而无乱乎[50]？是未明天地之理、万物之情者也[51]。是犹师天而无地，师阴而无阳，其不可行明矣。然且语而不舍，非愚则诬也[52]。帝王殊禅，三代殊继[53]。差其时、逆其俗者，谓之篡夫；当其时、顺其俗者，谓之义之徒[54]。默默乎！河伯！女恶知贵贱之门、小大之家[55]？"

商汤

河伯曰："然则我何为乎？何不为乎？吾辞受趣舍，吾终奈何[56]？"

北海若曰："以道观之，何贵何贱，是谓反衍；无拘而志，与道大蹇[57]。何少何多，是谓谢施；无一而行，

作贱；从流俗的观点来看，（尊）贵（或卑）贱由不得自己（作主）。从（万物的）相互区别来看，根据它比一些物大就认为它大，那么万物没有不是大（物）的了；根据它比一些物小就认为它小，那么万物没有不是小（物）的了。明白天地就像细米，毫末就像高山，那么（万物的）差别就可以清楚了。从功效（的角度）来看，根据（某物）所具有的（功效）来认为它有（功效），那么万物没有无功效的了；根据它所没有的（功效）来认为它没有（功效），那么万物没有有（功效）的了。明白东（方）和西（方）虽然相反但不能互相缺少，那么功效的作用就可以确定了。从（人们对事物）趋向（的角度）来看，根据（趋向）所肯定的就认为是（值得）肯定的，那么万物没有不是（被）肯定的；根据（趋向）所否定的就认为是（应该）否定的，那么万物没有不是（被）否定的。明白尧和桀都是自以为是又相互非议，那么趋向的凭据就可以明白了。

"从前，尧舜是因禅让而做了帝王，燕王哙让王位给（宰相）子之却亡了国；商汤和周武王因为战争而成为了王，白公胜（人名）因为战争

南华真经

注译

一八五

南华真经

注译

与道参差[58]。严乎若国之有君，其无私德；繇繇乎若祭之有社，其无私福；泛泛乎其若四方之无穷，其无所畛域[59]。兼怀万物，其孰承翼[60]？是谓无方[61]。万物一齐，孰短孰长[62]？道无终始，物有死生，不恃其成[63]。一虚一满，不位乎其形[64]。年不可举，时不可止[65]。消息盈虚，终则有始[66]。是所以语大义之方，论万物之理也[67]。物之生也，若骤若驰，无动而不变，无时而不移。何为乎，何为不乎？夫固将自化[68]。"

河伯曰："然则何贵于道耶？"

北海若曰："知道者必达于理，达于理者必明于权，明于权者不以物害己[69]。至德者，火弗能热，水弗能溺，寒暑弗能害，禽兽弗能贼[70]。非谓其薄之也，言察乎安危，宁于祸福，谨于去就，莫之能害也[71]。故曰：天在内，人在外，德在乎天。知天人之行，本乎天，位乎得，蹢躅而屈伸，反要而语极[72]。"

曰："何谓天[73]？何谓人？"

而灭亡。由此观之，争斗和谦让的体制，尧和桀的行为，孰贵孰贱是有时间性的，不能看作是固定不变的常法。梁柱（之类的大木）可以用来撞开城门却不能用来塞住（蚁）穴，这是说它的用处不同；骐骥骅骝（之类的骏马）可以日行千里，但它们搏鼠却不如野猫和黄鼬，这是说它们的本事不一样；猫头鹰能在夜里捉跳蚤，明察秋毫，（但它）在大白天睁大眼睛也看不见高山，这是说（它的）秉性（和其他动物）不一样。所以说：为什么要效法对的而抛弃错的，效法治世而不效法乱世呢？这是（因为）还没有明白天地间的道理和万物的本性啊！这就像效法天而无视地，效法阴却无视阳，它是不可能明白的！然而（人们对此）还是说个不休，那不是愚昧就是胡说了！帝王的禅让各个不同，三代的继承代代有别。错过时机，违背习俗的人，就叫篡位的人；适逢时机，顺应习俗的人，就叫行义的人。静一静，河伯！你哪里知道贵和贱是怎么回事，小和大又是怎么回事呢？"

河伯说："那么我做什么呢？不做什么呢？我抛弃了（贵贱、大小、是非之类）的取舍，怎么办呢？"

北海若说："从道（的观

北海若曰："牛马四足，是谓天；落马首，穿牛鼻，是谓人。故曰，无以人灭天，无以故灭命，无以得殉名。谨守而勿失，是谓反其真[74]。"

夔怜蚿，蚿怜蛇，蛇怜风，风怜目，目怜心[75]。夔谓蚿曰："吾以一足趻踔而行，予无如矣[76]。今子之使万足，独奈何？"

蚿曰："不然。子不见夫唾者乎？喷则大者如珠，小者如雾，杂而下者不可胜数也。今予动吾天机，而不知其所以然[77]。"

蚿谓蛇曰："吾以众足行，而不及子之无足，何也？"

蛇曰："夫天机之所动，何可易邪？吾安用足哉！"

蛇谓风曰："予动吾脊胁而行，则有似也[78]。今子蓬蓬然起于北海，蓬蓬然入于南海，而似无有，何也[79]？"

风曰："然！予蓬蓬然起于北海而入于南海也，然而指我则胜我，鳝我亦胜我[80]。虽然，夫折大木、蜚大屋者，唯我能也[81]。"故以众小不胜为大胜也。为大胜者，唯圣

点）来看，哪里有贵贱？这是说（贵贱）是反复无常的；不要约束你的心志，（不要）再和道过不去。哪里有多和少（这码事）呢？这是说（多和少）是互相更换的；不要固执于一隅，（不要）和大道不合（拍）。庄重肃穆啊，要像一国的君王，没有偏私之心；悠然自得啊，要像受祭祀的社神一样，没有偏私的福惠；辽阔无垠啊，像四方没有边际一样，没有彼此的界限。对万物兼容并包，谁得到庇护了？这叫做没有成见。万物是齐一的，（还有什么）谁短谁长？道是没有开始和终结的，物是有生有灭的，不要凭藉一时的成功。（万物）时而空虚时而盈满，没有固定不变的形状。年月无法留存，时间不会停止。消灭和生息，盈满和空虚，到了终结之处复又有开始了。这讲的是大道的精义，论述的是万物的道理。（万）物的生，像奔腾，像飞驰。没有（哪个）举动不在变化，没有（哪个）时刻不在移动。（还）做什么呢，还不做什么呢？（万物）本来就是自己在变化啊！"

河伯说："那么道有什么可尊贵的呢？"

北海若说："明了大道的人一定通达事理，通达事理的人一定明白权变，明白权变的

外篇

南华真经

注译

一八七

南华真经

注译

一八八

人能之。

孔子游于匡，宋人围之数匝，而弦歌不惙[82]。子路入见，曰："何夫子之娱也[83]?"

孔子畏于匡

孔子曰："来，吾语女。我讳穷久矣，而不免，命也；求通久矣，而不得，时也[84]。当尧、舜而天下无穷人，非知得也；当桀、纣而天下无通人，非知失也[85]。时势适然[86]。夫水行不避蛟龙者，渔父之勇也；陆行不避兕虎者，猎夫之勇也；白刃交于前，视死若生者，烈士之勇也；知穷之有命、知通之有时、临大难而不惧者，圣人之勇也[87]。由，处矣[88]！吾命有所制矣[89]！"无几何，将

人不会让外物伤害自己。具有最高德（性）的人，烈火不能使他感到热，大水不能让他淹没，冬寒夏暑不能损害他，禽兽不能侵害他。不是说他接触这些事物身体不受伤害，而是说他知道什么是安全，什么是危险，冷静（地对待）祸害和福惠，慎重地进退（行动），没有什么能伤害他。所以说：'天然之性是内在的，人（为之）性是外在的，德（性）在于天（然之）性。'明白天性的人（为）性的道理，（那么就可以）以天性为根本，安守着德（性），时而进时而退，时而屈时而伸，返回到根本——言语至此而到了极限。"

（河伯）说："什么叫做天（性），什么叫做人（为）?"

北海若说："牛和马有四只脚，这就叫做天（性）；给马头装上笼子，给牛鼻子穿上绳子，这就叫人（为）。所以说'不要用人（为）的来毁灭天（性）的，不要用习俗来毁灭性命，不要以谋求所得而死在声名之下。谨记（这些道理）不要忘了，这就是说复归了人的真性。"

独脚兽羡慕百足虫，百足虫羡慕蛇，蛇羡慕风，风羡慕目，目羡慕心。独脚兽对百足虫说："我用一只脚跳着行走，我是无可奈何的啊！现在

甲者进，辞曰[90]："以为阳虎也，故围之[91]。今非也，请辞而退。"

公孙龙问于魏牟曰[92]："龙少学先王之道，长而明仁义之行；合同异，离坚白；然不然，可不可；困百家之知，穷众口之辩[93]。吾自以为至达已[94]。今吾闻庄子之言，汒焉异之[95]。不知论之不及与？知之弗若与？今吾无所开吾喙，敢问其方[96]。"

公子牟隐机太息，仰天而笑曰[97]："子独不闻夫埳井之蛙乎[98]？谓东海之鳖曰：'吾乐与！出跳梁乎井干之上，入休乎缺甃之崖[99]。赴水则接腋持颐，蹶泥则没足灭跗[100]。还虷蟹与蝌斗，莫吾能若也[101]。且夫擅一壑之水，而跨跱埳井之乐，此亦至矣[102]。夫子奚不时来入观乎[103]？'东海之鳖左足未入，而右膝已絷矣[104]。于是逡巡而却，告之海曰[105]：'夫千里之远，不足以举其大；千仞之高，不足以极其深。禹之时，十年九潦，而水弗为加益；汤之时，八年七旱，而崖不为加损[106]。夫不为顷久推移、不

您用上万只脚走路，也是无可奈何的吗？"

百足虫说："不对。您没有见过吐唾沫的人吗？喷出的唾沫，大的像珠子，小的像雾气，混杂在一起落下来，数也数不清。现在我运用我天生的机能，却不知道为什么会这样（用上万只脚走路）。"

百足虫对蛇说："我用很多脚走路，却不如你没脚（行走得快），为什么呢？"

蛇说："天生的机能，它的运用怎么可能被改变呢？我用脚干什么呢？"

蛇对风说："我运动着脊梁和两胁来行走，好像有脚似的。现在您翻转腾跃从北海中升起，又翻转腾跃逝入南海，好像没有脚似的，为什么呢？"

风说："对。我翻转腾跃从北海中升起又逝入南海，（但人们用手）指我就能胜过我，用脚踏我也能胜过我。虽然如此，吹折大树，刮倒房屋的，只有我才能做到。所以我不能战胜许多小的东西，是为了战胜大的东西。能战胜大的东西，只有圣人才能做到。"

孔子周游到匡这个地方，宋国的人把他团团围住，（孔子仍然）不停地弹琴唱歌。子路进来看见了，说："老师怎么还这么高兴呢？"

孔子说："过来，我告诉

南华真经

注译

一九〇

以多少进退者，此亦东海之大乐也[107]。'于是埳井之蛙闻之，适适然惊，规规然自失也。[108]

鳖

"且夫知不知是非之竟，而犹欲观于庄子之言，是犹使蚊负山，商蚷驰河也，必不胜任矣[109]。且夫知不知论极妙之言，而自适一时之利者，是非埳井之蛙与？且彼方跐黄泉而登大皇，无南无北，奭然四解，沦于不测；无东无西，始于玄冥，反于大通[110]。子乃规规然而求之以察，索之以辩，是直用管窥天，用锥指地，不亦小乎？子往矣！且子独不闻夫寿陵余子之学行于邯郸与[111]？未得

你。我担忧天下无道已经很久了，但不能避免，这是命运啊！我探求行道于天下很久了，却不能成功，这是时运不济啊。遇上尧舜的时代，天下没有穷人，并不是用智识来取得的；桀纣的时代，天下没有能够行道的人，也不是（他们的）智识有什么差失：这是时势造成的啊！在水中航行不躲避蛟龙，是渔父的勇气；在陆上旅行不躲避猛虎，是猎人的勇气；知晓天下无道是命中注定，知晓行道天下要靠时运，大难临头却不害怕，是圣人的勇气。子路呀，你安心吧！我的命运是受（天）支配的。"没过多久，（一位）披着铠甲的进来，道歉说："（人们）以为（你们）是阳虎（人名）才围住你们。现在知道不是。"敬表歉意并且退走了。

公孙龙向魏牟请教说："我年少的时候学习先王之道，长大以后明白了仁义的行为；（我主张）同异相合，坚白相离；把不对的认为是对的，把不可以的认为是可以的；（我以此）使得诸子百家的智识感到困惑，使众人的辩才都无法施展，我自认为（自己是）最通达的人了。现在，我听了庄子的言论，感到茫然，觉得格格不入。不知道我是辩论不过他呢，还是知识不及他？现在

国能，又失其故行矣，直匍匐而归耳[112]。今子不去，将忘子之故，失子之业。"公孙龙口呿而不合，舌举而不下，乃逸而走[113]。

庄子钓于濮水[114]。楚王使大夫二人往先焉，曰[115]："愿以境内累矣[116]！"庄子持竿不顾，曰[117]："吾闻楚有神龟，死已三千岁矣。王巾笥而藏之庙堂之上[118]。此龟者，宁其死为留骨而贵乎？宁其生而曳尾于涂中乎[119]？"

二大夫曰："宁生而曳尾涂中。"庄子曰："往矣！吾将曳尾于涂中。"

庄子

惠子相梁，庄子往见之[120]。或谓惠子曰[121]："庄子来，欲代子相。"于是惠子恐，搜

我无法张嘴（发言），请问这其中的道理？"

魏牟靠在几案上，长叹一声，仰天大笑，说："您难道没有听说过浅井里的青蛙吗？（它）对东海的鳖说：'我快活啊！我出来就在井台的栏杆上蹦来跳去，回去就在井壁的砖缝中歇息，游到水里，（水）托着（我的）两腋，架着（我的）两腮；踏在泥上，脚背都没在泥里。回顾水里的螃蟹和蝌蚪，谁都不如我。况且我独占这一井的水，占据着一口井的快乐，这也是到了极点了。先生您为什么不经常来（这里）看看呢？'东海之鳖左足还没有进去，右膝已被绊住了。于是，（东海之鳖）迟疑着却步了，告诉（青蛙）关于海的情况说：'千里那样远，不足以形容它的大；千仞那么高，不足以度量它的深。大禹的时代，十年里有九年水涝，（大海的水）也不因此而增多；成汤的时代，八年中有七年干旱，岸边的水位也不因此降低。它不因时间长短而改变，不因（雨水的）多少而涨落，这是东海的大快乐啊！'这一席话，浅井之蛙听了，惊慌失措，茫然若有所失。

"况且您的智识不足以知道是非的界限，还要弄清楚庄子的言论，这就像让蚊子背负

南华真经

注译

一九一

南华真经

注译

一九二

于国中三日三夜。庄子见之，曰："南方有鸟，其名为鹓鶵，子知之乎[122]？夫鹓鶵发于南海而飞于北海，非梧桐不止，非练实不食，非醴泉不饮[123]。于是鸱得腐鼠，鹓鶵过之，仰视之曰：'吓！'今子欲以子之梁国而吓我邪[124]？"

庄子与惠子游于濠梁之上[125]。庄子曰："儵鱼出游从容，是鱼之乐也[126]。"惠子曰："子非鱼，安知鱼之乐？"庄子曰："子非我，安知我不知鱼之乐？"惠子曰："我非子，固不知子矣；子固非鱼也，子之不知鱼之乐，全矣！"庄子曰："请循其本[127]。子曰：'汝安知鱼乐'云者，既已知吾知之而问我。我知之濠上也。"

注释：

[1]取篇首两字为篇名。《秋水》篇的主旨是讲"无以人灭天，无以故灭命，无以得殉名。谨守而勿失，是谓反其真"，与《逍遥游》、《齐物论》的篇旨相同。

[2]时至：应时而来。

[3]泾流：水流。

涘：水边。渚：水中的小洲。崖：岸。

不辩牛马：分不清牛马。辩，通

起大山，让马弦（虫名）渡河一样，肯定不能胜任呀！况且智识不足以知道谈论玄妙的言语，却只能自我满足于一时的得意的人，难道不是（和）浅井之蛙（一样）吗？（庄子的言论）下入黄泉，上达高天，不分南北，四通八达，没有滞碍，不可估量测度；不分西东，开始于玄幽昏暗（之境），返回到无所不通（的境界）。您还在谨小慎微地追求明察，通过言辩来探究，这是用竹管看天，用锥子测地，不是太小了么？您走开吧！您难道没听过寿陵的少年邯郸学步（的故事）吗？（他不仅）没有学会赵国的走法，连自己原来的走法也忘了，只有爬着回家了。现在，您要是不离开，就会忘了您自己的走法，丢了您自己的本业了。"公孙龙嘴张得合不拢，舌头翘着收不上，就逃走了。

庄子在濮水垂钓。楚王派了两位大夫去传达他的话，说："想把国家的政务托付给（先生）操持。"庄子手执渔杆，看也不看，说："我听说楚国有一只神龟，死了已经三千年了。国王把它用竹筐盛着，再用布包起来，藏在庙堂里。这只龟，是宁可死去为的是留下它的遗骨以此来被人珍爱呢？还是宁可活着但拖着尾

"辨"。

[4]河伯：河神。欣然：高兴的样子。

以：以为，认为。

[5]旋其面目：完全改变了脸色，这是指欣然自喜的面容改变了。

若：海神名，即下文所说的北海若。

[6]野语：俗话。

闻道百：指懂得许多道理。

以为：认为。莫己若：即莫若己，比不上自己的意思。

我之谓：即谓我。

[7]尝：曾经。少：贬低、诋毁的意思。轻：轻视。伯夷：人名；武王伐纣时，伯夷和其弟叔齐避居首阳山，为了所谓的节义而不食周粟，最终饿死在首阳山上。

[8]殆：危险。

长：一直。大方之家：指得道的人。

[9]井蛙：井底之蛙。语：谈论。

拘：局限。虚：同"墟"，指空间。夏虫：生长在夏天的虫子。

笃：限制。笃于时，指受时间的限制。

曲士：即一曲之士，指孤陋寡闻的人。

束：束缚。教：教化。

[10]尔：你。

丑：浅陋。

大理：根本的道理。

[11]盈：满。

尾闾：排泄海水的地方。动物的尾闾部是排泄处，所以这里拟称"尾闾"。

虚：水尽。

[12]过：超过。

巴在泥泞中呢？"两位大夫说："当然是宁可活着但拖着尾巴在泥泞中。"庄子说："（你们）走吧！我（也）要拖着尾巴在泥泞中！"

惠子在梁国做宰相，庄子去拜见他。有人对惠子说："庄子来（此地），想要取代您的相位。"于是惠子很害怕，在国中搜捕（庄子），（搜捕了）三天三夜。庄子去拜见他，说："南方有（种）鸟，它的名字叫鹓鶵，您知道么？那鹓鶵从南海起飞，飞到北海，（如果）没梧桐树（就）不停息，（如果）没有竹子的籽就不吃，（如果）没有甜美的泉水就不喝。猫头鹰抓了一个腐烂的老鼠，鹓鶵经过这里，（猫头鹰）仰头看着鹓鶵叫道：'吓！'现在您要以您的梁国来'吓'我吗？"

庄子和惠子在濠水边的石梁上游玩。庄子说："鯈鱼游水自由自在，这是鱼的快乐啊。"惠子说："您不是鱼，怎么知道鱼的快乐呢？"庄子说："您不是我，怎么知道我不知道鱼的快乐呢？"惠子说："我不是您，固然不知道您了；您本来也不是鱼，您也不知道鱼的快乐，这就对了！"庄子说："请从根本上来讲论之。您说'你怎么知道鱼的快乐'这句话，（本身）就已经知道

南华真经

注译

一九三

南华真经

注译

不可为量数：不可数、不可估量的意思。

自多：自夸。多，颂美。

自以：自以为。比形于天地：和天地相较。

[13]方：刚。存：看到。见：同"现"。见小，显得太少。

[14]礨：石块。礨空，石块上的小孔。

大泽：大湖。

[15]稊米：像稗籽一样的米。大仓：太仓。

[16]号：称。

大卒：人众。九州：天下。

舟车之所通：舟车所通行的地方。

[17]比：即上文所说的"地形"。

豪末：即毫末。

[18]连：或作"运"，连续的意思，这里指古史中的禅让之事，和下文的"争"相对。

仁人：指儒者。

任士：指墨者。《墨经》说："任，士损己而益所为也。"墨家以"任"为追求，故称"任士"。

[19]辞之以为名：因为名声而拒绝，这里指伯夷拒绝当国君之事。

博：渊博。

[20]向：从前，刚才。

[21]大天地而小毫末：以天地为大而以毫末为小。

[22]量：体量。

分：分际、界限。

终始：生灭。故：通"固"，规律的意思。

[23]大知：高级的智慧、见识。

[24]向今：今昔。故：故事。证向今故，求证于过去与现在的事。

了我知道鱼的快乐却又问我，我知道鱼的快乐，是在濠水之上呵！"

*　　　*　　　*

遥而不闷：遥远而明白。闷，糊涂、蒙昧的意思。

掇：拾取。跂：通"企"，企及。掇而不跂，指近在眼前、俯拾即是的事情中也有不可企及。

[25]察：洞察。

无常：不定。

[26]坦涂：即坦途，这里指大道。

说：通"悦"，高兴。

死而不祸：不认为死是灾祸。

[27]计：比较。

[28]至小：这里指微末的、有限的东西。至大之域：这里指体道的境界。

[29]倪：标准。

[30]议者：议论的人。

[31]至精无形：最精微的东西是没有形质的。

至大不可围：最大的东西是不可范围的。

[32]信：实。情：情事。

[33]自细视大：从小的观点（立场）来看大的东西。

[34]小之微：小中之微。

垺：同"郭"，本指城外的大城，这里指广大的领域。

大之殷：大中之大。殷，盛大。

异便：分别。便，通"辨"。

[35]期：待，依赖。

[36]意致：意会到。

[37]大人：指至人、圣人一类的人。

不多仁恩：不赞美仁义。多，颂扬。

不贱门隶：不轻视奴仆。

事焉不借人：办事不求人。借，借助。

食乎力：自食其力。

不贱贪污：不以贪婪而卑贱为耻。

辟异：怪异。辟，通"僻"。

从众：随俗。

佞谄：献媚。

劝：鼓励。

戮耻：刑罚、耻辱。辱：辱没。

倪：标准，量度。

[38]"道人不闻，至德不得，大人无己"数句可与《逍遥游》中的"至人无己，神人无功，圣人无名"相参照。

[39]约：约束。约分：减小差别。

[40]恶至：根据什么。

[41]"以道观之，物无贵贱"句谓：从道的观点（立场）上来看，物物之间是没有贵贱差别的。因为，以"道"为标准或尺度的话，天下皆一，浑无差别。

"以物观之，自贵而相贱"句谓：从"物"（包括人）的观点（立场）来看，都是以自己为贵，以他物（人）为贱。这是指自以为是又各个相非的情况。

"以俗观之，贵贱不在己"句谓：从世俗的观点来看，确定贵贱标准不在于一己。因为世俗的标准是公认的、外在的，不依赖于某个人的意志、爱好为转移的。

[42]以差观之：从差等分别的用度来看。

[43]差数：即差等。睹：清楚可见。

[44]功：功效。

[45]功分：功效的作用。

[46]趣：通"趋"，趋向。

[47]趣操：趋向的依据。操，守。

[48]之：子之。哙：燕王。"之、哙让而绝"句指：燕王哙把王位禅让给了国相子之，燕人不服，国中大乱。齐国乘机伐燕，杀了哙与子之。

白公：白公胜，楚平王之孙，其父太子建因受陷害而流亡国外，生白公胜。后来白公胜回国去争夺王位，但最终被镇压。白公胜出走，在山里上吊自尽。

[49]丽：通"欐"，屋栋。可以冲城：可以用来冲撞城门。室穴：封塞孔穴。

殊器：用场不同，所用的器具也不同。

骐、骥、骅、骝：都是骏马。狸：野猫。狌：鼪，即黄鼠狼。

技：本领。

[50]师：效法。

[51]情：情实，犹言本质。

[52]诬：骗。

[53]殊禅：禅让的方式不同。

殊继：继位的方式不同。

[54]差：不合。

[55]默默乎：静一静。

贵贱之门，小大之家：指贵贱、小大的道理。

[56]辞：拒绝。受：接受。舍：追求和放弃。终：最终、究竟的意思。

[57]反衍：向相反方向转化。

而：你。

塞：阻塞。与道大塞，与大道不符合，相抵触。

[58]谢施：代谢、转化的意思。

参差：不整齐，引申为不符合。

[59]严：庄严、庄重。

繇繇：通"悠悠"，悠然自得的样子。社：社神，土地神。

泛泛：广阔无际的样子。畛域：界限。

[60]承翼：受庇护的意思。翼，在羽翼下，引申为庇护。

[61]无方：没有成见的意思。

[62]一齐：齐一的意思。

[63]"道无终始，物有死生"句谓：道是永恒不变的，而物却是生灭变化的。所以物的生灭变化诸形态是不足为据的，故说："不恃其成。"

[64]位：固定不变。

[65]举：留止。

[66]消息：消亡和生息。

[67]大义之方：大道的原则。

[68]自化：自然变化。

[69]理：事理。

权：权变。

[70]至德者：有最高德性的人。

[71]薄：接触的意思。

去就：远离和接近。

[72]得：通"德"。位：守。位乎得，持守天德。

蹢躅：即踯躅，进退不定的样子。

反：同"返"。要：大要、根本。语：言语。极：穷极，尽头。反要而语极，返归根本，言语穷极。

[73]天：天然的禀赋。与下文的"人"相对，"人"指人为的东西。

[74]命：天命。

殉名：为了名声而牺牲。

反其真：返归本真之性。

[75]夔：是一种似牛而无角的独脚兽。怜：爱慕。蚿：百足虫。

[76]跰踔：跳着走。

[77]天机：天性中的本能。

[78]有似：好像有足行走一样。

[79]蓬蓬然：风尘转动的样子。

似无有：好像没有（形迹）一样。

[80]指我则胜我：言人指风，就能胜过风。

鳛：通"蹋"，践踏。

[81]折：摧折。蜚：刮起。

[82]匡：地名，位于宋、卫、郑三国之间。

数匝：数层，好几层。

惙：通"辍"，停止。

[83]娱：乐。

[84]讳：担忧。

通：通达，得志的意思。

[85]当：遇上。穷人：穷途末路的人。

通人：通达得志的人。

[86]适：遇。

[87]蛟：一种无角的龙。

兕：雌犀牛。

[88]处矣：安居吧。

[89]命有所制：指命运由天所制约。

[90]无几何：没多久。

将：率领。将甲者，率领甲士的人。

[91]以为阳虎：错以为孔子是阳虎。阳虎，人名，曾侵略过匡地，匡人恨他。

[92]公孙龙：赵人，名家的代表人物。魏牟：魏国人，又称公子牟。

[93]"合同异"、"离坚白"、"然不然"、"可不可"：都是公孙龙论辩的命题。参《齐物论》注。

[94]至达：最为通达。

[95]汇：通"茫"。汇然，茫然若失的样子。

[96]喙：嘴。无所开吾喙，我没法开口。

[97]隐几：倚着桌几。太息：即叹息。

[98]垎：浅井。

[99]井干：井栏。
休：休止。甃：砌井壁用的砖。缺甃，破砖。崖：这里指井壁。

[100]接腋持颐：承托着井蛙的两腋和两腮，指井蛙游水的状态。
蹶：踏。跗：脚背。没足灭跗，脚陷入泥里的样子，指井蛙在泥沼中的状态。

[101]还：回顾。虷：蛤蚧之类。科斗：即蝌蚪。

[102]擅：独占。壑：坑。
跨跱：叉开腿站着。

[103]时：时时、时常。

[104]萦：绊住。

[105]逡巡：徘徊犹豫的样子。

[106]潦：同"涝"，洪涝灾害。

[107]顷：顷刻。久：恒久。推移：改变。

[108]适适然：惊惧的样子。
规规然：局促的样子。

[109]竟：同"境"。
商距：即马蚿，生活在陆地。

[110]彼：指庄子。方：正在。
跐：踩。
爽然：融释的样子，没有滞碍。
四解：四通八达。
玄冥：幽妙的境界。
反于大通：返归大通（无所不通）的境界。

[111]寿陵：地名。学行于邯郸：学步邯郸。

[112]匍匐而归：爬着回家。

[113]呿：张口的样子。
逸：逃。

[114]濮水：水名，在今山东省濮县。

[115]使：派遣。先：先去通知。

[116]累：拖累。以境内累，意思是要把国家政务交与庄子。

[117]不顾：这里指不理睬。

[118]笥：竹箱。巾笥，用布巾包起竹箱。

[119]曳：拖。涂：泥。曳尾涂中，拖着尾巴在泥里。

[120]相梁：任梁国的宰相。

[121]或：有人。

[122]鹓鶵：鸟名。

[123]练实：指竹子的果实。
醴泉：甜如醴酒的泉水。

[124]鸱：鹞鹰。腐鼠：腐烂的老鼠。

[125]濠：水名。梁：河堰。

[126]鲦鱼：一种身窄而有条纹的鱼。

[127]循：追溯。

南华真经

注译

一九八

至乐第十八[1]

天下有至乐无有哉？有可以活身者无有哉[2]？今奚为奚据？奚避奚处？奚就奚去？奚乐奚恶？夫天下之所尊者，富、贵、寿、善也；所乐者，身安、厚味、美服、好色、音声也；所下者，贫、贱、夭、恶也；所苦者，身不得安逸，口不得厚味，形不得美服，目不得好色，耳不得音声；若不得得，则大忧以惧[3]。其为形也亦愚哉[4]！夫富者，苦身疾作，多积财而不得尽用，其为形也亦外矣[5]！夫贵者，夜以继日，思虑善否，其为形也亦疏矣[6]！人之生也，与忧俱生，寿者惛惛久忧不死，何苦也[7]！其为形也亦远矣。烈士为天下见善矣，未足以活身[8]。吾未知善之诚善邪？诚不善邪？若以为善矣，不足活身；以为不善矣，足以活人[9]。故曰："忠谏不听，蹲循勿争[10]。故夫子胥争之，以残其形；不争，名亦不成[11]。诚有善无有哉？今俗之所为与其所乐，吾又未知乐之果乐邪？果不乐邪？吾观夫俗

至乐第十八

天下有没有至乐（即极乐）呢？有没有保全身家性命（的诀窍）呢？现在，做些什么呢？依据什么呢？躲避什么呢？安居在何处呢？要接近什么？要离开什么？喜欢什么？厌恶什么？天下所尊贵的（东西），是富裕、尊贵、长寿和美善；所喜欢的，是身体安适，饭菜可口，衣着华美，容色姣好，乐声动听；所厌弃的，是贫穷、卑贱、夭折和丑恶；所苦恼的，是身体得不到安逸，口得不到美味，身上穿不上华丽衣衫，眼睛看不到美色，耳朵听不到音乐。如果得不到这些，就又担忧又害怕。这样对自己的形体的保养来说，不也是愚蠢的吗？富有的人，劳苦（自己的）身体，拼命地干活，积累财物多得用也用不完，这对于保养他的形体来说，不是外行么？尊贵的人，夜以继日，思虑着怎么做好，怎么做又不好，这对于保养他的形体来说，不是很疏忽吗？人的出世，和忧虑一起出生。长寿的人稀里糊涂，长期忧虑却不能死，何苦呢！这对于他保养形体来说，不是相差很远吗？烈士是被天下人所称善的，却不足以活命。我不知道善果真是善呢，果真是不善

呢？如果认为（它）是善，（却）不能够（以烈士的美名来）活命；（如果）认为（它）是不善，却能够保全他人的性命。所以说："忠言的进谏不会被采纳，就退去不必再争论了。"所以伍子胥强争，性命遭到残杀；（如果）不去强争（呢），名声也不会得到。果真有善没有啊？现在，世俗所做的事和他们的快乐，我又难以知道这快乐真的是快乐呢，还是真的不是快乐呢？我观察世俗的快乐，大家一起追逐，争先恐后地好像由不得自己，并且都说这是快乐，我不（认为它）是快乐，也不（认为它）是不快乐。果真有快乐没有呢？我认为，无为才是真正的快乐，（但这）又是世俗（所认为的）大苦楚啊！所以说："至乐是没有（即超乎）快乐的，最高的荣耀是没有（即超乎）荣耀的。"天下的是是非非果然是不可加以确定的。尽管如此，"无为"可以用来确定是非。既要至乐，又要活命，（那么）只有无为可以做到。请让我来试着议论一下：上天（由于）无为所以清澈，大地（由于）无为所以宁静。所以（这）两种无为相结合，万物都变化生育了。恍恍惚惚，没有出生的地方！惚惚恍恍，没有形象！万物繁盛，

伍子胥

之所乐，举群趣者，诠诠然如将不得已，而皆曰乐者，吾未之乐也，亦未之不乐也[12]。果有乐无有哉？吾以无为诚乐矣，又俗之所大苦也。故曰：至乐无乐，至誉无誉。天下是非果未可定也。虽然，无为可以定是非。至乐活身，唯无为几存[13]。请尝试言之：天无为以之清，地无为以之宁。故两无为相合，万物皆化生。芒乎芴乎，而无从出乎[14]？芴乎芒乎，而无有象乎？万物职职，皆从无为殖[15]。故曰："天地无为也而无不为也。"人也孰能得无为哉！

庄子妻死，惠子吊之，庄子则方箕踞鼓盆而歌[16]。惠子曰："与人居，长子、

南华真经

注译

一

九九

外篇

南华真经

注译

二〇〇

老、身死，不哭亦足矣，又鼓盆而歌，不亦甚乎[17]！"

庄子曰："不然。是其始死也，我独何能无慨然[18]？察其始，而本无生；非徒无生也，而本无形；非徒无形也，而本无气[19]。杂乎芒芴之间，变而有气，气变而有形，形变而有生，今又变而之死[20]。是相与为春秋冬夏四时行也。人且偃然寝于巨室，而我噭噭然随而哭之，自以为不通乎命，故止也[21]。"

支离叔与滑介叔观于冥伯之丘，昆仑之虚，黄帝之所休[22]。俄而柳生其左肘，其意蹶蹶然恶之[23]。

支离叔曰："子恶之乎？"

滑介叔曰："亡，予何恶[24]？生者，假借也。假之而生生者，尘垢也[25]。死生为昼夜。且吾与子观化而化及我，我又何恶焉[26]？"

庄子之楚，见空髑髅，髐然有形[27]。撽以马捶，因而问之曰[28]："夫子贪生失理而为此乎？将子有亡国之事、斧钺之诛而为此乎[29]？将子有不善之行、愧遗父母

都从无为（那里）生出来。所以说："天地无为却无所不为。"人，谁能得到无为呢？

庄子的妻子去世了，惠子前去吊丧，庄子正在那里蹲着，敲着瓦盆歌唱呢。惠子说："和你妻子生活在一起，（她）生儿育女，衰老了，死了，（你）不哭也就够了，（却）又敲着瓦盆唱歌，不也太过分了吗？"

庄子说："不对。当她刚死的时候，我怎么能不情绪起伏呢？但是，探究她刚生下来的时候，本来也没有生命，不仅仅是没有生命，而且还没有形体；不仅仅是没有形体，而且是没有气息，混杂在恍恍惚惚中，变得有了气（息），气（息）又变，变得有了形体，形体又变，变得有了生命。现在（她）又变，变到了死。这样就好像是春夏秋冬四季的运行一样。（她）就要安然地躺在（天地这间）大屋子里安睡，我却噭噭地跟着哭，自己认为这样不懂得命运，所以不哭了。"

支离叔（人名，意即忘形之人）和滑介叔（人名，意即忘智之人）在冥伯（虚拟山名，意即恍惚不清）山游览，那里是昆仑山的一块地方，黄帝止步的地方。忽然，（滑介叔）左肘之上生出了一个瘤

妻子之丑而为此乎[30]？将子有冻馁之患而为此乎[31]？将子之春秋故及此乎[32]？于是语卒，援髑髅，枕而卧[33]。夜半，髑髅见梦曰[34]："向子之谈者似辩士，视子所言，皆生人之累也，死则无此矣[35]。子欲闻死之说乎[36]？"庄子曰："然。"髑髅曰："死，无君于上，无臣于下，亦无四时之事，从然以天地为春秋，虽南面王乐，不能过也[37]。"

庄子不信，曰："吾使司命复生子形，为子骨肉肌肤，反子父母、妻子、闾里、知识，子欲之乎[38]？"

髑髅深矉蹙频曰[39]："吾安能弃南面王乐而复为人间之劳乎[40]！"

颜渊东之齐，孔子有忧色。子贡下席而问曰[41]："小子敢问：回东之齐，夫子有忧色，何邪？"

孔子曰："善哉汝问！昔者管子有言，丘甚善之，曰：'褚小者不可以怀大，绠短者不可以汲深[42]。'夫若是者，以为命有所成而形有所适也，夫不可损益[43]。吾恐回与齐侯言尧、舜、黄帝之道，而

子，他显得惊慌不安，非常厌恶。

支离叔说："你厌恶它吗？"

滑介叔说："没有。我有什么可厌恶的！生命，（不过）是假借（而已）。假借着它而生长的东西，是些尘垢。死和生就像白天和黑夜。况且我和您观察万物的变化，而变化又轮到了我，我又有什么可厌恶的呢？"

庄子到了楚国，看见一具骷髅，骨头干枯却还有（头颅的）形状。用马鞭子敲击它，并且问道："先生您是太贪生从而违背（天）理，以至于到了这个地步的吗？还是您遭遇了亡国的乱事，被刀兵杀害从而到了这个地步的？还是您做了不善的事，对父母妻儿的丑辱感到惭愧，从而到了这个地步？还是您又饥又寒从而到了这个地步？还是您寿终正寝到了这个地步呢？"说完话，就拉过骷髅，枕着（它）安卧了。半夜，骷髅出现在梦里，说："刚才您的谈论好像能言善辩之士。听您说的，都是活人的拖累，死了以后就没有这样（的拖累了）。您想知道死去的情形吗？"庄子说："是的。"骷髅说："死，没有君王在上头，没有臣民在下面，也没有（春夏秋冬）四季这回事，自由放

南华真经

注译

一〇二

重以燧人、神农之言[44]。彼将内求于己而不得，不得则惑，人惑则死。且女独不闻邪？昔者海鸟止于鲁郊，鲁侯御而觞之于庙，奏《九韶》以为乐，具太牢以为膳[45]。鸟乃眩视忧悲，不敢食一脔，不敢饮一杯，三日而死[46]。此以己养养鸟也，非以鸟养养鸟也[47]。夫以鸟养养鸟者，宜栖之深林，游之坛陆，浮之江湖，食之鳅鲦，随行列而止，委蛇而处[48]。彼唯人言之恶闻，奚以夫诙诙为乎[49]？《咸池》、《九韶》之乐，张之洞庭之野，鸟闻之而飞，兽闻之而走，鱼闻之而下入，人卒闻之，相与还而观之[50]。鱼处水而生，人处水而死。彼

管仲

纵和天地共长久，虽有国王临朝的快乐，也不能超过（它）。"

庄子不相信，说："我去让掌管生命的神灵恢复您的形体，为您再造骨肉肌肤，把您送回到父母、妻儿、故乡、熟人那里，您愿意吗？"

骷髅深皱着眉头，说："我怎么能放弃君王临朝的快乐而去重受人世间的辛劳呢？"

颜渊东行到齐国去，孔子面有忧虑之色。子贡退下坐席问道："弟子请问：颜回去东面的齐国，先生面有忧虑之色，为什么呢？"

孔子说："你问得好！过去管子有句话，我很赞成，（他）说：'衣袋小的人不能怀装大（的东西）。短的井绳不能够从深井里取水。'这样说来，认为性命各有所成而形体各有所宜，那是不能够减少和增加的。我担心颜回和齐侯讲述尧、舜、黄帝之道，再加上燧人、神农的主张。他（齐侯）就会在自己的内心寻找（尧舜黄帝之道这类的东西）却找不到，找不到就会迷惑，人要是迷惑的话，就会死去。你难道就没有听说过吗？从前，有只海鸟在鲁国的郊野止歇，鲁侯把它迎进宗庙，送酒给它喝，（又）演奏《九韶》（乐曲名）来使它快活，准备

必相与异，其好恶故异也[51]。故先圣不一其能，不同其事。名止于实，义设于适，是之谓条达而福持[52]。"

列子行，食于道从，见百岁髑髅，攓蓬而指之曰[53]："唯予与汝知而未尝死、未尝生也[54]。若果养乎[55]？予果欢乎？"

种有几，得水则为继，得水土之际则为蛙蠙之衣，生于陵屯则为陵舄，陵舄得郁栖则为乌足，乌足之根为蛴螬，其叶为蝴蝶[56]。蝴蝶胥也化而为虫，生于灶下，其状若脱，其名为鸲掇[57]。鸲掇千日为鸟，其名为干余骨[58]。干余骨之沫为斯弥，斯弥为食醯[59]。颐辂生乎食醯，黄軦生乎九猷，瞀芮生乎腐蠸，羊奚比乎不箰，久竹生青宁，青宁生程，程生马，马生人，人又反入于机[60]。万物皆出于机，皆入于机。

注释：

[1]取首句中的两字为篇名。《至乐》着重论述了"乐"（情感），以"无为"为内容的"至乐"是其结论；就"至乐"不同于"俗乐"而言，庄子说："至乐无乐"。

好牛羊猪肉作为饭食。海鸟眼睛也看花了，又忧愁又悲哀，不敢吃一块肉，不敢喝一杯酒，三天（后）就死了。这是用养自己的办法来养鸟，不是以养鸟的办法来养鸟。那以养鸟的办法来养鸟，应该让它在深林中栖息，在广阔的大地上遨游，在江湖上飘游，给它吃泥鳅和鱿鱼，随着成群的海鸟止息，从容自得地生活。它害怕的就是听到人声，为什么用吵闹声来对待它呢？《咸池》、《九韶》的音乐，在旷野上演奏，鸟听了会惊飞，兽听了会逃走，鱼听了会潜到深处，众人听了会一起去围观。鱼住在水中就会活着，人住在水中就会死去。他们彼此不同，（他们的）喜好和厌恶也因此而不同。所以，以前的圣人不要求他们的才能是一样的，不让他们做一样的事。名义要限于与实际相符，事情的做法要适宜于各自的本性，这就叫做条理通达并且把握住了福惠。"

列子旅行，在路边吃饭，看见一具百岁的骷髅，拨开草丛指着它说："只有我和你知道你没有死，也没有生。你果真忧愁吗？我果真欢乐吗？"

种子有一种微妙之处，（它）在水里就会成为水绵，在水上相接处就会变成蛙蚌上的藻衣，（它）生在土丘上就

南华真经

注译

[2]可以活身者：即无为。

[3]以：而。

[4]为形：指保养身体。

[5]苦身：使身体劳苦。疾作：拼命地干。

外：外行。

[6]善否：好坏。

疏：疏忽。

[7]惛惛：神志不清。

[8]见：同"现"。现善，称善。

[9]活人：使别人活命。

[10]蹢躅：迟疑犹豫的样子。

[11]子胥：即伍子胥，人名。

[12]举群：成群。趣：同"趋"，趋向。

迳迳然：争先恐后的样子。

[13]吾以无为诚乐：我认为"无为"才是真正的快乐。几：接近。

[14]芒芴：即恍惚，这里形容无为。

[15]职职：繁多的样子。殖：繁殖。

[16]吊：吊孝。

方：正在。箕踞：席地而坐时两腿岔开，这是一种不拘礼节的坐法。鼓：敲击。

[17]与人居：与人家一起生活。人，指庄子妻。居，生活。

长子：生儿育女。不亦甚乎：不也太过分了吗。

[18]慨：借为"嘅"，感叹的意思。

[19]察：推究。徒：仅。

[20]杂乎芒芴之间：混杂在恍惚之间。

[21]偃然：安然。寝：卧。巨室：指天地。

噭噭然：痛苦的样子。

会成为车前草（什么的），车前草得到粪土的滋养就会变成乌足（草名），乌足的根茎就变成了土蚕（即金龟子的幼虫），它的叶子就化成了蝴蝶。蝴蝶不久也变成了虫子，生在炉灶之下，它的形状好像刚脱了壳，名字叫鸲掇。经过千日以后，鸲掇又变成了鸟，名叫干余骨。干余骨吐出的黏液变为斯弥，斯弥（又）变为醋。颐辂从醋里面生出来，黄轵（小虫子）从陈旧的酒中生出来，瞀芮（小蚊虫）在腐烂的蠸子中生出来。羊奚（草木名）和不箰（竹子）长在一起。陈腐的竹子生出青宁（竹根虫），青宁生豹子，豹子生马，马生人，人又复归于微妙之处。万物都出自那微妙之处，又归于那微妙之处。

*　　　*　　　*

止：停止哭泣。

[22]支离叔、滑介叔：都是虚拟的人物。支离叔比喻忘形，滑介叔代表忘智。冥伯：虚拟的丘名，有恍惚不清的喻意。

虚：通"墟"。昆仑之墟，比喻遥远缥缈的境界。

休：止。所休，止步的地方。

[23]俄而：一会儿。柳：瘤子。

蹾蹾然：惊惧的样子。恶：厌恶。

[24]亡：没有。

[25]假之而生生者：指瘤子。

[26]观化：观察变化。化及我：言我也在变化中。

[27]之：往、到。

髑髅：死人的颅骨。

髐然：骨头干枯的样子。髐然有形，指死人的颅骨还具有人的颅骨形状。

[28]撽：敲击。马捶：马鞭子。

[29]钺：一种战斧。

[30]遗：给。

[31]馁，饥饿。

[32]春秋：这里指年纪或寿命。

[33]卒：终。语卒，说完。援：拉过。

[34]见：通"现"，显现。见梦，在梦里出现。

[35]向：以往。生人：活着的人。

[36]说：通"悦"，欢欣。

[37]从：通"纵"。从然，即纵然。

[38]司命：掌管生命的神灵。

反：通"返"，这里指恢复的意思。

[39]睋：通"蹙"。頞：即额。深睋蹙頞，紧皱眉头的样子。

[40]劳：劳苦。

[41]下席：退出席位。

[42]褚：衣袋。怀：装。

绠：井绳。汲：取水。

[43]不可损益：不能减少和增加。

[44]重：再加。燧人：传说中的上古帝王。

[45]《国语·鲁语》："海鸟曰爰居，止于鲁东之外三日，臧文仲使国人祭之。"海鸟，即指传说中的神鸟，故祭祀之。

御：迎接。

觞：本指饮酒的器皿，这里指以酒相待。

九韶：古乐曲名，在庄严隆重的场合下演奏。

太宰：三牲（牛、羊、猪）规格的祭品，这里指美食。膳：食。

[46]眩视：看得眼花缭乱。

脔：切成方块的肉。

[47]以己养养鸟：以养自己的办法来养鸟。

以鸟养养鸟：以鸟的养鸟办法来养鸟。

[48]坛：同"坦"。坛陆，平陆。

鲦：苍条鱼。

委蛇：自得的样子。

[49]诐诐：喧闹的声音。

[50]咸池：乐曲名。

弹：演奏。

人卒：众人。

[51]相与异：相互不同。故：通"固"，本来。

[52]条达：条理通达。福持：获得幸福。

[53]道从：道也。或自"道"字断，"从"训"因"，义亦可通。

攓：拨开。蓬：乱草。

[54]汝：你。

[55]养：通"痒"，这里是心烦忧愁的意思。

[56]种：种子。几：微妙之处。

继：水绵，苔藓一类的东西。

蟆：蚌。蛙蟆之衣，长在水边、能遮蛙蚌之类的藻类植物。

陵屯：土堆。陵舄：车前子一类的东西。

郁栖：粪土。乌足：车前子的变种。

蛴螬：金龟子的幼虫。

[57]胥：不久。

鸲掇：干余骨的幼虫。

脱：脱壳的样子。

[58]干余骨：一种甲虫。

[59]沫，口沫。

食醯，醋。

[60]颐辂：一种从酸湿处滋生出来的小蚊虫。

黄轵：虫名。九：通"久"。九猷，过时的酒。

瞀芮：小蚊虫。

蠸：野猪。

羊奚：一种生在腐朽竹节中的东西。不箰：不生笋的竹子。

久竹：旧竹。青宁：竹根虫。

程：豹。

达生第十九[1]

达生之情者，不务生之所无以为；达命之情者，不务知之所无奈何[2]。养形必先之以物，物有余而形不养者有之矣。有生必先无离形，形不离而生亡者有之矣。生之来不能却，其去不能止。悲夫!世之人以为养形足以存生，而养形果不足以存生，则世奚足为哉!虽不足为而不可不为者，其为不免矣!夫欲免为形者，莫如弃世，弃世则无累，无累则正平，正平则与彼更生，更生则几矣[3]!事奚足弃而生奚足遗?弃事则形不劳，遗生则精不亏[4]。夫形全精复，与天为一[5]。天地者，万物之父母也，合则成体，散则成始。形精不

达生第十九

明达于生命的本质的人，不去做（自己）本性所不能做的（事）；明达于天命本质的人，不去做（自己）智识无能为力（的事）。保养身体，首先要借助于（外）物，但外物（多得）用不了而不能保养身体的人（大有人在）。活着首先不能离开身体，（但）不离开身体却丧失生命的人（也）大有人在。生命，它的到来是不能推却的，它的离去是不能留住的。可悲（可叹）啊！世上的人以为保养身体就可以保存生命，但保养身体却不能够用来保存生命，那么世间（的事）还有什么必要去做呢？虽然没有必要做却不能不做的事情，做（这些）事是不可避免的！要想免于为身体而（辛苦）地做事，（那就）不如放弃人世。放弃人世就没有拖

亏，是谓能移[6]。精而又精，反以相天[7]。

子列子问关尹曰[8]："至人潜行不窒，蹈火不热，行乎万物之上而不栗[9]。请问何以至于此？"

关尹

关尹曰："是纯气之守也，非知巧果敢之列。居，予语女[10]。凡有貌象声色者，皆物也，物与物何以相远？夫奚足以至乎先！是色而已。则物之造乎不形，而止乎无所化[11]。夫得是而穷之者，物焉得而止焉[12]？彼将处乎不淫之度，而藏乎无端之纪，游乎万物之所终始[13]。壹其性，养其气，合其德，以通乎物之所造[14]。夫若是者，其天守全，其神无郤，物奚

累，没有拖累就会心正气平，心正气平就可以（使）身体获得生机，（身体）获得生机就接近了免于为身体劳作（的目标）了！世间的事为什么能够舍弃而生命为什么能够遗弃呢？舍弃世事形体就不会劳累，遗弃生命精气就不会亏损。形体健全，精气复原，（就可以）和天（道）成为一体。天（和）地，是万物的父母。（天和地）相交合就形成了万物（包括人）的形体，（天和地）分开，万物就开始产生了。形体和精气不受亏损，这就叫做能够随自然的推移而推移。（使）精气纯而又纯，就可以反过来助长天地（的）自然。

列子问关尹说："至人（即得道的人）潜行水中不会窒息，脚踏在火焰上不觉得灼热，行走在万物之上也不颤抖。请问为什么能达到这样（的境界）？"

关尹说："这是（由于）纯精之气（得以）保养的缘故，不是智巧、果敢之类（所能达到的）。坐下，我告诉你。凡是具有外形和声音、颜色的东西，都是物，物和物凭什么相差很大呢？怎么才能达到（物产生）以前（的状态）呢？不过都是可见之物而已！物是被无形（的东西）创造出来

南华真经

注译

自入焉[15]？

"夫醉者之坠车，虽疾不死，骨节与人同而犯害与人异，其神全也。乘亦不知也，坠亦不知也，死生惊惧不入乎其胸中，是故遌物而不慴[16]。彼得全于酒而犹若是，而况得全于天乎？圣人藏于天，故莫之能伤也。复仇者，不折镆干，虽有忮心者，不怨飘瓦，是以天下平均[17]。故无攻战之乱、无杀戮之刑者，由此道也。

"不开人之天，而开天之天[18]。开天者德生，开人者贼生。不厌其天，不忽于人，民几乎以其真[19]。"

仲尼适楚，出于林中，见痀偻者承蜩，犹掇之也[20]。仲尼曰："子巧乎！有道邪？"曰："我有道也。五六月累丸二而不坠，则失者锱铢；累三而不坠，则失者十一；累五而不坠，犹掇之也[21]。吾处身也，若厥株拘；吾执臂也，若槁木之枝[22]。虽天地之大，万物之多，而唯蜩翼之知[23]。吾不反不侧，不以万物易蜩之翼，何为而不得？"

的，又终止在不会变化（的境界里）。（如果）通过这一过程又不离开这一过程，物怎么能被保留住呢？它（即物）将处于一种适当的范围，置于没有穷尽的（规律）中，漫游在万物的终点和起点。使（天）性纯一，怡养精气，把（自己的）德（性）合入（天道），来通达于造化万物（的境界）。像这样，他的天（性）就会保持完全，他的神（明）就会没有缺陷，外物怎么能侵入呢？

"醉酒的人从车上坠下，尽管有些伤却死不了。（他的）骨节和别人一样，但受伤害（的情况）和别人不一样，（原因是）他的神机完全，坐在车上也不知道，掉下来也不知道，死生和恐惧、惊吓都不往心里去，所以撞到别的物上也不恐惧。他醉酒尚能得以如此，更何况得到完全的天（道）呢？圣人隐身于天（道），所以没有什么能伤害他。（仇人虽然用剑来杀人）但复仇的人不折断宝剑，（因为宝剑无心杀我）。（被屋上落下的瓦砸伤的人），虽然有怨恨之心，但也不怨恨落下的瓦块，（因为瓦块无心伤人）。所以天下（的东西）都是平等的。所以就没有了攻城略地的战争，没有了戮杀人的刑罚，这都是因为这个大道所致的

孔子顾谓弟子曰："用志不分，乃凝于神[24]。其痀偻丈人之谓乎！"

颜渊问仲尼曰："吾尝济乎觞深之渊，津人操舟若神[25]。吾问焉曰：'操舟可学邪？'曰：'可。善游者数能[26]。若乃夫没人，则未尝见舟而便操之也[27]。'吾问焉而不吾告，敢问何谓也[28]？"

孔子周游列国

仲尼曰："善游者数能，忘水也；若乃夫没人之未尝见舟而便操之也，彼视渊若陵，视舟之覆，犹其车却也[29]。覆却万方陈乎前，而不得入其舍，恶往而不暇[30]？以瓦注者巧，以钩注者惮，以黄金注者殙[31]。其巧一也，而

啊！

"不要开启天性中人为的部分，要开启天性中天然的部分。开启天然部分的人就会生出德（性），开启人为部分的人，就会产生贼心。不要厌弃天然，不要忽视人为，百姓就差不多按照他们本真之性（行事了）。"

孔子到楚国，从树林中经过，看到一个驼背的人在粘蝉，好像拾取一样。孔子说："您真巧啊，有粘蝉之道吗？"

（回答）说："我有粘蝉之道。我（经过）五六个月（练习之后），（在竹竿上）叠放两枚泥丸却不会掉下来，那么粘蝉（时）失败就很少了；（在竹竿上）叠放三枚泥丸却不会掉下来，那么（粘蝉）失误只有十分之一；（在竹竿上）叠放五枚泥丸却不会掉下来，那么（粘蝉）就像拾取（蝉）一样。我站在那里，像木桩子一样（一动也不动）；我的手臂，就像枯树枝一样（一动不动）。尽管天地很大，万物（种类）繁多，却只知道蝉的翅膀。我一动不动，不肯以万物来换取蝉的翅膀，怎么会粘不到蝉呢？"

孔子回过头对弟子（们）道："不要分散注意力，就会专一而达到神明（之智）。不就是说这位驼背的老人吗？"

南华真经

注译

有所矜，则重外也[32]。凡外重者内拙[33]。"

田开之见周威公，威公曰[34]："吾闻祝肾游，亦何闻焉[35]？"

田开之曰："开之操拔篲以侍门庭，亦何闻于夫子[36]？"

威公曰："田子无让，寡人愿闻之[37]。"

开之曰："闻之夫子曰[38]：'善养生者，若牧羊然，视其后者而鞭之。'"

威公曰："何谓也？"

田开之曰："鲁有单豹者，岩居而水饮，不与民共利，行年七十而犹有婴儿之色，不幸遇饿虎，饿虎杀而食之[39]。有张毅者，高门县薄，无不走也，行年四十而有内热之病以死[40]。豹养其内而虎食其外，毅养其外而病攻其内。此二子者，皆不鞭其后者也。"

仲尼曰："无入而藏，无出而阳，柴立其中央[41]。三者若得，其名必极[42]。夫畏涂者，十杀一人，则父子兄弟相戒也，必盛卒徒而后敢出焉，不亦知乎[43]！人之所取畏者，衽席之上，饮食之间，

颜回问孔子说："我曾经渡过一个深渊，摆渡的人驾驶船（的本领）有如神技。我问道：'驾驶船（的技术）可以学会吗？'（回答）说：'可以。善于游泳的人几次就学会了。如果善于潜水，那么没见过船就会驾驶船。'我问他（究竟）却不告诉我，请问这是什么意思呢？"

孔子说："善于游泳的人几次就学会了驾船，（因为他）忘了水（的缘故）；像那种（善于）潜水的人没有见过船却能驾船，（因为）他把深渊看作像丘陵一样，把翻船看作像倒车一样。翻船的各种景象摆在（他面前）却不能进入他的内心，哪里他会不从容（自如）呢？用瓦块来作赌注的人，（心里）轻巧（没有负担）；用衣带钩来作赌注的人，就会害怕（患得患失）；用黄金来作赌注的人，心绪紊乱。他的技巧是一样的，（因为）放心不下，就看重身外之物。凡是看重身外之物的人，内心就很拙劣。"

田开之（人名）谒见周威公，周威公说："我听说祝肾（人名）学习养生，先生您和祝肾有来往，也听说过（此事）吗？"

田开之说："我不过是拿着扫帚给（先生）打扫门庭，

而不知为之戒者，过也[44]！"

祝宗人玄端以临牢筴，说彘曰[45]："汝奚恶死[46]？吾将三月豢汝，十日戒，三日齐，藉白茅，加汝肩尻乎雕俎之上，则汝为之乎[47]？"为彘谋曰："不如食以糠糟而错之牢筴之中[48]。"自为谋，则苟生有轩冕之尊，死得于腞楯之上、聚偻之中则为之[49]。为彘谋则去之，自为谋则取之，所异彘者何也？

桓公田于泽，管仲御，见鬼焉[50]。公抚管仲之手曰："仲父何见[51]？"

齐桓公与管仲

对曰："臣无所见。"

公反，诶诒为病，数日不出[52]。齐士有皇子告敖者

哪里听过先生的（教导）？"

威公说："田先生不必谦让了，我愿意听听。"

（田）开之说："听先生说：'善于养生的人，就像牧羊一样，看到落在后面的（羊）就鞭策（它）。'"

威公说："什么意思？"

田开之说："鲁国有个叫单豹的人，住在岩洞里，只喝清水，不和人们争名夺利，活了七十年，（面色）还像个婴儿（似的）。不幸遇到了恶虎，恶虎咬死他吃了。有个叫张毅的人，高门大户，没有不去拜访的，活了四十年，就得了内热病，死了。单豹养护内部而（猛）虎从外部（来）把他吃掉，张毅养护外部而疾病从内部攻击它。这两个人，都是不鞭策落在后面的（羊）啊！"

仲尼说："不要深藏，（也）不要太过张扬，（应像）枯柴一样站在（这两者）中间。如果能得着这三条（的话），就可以称之为顶点了。害怕上路的人，（因为他们）十个人中就会有一个人被杀害，那么父子兄弟就会互相告诫。必然要成群结队才敢出发，（这）不也是很明智吗？人们所害怕的，（正是）枕席之上、饮食之间（的事），却不知道要警戒，错了！"

掌管祭祀的人身着黑边的

二一一

南华真经

注译

二一二

曰[53]：“公则自伤，鬼恶能伤公？夫忿滀之气，散而不反，则为不足；上而不下，则使人善怒；下而不上，则使人善忘；不上不下，中身当心，则为病[54]。”

桓公曰：“然则有鬼乎？”

曰：“有。沈有履，灶有髻。户内之烦壤，雷霆处之；东北方之下者，倍阿、鲑蠪跃之；西北方之下者，则泆阳处之[55]。水有罔象，丘有峷，山有夔，野有彷徨，泽有委蛇[56]。”

公曰：“请问委蛇之状何如？”

皇子曰：“委蛇，其大如毂，其长如辕，紫衣而朱冠[57]。其为物也，恶闻雷车之声，则捧其首而立。见之者殆乎霸[58]。”

桓公辴然而笑曰[59]：“此寡人之所见者也。”于是正衣冠与之坐，不终日而不知病之去也[60]。

纪渻子为王养斗鸡[61]。十日而问：“鸡已乎？”

曰：“未也，方虚愒而恃气[62]。”

斋服到猪圈去说服猪，说：“你何必怕死？我要喂养你三个月，然后斋戒三天，以白茅草作垫子，把你的肩膀和屁股放在雕花的案板上，你愿意吗？”（如果）为猪考虑，（认为）不如用糟糠来喂养，放在猪圈里。人为自己考虑（这件事）呢，就（希望）活着时有高官厚禄，死了以后能够放在雕花的灵柩车上，装进彩绘的棺材中去。为猪打算时，（认为）要抛弃（荣华），人为自己考虑却又要谋取（荣华），（那么）（他）和猪有什么差别呢？

齐桓公在田野里打猎，管仲驾着车，（齐桓公）看见了鬼。桓公拉着管仲的手说："仲父你看见了什么？"

管仲说："我什么也没看见。"

桓公返回（宫中），惊吓成病，好几天都不出来。齐国的一个（叫）皇子告敖的士人，说："桓公自己伤了自己，鬼怎么能伤害桓公呢？愤急的气（郁结起来），（如果）被冲散而不复凝结，（人）就会感到精力不足。（气）上升而下面却不通，就使人容易发怒；（气）下降却不能上行，就使人容易健忘；（气）不上升也不下降，在身体的中间，心的部位，就成了病。"

十日又问，曰："未也。犹应向景[63]。"

十日又问，曰："未也。犹疾视而盛气[64]。"

十日又问，曰："几矣，鸡虽有鸣者，已无变矣，望之似木鸡矣，其德全矣[65]。异鸡无敢应者，反走矣[66]。"

孔子观于吕梁，县水三十仞，流沫四十里，鼋鼍鱼鳖之所不能游也[67]。见一丈夫游之，以为有苦而欲死也，使弟子并流而拯之[68]。数百步而出，被发行歌而游于塘下[69]。孔子从而问焉，曰："吾以子为鬼，察子则人也[70]。请问蹈水有道乎[71]？"

曰："亡，吾无道[72]。吾始乎故，长乎性，成乎命[73]。与齐俱入，与汨皆出，从水之道而不为私焉[74]。此吾所以蹈之也。"

孔子曰："何谓始乎故、长乎性、成乎命？"

曰："吾生于陵而安于陵，故也；长于水而安于水，性也；不知吾所以然而然，命也。"

梓庆削木为鐻，鐻成，见者惊犹鬼神[75]。鲁侯见而问

桓公说："那么有没有鬼呢？"

（回答）说："有鬼，污水积聚的地方有履（鬼名），灶上有髻（即灶神）。屋子里尘土堆积的地方，雷霆（鬼名）住在那里；东北方（的墙根）下，倍阿、鲑蠪（神鬼名）在那里跃动，西北方（的墙根）下，有泆阳（神鬼名）住在那里。水里面有罔象（神鬼名），丘陵上有峷（怪兽名），山中有夔（独脚怪兽），旷野有彷徨（怪物名），大泽中有委蛇。"

桓公说："请问委蛇的形状是什么样的？"

皇子说："委蛇，像车轮那么大，像车辕那么长，穿着紫色的衣服，戴着朱色的帽子，他长得很丑陋。听到如雷的车（马）声，就抱着头站着。看见他的人大概会称霸天下。"

桓公哈哈大笑道："这（委蛇）正是我所看到的东西。"于是整整衣冠和皇子坐在一起，不到一天，不知不觉地病没有了。

纪渻子为国王饲养鸡。养了十天，（国王）问："鸡（养）好了么？"

（回答）说："还没有。（鸡）正盲目骄傲，还仗着自己的意气呐。"

（又）过了十天，（国王）又问（鸡养好了没有），（回

南华真经

注译

焉，曰："子何术以为焉[76]？"

对曰："臣，工人，何术之有？虽然，有一焉。臣将为镶，未尝敢以耗气也，必齐以静心[77]。齐三日，而不敢怀庆赏爵禄；齐五日，不敢怀非誉巧拙；齐七日，辄然忘吾有四枝形体也[78]。当是时也，无公朝[79]。其巧专而外骨消，然后入山林，观天性形躯，至矣，然后成见镶，然后加手焉，不然则已[80]。则以天合天，器之所以疑神者，其是与[81]！"

东野稷以御见庄公，进退中绳，左右旋中规[82]。庄公以为文弗过也，使人钩百而反[83]。颜阖遇之，入见曰[84]："稷之马将败。"公密而不应[85]。少焉，果败而反。公曰："子何以知之？"曰："其马力竭矣而犹求焉，故曰败。"

工倕旋而盖规矩，指与物化而不以心稽，故其灵台一而不桎[86]。忘足，屦之适也；忘要，带之适也；知忘是非，心之适也；不内变，不外从，事会之适也；始乎适而未尝不适者，忘适之适也[87]。

答）说："还没有呢，（鸡）看见别的鸡影仍然会有反应。"

（又）过了十天，（国王）又问（鸡养好了没有），（回答）说："还没有呢。（鸡）还在怒视，气焰还很盛。"

（又）过了十天，（国王）又问（鸡养好了没有），（回答）说："差不多了，鸡虽然还能鸣叫，但已经不动声色了，看上去如一只木鸡一样。它的德（性）健全了。别的鸡没有敢和它应战的。（看见它）就转身逃走了。"

孔子在吕梁观看（瀑布），悬着的水流有三十丈，飞迸的水沫溅出四十里，鱼鳖都不能在那里游水。（孔子）看见一个男子在里面游泳，以为是有苦衷想要寻死的呢。（孔子）派弟子沿着水流去救他。（那人）游了数百步，从水里出来，披散着头发，唱着歌在河堤下边游边唱。孔子跟过去问道："我以为您是鬼呢，仔细一看原来是人。请问：游水有道吗？"

（回答）说："没有，我没有游水之道。起初，我习惯于游水；长大后，游水就成本性了；后来，就成了（好像是）天命（所规定的东西了）。（我）随着水涡入水，随着激流浮出（水面），顺从着水的规律而不自己挣扎，这就是我

车驾图

有孙休者，踵门而诧子扁庆子曰[88]："休居乡不见谓不修，临难不见谓不勇[89]。然而田原不遇岁，事君不遇世，宾于乡里，逐于州部，则胡罪乎天哉[90]？休恶遇此命也？"

扁子曰："子独不闻夫至人之自行邪？忘其肝胆，遗其耳目，芒然彷徨乎尘垢之外，逍遥乎无事之业，是谓为而不恃，长而不宰[91]。今汝饰知以惊愚，修身以明汙，昭昭乎若揭日月而行也[92]。汝得全而形躯，具而九窍，无中道夭于聋盲跛蹇而比于人数亦幸矣，又何暇乎天之怨哉[93]？子往矣！"

孙子出，扁子入。坐有间，仰天而叹[94]。弟子问曰："先生何为叹乎？"

扁子曰："向者休来，

用来游水（的方法）。"

孔子说："起初习惯于（游水），长大以后，（游水）成了本性，再后来，就成了天命的禀赋，是怎么一回事呢？"

（回答）说："我在丘陵上出生就安居在丘陵，这就是习惯；我在水里长大就安于水里（的生活），这就是本性；不知道为什么是这样就能这样，这就是（天）命。"

木匠梓庆（人名）削木头做镰（木器），镰做成了，看见（镰）的人都很惊异，以为是鬼神所做的。鲁侯见了（梓庆），问道："您用什么技术来做（镰）的呢？"

（梓庆）答道："我是个工匠，哪里有什么技术呢？尽管（我没有什么高明的技术），（不过）还是有一点的。我要做镰的时候，（从来）不敢损耗精气，一定要斋戒以求安静内心。斋戒三天，就不敢心怀封赏爵禄之想了；斋戒五天，就不敢心怀毁誉巧拙之想了；斋戒七天，呆呆地忘了我有形体四肢。这个时候，忘了朝廷，专心于技巧，外界的扰乱也排除了；然后进入山林，观摩（树木的）形状和天性，得到了形状好的、天性上佳的（木材），然后就（似乎）看到了已做好了的镰，然后动手去做，找不到（上好品质的）木材，

吾告之以至人之德，吾恐其惊而遂至于惑也[95]。"

弟子曰："不然。孙子之所言是邪？先生之所言非邪？非固不能惑是；孙子所言非邪？先生所言是邪？彼固惑而来矣，又奚罪焉！"

扁子曰："不然。昔者有鸟止于鲁郊，鲁君说之，为其太牢以飨之，奉《九韶》以乐之[96]。鸟乃始忧悲眩视，不敢饮食。此之谓以己养养鸟也。若夫以鸟养养鸟者，宜栖之深林，浮之江湖，食之以委蛇，则平陆而已矣。今休，款启寡闻之民也，吾告以至人之德，譬之若载鼷以车马，乐鴳以钟鼓也，彼又恶能无惊乎哉[97]！"

注释：

[1] 取篇首两字为篇名。《达生》篇是讲养生的，"达"就是明了的意思，"生"就是生命的意思。本篇认为，养生之要在于"无为"、"无知"、"无欲"。

[2] 情：实质。

生之无以为：本性所不能做到的。生，通性。

知之无奈何：智识所无能为力的。知，智识。

[3] 正平：心平气和的意思。

就罢手不做。那么，以人的天性合于木（材）的天性，做成的木器之所以能被怀疑是鬼神所造的一样，恐怕就是这个原因吧！"

东野稷（人名）在庄公面前表现驾驭马车（的本领），（马车）进退都像墨线一样直，左右转动就像圆规划的一样圆。庄公认为绘画也不能超过它（的直和圆）。要他转一百圈再回来。颜阖（人名）遇见了，进来（对庄公）说："东野稷的马要累垮了。"庄公沉默不答。不一会儿，（东野稷）的马果然累垮了，回来了。庄公说："您怎么知道的？"（回答）说："他的马，力气已经竭尽了，却还在驾着（它转），所以才说，要累垮的。"

工倕（人名）用手画圆比用圆规画得还圆，（这是因为他）手指和外物一同变化而根本不用心思，所以他的内心专一而没有滞碍。忘了脚，是鞋子的安适；忘了腰，是腰带的安适；忘了是非，是心的安适；不改变内心，不追随外物，是遇事的安适；起初就安适，而且从未有什么不安适的，是忘了安适的安适啊！"

有个叫孙休的人，叩门求见扁庆子（人名）并惊讶地问："我住在乡里，没人说我

更生：更新。

几：近。

[4]精：精微之物或精气。

[5]复：返本复初的意思。

[6]移：推移，变化。能移，随着自然大化的推移而改变。

[7]相：助益。

[8]子列子：人名，即列御寇。关尹：人名，传说是老子的弟子。

[9]至人：得道的人。潜行：入水而行。窒：窒息。

万物之上：指最高的地方。栗：同"慄"，战慄。

[10]居：坐下。

女：你。

[11]物之造乎不形：物被无形的东西所创造。

[12]穷：通晓。

止焉：留止于此。

[13]彼：指得道的至人。不淫之度：适当而不过分的范围。

端：尽头。无端之纪，无尽的规律。

万物之所终始：指道。因为道是万物之始，又是万物之终。

[14]壹其性：使（本）性纯一近朴。

养其气：即上文所说的"纯气之守"。

物之所造：指道。

[15]其天守全：其天性保持完全。

其神无郤：其精神没有漏洞。郤，通"隙"。

[16]坠车：从车上掉下来。

犯：遭受。犯害，受害。

遻：同"逆"，遇到，接着。憎：恐惧。

没有修养；面临危难，没有人说我不勇敢。然而（我）从事于耕作，遇不上好年景；伺奉君主，遇不上好世道。乡里抛弃我，州郡驱逐我，我得罪了上天什么了？我为什么遇上了这样的命运啊？"

扁子说："你难道没有听说至人的一意孤行吗？忘掉肝胆，不顾耳目，茫然地游荡在尘世之外，在无所作为中逍遥自得，这叫做：（虽然）有所作为却不自持，（虽然）是对事物有所助长却不以主宰者自居。现在你美化你的心智连愚人都很吃惊，修养你的德（性）（为的是）揭示（别人）的污点，招摇过市的样子好像举着太阳前进似的。你有健全的形体，具有九窍，没有因为聋盲瘸拐而中途夭折，这对于一个人来说，（已经）是幸运了，又哪里来的怨天尤人呢？您走开吧！"

孙休走了，扁子进了屋。坐了一会儿，仰天长叹。弟子问道："先生为什么长叹呢？"

扁子说："刚才孙休来过，我告诉他至人的德（性），我担心他（由于）惊诧而导致迷惑。"

弟子说："不对。（如果）孙休所说的是对的，先生所说的是错的，错的本来就不能迷惑对的；（如果）孙休听

南华真经

注译

[17]镆：镆铘，传说中的宝剑。干：干将，也是传说中的宝剑。

怢心：怨恨之心。

平均：平等一致。

[18]人之天：天性中的人为部分。天之天：天性中的天然部分。

[19]几：近。真：天性。以其真，根据其天性来行事。

[20]适：往、到。

出：经过。

痀偻：即"佝偻"，驼背。承蜩：粘取蝉虫。

掇：拾取。

[21]累：重叠。五六月：指经过五、六个月的训练。

锱铢：这里表示极少的意思。

[22]处身：站着的意思。

厥：通"橛"，橛株，树墩。拘：止。若厥株拘，像木墩一样不动。

[23]唯蜩翼之知：只知道蝉儿的翅膀。

[24]凝于神：用心专一而达到神明智慧的境界。

[25]济：渡。渊：深水处。觞深：渊名。

津人：摆渡的人。神：神妙。

[26]数：同"速"。数能，很快就会。

[27]没：沉没。这里指潜水。没人，潜水的人。

[28]不吾告：即不告诉我。

[29]却：退。

[30]万方：各种情形。陈：展现。

舍：这里指精神居住的心宅，即内心。

睱：闲暇。

[31]注：赌注，动词。瓦：指不值

说的是错的，先生所说的是对的，他本来就是迷惑中，又怎么能怪罪（先生）呢？"

扁子说："不对。从前，有只海鸟在鲁国的郊野止歇，鲁侯喜欢它。杀牛宰羊来喂它，演奏《九韶》来使它欢乐。海鸟眼睛都看花了，又忧愁又悲哀，不敢吃不敢喝。这叫做用养自己的办法来养鸟。那以养鸟的办法来养鸟，应该让它在深林里栖息，在江湖上飘浮，给它吃委蛇，把它放飞在原野就行了。现在，孙休（这个人），是个所见不广，所闻不多的人，我给他讲圣人的德（性），就像用车马去载鼷鼠，用钟鼓（之音）来取悦鹌雀，他又怎么能不吃惊呢？"

*　　　　*　　　　*

钱的东西。

钩：银锊，古代的货币，这里指少许值钱的东西。惮：害怕。

殙：心绪纷乱的样子。

[32]矜：慎重。

[33]外重：即以外物为重。

[34]田开之：人名，其人已不可考。周威公：人名，不见载籍。

[35]祝肾：人名，未详何人。

[36]操拔：拿着。篲：扫帚。伺：服事。伺门庭，意犹当学生。

[37]让：谦让。

[38]夫：先生。

[39]单豹：人名。

岩居：住在岩洞里。

行年七十：活到七十岁。

[40]张毅：人名。

高门：指富豪之家。县：同"悬"。薄：垂帘。悬薄：指贫寒之家。

[41]"无人而藏，无出而阳，柴立其中央"句，和《山木》篇所说的"处乎材与不材之间"，意思雷同。柴立，像木头一样。

[42]三者：指前面所说的三句话。

其名必极：指达到至人、神人的称号。

[43]涂：通"途"。畏涂，害怕路途不平安。

十杀一人：在路途中十分之一的人被杀害。

相戒：相互告诫。

盛卒徒：即聚众。

[44]衽席：睡觉的席子。衽席之上，指交欢之事。

[45]祝宗人：即祝人、宗人，掌管祭祀的人。玄端：一种祭祀穿的黑色斋服。临：靠近。筴：木栅。牢筴，这里指猪圈。说：说服。

[46]恶：厌恶，讨厌。

[47]豢：豢养。

齐：通"斋"。

藉白茅：即《在宥》篇所说的"席白茅"，用茅来做垫子。

尻：屁股。俎：放肉的器具。雕俎，有雕饰的俎。

[48]错：放。

[49]腞楯：这里是载灵柩的车。

[50]桓公：齐桓公，春秋五霸之一。田：田猎。泽：有水草的地方。

管仲：即管夷五，人名，齐相。御：驾车。

[51]仲父：指管仲，是对管仲的尊称。

[52]反：通"返"。

呿诒：呻吟。

[53]皇子告敖：人名，姓皇子名告敖。

[54]忿滀：愤急。

[55]沈：汙水所积的地方。履：鬼名。

髻：灶神。

烦壤：尘土积聚的地方。

雷霆：鬼名。

倍阿、鲑蠪：鬼神名。跃：跳跃。

泆阳：神名。

[56]罔象：水神名。

峷：山鬼或怪兽。

夔：独脚怪兽。

彷徨：两头蛇。

委蛇：鬼怪名。

[57]毂：指车轮。

辕：车辕。

[58]殆：差不多的意思。霸：霸主。

[59]虩然：大笑的样子。

[60]不终日：不到一天。

[61]纪渻子：人名。

[62]方：正。侨：通"骄"。虚侨，即虚浮又有骄气。恃气：凭意气用事。

[63]应：反应。向：通"响"。景：通"影"。向景，即色影和声音。

[64]疾视：怒目而视。盛气：斗志高扬。

[65]几矣：差不多了。

无变：不动声色。

南华真经

南华真经

注译

[66]异鸡：别的鸡。

[67]观：游览。吕梁：水名，在今江苏铜山县。

县：通"悬"。

流沫：溅出的水沫。

鼋：鳖的一种。鼍：鳄的一种。

[68]丈夫：古代对男子的称呼。

并流：沿着水流。拯：拯救。

[69]出：浮出水面。

被发：散着头发。行歌：一边走一边唱。塘：堤。

[70]察：细看。

[71]蹈水：游水。

[72]亡：无。

[73]故：习惯。

[74]齐：通"脐"，这里指向下的漩涡。

汩：上涌的漩涡。

[75]梓：管木工的官名。庆：人名。鐻：一种悬挂乐器的木架子，上面有雕饰。

惊犹鬼神：惊叹它好像是鬼神所造。

[76]术：办法。

[77]齐：通"斋"。

[78]非誉：非议与称赞。

四枝：即四肢。

[79]无公朝：不上朝。

[80]骨：通"滑"，扰乱。外骨消，外在的扰乱消失。

不然则已：不这样就停止。

[81]以天合天：以人的天性合于外物的天性。

与：通"欤"，语气词。

[82]东野稷：人名，姓东野名稷。

以御见庄公：以驾术晋见庄公。

中：合乎。中绳：指马走得很直。

旋：转圈。中规：指走的路线很圆。

[83]"以为文弗过也"句，《吕氏春秋》作："以为造父弗过也。"今从《吕氏春秋》解之。造父，人名，周穆王时的驾车能手。

钩：弯形。钩百，这里指是兜一百圈的意思。

[84]颜阖：人名，又见于《人间世》。

[85]密：沉默。

[86]倕：人名，传说中的工匠，故称工倕。旋：转圈。盖：合。

不以心稽：不用心思来盘算。稽，盘算。

灵台：指心。一：专注，专一。不桎：自由的意思。

[87]要：通"腰"。

[88]孙休：人名，鲁国人。

踵门：亲自登门求见。诧：惊异。扁庆子：人名，子扁庆子是其尊称。

[89]不见：不有所显现、显露。见，通"现"。修：善。

[90]田：动词，指耕作。原：田地。岁：好时岁。

不遇世：没有遇上好时代。

宾：通"摈"，摈弃、抛弃。

州部：州邑。

罪：得罪。

[91]芒：通"茫"。茫然，蒙昧的样子。彷徨：放纵的样子。

"为而不恃，长而不宰"意即无为，参《老子》五十一章。

[92]知：通"智"。饰知，美化智识。惊愚：使愚昧的人有所醒悟。

明汗：把污秽的东西揭露出来。

昭昭：明白的样子。揭日月：举着日月。

[93]九窍：指二眼、二鼻孔、一口、二耳、二阴。

中道：人生之中途。

夭于：夭折。于，借为"阏"。蹇：跛脚。比：列。

[94]间：片刻。

[95]向：以前。

[96]"昔者有鸟止于鲁郊"以下数语，请参见《至乐》篇注。

[97]款：小口。款启，打开一下小孔。

鼷：小老鼠。

鸒：同"鹨"，一种小鸟。乐鸒：使鸒乐。

山木第二十[1]

庄子行于山中，见大木，枝顺盛茂，伐木者止其旁而不取也[2]。问其故，曰："无所可用。"庄子曰："此木以不材得终其天年[3]。"

夫子出于山，舍于故人之家[4]。故人喜，命竖子杀雁而烹之[5]。竖子请曰："其一能鸣，其一不能鸣，请

鶍

雁

山木第二十

庄子在山中行进，看见一棵大树，枝叶茂盛。伐木者走到它的旁边也不伐它。问起原因，说："没有用处。"庄子说："这棵树因为没成材得以享尽天年。"

庄子出了山，投宿在故友家。故友很高兴，让儿子杀雁煮着吃。儿子问："有一只雁会叫，另一只雁不会叫，杀哪只呢？"主人说："杀不叫的。"

第二天，弟子问庄子说："昨天，山中的大树，因为没成材得以终享天年；现在，（这位）主人的雁，因为没有本事而（先）死。先生将怎么做（人）呢？"

庄子笑着说："我要处于成材与不成材之间。在成材与不成材之间，似是而非，所以还不能免于累心劳形。如果乘载着道德（的船）去浮游就不

南华真经

注译

二三九

南华真经

注译

奚杀?"主人曰:"杀不能鸣者。"

明日,弟子问于庄子曰:"昨日山中之木,以不材得终其天年;今主人之雁,以不材死。先生将何处?"

庄子笑曰:"周将处乎材与不材之间。材与不材之间,似之而非也,故未免乎累。若夫乘道德而浮游则不然,无誉无訾,一龙一蛇,与时俱化,而无肯专为[6]。一上一下,以和为量,浮游乎万物之祖[7]。物物而不物于物,则胡可得而累邪[8]?此神农、黄帝之法则也。若夫万物有为则亏,贤则谋,不肖则欺。胡可得而必乎哉?悲夫!弟子志之,其唯道德之乡乎[9]!"

市南宜僚见鲁侯,鲁侯有忧色[10]。市南子曰:"君有忧色,何也?"

鲁侯曰:"吾学先王之道,修先君之业;吾敬鬼尊贤,亲而行之,无须臾离居[11]。然不免于患,吾是以忧。"

市南子曰:"君之除患之术浅矣!夫丰狐、文豹,栖于山林,伏于岩穴,静也;

会是这样了,(就可以)没有赞誉,没有非议,一会是龙,一会是蛇,随时变化,却不能固执于一端。一会儿上,一会儿下,把和谐当标准,浮游在万物的起始之处。主宰外物而不为外物所主宰,那么怎么能够遭累呢?这是黄帝、神农的法则啊!但是万物的情形,人伦的传承就不是这样。而是有合则有离,有成就不毁,廉正必遭挫折,有尊严必遭议论,有为就会亏损,有贤能就会被谋害,不肖也会被欺辱,怎么可能偏执于一端呢?可悲啊,弟子们要记住,(只要记住)道德的境界!"

市南宜僚(人名)拜见鲁侯,鲁侯面有忧色。市南说:"君王面有忧色,为什么呢?"

鲁侯说:"我修习先王之道,继续先王的事业,我敬鬼神,尊贤才,亲身实践,没有片刻懈怠。然而,却不能避免祸患,我正为此发愁呢!"

市南说:"君主您消除祸患的办法太浅陋了!那漂亮的狐狸和有花纹的豹子,住在山林中,隐伏在岩洞里,静静(地不动);晚上活动,白天隐居,这是警戒;尽管饥渴困苦,白天也不到江湖上去寻找食物,这是克制。然而,(即使如此)也免不了落入罗网,踏中机关,它们有什么罪过

外篇

夜行昼居，戒也；虽饥渴隐约，犹且胥疏于江湖之上而求食焉，定也[12]。然且不免于罔罗机辟之患。是何罪之有哉[13]？其皮为之灾也。今鲁国独非君之皮邪？吾愿君剼形去皮，洒心去欲，而游于无人之野[14]。南越有邑焉，名为建德之国[15]。其民愚而朴，少私而寡欲；知作而不知藏，与而不求其报；不知义之所适，不知礼之所将，猖狂妄行，乃蹈乎大方；其生可乐，其死可葬。吾愿君去国捐俗，与道相辅而行[16]。"

君曰："彼其道远而险，又有江山，我无舟车，奈何？"

市南子曰："君无形倨，无留居，以为君车[17]。"

君曰："彼其道幽远而无人，吾谁与为邻？吾无粮，我无食，安得而至焉？"

市南子曰："少君之费，寡君之欲，虽无粮而乃足。君其涉于江而浮于海，望之而不见其崖，愈往而不知其穷[18]。送君者皆自崖而反，君自此远矣[19]！故有人者累，见有于人者忧[20]。故尧非有

呢？是它们的皮（毛）给自己带来了灾祸。现在的鲁国难道不是君主您的皮（毛）吗？我希望君主您能够剥掉（你的形躯）和皮（毛），洗心去掉欲望，然后遨游在无人的旷野（上）。越国的南面有个小城，名叫建德（虚拟名，意即大德）之国。那里的人民愚憨而淳朴，没有多少私心也没有多少欲望，只知道耕作而不知道贮藏，施与（别人好处）却不谋求回报；不知道（仁义）是干什么的，也不知道礼（法）是干什么的。奔放不羁地行动，就会走上大道了。他们活着能够快乐，死去能够埋葬。我希望君主您抛弃国家，丢开俗务，和大道互相扶助，一起前进。"

鲁侯说："到那里的道路遥远而艰险，又有河山（阻隔），我没有车船，怎么办呢？"

市南说："君王不要盛气凌人，不要留恋现在的荣名，（这就可以）当作君主您的车子。"

鲁侯说："到那里去的道路幽远而无人，我和谁相伴随？我没有粮，又没有吃的，怎么能到达（那里）呢？"

市南说："减少您的费用，淡化您的欲望，虽然没有粮食也会（觉得）充足的。君

南华真经

注译

二三

南华真经

注译

人，非见有于人也。吾愿去君之累，除君之忧，而独与道游于大莫之国[21]。方舟而济于河，有虚船来触舟，虽惼心之人不怒[22]。有一人在其上，则呼张歙之；一呼而不闻，再呼而不闻，于是三呼邪，则必以恶声随之[23]。向也不怒而今也怒，向也虚而今也实。人能虚己以游世，其孰能害之？"

北宫奢为卫灵公赋敛以为钟，为坛乎郭门之外[24]。三月而成上下之县[25]。王子庆忌见而问焉，曰[26]："子何术之设？"奢曰："一之间，无敢设也[27]。奢闻之：'既雕既琢，复归于朴。'侗

孔子厄陈绝粮

王您渡过大江，在海上漂游，极目远望，看不到海岸，越走越不知道哪里是头。去送别君王您的人都从岸边返回了，君王您从此就远去了。所以，有臣民的人感到劳累，被人役使的人感到忧愁。所以尧不役使别人，也不被人役使。我希望解除君王的劳累，去掉君王的忧烦，从而独自和大道在一起，漫游在广阔的国度里。把两只船拴在一块渡河，有只空船撞了上来，尽管是心胸狭隘的人也不至于发怒。但如果船上有一个人（的话），就会（向他）喊话，一声听不见，两声听不见，于是就喊第三声，就肯定会带着恶言恶语来喊。刚才不怒，现在却怒，（这是因为）刚才（船是）空的而现在（船是）有人的。人（如果）能使自己成为空虚，从而逍遥在人世间，那么谁能侵害他呢？"

北宫奢（人名）通过收赋税敛财为卫灵公造了一口钟，在城门之外筑起了高坛。经过三个月，钟就上上下下地悬挂妥了。王子庆忌（人名）见了（北宫奢），问他："您用什么办法？"

北宫奢说："只是专注于此，不敢有别的想法。我听说：'雕琢之后，（就会）返归到纯然的本性。'我天真得

乎其无识，傥乎其怠疑[28]。萃乎芒乎，其送往而迎来[29]。来者勿禁，往者勿止。从其强梁，随其曲傅，因其自穷[30]。故朝夕赋敛而毫毛不挫，而况有大途者乎[31]？"

孔子围于陈、蔡之间，七日不火食[32]。

大公任往吊之，曰[33]："子几死乎？"

曰："然。"

"子恶死乎？"

曰："然。"

任曰："予尝言不死之道。东海有鸟焉，其名曰意怠。其为鸟也，翂翂翐翐，而似无能，引援而飞，迫胁而栖；进不敢为前，退不敢为后；食不敢先尝，必取其绪[34]。是故其行列不斥，而外人卒不得害，是以免于患[35]。直木先伐，甘井先竭。子其意者饰知以惊愚，修身以明污，昭昭乎如揭日月而行，故不免也[36]。昔吾闻之大成之人曰[37]：'处伐者无功，功成者堕，名成者亏[38]。'孰能去功与名而远与众人？道流而不明居，得行而不名处；纯纯常常，乃比于狂，削迹

像愚昧，愚钝得像痴呆。浑浑噩噩地混在人群中，迎来送往也稀里糊涂。来的人不禁阻，去的人也不拦着。横蛮的任其横蛮，柔顺的任其柔顺，由他们尽力而为。所以一天到晚地收税，（百姓）却不损毫毛。更何况那有大道的人呢！"

孔子被围困在陈国和蔡国之间，七天都吃不到一顿热饭。

大公任（人名）前去慰问他，说："您差不多快死了吧？"

（孔子）说："是的。"

"您怕死么？"

"是的。"

（大公）任说："我试着给你讲讲不死之道。东海有只鸟，它的名字叫意怠。这只鸟，慢慢低飞，好像没有气力的样子；被（别的鸟）带动着飞，挤在群鸟中栖息；前进的时候，不敢飞在前面，退后的时候，不敢落在后面，吃东西的时候，不敢先吃品尝，一定要吃剩下的。正是这个原因，（它）在鸟群里不受排斥，而且也不受别人的加害，这样就避免了祸患。挺直的树木首先被伐倒，甘甜的水井首先被抽干。现在，你美化你的心智连愚人都感到吃惊，修养你的德（性）（为的是）揭示别人的污点，招摇过市的样子好像是

南华真经

注译

二
二
六

捐势，不为功名[39]。是故无责于人，人亦无责焉。至人不闻，子何喜哉？”孔子曰：“善哉！”辞其交游，去其弟子，逃于大泽，衣裘褐，食杼栗，入兽不乱群，入鸟不乱行[40]。鸟兽不恶，而况人乎！

孔子问子桑雽曰[41]：“吾再逐于鲁，伐树于宋，削迹于卫，穷于商、周，围于陈、蔡之间[42]。吾犯此数患，亲交益疏，徒友益散，何与[43]？”

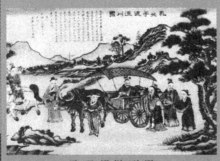

孔子周游列国

子桑雽曰：“子独不闻假人之亡与[44]？林回弃千金之璧，负赤子而趋[45]。或曰：‘为其布与？赤子而趋，何也？’林回曰：‘彼以利合，此以天属也[46]。’夫以利合者，迫穷祸患害相弃也；以天属者，迫穷祸患害相收也[47]。夫以相收之与相弃亦远矣！

举着太阳前进似的，所以就避不开祸患！从前，我听修成大道的人说过：‘自我吹嘘的人不会保有功德，功业有所成的人要毁败的，名声（鹊起）的人要吃亏的。’谁能够抛却功名（之心）和大家一样呢？大道流行而不炫耀自居，德行广被而不自求声名，纯朴的平常，好像放纵不羁似的；不留痕迹，放弃权势，不谋取功名，所以就不会责难别人，别人也不责难他。至人默默无闻，你为什么如此喜好（功名）呢？”

孔子说：“好啊！”于是辞去了交游，遣散了弟子，逃到大泽边，穿着粗糙衣服，吃着粗食，到了兽群里，兽群也不惊乱，到了鸟队里，鸟也不乱行列。（连）鸟兽都不厌恶他，更何况人呢！

孔子问子桑雽说：“我两次被鲁国驱逐，在宋国受到伐树（的侮辱），卫国不让我居留，在商周（即宋国）不得志，在陈蔡被围困。我遭遇了这几次患难，亲朋越来越疏远，徒弟越来越失散，这是为什么？”

子桑雽说：“您难道没有听说假国人逃难（的故事）吗？林回（人名）丢掉价值连城的玉璧，背负着婴儿逃跑。有人说：‘为了钱财吗？婴儿

且君子之交淡若水，小人之交甘若醴[48]。君子淡以亲，小人甘以绝，彼无故以合者，则无故以离[49]。"

孔子曰："敬闻命矣！"徐行翔佯而归，绝学捐书，弟子无挹于前，其爱益加进[50]。

异日，桑雽又曰："舜之将死，真泠禹曰[51]：'汝戒之哉！形莫若缘，情莫若率[52]'，率则不劳。不离不劳，则不求文以待形[53]。不求文以待形，固不待物。"

庄子衣大布而补之，正緳系履而过魏王[54]。魏王曰："何先生之惫邪[55]？"

庄子曰："贫也，非惫也。士有道德不能行，惫也；衣弊履穿，贫也[56]。非惫也，此所谓非遭时也[57]。王独不见夫腾猿乎？其得柟梓豫章也，揽蔓其枝而王长其间，虽羿、蓬蒙不能眄睨也[58]。及其得柘棘枳枸之间也，危行侧视，振动悼栗；此筋骨非有加急而不柔也，处势不便，未足以逞其能也[59]。今处昏上乱相之间而欲无惫，奚可得邪？此比干之见剖心，徵也夫[60]！"

不值几个钱；为了劳累吗？婴儿之累可就多了。扔了价值连城的玉璧，背负着婴儿逃跑，为什么呢？'林回说：'（我和玉璧的关系）是利益上的结合，（我和婴儿的关系）是天性上的联系。'那种结合在利益上的人，遇到穷困祸患灾害时互相抛弃；在天性上相联系的人，遇到穷困祸患灾害时，彼此互相依赖。（彼此）相互依赖和相互抛弃的差别太大了，况且君子之交淡如水，小人之交甘若醴。君子间交情（虽然）清淡（但却）亲切，小人间交情（虽然）甜腻（但却）绝情。那没有什么缘故结合在一起的，就会没有什么缘故地分离了。"

孔子说："恭敬地领受您的教诲！"缓步徜徉而归，终止学业，抛开书本，（尽管）弟子们不去向他行礼作揖，（但）对他的敬爱更加深厚了。

有一天，桑雽又说："舜临死时，嘱咐大禹说：'你要慎重啊！形体不如顺应，情性不如率真。'顺应就不会（和万物）相离，率真就不会劳顿，不与（万物）相离，又不劳顿（自己），那就是不追求文饰（自己的）形迹。不追求文饰形迹，所以就无须依赖外物了。"

庄子穿着粗布衣服，上面

南华真经

注译

二二七

南华真经

注译

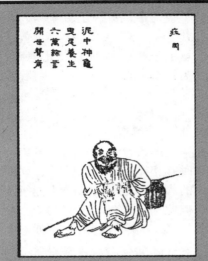

泥中神龟
曳足养生
六籥综言
开世贤肯

庄周

庄子安贫乐道

孔子穷于陈、蔡之间，七日不火食[61]。左据槁木，右击槁枝，而歌猋氏之风，有其具而无其数，有其声而无宫角，木声与人声，犁然有当于人之心[62]。颜回端拱还目而窥之，仲尼恐其广己而造大也，爱己而造哀也，曰[63]："回，无受天损易，无受人益难。无始而非卒也，人与天一也[64]。夫今之歌者，其谁乎？"

回曰："敢问无受天损易。"

仲尼曰："饥渴寒暑，穷桎不行，天地之也，行运物之泄也，言与之偕逝之谓也[65]。为人臣者，不敢去之。

还补着补丁，用绳绑着破鞋去拜见魏王。魏王说："先生为什么这么困顿呢？"

庄子说："（这是）贫穷，不是困顿。（对）士人（来说），不能实践道德（即本性）（的理想），（那才是）困顿，衣服破了，鞋子磨穿了，（只不过是）贫穷，不是困顿，这就是（人们）所说的生不逢时！大王难道没有看到那（善于）腾跃的猿猴吗？（它）在高大的乔木——楠树、楸树、樟树——上，攀援着树枝，在那里称王，即使是（善射的）羿和逄蒙也不敢看它一下。等它落到柘、棘、枳、枸等多刺的树丛中时，神色紧张地行进，吓得发抖，这并不是筋骨受了束缚而不够灵活，（而是因为）处在不利的情势中，不能够再逞能了。现在，处于昏君奸相之间，想要不困顿，怎么可能呢？比干遭剖心的刑戮，正是这种情形啊！"

孔子被困在陈国和蔡国（交界）的地方，七天没吃到一顿热饭。（他）左手拿一截干枯的树枝，右手击打着干枯树枝，唱着炎帝时的歌谣，有打拍子的东西（即枯枝）却没有打拍子的路数，有声音却没有乐音。（但是）枯枝（敲击出的拍节）声和人（的歌唱）声，却能打动人心，使人心神

执臣之道犹若是，而况乎所以待天乎[66]？"

"何谓无受人益难？"

仲尼曰："始用四达，爵禄并至而不穷[67]。物之所利，乃非己也，吾命其在外者也。君子不为盗，贤人不为窃。吾若取之，何哉？故曰鸟莫知于鷾鸸，目之所不宜处，不给视，虽落其实，弃之而走[68]。其畏人也而袭诸人间[69]。社稷存焉尔！"

孔子厄于陈蔡之间

"何谓无始而非卒？"

仲尼曰："化其万物而不知其禅之者，焉知其所终[70]？焉知其所始？正而待之而已耳。"

"何谓人与天一邪？"

仲尼曰："有人，天也；有天，亦天也[71]。人之不能有天，性也[72]。圣人晏然体逝而终矣[73]！"

庄周游乎雕陵之樊，睹

惊悸。颜回拱手而立，转身看着他。孔子怕他因崇拜自己而专大，爱惜自己而悲痛，说："颜回啊，不受天的损害是容易的，但不接受人为所附加（的东西）却是困难的。没有哪一个开始没有终结的，人和天是（统）一的。现在唱歌的是谁呢？"

颜回说："请问不受天的损害容易，（是怎么回事）？"

孔子说："饥渴寒暑，穷困潦倒，（这是）天地运行（的规律），物之流行的排泄物。这是说（要）和它（天地运行、物之流行）一起变化消逝（的意思）。做臣子的，不敢逃避（君命）。遵守为臣之道尚且如此，更何况对待天（命）呢？"

"不受人为所附加的东西是难的，（是什么意思呢）？"

孔子说："开始被任用（时），各方面都顺利。高官厚禄纷至沓来，没有穷尽。爵禄（之类）对我有利，（但）不是我（所）固有的（东西），是属于我的天命之外（的东西）。君子不做强盗，贤人不去偷窃，我却接受这些，为什么呢？所以说：小鸟不如燕子聪明，（它）看不适宜做窝的地方就不看，虽然跌落了（嘴里所衔）果实，（也）就扔下就走。它怕人，却住在人的屋

南华真经

注译

二二九

南华真经

注译

二二○

一异鹊自南方来者[74]。翼广七尺，目大运寸，感周之颡，而集于栗林[75]。庄周曰："此何鸟哉？翼殷不逝，目大不睹[76]。"蹇裳躩步，执弹而留之[77]。睹一蝉，方得美荫而忘其身；螳螂执翳而搏之，见得而忘其形；异鹊从而利之，见利而忘其真[78]。庄周怵然曰[79]："噫！物固相累，二类相召也[80]。"捐弹而反走，虞人逐而谇之[81]。庄周反入，三月不庭[82]。蔺且从而问之[83]："夫子何为顷间甚不庭乎[84]？"

蝉

庄周曰："吾守形而忘身，观于浊水，而迷于清渊[85]。且吾闻诸夫子曰：'入其俗，从其令。'今吾游于雕陵而忘吾身，异鹊感吾颡，游于栗林而忘真。栗林虞人以吾为

里。（人如果像燕子这样），社稷国土就可以保全了！"

"没有哪一个开始没有终结的，（这是什么意思呢）？"

孔子说："与万物一同变化却不知万物的更替，怎么能知道它的终穷呢？怎么能知道它的开端呢？堂堂正正，等待着它（即大化）就是了。"

"人与天是（统一）的，是什么意思呢？"

孔子说："人为的（东西）属于天，天然的（东西）也属于天。人为的不能达到天然的，这是（人的）本性！圣人体现天道的变化安然消逝、终结。"

庄周在栗园的篱笆内游玩，看到一只从南方飞来的怪鸟。（它的）羽翼展开有七尺之阔，眼睛的直径有一寸之大，碰到庄周的额头，落到了栗树林中。庄子说："这是只什么鸟呢？羽翼大而不远飞，眼睛大而看不见（东西）。"（于是）提起衣服，快步向前，拿着弹弓等着射杀它。（庄周）看到一只蝉正找到一处（枝影）斑驳的荫凉地，（高兴得）忘了（隐蔽）身形。一只螳螂正举起臂（刀）来搏杀它，（螳螂）捉住了蝉，（得意之际）忘了（隐蔽）形体。怪鸟跟着它（企图）从中渔利，它见到了利益却忘了自己

戮，吾所以不庭也[86]。"

阳子之宋，宿于逆旅[87]。逆旅人有妾二人，其一人美，其一人恶[88]。恶者贵而美者贱，阳子问其故，逆旅小子对曰："其美者自美，吾不知其美也；其恶者自恶，吾不知其恶也。"

阳子曰："弟子记之，行贤而去自贤之行，安往而不爱哉！"

注释：

[1] 取首两句中的两字为篇名。《山木》以"处乎材与不材之间"和"乘道德而浮游"等命题表达了全生安命的思想，是《人间世》篇的进一步发展。

[2] 大木：大树。

[3] 天年：天命所赋予的寿命。

[4] 舍：寄居、住（动词）。故人：老朋友。

[5] 竖子：童仆。

[6] 乘：用，以。

尝：诋毁。

一龙一蛇：时而为龙时而为蛇，比喻随缘任化。与下文的"与时俱化"相合。

专为：固执于一端的意思。

[7] 和：和顺。量：量度，这里指标准。

[8] 物物：使物成为物，即役使、主宰外物的意思。不物于物，不可让外物使自身成为物，意即不为外物所役

的本性。庄周惊觉道："噫！物与物之间是互相牵累的，（这是由于）两者互相招引（所致）。"扔掉弹弓，转身就走，管栗园的人（怀疑庄周偷栗子），追上他，并责问他。

庄周回到家，三天不出门，蔺且（人名）问他："先生为什么不出门呆一会儿呢？"

庄周说："我专注于（鸟的）形体却忘了我自己的形体，观照浊水反而迷惑于清池了。我听先生说：'随乡入俗，遵从其法令。'现在，我在栗园内游玩却忘了我的形体，怪鸟碰着我的额头，在栗林里游玩却忘了它的本性。栗林的管园人还把我折辱了一番，因此我不出门呀！"

阳子（人名，即杨朱）到了宋国，寄宿在旅店里，店主有两个妾，一个美，一个丑。丑的尊贵，美的却地位低下。阳子问其中的原故，旅店的小伙计回答说："美（妾）自以为美，我不认为她美；丑（妾）自以为丑，我（也）不认为她丑。"

阳子说："弟子要谨记啊！做贤德的事而不自以为是贤德的行为，（走）到哪里会不受爱戴呢？"

南华真经

注译

二三一

南华真经

注译

二五〇

使、主宰的意思。

[9]志：记住。

道德之乡：指理想的境界。

[10]宜僚：人名，住在市南，故称市南宜僚。

[11]须臾：片刻。离居：离开。

[12]丰狐：毛长得丰厚的狐狸。文豹：有花纹的豹子。

隐约：困苦。

胥疏：瞻前顾后的样子。

[13]罔：同网。罔罗机辟，都是用来捕兽的工具。

[14]刳：剖开，挖去的意思。

无人之野：指虚无的境界。

[15]建德：大德；建德之国，指庄子思想中的理想国。

[16]捐：抛弃。

辅：助。

[17]倨：傲慢。形倨，凭着自己的势力地位而傲慢的人。

留居：安于所处的地位。

车：这里用来比喻得道的方法。

[18]崖：岸。

[19]反：同"返"。

[20]有人者：指统治者。

见有于人者：被统治者。

[21]莫：同"漠"，大莫，广漠。大莫之国，即道德之乡。

[22]方舟：两舟并连。

虚船：无人乘坐的船。

惼心：心胸狭隘的意思。

[23]歙：合住。张歙，这里指喊话。

恶声：辱骂的言语。

[24]北宫奢：人名，卫国大夫。赋敛：征收。

为坛：建造祀神的高坛。郭门：城门。

[25]县：通"悬"。

[26]王子庆忌：人名，可能是位王族。

[27]一之间：除了抱一之外。

[28]侗：幼稚无知的样子。

傥：犹疑的样子。怠疑：呆笨的样子。

[29]萃：积聚。芒：错昧的样子。

[30]强梁：横蛮。

曲傅：曲从依附。傅，通"附"。

因其自穷：由他们尽力而为。

[31]挫：损伤。

[32]"孔子围于陈蔡之间，七日不火食"两语，参《天运》篇注。

[33]大公：对老者的称呼。任：人名。吊：慰问。

[34]蚡蚡翐翐：飞得迟疑不高的样子。

行援：意即跟随。

迫胁：意即倚偎。

绪：剩余。

[35]斥：排斥。

卒：最终。

[36]"子其意"以下数语，参《达生》篇注。

[37]大成之人：指得道者。

[38]伐：夸耀。

[39]流：行，流动生变的意思。明居：处于显露的地方。名处：处于被赞颂的地位。

纯纯常常：纯朴而平常的样子。

比：似。

削迹：不留痕迹。捐势：抛却权势。

[40]辞：辞去。

衣：穿（动词）。裘褐，粗陋的衣服。

杼：通"芧"，橡子。芧和栗都是粗陋的食物。

[41]子桑雽：人名，即《大宗师》篇中的子桑户。

[42]再逐于鲁：指孔子被鲁国两次驱逐出境的故事，其详情参《史记·孔子世家》。

伐树于宋：参《天运》篇注。

削迹于卫：参《天运》篇注。

穷于商周：参《天运》篇注。

围于陈蔡之间：参《天运》篇注。

[43]犯：遭遇。

[44]假：国名。亡：逃跑。

[45]林回：人名。千金之璧：价值千金的玉璧。

召：背着。赤子：小孩。趋：跑。

[46]彼：指那些抛弃赤子而去取千金之璧的人。以利合：根据利害而相互结合在一起。

此：林回自己的做法。天属：由于天性而致。

[47]迫：遇到。

[48]醴：甜酒。

[49]绝：绝交。

[50]翔佯：徘徊、徜徉。

捐：弃。

挹：通"揖"，作揖行礼。

[51]真泠：嘱咐。

[52]缘：随顺。

率：率真。

[53]文：文饰。

[54]衣大布：穿着粗布。

正：整理。廉：通"絜"，腰带。

系履：系好鞋子。过：过访。

[55]惫：疲惫，困顿。

[56]衣弊：穿着破衣。履穿：穿着有破洞的鞋。

[57]遭：遇。

[58]枏：即楠树。梓：又叫揪。豫章：樟树。

揽：捉住。蔓：通"曼"，攀引。王长其间：在其中称王称长。

羿：传说中的神射手。逄蒙：人名，羿的学生，也以善射著称。睥睨：斜视。

[59]柘：柘树。棘：荆棘。枳：枳树。枸：一种带刺的小树。柘、棘、枳、枸，都是带棘的树。

危：端正。

栗：战栗。

[60]徵：证实。

[61]"孔子穷于陈蔡之间"两句，参见《天运》篇。

[62]据：拿着。

歌：歌咏。猋：应为"焱"，焱氏之风，即炎帝时的歌曲。

具：用于打拍子的东西。数：拍节。

宫、角：这时指乐音。

犁然：即栗然，惊惧的样子。

[63]端拱：拱手立正。还目：转目。

[64]卒：终。

[65]桎：阻塞。

泄：排泄。

偕逝：一起变化。

[66]执：遵守。

待：对。

[67]四达：多方通达。

不穷：不尽。

[68]鹣鹣：燕子。鸟莫知于鹬

南华真经

注译

二三二

南华真经

注译

碍，小鸟没有燕子聪明。知，通"智"。

不给视：不多看。给，多，足。

虽落其实：虽然跌落其口中所含的果实。

[69]袭诸人间：和人住在一起的意思。

[70]化：化生。禅：交替代谢。

[71]人：指人为的东西。天：指天然的东西。

[72]"人之不能有天，性也"句谓：人为的东西不能达到天然的东西，这就是人的本性。

[73]晏然：安乐的样子。体逝：体现天道的流行。终：终结。

[74]雕陵：栗园名。樊，通"藩"，藩篱。

睹：看到。异鹊：怪异的鸟。

[75]运寸：直径一寸。

感：触到。周：庄周。颡：额。

集：止。

[76]殷：大。

[77]褰：拉起。蹑步：小心提步。

执弹：拿着弹弓。

[78]美荫：大好的荫凉地。

执翳：举臂。

忘其真：忘却了本性。真，纯素的本性。

[79]怵然：惊觉的样子。

[80]召：吸引。

[81]捐弹：丢弃弹弓。

虞人：管栗林的人。谇：责骂。

[82]不庭：不出门庭。

[83]蔺且：人名，庄子弟子。

[84]顷间：片刻。

[85]守形：专注于外物。

[86]戮：耻辱。

[87]阳子：即杨朱。

宿：寄宿。逆旅：旅舍。

[88]逆旅人：旅舍老板。

恶：丑陋。

田子方第二十一[1]

田子方侍坐于魏文侯，数称谿工[2]。文侯曰："溪工，子之师邪？"

子方曰："非也，无择之里人也[3]。称道数当，故无择称之[4]。"

文侯曰："然则子无师邪？"

子方曰："有。"

曰："子之师谁邪？"

田子方第二十一

田方子（人名）陪坐在魏文侯的旁边，多次称赞谿工（人名）。文侯说："谿工是您的老师吗？"

田方子说："不是。（他）是我的同乡。（他）论道往往很精当，所以我称赞他。"

文侯说："那么你没有老师么？"

子方说："有。"

问："您的老师是谁？"

子方说："（是）郭顺子。"

子方曰：“东郭顺子[5]。”

文侯曰：“然则夫子何故未尝称之？”

子方曰：“其为人也真[6]。貌而天虚，缘而葆真，清而容物[7]。物无道，正容以悟之，使人之意也消[8]。无择何足以称之？”

子方出，文侯傥然，终日不言[9]。召前立臣而语之曰：“远矣，全德之君子！始吾以圣知之言、仁义之行为至矣，吾闻子方之师，吾形解而不欲动，口钳而不欲言[10]。吾所学者，直土梗耳[11]！夫魏真为我累耳！”

温伯雪子适齐，舍于鲁[12]。鲁人有请见之者，温伯雪子曰：“不可。吾闻中国之君子，明乎礼义而陋于知人心[13]。吾不欲见也。”

至于齐，反舍于鲁，是人也又请见。温伯雪子曰：“往也蕲见我，今也又蕲见我，是必有以振我也[14]。”

出而见客，入而叹。明日见客，又入而叹。其仆曰：“每见之客也，必入而叹，何邪？”

曰：“吾固告子矣：中

文侯说：“那么先生为什么没有称赞他呢？”

子方说：“他是一个秉性纯朴的人。具有人的外貌却有天一样的虚怀，随缘顺事，保持着自己的本真天性，（内心）清虚（从而）可以容纳万物。（如果）别人没有得道，（他）严肃地使别人感悟，使人的邪意消失。我怎么能够称赞他呢！”

子方走了，文侯怅然良久，整天都不言语。把殿前侍立的臣子召进来，对他说：“太高远了，德性完整的君子啊！起初，我认为对人智慧言论、仁义的施行是最高（境界）。我听了田子方老师（的故事），我形体疏懒而不想动，口像被钳住一样不想说话。我所修学的东西，只不过是土块罢了！魏国真是我的牵累啊！”

温伯雪子到齐国去，（途中）住在鲁国。鲁国有人要拜见他，温伯雪子说：“不可。我听说：中原（地区）的君子，精熟于礼义却疏失于体察人心。我不想见他。”

抵达齐国后，在返回的途中又住在鲁国，那个鲁国人又要见他。温伯雪子说：“以前（他）求见我，现在又求见我，这人肯定对我有所启发吧！”

（于是他就）出来见客，回去（以后）叹息（不已）。第二天，又见客，回去后还是叹息

南华真经

注译

二三六

国之民，明乎礼义而陋乎知人心。昔之见我者，进退一成规，一成矩，从容一若龙，一若虎[15]。其谏我也似子，其道我也似父，是以叹也[16]。"

仲尼见之而不言。子路曰："吾子欲见温伯雪子久矣，见之而不言，何邪？"

仲尼曰："若夫人者，目击而道存矣，亦不可以容声矣[17]！"

颜渊问于仲尼曰："夫子步亦步，夫子趋亦趋，夫子驰亦驰，夫子奔逸绝尘，而瞠若乎后矣[18]！"

夫子曰："回何谓邪？"

曰："夫子步亦步也，夫子言亦言也，夫子趋亦趋也，夫子辩亦辩也，夫子驰亦驰也，夫子言道，回亦言道也，及奔逸绝尘而回瞠若乎后者，夫子不言而信，不比而周，无器而民滔乎前，而不知所以然而已矣[19]。"

仲尼曰："恶！可不察与！夫哀莫大于心死，而人死亦次之。日出东方而入于西极，万物莫不比方，有目有趾者，待是而后成功[20]。是出则存，是入则亡[21]。万物亦然，

（不已）。他的仆人说："（您）每次会见这个客人，回来后肯定要叹息，为什么呢？"

（温伯雪子）说："我已经告诉过你：'中原的百姓，精熟于礼义却疏失于体察人心。'先前见我的那个人，一进一退都规规矩矩，（举手投足的）姿态像龙虎一般，他劝我，好像我是儿子似的；他教导我，好像（他）是父亲似的。这就是我叹息的原因。"

孔子见他（温伯雪子），不说话。子路说："先生想见温伯雪子已经很久了，为什么见了又不说话呢？"

孔子说："像这样的人，一看就知道天道体现在他身上，也用不着废话了。"

颜回问孔子说："先生蹑步，我也蹑步；先生快行，我也快行；先生奔跑，我也奔跑；先生飞驰，尘烟相隔（先生与我），我瞪着眼落在先生之后了啊！"

孔子说："颜回呀，（这是）什么意思呢？"

颜回说："先生蹑步，我也蹑步；先生谈论，我也谈论；先生快行，我也快行；先生辩论，我也辩论；先生奔跑，我也奔跑；先生论道，我也论道；等到（先生）飞驰，尘烟相隔（先生和我），我瞪着眼落到后面时，（乃是因为）先生不信誓旦旦

有待也而死，有待也而生。吾一受其成形，而不化以待尽[22]。效物而动，日夜无隙，而不知其所终[23]。薰然其成形，知命不能规乎其前，丘以是日徂[24]。吾终身与汝交一臂而失之，可不哀与？女始著乎吾所以著也[25]。彼已尽矣，而女求之以为有，是求马于唐肆也[26]。吾服女也，甚忘；女服吾也，亦甚忘[27]。虽然，女奚患焉？虽忘乎故吾，吾有不忘者存[28]。"

孔子见老聃，老聃新沐，方将被发而干，慹然似非人[29]。孔子便而待之[30]。少焉见，曰[31]："丘也眩与[32]？其信然与[33]？向者先生形体掘若

晞发图

就获得了人的信任，没有和别人亲近，人们也与他亲近，没有权势地位，人们也聚集在他的周围，却不知道何以如此的原因呀！"

孔子说："唔！可以不明察么？最悲哀的莫过于心死，而人（身体）的死尚在其次。日出于东方而入于西方，万物没有不追随太阳的，有眼睛有脚趾的生物，等着太阳出来才能有所作为。太阳出来了，（它们）就存活；太阳沉没了，（它们）就消亡了。万物也是这样，等待着（某种东西）来使之存活，等待着（某种东西）使之消亡。我一旦禀受天道造就形体，就不再变化，（只是）等待着生命的尽头。仿效万物而动，日夜不断，却不知道自己终结于何处！像烟气浮生一样禀受了形体，知道命运是不能预知的。我因此天天随着变化而变化。我终日里和你亲密无间，你却不能领会我所讲的道理。这不是可悲的吗？恐怕你所看重的，只是我所用来表现于外的方面罢！它们已经消失了，而你还把它们当作（仍然）有的东西来追求，这就像在空空如也的市场寻找马一样。我思念你，总是在忘；你思念我，也是在忘。尽管这样，你有什么祸患呢？虽然忘了以前的我，我却有使你不忘的东西存在着。"

南华真经

注译

槁木，似遗物离人而立于独也^[34]。"

老聃曰："于游心于物之初^[35]。"

孔子曰："何谓邪？"

曰："心困焉而不能知，口辟焉而不能言^[36]。尝为汝议乎其将^[37]：至阴肃肃，至阳赫赫^[38]。肃肃出乎天，赫赫发乎地。两者交通成和而物生焉，或为之纪而莫见其形^[39]。消息满虚，一晦一明，日改月化，日有所为而莫见其功^[40]。生有所乎萌，死有所乎归，始终相反乎无端，而莫知乎其所穷^[41]。非是也，且孰为之宗？"孔子曰："请问游是^[42]。"老聃曰："夫得是，至美至乐也^[43]。得至美而游乎至乐，谓之至人。"孔子曰："愿闻其方。"曰："草食之兽，不疾易薮；水生之虫，不疾易水^[44]。行小变而不失其大常也，喜怒哀乐不入于胸次^[45]。夫天下也者，万物之所一也。得其所一而同焉，同四支百体将为尘垢，而死生终始将为昼夜，而莫之能滑，而况得丧祸福之所介乎^[46]！弃隶者若弃泥涂，知

孔子去拜见老聃，老聃刚洗完头，正披散着头发晾干，一动不动好像不是人似的。孔子隐在一旁等候。过了一小会儿，前去拜见，说："我是眼花了，还是真的？刚才先生形体直立像一段枯木，好像抛弃了万物离开了人世，独自站立在那儿。"

老聃说："我的心（正在）万物的初起的源头上漫游呢！"

孔子问："什么意思？"

说："心里困窘不能知晓，嘴闭着不能言说。试着为你说个大概：阴气最盛时，（感到）清冷；阳气最盛时，（感到）灼热。清冷出自天，灼热出自地，（它们）两者相激相荡，达成和谐，这就产生了（万）物，（好像）作为（万）物的内在规律，却不能看见它的形迹。生长消亡，充盈和空虚，一会儿明一会儿暗，日新月异，每天都在起作用，却看不见它的功绩。生有其萌发处，死有其归宿处，（生死）始终相互返还，就没有了开端和边际，也不（可能）知道它的穷极和尽头。（如果）不是它，还有谁能作为万物的宗主呢？"

孔子说："请问在这儿漫游，（是怎么回事）？"

老聃说："达到这一境界，那是极美，又极乐啊！得到了极美又心游于极乐，这就叫做'至人'。"

身贵于隶也[47]。贵在于我而不失于变，且万化而未始有极也，夫孰足以患心[48]？已为道者解乎此[49]。"

孔子曰："夫子德配天地，而犹假至言以修心[50]。古之君子，孰能脱焉[51]？"

老聃曰："不然。夫水之于汋也，无为而才自然矣；至人之于德也，不修而物不能离焉[52]。若天之自高，地之自厚，日月之自明，夫何修焉！"

孔子出，以告颜回曰："丘之于道也，其犹醯鸡与[53]！微夫子之发吾覆也，吾不知天地之大全也[54]。"

庄子见鲁哀公，哀公曰："鲁多儒士，少为先生方者[55]。"

庄子曰："鲁少儒。"

哀公曰："举鲁国而儒服，何谓少乎[56]？"

庄子曰："周闻之，儒者冠圜冠者知天时，履句屦者知地形，缓佩玦者事至而断[57]。君子有其道者，未必为其服也；为其服者，未必知其道也。公固以为不然，何不号于国中曰：'无此道而为此服者，其罪死！'"

孔子说："请问其中的方法？"

说："吃草的走兽，不把变换草泽当作疾患；水生的虫子，不把变换水域当作疾患。（这是因为）有了小的变化却没有丧失大的根本，喜怒哀乐不会侵入内心。天下，是万物的共通性。得到它的共通性而相互通达，那么四肢百骸就将成为尘土污垢，而死生终始将成为白昼和黑夜，（这些）都不能扰乱他（即至人）的内心，更何况得失、祸福的分际呢！抛弃奴隶好像丢掉泥土，（因为他）知道自身比奴隶贵重。珍重自我而在变化中不丧失自我。况且万物的变化没有穷尽，那么什么能够使得内心忧患呢？已经得道的人，解除了这些（忧患）。"

孔子说："先生的德（性）和天地相比肩，还要借助最高妙的言论来修养内心。古代的君子，谁能脱离这规范呢？"

老聃说："不对。水的清澈，（是由于）无为，才自然而然的清澈；至人的德（性），不必修持，物也不离开他。像天自然而高，地自然而厚，日月自然明耀一样，何须修持呢？"

孔子出来，告诉颜回说："我对于道来说，就像蚊虫一样！没有先生对我的启蒙，我就不会知道天地的全貌。"

庄子见鲁哀公。哀公说：

南华真经

注译

于是哀公号之五日，而鲁国无敢儒服者。独有一丈夫，儒服而立乎公门。公即召而问以国事，千转万变而不穷。

庄子曰："以鲁国而儒者一人耳，可谓多乎？"

百里奚爵禄不入于心，故饭牛肥，使秦穆公忘其贱，与之政也[58]。有虞氏死生不入于心，故足以动人[59]。

百里奚与秦穆公

宋元君将画图，众史皆至，受揖而立，舐笔和墨，在外者半[60]。有一史后至者，儃儃然不趋，受揖不立，因之舍[61]。公使人视之，则解衣般礴赢[62]。君曰："可矣，是真画者也。"

"鲁国有许多儒士，与先生同道的却不多。"

庄子说："鲁国的儒士很少。"

哀公说："整个鲁国的人都着儒士的服装，怎么说儒士很少呢？"

庄子说："我听说：儒者中戴圆帽子的，知天时；穿方形拖板的，明地理；彩带上佩着玉玦的，遇事有决断。有道术的君子，未必穿（相应的）衣服；穿那种衣服的，未必有道术。王公如果认为不是这样，为什么不在国中发出号令，（说）：'没有道术的人穿那种衣服，就是死罪！'"

于是哀公发出了号令。五天后鲁国没有敢穿儒士服装的。只有一个男人，穿着儒士衣服站在哀公的门前。哀公马上召来（他），向他请教国家大事，（他回答）得千转万变，没有滞碍。

庄子说："鲁国的儒士，一个人而已，能说多吗？"

百里奚（人名），（因为）爵位俸禄不挂心上，所以（他）喂牛，牛就肥壮，使得秦穆公忘了他的低贱，把政事交付给他。有虞氏，（因为）生死不萦于心，所以能够感动别人。

宋元君将要画图，众画师都来了，行礼以后，站在旁边。有的舐笔，有的调墨，在外面等

文王观于臧，见一丈夫钓，而其钓莫钓[63]。非持其钓有钓者也，常钓也。文王欲举而授之政，而恐大臣父兄之弗安也；欲终而释之，而不忍百姓之无天也[64]。于是旦而属之大夫曰[65]："昔者寡人梦见良人，黑色而頯，乘驳马而偏朱蹄，号曰[66]：'寓而政于臧丈人，庶几乎民有瘳乎[67]！'"

诸大夫蹴然曰[68]："先君王也。"

文王曰："然则卜之[69]。"

诸大夫曰："先君之命，王其无它，又何卜焉？"

遂迎臧丈人而授之政。典法无更，偏令无出[70]。三年，文王观于国，则列士坏植散群，长官者不成德，斔斛不敢入于四竟[71]。列士坏植散群，则尚同也；长官者不成德，则同务也；斔斛不敢入于四竟，则诸侯无二心也。文王于是焉以为大师，北面而问曰[72]："政可以及天下乎？"

臧丈人昧然而不应，泛然而辞，朝令而夜遁，终身无闻[73]。

着的画师还有一半（之多）。有一位画师，姗姗来迟，坦坦荡荡地不快步行走，行了礼以后也不站在一旁，（而是）回到了住处。宋元君派人去察看，只见他脱了衣服，盘腿而坐，光着身子。宋元君说："对了，这是真正的画家啊！"

周文王在臧（地名）这个地方巡视，看见一个男子在垂钓，（但）他垂钓却不是存心垂钓。不是拿钓竿来钓鱼，（正是）钓鱼的常法或常道呀！周文王想要提拔他并把政权交给他，但（文王）怕大臣们和父兄不服；想放弃他，却又不忍心百姓们没有仰望。于是，（文王）早晨对大臣们说："昨夜我梦见了一个君子，面色黑，有络腮胡子，乘一匹杂色的马，马的一个蹄子是红的，对我说：'让臧地那个老人来掌管政事，老百姓大概就会得救了。'"

诸位大臣吃惊地说："（这是）先王啊！"

周文王说："那么占卜吧！"

诸位大夫说："先王的命令，不应有所疑虑，占卜干嘛。"

于是，迎接臧地的老人（到来），把政事交付给他。（他）不更改法令典章，也没发布不适宜的命令。三年（以后），周文王巡视国内，各种士人（组成的私党）都树倒猢狲散了，各级官

外篇

南华真经

注译

二四一

南华真经

注译

王 文 周

周文王

颜渊问于仲尼曰："文王其犹未邪？又何以梦为乎？"

仲尼曰："默，汝无言[74]！夫文王尽之也，而又何论刺焉[75]？彼直以循斯须也[76]。"

列御寇为伯昏无人射[77]。引之盈贯，措杯水其肘上，发之，适矢复沓，方矢复寓[78]。当是时，犹象人也[79]。

伯昏无人曰："是射之射，非不射之射也。尝与汝登高山，履危石，临百仞之渊，若能射乎？"

于是无人遂登高山，履危石，临百仞之渊，背逡巡，足二分垂在外，揖御寇而进之[80]。御寇伏地，汗流至踵[81]。

长都不去谋取德业了，各国的量器都不敢带入国境了。各种士人（组成的私党）树倒狐狸散（以后），就崇尚统一了；各级官长不去谋取德业，就会齐心协力了；各国的量器不敢入境，那么诸侯就没有二心了。周文王于是就把他当作太师，站在下首问道："国政可以推及到普天下吗？"

臧地的老人懵懵懂懂地不应声，懒洋洋地推辞，（周文王）早晨命令他，他晚上逃跑了，终身没有消息。

颜回问孔子说："周文王还没有尽善吧？为什么要借助于梦来做事呢？"

孔子说："住口！你别说了。周文王已经尽善尽美了，你为什么还要讽刺他呢？他只不过是按照一时的需要去做罢了。"

列御寇为伯昏无人（人名）表演射箭，拉满了弓，放一杯水在左肘上，射出去，刚射出一箭，又紧跟着射出一箭，第二箭刚射出，第三箭又扣上了弦。这时候，（列御寇）就像个木偶人一样。

伯昏无人说："这是射箭的射（法），却不是不必射箭的射（法）呀！（我）和你一起登上高山，站在耸立的石头上，下临百丈深渊，你（还）能射吗？"

于是伯昏无人就登上高山，站在高耸的石头上，下临百

伯昏无人曰："夫至人者，上窥青天，下潜黄泉，挥斥八极，神气不变[82]。今汝怵然有恂目之志，尔于中也殆矣夫[83]！"

肩吾问于孙叔敖曰[84]："子三为令尹而不荣华，三去之而无忧色。吾始也疑子，今视子之鼻间栩栩然，子之用心独奈何[85]？"

孙叔敖曰："吾何以过人哉！吾以其来不可却也，其去不可止也。吾以为得失之非我也，而无忧色而已矣，我何以过人哉！且不知其在彼乎？其在我乎？其在彼邪亡乎我，在我邪亡乎彼。方将踌躇，方将四顾，何暇至乎人贵人贱哉[86]？"

仲尼闻之曰："古之真人，知者不得说，美人不得滥，盗人不得劫，伏戏、黄帝不得友[87]。死生亦大矣，而无变乎己，况爵禄乎[88]！若然者，其神经乎大山而无介，入乎渊泉而不濡，处卑细而不惫，充满天地，既以与人，己愈有[89]。"

楚王与凡君坐[90]，少焉，楚王左右曰"凡亡"者三。

丈深渊，背着深渊移步后退，足跟有二分悬在石外，揖请列御寇到（悬崖边上）。列御寇趴在地上，汗流到了脚后跟。

伯昏无人说："那至人，上可以看到青天（之上），下可以潜入黄泉（之下），放纵八方，神气不变。现在你（由于惧怕）而心神不定。你想射中也就很难了！"

肩吾（人名）向孙叔敖（人名）问道："您做了三次（楚国的）宰相却不感到荣光，三次被除相位也没有忧虑之色。开始我还在怀疑（此事），现在看到您眉目之间轻松自得的神色，您的内心到底怎么想的？"

孙叔敖说："我有什么过人之处！我认为，（楚相之职）来不可推却，去不可留住。我认为，得或失都不在我（之内），因而（我）没有忧虑之色啊！我有什么过人之处呢！还不知道（得失）是由楚国的相位决定的，还是由我本身决定的？（如果是）由楚之相位决定的，那就不关我的事；（如果是）由我本身决定的，那就不关相位的事。我正在自由自在，正在傲视四方，哪有闲工夫顾及到谁贵谁贱呢？"

孔子听说了（此事），说："古代的真人（即得道的人），智慧的人不能说动他，美女不能使他心意淫乱，强盗不能劫

外篇

南华真经

注译

二四四

凡君曰："凡之亡也，不足以丧吾存。夫凡之亡不足以丧吾存，则楚之存不足以存存。由是观之，则凡未始亡，而楚未始亡，而楚未始存也。"

注释：

[1]取篇首三字为篇名。《田子方》篇着重论述了"真"（本性），并以此批判了儒家"明乎礼义而陋乎知人心"。

[2]田子方：姓田名无择，字子方，是魏文侯的老师。侍坐：卑者坐在尊者旁边称侍坐。

数称：多次称赞。谿工：人名，魏人。

[3]无择：田子方的名。参注[2]。

[4]称道：论道。数当：往往是正确的。

[5]东郭顺子：人名，复姓东郭，名顺子。

[6]真：纯真，指本真之性。

[7]人貌而天虚：具有人的外貌，内心却有天一样的虚怀。

缘：随顺。葆真：得持真朴的本性。

清：指清心。容物：包容外物。

[8]正容：指端正自己，即返回、保持本性。

意：意志。消：消失。

[9]傥然：失意的样子。

[10]形解：形体懒散。

口钳：嘴像钳子一样。

[11]直：仅，只。土梗：泥偶，比喻没有价值。

夺他，（就是）伏羲、黄帝也不能和他交朋友。死生也算是一桩大事（了吧）！对他来说却无动于衷，更何况爵位俸禄呢！像这样的人，他的精神穿越大山也不受阻碍，潜入深渊也不会浸湿，地位卑微也不颓唐，充满于天地之间，把全部所有给与别人，自己反而更富有了。"

楚王和凡国国君坐着，不一会儿，楚王左右的人有三次来告知："凡国灭亡了。"凡国国君说："凡国的灭亡，也不能在我心中丧失其存在。凡国的灭亡不能够丧失我心中存有的凡国，那么楚国的存在（也）不能够因为它存在而使我感到它的存在。由此看来，凡国并没有灭亡而楚国并没有存在啊！"

*　　　*　　　*

[12]温伯雪子：人名，楚人。

舍于鲁：在鲁国的旅店住下。

[13]中国：古代指中原。

陋：拙。人心：这里指人的真性。

[14]蕲：通"祈"，求。

振：启发。

[15]"进退一成规，一成矩"句，指的是行礼的程式。

从容：举动。"一若龙一若虎"句，形容矫揉造作。

[16]道：通导，引导。

[17]若夫：语气词。

目击而道存：一望而知天道就

体现在他身上。目击，看到。

不可以容声：用不着说。

[18]步：行走。夫子步亦步，老师走我也跟着走。

趋：快走。

驰：跑。

奔逸：快跑。绝尘：形容跑得快，扬起的尘土也被抛得远远地。

瞠：瞪着眼。

[19]比：近。周：亲。不比而周，不去接近别人，别人也与他亲近。

器：权位。滔：蹈。"无器而民滔乎前"句谓：虽然没有权位，但人们却投奔他。

[20]西极：西方的尽头。

比：沿着。方：这里指太阳运行的方向。

有目有趾者：指动物。

成功：有所作为的意思。

[21]是出：指日出而作。是入：指日入而息。

[22]吾一受其成形：我一旦禀受了形体。一，一旦。"不化以待尽"句：《齐物论》中"化"字作"亡"，据改。不亡以待尽，指形体不消失，只是等着生命的消亡。

[23]效：效法。无隙：指无时无刻，没有间断。

[24]熏然：像烟气飘起一样。

规：测度。不能规乎其前，不能预测的意思。

徂：往。日徂，天天都变化。

[25]著：指表现于外的方面。

[26]唐：这里是空空如也的意思。肆：市。唐肆，空空如也的市场。

[27]"吾服女也甚忘"句：通常在"服"下断句，误。应读为："吾服女

也，甚忘"；下句亦然。服，思念。"吾服女也，甚忘"句谓：我思念你，总是在忘。形容无心。

[28]不忘者：指天道。

[29]沐：沐浴。新沐，指刚洗完头。

被发：散发。

赽然：不动的样子。

[30]便：借为"屏"，指隐在一旁。

[31]少焉：不久。

[32]眩：眼花。与：通"欤"，语气词。

[33]信然：确实如此。

[34]掘：通"崛"，僵直的样子。

遗物离人：比喻出世、离世。

[35]物之初：指道；道创生万物，故称"物之初"。

[36]辟：闭。

[37]将：大概的意思。议乎其将，说个大概。

[38]肃肃：清冷的样子。

赫赫：炎热的样子。

[39]交通：交流。

或：有个东西。为之纪，作为阴阳的规律。纪，纲纪，犹规律的意思。

[40]消：消失。息：生息。

改：改变。

功：功用、作用。

[41]生有所乎萌：生命是有其萌芽的。

[42]游是：指游心于道。

[43]得是：即得道。

[44]薮：草泽。疾：疾患、担心。不疾易薮，不把草泽的变换当

作疾患。

[45]大常：大的、根本的条件。

胸次：胸中。次，中。

[46]滑：乱。

分：分际。

[47]隶：奴隶。

[48]不失于变：即随机应变的意思。

[49]解：明白。

[50]配：比。

假：借助。

[51]脱：脱离。

[52]汋：清澈的样子。

才：性。

"至人之于德也，不修而物不能离也"句谓：至人的道德自然而完备，不需要修学；言道德不可修习。

[53]醯鸡：一种蚊虫。与：通"欤"。

[54]微：没有。发吾覆：开导我。

[55]方：道术。

[56]儒服：穿着儒士的服装。

[57]冠圜冠：戴圆帽子。前一个"冠"是动词，后一个"冠"是名词。圜，通"圆"。

履：穿鞋。句：通矩，方。屦：拖板。

缓：五色的绦绳。佩玦：环状有缺口的佩玉。事至而断：临事果决。

[58]百里奚：人名，姓孟，百里奚是其字。

饭牛：喂牛。

忘：不顾。

与之政：把政权交给他。

[59]有虞氏：即舜。

动人：使人感动。

[60]宋元君：宋国国君宋元公。

史：画师。

受揖：指接受国君的揖谢。

[61]儃儃然：自在的样子。趋：快行。不趋，不快行，这里指不拘礼节。

舍：旅舍，这里指住处。

[62]般礴：盘腿而坐。臝：同"裸"。

[63]臧：地名。

丈夫：这里指姜太公。

[64]举：提拔。

无天：没有仰望的意思。

[65]旦：早晨。

[66]良人：君子。

颇："霉"的别字，颊毛。

驳马：花马。偏朱蹄：马蹄的一边是红的。

[67]寓：托付。

庶几：大概。瘳：病愈。

[68]蹴然：惊恐的样子。

[69]卜：占卜。

[70]更：更改。

偏：半。偏令无出，半个命令也没有发布。

[71]列士：各种士人。植：这里指私党的首领。坏植散群，指私党的头头倒了，同伙散去。

长官：指官吏。不成德：不去谋取功德私利。

鬴：量器，六斛四斗为一鬴。斛：量器，十斗为斛。竟：通"境"。

[72]大师：即太师，君王的老师。

北面：古代君王南面而坐。现北面而向，表示对臧丈人的尊敬。

[73]眛然：稀里糊涂的样子。

冷然：懒洋洋的样子。辞：推辞。

遁：逃跑。

[74]默：静一静。

[75]论刺：评议。

[76]直：只是。循：按照。斯须：顷刻之间。彼直以循斯须也，他只不过是按照一时的需要去做罢了。

[77]列御寇：人名，参《逍遥游》篇。伯昏无人：虚拟人名，参《德充符》篇。为伯昏无人射，向伯昏无人演示箭术。

[78]引：拉弓。盈贯：指满弓。

措：放。

适：通"的"，目标。矢：箭矢。复：通"覆"。沓：合。适矢复沓，指箭中目标。

方：并。寓：居。方矢复寓，第二箭又重射在目标上。言多次命中同一目标。

[79]象人：偶像。

[80]背逡巡：背着深渊向后退步。

垂在外：悬在山崖之外。

[81]踵：脚跟。

[82]挥斥：放纵奔驰。八极：八方。

[83]怵然：恐惧的样子。恂目：神色不定的样子。志：心。

尔：你。尔于中也殆矣夫，你要射中就很困难了。

[84]肩吾：人名，参见《逍遥游》篇和《大宗师》篇。孙叔敖：人名，楚庄王的令尹（国相）。

[85]疑：怀疑。

栩栩然：轻松的样子。

[86]方将：正在。踌躇：从容的样子。

四顾：四下张望。

何暇：哪有工夫。至乎：顾得上。

[87]知：通"智"。知者不得说，智者也不能说服他。

美人不得滥：美人也不能使他动淫心。滥，淫。

盗人不得动：强盗不能抢夺他些什么。

伏戏：即伏牺或伏羲，传说中的古代帝王。友：亲近。

[88]无变乎己：对自己没有什么改变。

况：何况。

[89]神：心神。经：穿过。介：阻碍。

濡：溺水。

卑细：低贱。惫：困顿。

"既以与人，己愈有"两句，本之《老子》八十一章："既以为人己愈有，既以与人己愈多。"

[90]凡：地名。

外篇

南华真经

注译

二四七

知北游第二十二[1]

知北游于玄水之上，登隐弅之丘，而适遭无为谓焉[2]。知谓无为谓曰："予欲有问

知北游第二十二

知（虚拟人名，喻智识）在北方的玄水（虚拟地名，意即昏黑之河）之上游玩，登上隐弅

南华真经

注译

乎若[3]：何思何虑则知道？何处何服则安道[4]？何从何道则得道[5]？"三问而无为谓不答也。非不答，不知答也。知不得问，反于白水之南，登狐阕之上，而睹狂屈焉[6]。知以之言也问乎狂屈[7]。狂屈曰："唉！予知之，将语若。"中欲言而忘其所欲言[8]。知不得问，反于帝宫，见黄帝而问焉。黄帝曰："无思无虑始知道。无处无服始安道，无从无道始得道。"知问黄帝曰："我与若知之，彼与彼不知也，其孰是邪[9]？"黄帝曰："彼无为谓真是也，狂屈似之，我与汝终不近也[10]。夫知者不言，言者不知，故圣人行不言之教。道不可致，德不可至[11]。仁可为也，义可亏也，礼相伪也[12]。故曰[13]：'失道而后德，失德而后仁，失仁而后义，失义而后礼。礼者，道之华而乱之首也。'故曰[14]：'为道者日损，损之又损，以至于无为，无为而无不为也。'今已为物也，欲复归根，不亦难乎[15]！其易也，其唯大人乎！生也死之徒，死也生之始，孰知其

（虚拟山名，意即隐约可见的山）之山，恰巧遇到了无为谓（虚拟人名）。知对无为谓说："我想要问你：怎样思怎样想才能懂得道？怎么居处怎么行动才能安于道？从哪里走从哪里追索才能获得道？"（知）问了三次而无为谓都不回答。不是不回答，而是（无为谓根本就）不知道回答啊！

知得不到回答，返回到白水之南，登临狐阕山（虚拟山名，意即疑心已空）之上，看到了狂屈（虚拟人名，意即无知）。知又用刚才的话问狂屈。狂屈说："唉！我知道（答案），马上告诉你。"（可他）内心想说些什么却又忘了他想要说的话了。

知得不到回答，返回到黄帝的宫中，见到了黄帝并且问他。黄帝说："没有思想才能懂道，没有居处没有行动才能安于道，没有道路没有追索才能获得道。"

知问黄帝道："我和你晓得这些，他（无为谓）和他（狂屈）不晓得，谁是正确的？"

黄帝说："那个无为谓是真正正确的，狂屈只是近乎正确，我和你到底还与道相去甚远呢。知道的人不言语，言语的人不知道。所以圣人施行不言的教化。道不可以（从外在）获致，德不可以达到。仁是可以操

纪？人之生，气之聚也[16]。聚则为生，散则为死。若死生为徒，吾又何患？故万物一也。是其所美者为神奇，其所恶者为臭腐。臭腐复化为神奇，神奇复化为臭腐[17]。故曰通天下一气耳[18]。圣人故贵一[19]。"知谓黄帝曰："吾问无为谓，无为谓不应我，非不我应，不知应我也；吾问狂屈，狂屈中欲告我而不我告，非不我告，中欲告而忘之也；今予问乎若，若知之，奚故不近[20]？"黄帝曰："彼其真是也，以其不知也；此其似之也，以其忘之也；予与若终不近也，以其知之也[21]。"狂屈闻之，以黄帝为知言[22]。

黄帝

作的，义是可以亏损的，礼是相互之间的虚文矫饰。所以说：'道堕落以后产生德，德堕落以后产生仁，仁堕落以后产生义，义堕落以后产生礼。礼，是道的浮华之表，是扰乱天下的首恶啊！'所以说：'修道的人每天都在减损，减损又减损，以求达到无为。无为就可以无所不为。'现在，（我们都）已沦为了物，想要复归到本根，不也很难吗，只有伟大的人（即圣人、真人、至人等）才能轻而易举地复归到本根！生，是死的继起者；死，是生的开始，谁能知道它的规律！人的生命，是气的聚积（而产生的）。（气）聚起来就是生，散开去就是死。如果死生互相继起，我又有什么担忧的呢？所以，万物是一体的。（人们）所赞美的，称作神奇；（人们）所厌恶的，称作臭腐。臭腐转化为神奇，神奇又转化为臭腐。所以说：'贯通整个天下的是一团气而已。'所以圣人珍爱（统）'一'。"

知对黄帝说："我问无为谓，无为谓不回答我，不是不回答我，而是不知道（如何）回答我；我问狂屈，狂屈心里想要告诉我却没有告诉我，不是不告诉我，而是心里想告诉却忘了；现在我问你，你知道，为什么说和道相去甚远呢？"

黄帝说："那个真正正确

外篇

南华真经

注译

二五〇

天地有大美而不言，四时有明法而不议，万物有成理而不说[23]。圣人者，原天地之美而达万物之理[24]。是故至人无为，大圣不作，观于天地之谓也[25]。今彼神明至精，与彼百化[26]。物已死生方圆，莫知其根也[27]。扁然而万物，自古以固存[28]。六合为巨，未离其内；秋豪为小，待之成体[29]。天下莫不沈浮，终身不故，阴阳四时运行，各得其序[30]。油然不形而神，万物畜而不知[31]。此之谓本根，可以观于天矣[32]。

啮缺问道乎被衣，被衣曰[33]："若正汝形，一汝视，天和将至；摄汝知，一汝度，神将来舍[34]。德将为汝美，道将为汝居，汝瞳焉如新生之犊而无求其故[35]。"

言未卒，啮缺睡寐[36]。被衣大说，行歌而去之，曰[37]："形若槁骸，心若死灰，真其实知，不以故自持[38]。媒媒晦晦，无心而不可与谋。彼何人哉[39]！"

舜问乎丞曰："道可得而有乎？"曰："汝身非汝有也，汝何得有夫道？"舜曰："吾

的，（正）因为他的不知道；这个近似于正确的，因为他忘了；我和你最终还没有接近正确，就是因为我们知道。"

狂屈听说了，认为黄帝懂得"知"的道理。

天地有最壮丽的美景却不言说，四时（的运行）有明白无误的法度却不议论，万物有生成之理却不论说。圣人推究天地壮美的本原，通达万物的秩序条理。所以，至人无为，大圣人也无所作为，这是说他们效法天地啊！

现在，他（圣人）的神明之心最为精纯，和它（天地）的万千变化相伴随。（万）物已（产生了各种变化）：死去、方圆（等等），却不能知道它们的根源。万物蓬勃，自古以来就是存在着的。天地四方（即六合）是巨形之物吧，（却）不能脱离它的内部；秋毫是微小的东西吧，（也）要依赖它而形成形体；天下（的东西）没有不浮沉变化的，总不会保持旧态；阴阳（二气）和四时的运行，各自有各自的规律秩序；（它是）晦暗的，好像没有，却仍存在；（它是）忽然又自然的，没有形迹，却有神工；万物被（它）养育，却不自知；这就叫做"本根"，可以用来效法天地。

啮缺向被衣（人名，即蒲衣子）问道，被衣说："你把你的

身非吾有，孰有之哉？"曰：
"是天地之委形也；生非汝
有，是天地之委和也；性命
非汝有，是天地之委顺也；
子孙非汝有，是天地之委蜕
也[40]。故行不知所往，处不
知所持，食不知所味。天地
之强阳气也，又胡可得而有
邪[41]？"

舜帝

舜

孔子问于老聃曰："今
日晏闲，敢问至道[42]。"老聃
曰："汝齐戒，疏瀹而心，
澡雪而精神，掊击而知[43]。
夫道，窅然难言哉[44]！将为汝

身形摆端正，把你的视线专注
于（一物或一事），天（然）和
谐就会来到；收拾起你的智识，
使你的态度专一，神明（之知）
就会来到（你的）心中。德
（性）将会使你完美，大道将会
成为你的居所。你的纯真无邪
的眼神如同初生的小牛犊一样
不追究什么缘故。"

话还没说完，啮缺睡着了。
被衣高兴极了，踏歌而去，唱
道："形体若枯骨，心若死灰，真
纯本性充塞了他的智识，不以
故我为束缚。晦暗的样子，愚拙
的样子，没有心计，不能和他商
议。那是什么人呢！"

舜问丞（官职名）说："道
是可以（从外）获得并且具有
的吗？"

丞说："你的身体并不属于
你所有，你怎么能得到并占有
那个道呢？"

舜说："我的身体不是属于
我所有的，它是属于谁的？"

丞说："这是天地托付给你
的形体；生命并不属于你所有，
而是天地使（阴阳二气相）和
合而产生的；（你的）得之于天
的本性也并不属于你所有，而
是天地使你顺应自然而具有
的；（你的）子子孙孙也不属于
你所有，而是天地使（你）不断
蜕变的结果。所以，行（路）却
不知道去哪儿，居处却不知道
把握什么，吃饭却不知道什么

外篇

南华真经

注译

二五一

言其崖略[45]。夫昭昭生于冥冥，有伦生于无形，精神生于道，形本生于精，而万物以形相生[46]。故九窍者胎生，八窍者卵生[47]。其来无迹，其往无崖，无门无房，四达之皇皇也[48]。邀于此者，四肢强，思虑恂达，耳目聪明[49]。其用心不劳，其应物无方，天不得不高，地不得不广，日月不得不行，万物不得不昌，此其道与[50]！

"且夫博之不必知，辩之不必慧，圣人以断之矣[51]。若夫益之而不加益、损之而不加损者，圣人之所保也[52]。渊渊乎其若海，魏魏乎其终则复始也[53]，运量万物而不匮。则君子之道，彼其外与[54]！万物皆往资焉而不匮，此其道与！中国有人焉，非阴非阳，处于天地之间，直且为人，将反于宗[55]。自本观之，生者，暗醷物也[56]。虽有寿夭，相去几何？须臾之说也。奚足以为尧、桀之是非！果蓏有理，人伦虽难，所以相齿[57]。圣人遭之而不违，过之而不守[58]。调而应之，德也；偶而应之，道也。帝之所兴，

味道。天地间运行的气，又怎么能够获得并占有呢？"

孔子向老聃问道："今天安闲了，请问至道（即最高的道）是什么？"

老聃说："你斋戒吧！疏通你的心灵，洗净你的精神，打破你的智识。道啊，是深远不测、难以言述的啊！（我）给你谈谈其中的大略：清清楚楚（的东西）产生于冥暗昏黑（的东西），有形状结构的（东西）产生于没有形状的（东西），精神产生于大道，形体产生于精气，而万物的各种形态之间可以互相转化。所以，有九个窍的生物是胎生的，有八个窍的生物是卵生的。它（指道）来也无踪，去也无影。没有门户，没有居室，（却）四通八达，宽广极了。顺随大道的人，四肢强健，耳聪目明。他用心思却不劳累，他处事应物没有一定之规。天不得不高，地不得不广，日月不得不运行，万物不得不昌盛，这就是道呀！

"况且博学也不一定能够有知晓，有辩才也不一定能够有慧见，圣人早已抛弃它们了。如果对它有所添加，它却没有什么增加；对它有所减损，它却没有什么损耗，这样的东西，是圣人所要保养的（东西）。它似海一般深广，巍峨高大终而复始。（它）承载万物，无所遗弃。

王之所起也。

　　"人生天地之间，若白驹之过郤，忽然而已[59]。注然勃然，莫不出焉；油然漻然，莫不入焉[60]。已化而生，又化而死[61]。生物哀之，人类悲之。解其天弢，堕其天褽[62]。纷乎宛乎，魂魄将往，乃身从之[63]。乃大归乎[64]？不形之形，形之不形，是人之所同知也，非将至之所务也，此众人之所同论也[65]。彼至则不论，论则不至；明见无值，辩不若默；道不可闻，闻不若塞[66]。此之谓大得。"

老子

东郭子问于庄子曰[67]："所谓道，恶在乎？"庄子曰："无所不在。"

君子的道，都是在它之外啊！万物都要从它那里汲取资养，但它却不会匮乏。这就是道吧！

　　"国中有个人，非阴非阳，处于天地之间，只不过苟且为人而已，将要返回到那（非人的）根本状态中去。从根本上看来，生命，只不过是呼出的（粗）气。虽然有长寿和夭折（的区别），它们相差多少？须臾之间罢了。又怎么能够认为尧是正确的而桀是错误的呢！瓜果也有自己的纹理，人事的伦理虽然繁杂，但也和瓜果的纹理相似。圣人遇到了人伦关系，不会违背；错过了，也不会固执。（以）调和（的方法）来对待它，就是德（性）；（以）配合（的方法）来对待它，就是大道。（这也是）帝王兴起（的原因）啊。

　　"人生天地之间，像白马奔过崖缝，忽然一下罢了。（大道却是）奔注、兴盛，（万物）没有不从（它那里）生出的；忽然瓦解，（万物）没有不归宿于（它）的。转化为生，又转化为死。有生命的东西（因此）哀痛，人类（因此）悲伤。解开这天生的束缚，砸烂天生的枷锁。纷乱呀，婉转呀，魂魄要离去了，身体也跟着离去，这是最终的归宿呀！从无形到有形，再从有形复归于无形，这是人们都知道的，并不是那将要得道的

南华真经

注译

二五四

外篇

　　东郭子曰："期而后可[68]。"庄子曰："在蝼蚁[69]。"曰："何其下邪[70]？"曰："在稊稗[71]。"曰："何其愈下邪？"曰："在瓦甓[72]。"曰："何其愈甚邪？"曰："在屎溺。"东郭子不应。庄子曰："夫子之问也，固不及质[73]。正获之问于监市履狶也，每下愈况[74]。汝唯莫必，无乎逃物[75]。至道若是，大言亦然[76]。周遍咸三者，异名同实，其指一也[77]。尝与游乎无何有之宫，同合而论，无所终穷乎[78]？尝相与无为乎？淡而静乎？漠而清乎？调而闲乎？廖已吾志，无往焉而不知其所至，去而来而不知其所止[79]。吾

庄子

人所要追求的，这是大家都议论的，那得道的人就不议论，议论的人就没有得道。明白于大道（的人），看不见大道，言辩不如静默；道是不能听见的，（要想闻听大道）不如塞住耳朵。这就是最大的获得（也就是最高的德性）吧！"

　　东郭子问庄子："所谓的道，在哪儿呢？"

　　庄子说："无所不在。"

　　东郭子说："（举例）证实一下才行。"

　　庄子说："（道）在蝼蚁。"

　　说："（道）为什么在这么低下的东西里呢？"

　　说："（道）在野草。"

　　说："（道）为什么越来越低下？"

　　说："（道）在砖瓦。"

　　说："（道）为什么没完没了地使它低下？"

　　说："（道）在屎尿。"

　　东郭子不说话了。庄子说："先生的问题，不得要领。正获（正，官职名；获，人名）问屠夫（怎样才能鉴别猪的肥瘦），（办法是）踩着的地方越往下越容易明白。你不应该问道在什么物里面，（因为道）不会离开（任何一个）物的。大道是这样，高妙的言论也是这样。'周'、'遍'、'咸'这三个字，名称不同，实质内容是相同的，它们所指的是一个东西。

己往来焉而不知其所终，彷徨乎冯闳，大知入焉而不知其所穷[80]。物物者与物无际，而物有际者，所谓物际者也[81]。不际之际，际之不际者也[82]。谓盈虚衰杀，彼为盈虚非盈虚，彼为衰杀非衰杀，彼为本末非本末，彼为积散非积散也。"

妸荷甘与神农同学于老龙吉[83]。神农隐几，阖户昼瞑[84]。妸荷甘日中奓户而入，曰[85]："老龙死矣！"神农隐几拥杖而起，嚗然放杖而笑，曰[86]："天知予僻陋慢訑也，故弃予而死。已矣，夫子，无所发予之狂言而死矣夫[87]！"弇堈吊闻之，曰[88]："夫体道

神农

"试着一起去漫游一无所有的王宫吧！(在那里)，把你的言论混合在道中，(那就会)不可穷尽了！试着一起来无为吧！(那就会)淡泊而且安静！寂寞而且清虚！调和而且悠闲！我的心志虚寂啊！我往行而不知道要抵达何方，回去也不知道要休止在何方。我已经来来往往却不知道哪里是终结，在虚旷之处纵横往来，(即使是) 心中有了大智慧也不知道哪里有尽头。使物成为物的东西，和物没有隔阂，但是，物 (和物之间) 是有分际的，(这就是) 所谓的物际。(道与物之间的这种) 没有分际 (即隔阂、分野) 的分际，(是由于) 分际 (它们两者) 是不可分际的。说到充盈和空虚、衰败和消亡，它造成了充盈和空虚，但它本身却不是充盈和空虚；它造成了衰败和消亡，但它本身却没有衰败和消亡；它造成了本末的区别，但它本身却既不是 (根) 本也不是 (枝) 末；它造成了积聚 (气的) 或散开，但它本身却不能被积聚或散开。"

妸荷甘 (人名) 和神农一起在向老龙吉 (人名) 学 (道)。神农倚靠着几案，大白天关着门在睡觉。中午时分，妸荷甘推门而入，说："老龙先生死了！"

神农倚着几案，扶着拐杖站起，呼然跌落拐杖，大笑道："(老龙) 天人知道我鄙陋荒

南华真经

注译

者，天下之君子所系焉。今于道，秋豪之端万分未得处一焉，而犹知藏其狂言而死，又况夫体道者乎？视之无形，听之无声，于人之论者，谓之冥冥，所以论道而非道也。"

于是泰清问乎无穷，曰[89]："子知道乎？"无穷曰："吾不知。"又问乎无为，无为曰："吾知道。"曰："子之知道，亦有数乎[90]？"曰："有"。曰："其数若何？"无为曰："吾知道之可以贵，可以贱，可以约，可以散[91]。此吾所以知道之数也。"泰清以之言也问乎无始，曰："若是，则无穷之弗知与无为之知，孰是而孰非乎？"无始曰："不知深矣，知之浅矣；弗知内矣，知之外矣。"

于是太清印而叹曰[92]："弗知乃知乎！知乃不知乎！孰知不知之知？"无始曰："道不可闻，闻而非也；道不可见，见而非也；道不可言，言而非也！知形形之不形乎？道不当名[93]。"

无始曰："有问道而应之者，不知道也；虽问道者，

诞，所以丢下我死去。罢了，先生没有（留下）启发我的至言妙道就死啊！"

弇坢吊（虚拟人名）听说了（此事），说："体道的人，天下君子都依赖他。对于道，连秋毫之末端的万分之一都没有获得，还知道藏起自己的狂言而死，更何况那（真正）体道的人呢！（道）看上去没有形迹，听上去没有音声，在人们的谈论中，称它是冥冥昏昏。所以谈论中的道，并不是（真正的）道。"

在这时，泰清（虚拟人名）问无穷（虚拟人名），说："您知晓道吗？"

无穷说："我不晓得。"

（泰清）又去问无为（虚拟人名），无为说："我晓得道。"

（泰清）说："您晓得道，（那么道）有定数吗？"

说："有定数。"

（泰清又）说："那定数是怎样的？"无为说："我晓得道可以用作尊贵，可用作低贱，可以用来集聚，可以用来散失。这就是我晓得道的定数的原因。"

泰清用他的话来问无始（虚拟人名），说："像这样，那无穷的不知和无为的知，谁对谁错呢？"

无始说："不知（晓）是深刻的，知（晓）是浅陋的；不知（晓）是内行，知（晓）是外行。"

亦未闻道。道无问，问无应。无问问之，是问穷也；无应应之，是无内也。以无内待问穷，若是者，外不观乎宇宙，内不知乎大初[94]。是以不过乎昆仑，不游乎太虚[95]。"

光曜问乎无有曰[96]："夫子有乎？其无有乎？"光曜不得问，而孰视其状貌，窅然空然[97]。终日视之而不见，听之而不闻，搏之而不得也。光曜曰："至矣，其孰能至此乎？予能有无矣，而未能无无也[98]。及为无有矣，何从至此哉[99]！"

大马之捶钩者，年八十矣，而不失豪芒[100]。大马曰："子巧与[101]？有道与？"曰："臣有守也[102]。臣之年二十而好捶钩，于物无视也，非钩无察也[103]。"是用之者假不用者也，以长得其用，而况乎无不用者乎[104]！物孰不资焉？

冉求问于仲尼曰[105]："未有天地，可知邪？"仲尼曰："可。古犹今也。"冉求失问而退[106]。明日复见，曰："昔者吾问'未有天地可知乎'，夫子曰'可。古犹

因此，泰清仰天而叹，说："不知（晓）反倒是知（晓），知（晓）反倒是不知（晓），（那么）谁知晓那不知（晓）的知（晓）呢？"

无始说："道不可以听闻，听闻得来的东西不是道；道不可以看见，可以看见的东西不是道；道不可以言说，言说出来的东西不是道！知道使有形之物获得形状的东西是没有形状的吧！道不应当有名称。"

无始（又）说："有的人，当被问及什么是道，他就回答，这（种）人不晓得什么是道；尽管向他问道的人也没有听闻过道。道是不可以问及的，问及了也不该有应答。却又提问，这是提问的困境；不该有应答却又有应答，这是没有内容的。以没有内容对提问的困境，像这样，对外没有观察宇宙，对内不知道最初的起源。所以（他）不能越过昆仑山，在太虚之境遨游。"

光曜（虚拟人名，拟喻外露的光芒）向无有（虚拟人名）问道："先生您（究竟）是有呢，还是没有？"

光曜得不到回答，细察无有的状貌，深远空虚的样子。整整一天，看也看不见，听也听不见，摸也摸不着。光曜说："太高深了，谁能达到这样的境界呢？我可以达到空无的境界，却不

外篇

南华真经

注译

二五八

今也'。昔日吾昭然，今日吾昧然[107]。敢问何谓也？"仲尼曰："昔之昭然也，神者先受之；今之昧然也，且又为不神者求邪[108]？无古无今，无始无终。未有子孙而有子孙可乎？"冉求未对。仲尼曰："已矣，未应矣[109]！不以生生死，不以死死生[110]。死生有待邪？皆有所一体。有先天地生者物邪？物物者非物，物出不得先物也，犹其有物也，犹其有物也无已[111]。圣人之爱人也终无已已，亦乃取于是者也[112]。"

冉求

颜渊问乎仲尼曰："回尝闻诸夫子曰：'无有所将，无有所迎[113]。'回敢问其游[114]。"仲尼曰："古之人外化而内不化，今之人内化而外不化[115]。与物化者，一不化者也[116]。

能达到使空无也空无的境界。想要步无有的后尘，又怎么能够达到这一境界呢？"

大司马家里有个锻制钩的匠人，年已八十岁了，（他锻制的钩）锋芒不减。大司马说："您是有技巧呢，还是有道呢？"

说："我是有所专注罢了。我二十岁时喜欢上了锻打钩，对于别的东西看都不看，不是钩，我就不细看。这样，（我）所用心的东西（即钩）借着（我）所不用心的东西（外物）来长久地用心于此（即锻打钩），更何况无所不借用的东西呢！什么东西不能从中获取资养呢？"

冉求（人名）向孔子请教说："没有天地以前 （的事）可以知晓吗？"

孔子说："可以。（因为）古代和今天是一样的。"

冉求（感到）问错了，就退下去了。第二天又见到 （孔子），说："昨天，我问：'没有天地以前（的事）可以知晓吗？'先生说：'可以。（因为）古代和今天一样。' 昨天我还明白，今天我（又）糊涂了。请问（这）是怎么回事？"

孔子说："昨天（你）明白，（是因为） 你内心深处的神明首先领会了；今天又糊涂了，（是因为你） 又用不是神明的心知来确认它呀！没有古，没有

安化安不化？安与之相靡[117]？必与之莫多[118]。狶韦氏之囿，黄帝之圃，有虞氏之宫，汤武之室[119]。君子之人，若儒、墨者师，故以是非相韲也，而况今之人乎[120]？圣人处物不伤物，不伤物者，物亦不能伤也[121]。唯无所伤者为能与人相将迎。山林与，皋壤与，使我欣欣然而乐与[122]！乐未毕也，哀又继之。哀乐之来，吾不能御，其去弗能止。悲夫，世人直为物逆旅耳[123]！夫知遇而不知所不遇，能能而不能所不能[124]。无知、无能者，固人之所不免也。夫务免乎人之所不免者，岂不亦悲哉[125]！至言去言，至为去为[126]。齐知之，所知则浅矣[127]！"

孔子

今，没有始，没有终。没有子孙以前便已有了子孙，可能么？"

冉求答不上来，孔子（又）说："行了，不用回答了！不要为了生，而把死的人也（企图）起死回生；不要为了死，而把生者也让他死掉。死生有什么对立呢？（死生）都是一个整体之中的（部分）。先于天地产生的东西，是物吗？使物成为物的东西不是物。在物产生之前不应有物产生（或存在），好像它（即使物成为物的东西）产生出了物（一样）。自从它产生了万物以后，（万物）的生化就没有穷尽了。圣人爱人没有止境，也是取法于这种情形啊。"

颜渊问孔子道："我曾听先生说：'不要迎来，不要送往。'请问怎么做呢？"

孔子说："古代的人外表随顺万物的变化，内心却保持宁静不变；现在的人内心激荡变化，外表却不能与物变化。和万物一同变化的人，他的内心是专一的，不随物变化的。（那么）什么是与物变化，什么是不随物变化呢？什么东西和万物有摩擦、相抵触呢？与万物相处相随一定不要太过分（就行了）。狶韦氏（时）的苑圃，（成了）黄帝（时）的园圃，（又成了）有虞氏（时）的宫殿，（又成了）汤武（时）的斗室。（称为）君子的人，比如，儒家和墨家的先生们，

南华真经

注译

二六〇

注释：

[1]取篇首三字为篇名。《知北游》篇的主旨是论道。庄子认为，道是虚无，是无为，而且是不可言说即无言的。

[2]知：虚拟人名，喻智识。玄水：假设水名，喻深远的境界。

隐弅之丘：虚拟的地名，意即隐约可见的山。

适遭：刚好碰到。无为谓：虚拟人名，意即无言。

[3]予：我。若：你。

[4]处：居。服：行。何处何服，怎么做。安道：掌握道。

[5]何从何道：通过怎样的方法。

[6]反：返。白水：神话中的水名，传说源于昆仑山，饮其水可以不死。

狐阕：虚拟山名。

睹：看到。狂屈：虚拟人名。

[7]之言：指以上的三个问题。

[8]中：内心。

[9]彼与彼：指无为谓和狂屈。

[10]真是：确实是对的。

[11]"道不可致，德不可至"两句谓：道德是不能通过言教来达到的。

[12]亏：损弃。伪：伪饰。

[13]"故曰"以下，引自《老子》三十八章。

[14]"故曰"以下，引自《老子》四十八章。

[15]为物：指追求外物，或沦为外物。

归根：返归根本性的道。

[16]"人之生，气之聚也"两句，表达了庄子的一个基本思想：万物，包括人，都是气凝聚而成的，万物的湮灭和人的夭亡，都是气的消散。故下文

还用是非来互相诋毁攻讦，更何况今天的人呢！圣人与万物相处却不伤害万物。不伤害万物的人，万物也不能伤害他。只有什么也不能伤害他的人，才能够做到与人相迎送。山林啊！平原啊！使我欣然快乐啊！快乐还没有结束，哀伤就接着来了。哀伤和快乐的到来，是我不能抗拒的；它们的离去，也是我不能留止的。可悲啊！世上的人只不过是外物的旅舍而已。（人们）只知道（自己）碰到过的（东西），能做（自己）所能做的事而不能做（自己）所不能做的事。（所以）有所不知和有所不能，本来就是人（们）所不能避免（的境况）。那追求人所不能避免（的东西）的人，不是很可悲吗！最高妙的言说就是无言，最高的作为就是丢掉（刻意追求的）作为。要想什么都知道，那（他）所知道的也就太浅陋了！"

*　　　*　　　*

说："聚则为生，散则为死。"

[17]"臭腐复化为神奇，神奇复化为臭腐"两句，是庄子关于对立面相互转化的命题。

[18]"通天下一气耳"是庄子关于宇宙万物构成论的命题。该命题认为天下万物都是由一气所化、所构成的。通，贯通。

[19]贵一：重视这种同一性。

[20]非不我应：即非不应我。

不我告：即不告我。

[21]以其不知：因为他不知。以，因为，以下类同。

[22]以：认为。知言：懂得关于天道的理论。

[23]不言、不议、不说：都是毋用言说、不必言说的意思。

[24]原天地之美而达万物之理：推究天地之美的原因而且通达万物的秩序条理。

[25]不作：不造作，意即无为。

观：体察且效法的意思。

[26]神明：指圣人的心性。至精：最为精纯微妙。

与彼百化：随同万物千变万化。与，随着；彼，指天地万物。

[27]死生方圆：比喻万千变化。

[28]扁然：轻忽的样子。扁然而万物，忽然之间万物产生了。

[29]离：脱离。

[30]故：陈旧。

各得其序：各有各的运行秩序。

[31]油然：不着痕迹的样子。

畜：被养育。

[32]观：效法。

[33]啮缺：人名。被衣：人名，即《应帝王》篇中的蒲衣子。

[34]正：端正。

一：集中。

摄汝知：收敛你的智识。

一汝度：使你的态度专一。

神将来舍：神明的智慧会来到心中。

[35]瞳：这里指眼神。新生之犊：新出生的牛犊。无求其故：不追究事物的缘故；言其无知。

[36]未卒：还没说完。

[37]说：同"悦"。

行歌：犹踏歌，即一边走一边唱。

[38]槁骸：枯骨。

不以故自持：不固守一定的事物。

[39]媒媒晦晦：稀里糊涂的样子。媒，通"昧"。

谋：谋划。

[40]委：授。

蜕：蝉蜕。

[41]强阳：运行。

[42]晏：安闲。

[43]齐戒：斋戒。齐，通"斋"。

瀹：疏通。而：你。

澡雪：洗净。

掊击：打破。掊击而知，放弃你的心识的意思。

[44]窅然：深远不明的样子。

[45]崖略：大概。

[46]昭昭：清晰的样子，比喻有形的东西。冥冥：玄奥难测的样子，比喻无形的东西。

伦：纹理。有伦，即有形。

形本：形体。

万物以形相生：万物以各种形态互相转化。

[47]九窍者：指人类。

八窍者：指禽类。

[48]崖：边际。

四达：无所不通的意思。皇皇：宽广的样子。

[49]邀：顺从。

恂：畅通。

[50]无方：没有一定之规。

南华真经

注译

二六一

外篇

南华真经

注译

[51]断：断言。

[52]益：增加。损：减少。益之而不加益、损之而不加损者，指的是道。所以下句说："圣人之所保也。"

[53]魏：通"巍"。魏魏，高大的样子。

[54]运：运载。量：容纳。

匮：缺乏。

[55]中国：即国中。

非阴非阳：指阴阳调和。

直且：姑且。

宗：根本，指道。

[56]喑醷：呼出的气。

[57]果蓏：木本植物所结的实叫果，草本植物所结的实叫蓏。

人伦：人与人之间的关系。难：盛。

相齿：相似。齿，比邻。

[58]遭：遇上。

守：坚持。

[59]郤：通"隙"，缝隙。白驹过隙，极言其快。

[60]注然、勃然：都是举起的样子。

油然、漻然：都是沉寂的样子。漻，通"寥"。

[61]化：转化。

[62]弢：通"韬"，弓衣。

堕：通"隳"，毁灭。袠：通"帙"，书衣。弢和袠，这里都取其束缚的含义。

[63]纷乎：纷乱的样子。宛乎：宛转的样子。

魂魄：指灵魂。

[64]大归：最终的归宿，指死亡。

[65]不形之形：从无形到有形。

形之不形：从有形到无形。

[66]明见无值：明白大道的人，看不见大道。值，正见。

[67]东郭子：人名。

[68]期：证实。

[69]蝼：蝼蛄。蚁：蚂蚁。

[70]下：低级。

[71]稊稗：杂草。

[72]甓：砖。

[73]固不及质：本来就没有问到实质。

[74]正：官职名。监市：管理市场的人。履：踩。狶：大猪。买猪要看肥瘦，辨别肥瘦的方法是踩猪腿，即"履狶。"

[75]莫必：不要绝对化。

无逃乎物：指道不会离开具体的物。

[76]大言：高深的言论。

[77]周、遍、咸：都有全的意思。

[78]无何有之宫：喻虚无的境界。

[79]寥：虚寂。

[80]彷徨：放纵的样子。

冯闳：空虚开阔的样子。

[81]物物者：使物为物的主宰者，指道。际：界限。与物无际，和物没有什么界限。

[82]不际之际：没有界限的界限。

际之不际者：分际之间也不可分际的地方。

[83]妸荷甘：人名，老龙吉的学生。老龙吉：人名，虚拟的人物。

[84]隐：靠。几：桌案。

阖：合。户：门。昼瞑：白天睡觉。瞑，通"眠"。

[85]日中：中午时分。麦：推开。

[86]拥杖：扶着手杖。

噪：手杖跌落的声音。

[87]天：指老龙吉。

慢池：通"谩诞"，荒唐的意思。

[88]弇坬吊：虚拟人名。

[89]泰清、无穷：都是虚拟的人名，以下的无为、无始也都是虚拟的人名。

[90]数：定数。

[91]约：集中。

[92]印：通"仰"。

[93]道不当名：道不应该有名称。

[94]大初：即太初。

[95]昆仑：喻高远的境界。太虚：虚无的境界。

[96]光曜：虚拟人名，意即外露的光芒，比喻"能视之智者"（成玄英说）。无有：虚拟人名，意即什么也没有。

[97]孰：通"熟"。熟视，仔细看。

窅然：幽暗深远的样子。空然：空寂空洞之状。

[98]予能有无：指具有无形无声的东西（光）。

未能无无：指尚不能脱离无形无声的东西（光）——终归是"有"。

[99]及为无有：想要达到无有的境界。

[100]大马：大司马。捶钩者：锻造钩的匠人。

失：差。不失豪芒，指捶钩者锻造的钩和豪芒一样锋利。

[101]与：通"欤"。下句亦同。

[102]守：专注。

[103]于物无视：对别的东西看也不看。

[104]假：借助。

[105]冉求：人名，孔子弟子。

[106]失问：感到问错了。

[107]昭然：明白。昧然：糊涂。

[108]神：神明。

[109]已矣：行了。

未应矣：不用回答了。

[110]不以生生死：不要为了生而把死了的人也要使之复生。下句类此。

[111]物物者非物：使物成为物的东西本身不是物。

物出不得先物：物的产生不能在物本身之前。

无已：无止境。

[112]是：指这样的道理。庄子继承老子"圣人不仁"的思想，认为"至仁无亲"，所以"圣人之爱人"就可以把百姓当作刍狗，这与"物物者非物"的道理是一致的。

[113]将：送。不送不迎，即静以待物。

[114]游：游心。

[115]外：外在的部分。内：内心。

[116]一：专一。不化者：指内在的心神。

[117]靡：通"摩"，摩擦。

[118]与之莫多：与物相处不要太过分。

[119]狶韦氏：传说中的远古帝王。囿：园囿。圃：小园。

[120]爇：毁。

[121]伤：损伤。

[122]与：通"欤"，语助词。

皋壤：平原。

南华真经

注译

欣欣然：高兴的样子。

[123]直：但。逆旅：旅舍。

[124]遇：遇见过的。

能能而不能所不能：能做自己能做的事却不能去做自己所不能做的事。

[125]务：做。

[126]至言去言：意犹不言之教。

至为去为：意犹无为而无不为。

[127]齐知：什么都知道。

杂 篇
庚桑楚第二十三

老聃之役有庚桑楚者[1]，偏得老聃之道，以北居畏垒之山[2]，其臣之画然知者去之[3]，其妾之挈然仁者远之[4]；拥肿之与居[5]，鞅掌之为使[6]。居三年，畏垒大壤[7]。畏垒之民相与言曰："庚桑子之始来，吾洒然异之。今吾日计之而不足，岁计之而有余。庶几其圣人乎！子胡不相与尸而祝之，社而稷之乎？"

庚桑子

庚桑子闻之，南面而不释然。弟子异之。庚桑子曰："弟子何异于予？夫春气发而百草生，正得秋而万宝成。

老聃的弟子中，有一个叫庚桑楚的，独得老聃之道。（他）住在北边的畏垒山上，他的仆人中有炫耀聪明的就被辞退，他的侍女中有矜持于仁义的就被疏远；淳朴无知的人留下和他住在一起，勤苦劳作的人留下供他驱使。（这样）三年以后，畏垒这个地方获得了大丰收。畏垒的人民相互传诵说："庚桑楚刚来的时候，我们觉得他很怪异。（可）现在我们从一天（短时间的角度）来看他，便觉得（他）有所不足；从一年（长时段的角度）来看他的话，就觉得（他）绰绰有余了。他差不多是圣人了吧！大家为什么不一起将他奉作神明，加以祭祀和崇拜呢？"

庚桑子听说人们要（让他）南面为君，心中不快。（他的）弟子们觉得很奇怪。庚桑子说："弟子们（觉得）我有什么奇怪的呢？春天生气勃发而百草丛生，正值秋季而果实成熟。春季和秋季，难道无缘无故就能这样吗？这是（因为）自然之道在运行啊！我听说至人居住在只能容身的斗室，老百姓却随心所欲而悠然自得。现在畏垒的老百姓都

夫春与秋，岂无得而然哉？天道已行矣。吾闻至人，尸居环堵之室，而百姓猖狂不知所如往[8]。今以畏垒之细民而窃窃焉欲俎豆予于贤人之间，我其杓之人邪[9]！吾是以不释于老聃之言。"

弟子曰："不然。夫寻常之沟，巨鱼无所还其体，而鲵鳅为之制；步仞之丘陵，巨兽无所隐其躯，而孽狐为之祥。且夫尊贤授能，先善与利，自古尧舜以然，而况畏垒之民乎！夫子亦听矣！"

桃源仙境

庚桑子曰："小子来！夫函车之兽，介而离山[10]，则不免于罔罟之患；吞舟之鱼，砀而失水[11]，则蚁能苦之。故鸟兽不厌高，鱼鳖不厌深。

想把我当作圣贤来敬奉，我难道是招摇的人吗？因此我想到老聃的教诲而深感不安。"

弟子们说："不是的。就像小水沟里，大鱼无法转动身躯，而小鱼却能来去自如；小丘陵上，巨兽无法隐蔽身体，而妖狐却能安全藏匿。况且尊贤授能，赏善施利，从尧舜以来就是如此，何况畏垒这个地方的老百姓呢？老师就听随他们吧。"

庚桑子说："徒弟们过来！可以吞下车马的巨兽，独自离开山林，就不免会有陷于网罗的祸患；可以吞下舟船的大鱼，流出江河而离开了水，就会被蝼蚁所困扰。所以鸟兽不厌高，鱼鳖不厌深。全形养生的人，隐藏自身，也是同样不厌深远罢了。何况像尧舜这两个人，又有什么可称赞的呢？像他们这样的凡事都区分贤名善利，正如妄自穿凿墙壁来种植蓬蒿艾草一样（荒唐）啊。挑拣头发来梳理，数着米粒来做饭，偷偷摸摸地又怎么能够救世济民呢？推举贤能的人才会使人们互相倾轧，推许智慧就会使人们互相争斗。这些方法都不足以使人心淳厚。人民贪利心切，所以就会有子杀父，臣弑君，白日抢劫，光天化日之下挖人家的墙脚（这样的事情发生）。我告诉你，

夫全其形生之人，藏其身也，不厌深眇而已矣。且夫二子者，又何足以称扬哉！是其于辩也，将妄凿垣墙而殖蓬蒿也。简发而栉，数米而炊，窃窃乎又何足以济世哉！举贤则民相轧，任知则民相盗。之数物者，不足以厚民。民之于利甚勤，子有杀父，臣有杀君，正昼为盗，日中穴阫[12]。吾语女，大乱之本，必生于尧舜之间，其末存乎千世之后，千世之后，其必有人与人相食者也！"

南荣趎蹴然正坐曰："若趎之年者已长矣，将恶乎托业以及此言邪？"

庚桑子曰："全汝形，抱汝生，无使汝思虑营营。若此三年，则可以及此言矣。"

南荣趎曰："目之与形，吾不知其异也，而盲者不能自见；耳之与形，吾不知其异也，而聋者不能自闻；心之与形，吾不知其异也，而狂者不能自得。形之与形亦辟矣，而物或间之邪，欲相求而不能相得？今谓趎曰：'全汝形，抱汝生，勿使汝思

大乱的根源，必定就起于尧舜时期，其流弊则影响到千载之后。千载之后，定会有人吃人的现象啊。"

南荣趎惊异地端坐着问道："像我这样的人年纪已经大了，要怎样学习才能达到所说的境界呢？"

庚桑子回答说："保全你的形体，守护你的生命，不要胡思乱想。像这样三年（之后），就可以达到所说的境界了。"

南荣趎说："眼睛的形状，我不知道彼此有什么不同，而盲人却不能看见；耳朵的形状，我不知道彼此有什么不同，而聋子却不能听见；心的形态，我不知道彼此有什么不同，而疯癫的人却不能自适。形体和形体之间（本来）是相近的，或许由于人们各自的物欲使他们彼此间离，以至于彼此之间不可沟通吗？您现在对我说：'保全你的形体，守护你的生命，不要胡思乱想。'而我努力做到的也只是把这些话听到耳朵里去而已。"

庚桑子说："我的话已经说尽了。小蜂不能孵化大青虫，越地的鸡不能孵天鹅卵，鲁地的鸡却能。鸡和鸡之间，从天性上说并没有什么不同，之所以有能与不能的区别，是因为才能有大有小的缘故。现

南华真经

注译

二六八

虑营营。'趎勉闻道达耳矣！"

庚桑子曰："辞尽矣。曰奔蜂不能化藿蠋[13]，越鸡不能伏鹄卵，鲁鸡固能矣。鸡之与鸡，其德非不同也，有能与不能者，其才固有巨小也。今吾才小，不足以化子。子胡不南见老子！"

南荣趎赢粮，七日七夜至老子之所。老子曰："子自楚之所来乎？"

南荣趎曰："唯。"

老子曰："子何与人偕来之众也？"

南荣趎惧然顾其后。老子曰："子不知吾所谓乎？"

南荣趎俯而惭，仰而叹曰："今者吾忘吾答，因失吾问。"

老子曰："何谓也？"

南荣趎曰："不知乎？人谓我朱愚[14]。知乎？反愁我躯。不仁则害人，仁则反愁我身，不义则伤彼，义则反愁我己。我安逃此而可？此三言者，趎之所患也，愿因楚而问之。"

老子曰："向吾见若眉睫之间，吾因以得汝矣，今汝又言而信之。若规规然若

在我的才能小，不足以来教导你。你为什么不去南边见老子呢！"

南荣趎担着干粮，（经过）七天七夜来到老子的住处。老子说："你从庚桑楚那里来的吗？"

南荣趎说："是的。"

老子说："你为什么和这么多人一起来呢？"

南荣趎惊异地看看后面。老子说："你不知道我所说的话么？"

南荣趎低头羞惭，仰面叹道："现在我忘了我的回答，因而忘了我的所问。"

老子说："怎么讲呢？"

南荣趎说："如果不知道呢？人说我愚昧，如果知道呢？反而危害自身；不仁就会伤害他人，仁反而危害自身；不义就会伤害他人，义反而危害自己。我怎样才能避免这些？这三个问题正是我担心的。希望我借庚桑楚的引荐而得到您的赐教。"

老子说："刚才我看到你眉宇间的神色，便知道你的心意了。现在又从你的话中得到证实。你惘然自失的样子好像丧失了父母，好像举着竹竿去探测海洋。你好像迷失了回家的路的人呀，迷惘啊。你想回归你的本性而不知所从，可怜啊！"

丧父母[15]，揭竿而求诸海也。女亡人哉，惘惘乎！汝欲反汝情性而无由入，可怜哉！"

老子授道

南荣趎请入就舍，召其所好，去其所恶，十日自愁，复见老子。老子曰："汝自洒濯，熟哉郁郁乎！然而其中津津乎犹有恶也[16]。夫外韄者不可繁而捉，将内揵[17]；内韄者不可缪而捉，将外揵。外内韄者，道德不能持，而况放道而行者乎！"

南荣趎曰："里人有病，里人问之，病者能言其病，然其病病者犹未病也[18]。若趎之闻大道，譬犹饮药以加病也，趎愿闻卫生之经而已矣。"

南华真经

注译

南荣趎请求住宿在老子家里，想要得到他想要的，去掉他不想要的。十日后仍然感到困惑，就又去见老子。老子说："你自行洗濯，为什么还郁闷不安呢？可见（你）心中还不断滋生着丑陋的东西。受制于外物，而外物纷繁而不可把握，则应（通过）谨守内心（的方法）以排除外物的纷扰；受制于内心，而内心的意念此起彼伏而不可把握，则应（通过）控制耳目的办法而杜绝外在的诱惑。倘若被内心意念和外在现象同时控驭的话，即使是得道的人也不能保证不出问题，更何况是还在学道的人呢？"

南荣趎说："村子里的人生了病，邻居去问候他，病人能说出自己的病情。然而他们把病当作病，那么就不足为病了。而像我这样听到大道却好像吃药反而加重了病情。我只希望能听听能养护生命的道理就可以了。"

老子说："护养生命的道理，能使（精神和躯体相互依存而）合一吗？能使（躯体和精神）不分离吗？能不占卜就知道吉凶吗？能当止则止吗？能当结束就结束吗？能舍弃外物而反求诸己吗？能无拘无束吗？能纯真无知吗？能像婴儿吗？婴儿整天号哭而喉咙不沙

南华真经

注译

老子曰："卫生之经，能抱一乎？能勿失乎？能无卜筮而知吉凶乎？能止乎？能已乎？能舍诸人而求诸己乎？能翛然乎？能侗然乎[19]？能儿子乎[20]？儿子终日嗥而嗌不嗄[21]，和之至也；终日握而手不掜[22]，共其德也；终日视而目不瞚，偏不在外也。行不知所之，居不知所为，与物委蛇，而同其波。是卫生之经已。"

修道图

南荣趎曰："然则是至人之德已乎？"

曰："非也。是乃所谓冰解冻释者，能乎？夫至人者，相与交食乎地而交乐乎天，不以人物利害相撄，不

哑，这是和气纯厚的缘故；整天握着拳头而不松开，这是天性所致；整天看着（一个东西）而目不转睛，这是心不外驰的缘故。行动时不知道要到哪里去，安居时不知道要做什么，顺物自然而同波共流。这就是养护生命的道理了。"

南荣趎说："那么这就是至人的境界了吗？"

（老子）答道："不是的。这只是执着凝滞之心的消释，可以吗？如果是至人，他与地同食而与天同乐，不会因人物利害而受到搅扰，不为怪异，不图谋虑，不营俗务，倏然而去，惘然而来。这就是护养生命的道理了。"

南荣趎（又）问："这样的话就可以达到最高境界了吗？"

（老子）说："还没有。我原来告诉你说：'能像婴儿吗？'婴儿动不知所为，行不知所往，身体似枯木而心灵如死灰。像这样，祸既不到，福也不来，（既然）都没有祸福，哪里还会有人为的灾害呢？"

心境安泰的人，就会发出自然的光辉。发出自然光辉的，人便自然体现为人（的本质），物便自然体现为物。人能自我修证，才能常德不离，常德不离的人，人就会来依归相与为怪，不相与为谋，不相与为事，翛然而往，侗然而来。是谓卫生之经已。”

曰："然则是至乎？"

曰："未也。吾固告汝曰：'能儿子乎？'儿子动不知所为，行不知所之，身若槁木之枝而心若死灰。若是者，祸亦不至，福亦不来。祸福无有，恶有人灾也！"

宇泰定者，发乎天光[23]。发乎天光者，人见其人，物见其物。人有修者，乃今有恒；有恒者，人舍之，天助之。人之所舍，谓之天民；天之所助，谓之天子。

学者，学其所不能学也；行者，行其所不能行也；辩者，辩其所不能辩也。知止乎其所不能知，至矣；若有不即是者，天钧败之。备物以将形，藏不虞以生心[24]，敬中以达彼，若是而万恶至者，皆天也，而非人也，不足以滑成[25]，不可内于灵台[26]。灵台者有持，而不知其所持，而不可持者也。不见其诚己而发，每发而不当，业入而不舍，每更为失。为不善乎显明之中者，人得而诛之；

（他），上天也会助他一臂之力。人来依归的，称为天之民；上天助其一臂之力的，称为天之子。

学道的人，（应该）学习那学不到的东西（即不能经过智识或知识把握的东西）；实践道的真理，（也应该）实践那不能诉诸（社会）践行的东西；辩论道理，应该辩论那不可辩论的道的真理。知识和智慧总是止步于它们所不能把握的地方，那就是知识或智慧的顶点；倘若不是这样的话，自然本性就会有所缺失。通过物来养形，（通过）心里面无牵无挂来养心，（通过）修养内在的智慧来通达万物。如果这样做仍然会有各种灾难降临，那就是天命，而不是人事，这并不足以扰乱已经成就的德性，不足以侵入心灵。心灵有所持守，而不自觉有所持守，但不可以有意有所持守。倘若不能专心诚意而外驰于物，（那么）每次外驰都会失去控制，外物扰入内心而不去，更是丧失了本真。明目张胆地作恶，人得而诛之；暗地里作恶，鬼得而诛之。能够明白（上述）人、鬼的道理，就能自立独行（于天下）了。

追求内在精神的人，其行动摆脱了声名之累；追求外在欲望的人，其注意力在于穷极

南
华
真
经

注
译

二
七
二

杂
篇

为不善乎幽闲之中者，鬼得而诛之。明乎人，明乎鬼者，然后能独行。

券内者[27]，行乎无名；券外者，志乎期费。行乎无名者，唯庸有光；志乎期费者，唯贾人也，人见其跂，犹之魁然。

与物穷者，物入焉；与物且者[28]，其身之不能容，焉能容人！不能容人者无亲，无亲者尽人。兵莫憯于志，镆铘为下；寇莫大于阴阳，无所逃于天地之间。非阴阳贼之，心则使之也。道通其分也，其成也毁也。所恶乎分者，其分也以备；所以恶乎备者，其有以备[29]。故出

梦中见鬼

于财用。行动摆脱了声名之累的人，充实而有光辉；注意力在于穷极于财用的人，只是商人而已，别人看他跂跂而行，他自己却认为很安稳。与物顺应始终的，外物也来归依；和外物抵牾的，不能容于自身，怎能容于他人！不能容人的就不能亲近（他者），不能亲近（他者）就会被人弃绝。兵器中没有比心志更锋利的了，即便是宝剑镆铘也没有它锋利；贼寇中没有比阴阳更厉害的了，天地之间的东西都不能逃脱它的宰制。（实际上）并不是阴阳伤害（天地之间的人和万物），而是人的内心设计了这种伤害（的观念）。

道是通天彻地的。任何事物有区别就有了形态，有形态就有了毁灭。那么，万物为什么有区别呢？这种区别是相对于万物全体而言的；为什么万物构成了一个全体？根据在于通天彻地的道。因此，沉湎于形形色色的物而不知返回（道），可以看到鬼使神差的变化过程；而外驰于物而自以为得到了道，其实是得到了死（毁灭）本身（因为凡是有形的东西必将归于毁灭）。形态毁灭之后仍然存在的东西，就是鬼神。以有形的东西效法无形的道并使之具体化，就意味着心境安定。

而不反，见其鬼[30]；出而得，是谓得死。灭而有实，鬼之一也[31]。以有形者象无形者而定矣。

出无本，入无窍[32]。有实而无乎处，有长而无乎本剽[33]，有所出而无窍者有实。有实而无乎处者，宇也。有长而无本剽者，宙也。有乎生，有乎死，有乎出，有乎入，入出而无见其形，是谓天门。天门者，无有也，万物出乎无有。有不能以有为有，必出乎无有，而无有一无有。圣人藏乎是。

古之人，其知有所至矣。恶乎至？有以为未始有物者，至矣，尽矣，弗可以加矣。其次以为有物矣，将以生为丧也，以死为反也，是以分已。其次曰始无有，既而有生，生俄而死；以无有为首，以生为体，以死为尻；孰知有无死生之一守者，吾与之为友。是三者虽异，公族也，昭景也，着戴也，甲氏也，着封也，非一也[34]。有生，黬也，披然曰移是[35]。尝言移是，非所言也。虽然，不可知者也。腊者之有膍胲[36]，

生无终始，死无归宿。是真实的存在却没有藏身之所，具有过程却无始无终，有所出而没有所入，（这些都）真实存在着。是真实的存在却没有藏身之所的（东西），那就是空间；具有过程却无始无终的（东西），那就是时间。有生，有死，有出（物），有入（道），出入而不见其形的，这叫做自然之门。自然之门，就是无有，万物生于无有。"有"不能以"有"为"有"，"有"必定出于"无有"，而"无有"全然是"无有"的。圣人藏心于无有（道）。

古时候的人，他们的智识是有限度的。限度在哪里？有的认为万物还没有形成时，便是极限，是尽头，不能再向前追究了。后来的人，认为万物形成了，把生视为漂流，把死视为回归，这已经有区分了。再后来的人，认为最初是什么也没有，后来有了生命，生命旋即而死亡；把"无"当作是头颅，把生命当作是躯干，把死亡当作是屁股；谁能知道有无生死本来是一回事的，我说与他做朋友。这三个阶段虽然不同，都源于同一个东西，好像楚国的分族分为三家一样：昭氏和景氏，由于职位而著称；甲氏，因封地而著称：他们本是一家。

南华真经

注译

二七四

可散而不可散也；观室者周于寝庙，又适其偃焉，为是举移是。请常言移是。是以生为本，以知为师，因以乘是非；果有名实，因以己为质；使人以为己节，因以死偿节。若然者，以用为知，以不用为愚，以彻为名，以穷为辱。移是，今之人也，是蜩与学鸠同于同也。

蹍市人之足[37]，则辞以放骜，兄则以妪，大亲则已矣。故曰：至礼有不人，至义不物，至知不谋，至仁无亲，至信辟金。

彻志之勃[38]，解心之谬，去德之累，达道之塞，贵富显严名利六者，勃志也。容动色理气意六者，谬心也。恶欲喜怒哀乐六者，累德也。去就取与知能六者，塞道也。此四六者不荡胸中则正，正则静，静则明，明则虚，虚则无为而无不为也。道者，德之钦也；生者，德之光也；性者，生之质也。性之动，谓之为；为之伪，谓之失。知者，接也；知者，谟也[39]；知者之所不知，犹睨也。动以不得已之谓德，动无非我

人之生命乃是气凝聚而成，判然分别而又变幻莫测。曾经说过这个变幻莫测的道理，本来是不应当说的。虽然如此，但是这个道理却是不容易知道的。如同重要的祭祀当中有各种牲品，它们可以分割而一牲的整体却不可分割；又如同参观宫室的人游览了一圈庙堂寝殿，又来到厕所，这些（同体异名）的情形都好像变幻莫测。请允许我申说一下上述变幻莫测的道理：这是以生为根本，以智为标准，因而滋生是非；果真有名实的区分，那便以自身为主，让别人把自己当作节操的模范，因而以死来报答节操。像这样，以炫耀为智慧，以隐晦为愚昧，以通达为荣耀，以穷困为耻辱。现在的人，变幻莫测而是非不定，如同蝉和斑鸠一般啊。

踩了街上人的脚，就赔罪说自己不小心；兄长踩了弟弟的脚，只要怜惜安抚一番（就可以了）；父母踩了（孩子）的脚，则什么都不说就可以了。所以说，最高的"礼"没有人我的分别，最高的"义"没有物我的分别，最高的"智"不用谋略，最高的"仁"不由亲爱，最高的"信"无须金钱作证。

消除意志的错乱，解开心灵的束缚，放下德性的负累，

之谓治，名相反而实相顺也。

羿工乎中微而拙乎使人无己誉。圣人工乎天而拙乎人。夫工乎天而倪乎人者[40]，唯全人能之。唯虫能虫，唯虫能天。全人恶天？恶人之天？而况吾天乎人乎！

一雀适羿，羿必得之，威也；以天下为之笼，则雀无所逃。是故汤以胞人笼伊尹，秦穆公以五羊之皮笼百里奚。是故非以其所好笼之而可得者，无有也。

后羿射日

介者拸画[41]，外非誉也；胥靡登高而不惧[42]，遗死生也。夫复谍不馈而忘人，忘人，因以为天人矣。故敬之而不喜，侮之而不怒者，唯同乎天和者为然。出怒不怒，则怒出于不怒矣；出为无为，则为出于无为矣。欲静则平气，欲神则顺心，有为也。欲当则缘于不得已，不得已

打通大道的障碍。贵、富、显、势、名、利这六种东西，是扰乱人的意志的（东西）。姿容、举动、颜色、辞理、气息、情意这六种东西，是束缚心灵的。憎恶、欲好、欢喜、愤怒、悲哀、快乐这六种东西，是负累德性的。去除、从就、贪欲、给与、智虑、技能这六种东西，是妨碍大道的。这四个六种东西不扰乱内心就能（使内心）平正，平正就能安静，安静就能明澈，明澈就能空虚，空虚就能无所作为而无所不为。"道"是"德"尊崇的；人性具有德性的光辉；人性是生命的本质。人性的躁动，称之"为"（即出乎人为的作用）；"为"而流于"伪"，就是（德性或本性上的）缺失。知觉是由于感官与外物相接造成的；智识是心思的谋划造成的；智识有所不知，就如同斜视（而看不见另外的地方）一样。出于不得已的行为谓之合乎德性的行为，行动而皆出于我的本性要求就是合理的：说起来似乎相反，实际上却相同。

羿（人名）善于射中细小的东西，而拙于使人们不称誉自己。圣人善于遵循自然而拙于处理社会事务。善于遵循自然而又善于处理社会事务，只有完人才能做得到。只有动物

南华真经

注

译

二七五

南华真经

注译

之类，圣人之道。

注释：

[1]役：弟子，徒弟。庚桑楚：人名，老子的弟子。

[2]畏垒：山名，在鲁国境内。

[3]画然：炫耀聪明的样子。

[4]挈然：标举仁爱的。

[5]拥肿：形容钝厚质朴。

[6]鞅掌：劳苦之人。

[7]大壤：丰收。

[8]猖狂：随心所欲、自由自在的样子。

[9]杓：音"的"，指众人注目的目标。

[10]介：独自。

[11]砀：同"荡"，流出。

[12]垺：墙。

[13]奔蜂：小蜂。藿蠋：豆地的大青虫。

[14]朱愚：犹愚蠢。

[15]规规然：惘然若失的样子。

[16]津津乎：外溢的样子。

[17]韄：同缚。繁：与下句"缪"对文。捷：闭。

[18]病病：以病为病。

[19]侗然：无所知的样子。

[20]能儿子乎：即能婴儿乎？

[21]嗄：哑。

[22]捝：脱离。

[23]天光：自然之光。

[24]将：生，养。

[25]滑：扰乱。

[26]灵台：心。

[27]券：或作"卷"，契合。券内：与心契合。

能够成之为动物，（也）只有动物才能契合自然。在完人那里，哪里有什么自然（天）与人为以及社会（人）的分别呢？更何况哪里有自然与人为以及社会的分别呢？

一只麻雀飞到后羿（身边），后羿一定能射中它，这是他的本事。如果把天下当作笼子，那么麻雀就无所逃脱了。所以商汤以厨师之职位来笼络伊尹，秦穆公用五张羊皮来笼络百里奚。所以如果不是投其所好而笼络他的话，那么（他们为他们服务）是不可能的。

一只脚的人不落拓不羁，超然于毁誉之外；徒役的人登高而不恐惧，超然于生死之外。受了威胁的人不报复，超然于人我的区分，超越了人我的区分，就达到天人（合一）的境界了。所以被人尊敬而不喜欢，被人侮辱而不愤怒的，只有合于自然和气的人才能做到。怒气虽发但并不是有心地发怒，那么怒气是出于无心而发；有所作为但不是有意地有所作为，那么作为就是出于无为了。想要宁静就要平气，想要神定就要顺心。有所为要得当，就要托于不得已而为之，这种不得已便是圣人之道。

[28]且：阻。

[29]恶：为什么。这句话的意思是说：万物何以有区别？这种区别是对全体相对来说的。何以万物构成全体？因为有使它们成为全体的道。

[30]鬼：即《周易》所谓"游魂为变"，也就是说推动万物变化的某种冥冥中起作用的神奇力量，旧注的解释大多不正确，这里不妨把它理解为某种鬼使神差的作用。

[31]这句话的意思是说：鬼神是某种无形的存在。

[32]窍：藏所。

[33]本剽：本末。

[34]昭景、甲氏：都是楚王族姓氏。

[35]飘：幽黯的样子。拔然：分别的样子。

[36]蜡者：大祭。腏胲：指大祭时的有四肢和五脏的牲畜。

[37]蹩：踩踏。

[38]彻：同"撤"。勃：同"悖"。

[39]谟：同"谋"。

[40]俍：良。

[41]介：同"兀"，一足。

[42]胥靡：徒役之人。

徐无鬼第二十四

徐无鬼因女商见魏武侯[1]，武侯劳之曰："先生病矣！苦于山林之劳，故乃肯见于寡人。"

徐无鬼曰："我则劳于君，君有何劳于我！君将盈耆欲，长好恶，则性命之情病矣；君将黜耆欲，掔好恶[2]，则耳目病矣。我将劳君，君有何劳于我！"武侯超然不对[3]。

少焉，徐无鬼曰："尝语君，吾相狗也。下之质执饱而止，是狸德也；中之质若视日，上之质若亡其一。吾相狗，又不若吾相马也。

徐无鬼第二十四

徐无鬼（人名）由女商（人名）引荐去拜见魏武侯，魏武侯问候他，说："先生很疲惫啊。山林隐居的生活是很劳苦的，所以才肯来见我。"

徐无鬼说："我是来慰问你的，你有什么可慰问我的呢！你如果放任嗜好欲望，滋长好恶之情（的话），性命的本质就要受到损害了；你如果摒弃嗜欲，免除好恶之情，耳目的享受就要受到损害了。我正要来抚慰你，你有什么来抚慰我的呢！"魏武侯怅然，无言以对。

稍后，徐无鬼说："我来告诉你我的相狗术。下等品质的狗，但求饱食而已，这是狸

二七七

杂篇

南华真经

注译

二七八

吾相马，直者中绳，曲者中钩，方者中矩，圆者中规，是国马也，而未若天下马也。天下马有成材，若恤若失，若丧其一，若是者，超轶绝尘，不知其所。"武侯大悦而笑。

徐无鬼出，女商曰："先生独何以说吾君乎？吾所以说吾君者，横说之则以诗书礼乐，从说之则以金板六弢[4]，奉事而大有功者不可为数，而吾君未尝启齿。今先生何以说吾君，使吾君说若此乎？"

徐无鬼曰："吾直告之吾相狗马耳。"

女商曰："若是乎？"

曰："子不闻夫越之流人乎？去国数日，见其所知而喜；去国旬月，见所尝见于国中者喜；及期年也，见似人者而喜矣；不亦去人滋久，思人滋深乎？夫逃虚空者，藜藋柱乎鼪鼬之迳[6]，踉位其空[6]，闻人足音跫然而喜矣，又况乎昆弟亲戚之謦欬其侧者乎[7]！久矣，夫莫以真人之言謦欬吾君之侧乎！"

徐无鬼见武侯，武侯曰：

猫一般的本性；中等品质的，仿佛高视阔步；上等品质的，则仿佛忘了自己。我的相狗术，又不如我的相马术。我相的马，直的合乎绳，曲的合乎钩，方的合乎矩，圆的合乎规，这是国马，国马又比不上天下马。天下马有天赋的本领，若亡若失，仿佛忘了自己，像这样的，奔逸绝尘，不知所终。"魏武侯非常高兴地笑了。

徐无鬼告辞而去，女商说："先生究竟是怎样使我的君主这么高兴呢？我所以能取悦我的君主的，横说以诗书礼乐，纵说以太公兵法，行事中大有效验的不计其数，可我的君主从来没有开口笑过。如今先生对我们君主说了些什么，使我的君主这么高兴呢？"

徐无鬼说："我只是告诉他我的相狗、相马的方法而已。"

女商说："就是这些吗？"

（徐无鬼）说："你没有听说越国的被流放的人吗？离开自己的国家几天，见到自己认识的东西就高兴；离开自己的国家一个月，看见曾经在国内见过的东西就高兴；一年以后，只要看见好像是老乡的人就高兴。这不就是离开故人愈久，思念故人愈深吗？流落到空谷里的人，杂草塞满了鼪鼬

"先生居山林，食芋栗，厌葱韭，以宾寡人[8]，久矣夫！今老邪？其欲干酒肉之味邪？其寡人亦有社稷之福邪？"

山林养生之士

徐无鬼曰："无鬼生于贫贱，未尝敢饮食君之酒肉，将来劳君也。"

君曰："何哉，奚劳寡人？"

曰："劳君之神与形。"

武侯曰："何谓邪？"

徐无鬼曰："天地之养也一，登高不可以为长，居下不可以为短。君独为万乘之主，以苦一国之民，以养耳目鼻口，夫神者不自许也。夫神者，好和而恶奸；夫奸，病也，故劳之。唯君所病之，何也？"

的路径，长期居住在荒野，听到人的脚步声就高兴，又何况兄弟亲戚在一边说说笑笑呢？已经很长时间了，没有人在我们的君主旁边说一些真心话了。"

徐无鬼见魏武侯，武侯说："先生住在山林里，吃橡子和板栗，吃葱和韭菜，离开寡人很长时间了！现在老了吗？想尝尝厚禄的滋味吗？我的国家有福了吗？"

徐无鬼说："我出生于贫贱，不敢求君主赐以厚禄。我是来慰问君主的。"

君主说："为什么呢？慰问我什么呢？"

（徐无鬼）回答说："慰问你的心神和形体。"

武侯说："什么意思呢？"

徐无鬼说："天地的滋育万物，均等而不偏私。登高而不自以为尊贵，居下而不自以为卑贱。你作为一个大国的君王，（通过）劳苦一国的人民满足自身的耳目口鼻的享乐，（以至于）心神不能自得。心神是喜欢平和而厌恶偏私的；偏私就是病，所以来慰问你。只是你为什么患了这种病呢？"

武侯说："我想见先生很久了。我想爱护人民，并为了正义停止战争，可以吗？"

徐无鬼说："不可以。爱民，是害民的开始；为正义而

南华真经 注译

二七

九

南华真经

注译

二八〇

武侯曰：“欲见先生久矣。吾欲爱民而为义偃兵，其可乎？”

徐无鬼曰：“不可。爱民，害民之始也；为义偃兵，造兵之本也；君自此为之，则殆不成。凡成美，恶器也；君虽为仁义，几且伪哉！形固造形，成固有伐，变固外战。君亦必无盛鹤列于丽谯之间[9]，无徒骥于锱坛之宫[10]，无藏逆于得，无以巧胜人，无以谋胜人，无以战胜人。夫杀人之士民，兼人之土地，以养吾私与吾神者，其战不知孰善？胜之恶乎在？君若勿已矣，修胸中之诚，以应天地之情而勿撄。夫民死已脱矣，君将恶乎用夫偃兵哉！”

黄帝将见大隗乎具茨之山，方明为御，昌寓骖乘，张若諨朋前马，昆阍滑稽后车[11]；至于襄城之野，七圣皆迷，无所问涂。适遇牧马童子，问涂焉，曰：“若知具茨之山乎？”

曰：“然。”“若知大隗之所存乎？”

曰：“然。”

停止战争，正是造成战争的原因。你从这里着手行事，大概不会有什么成效。凡是想成就美名的，这（想法本身）就是作恶的工具；你虽然想行仁义，（实际上）却近乎作伪啊！有形迹就会作伪，有所成就就会造成（自我的）矜夸，有变乱就会引发外战。你决不要将自己的大军陈列于高楼之下，不要集合士兵在锱坛的宫苑之间。不要背理去贪求，不要用机巧去胜过别人，不要用谋略去压倒别人，不要用战争去征服别人。如果屠杀他国的人民，吞并他国的土地，来满足自我的私欲，满足自我的心理，这种战争不知有什么好处？所谓的胜利又在哪里？你不如停止战争，专注于内心的修养，以顺应天地自然而不搅扰他物。老百姓免于一死，你哪里还用得着去停止战争呢？”

黄帝要到具茨山（地名）见大隗（人名），方明（人名）为他驾车，昌寓（人名）陪着他坐，张若、諨朋（人名）为他开路，昆阍、滑稽（人名）为他殿后；来到襄城的原野，七个圣人都迷失了方向，不知道该往哪儿走。（这时）正好遇到一个牧马的小童，（七位圣人）向他问路道：“你知道具茨山吗？”

小童答道：“是的。”

黄帝曰："异哉小童！非徒知具茨之山，又知大隗之所存。请问为天下。"

小童曰："夫为天下者，亦若此而已矣，又奚事焉！予少而自游于六合之内，予适有瞀病[12]，有长者教予曰：'若乘日之车而游于襄城之野。'今予病少痊，予又且复游于六合之外。夫为天下亦若此而已。予又奚事焉！"

黄帝曰："夫为天下者，则诚非吾子之事。虽然，请问为天下。"

小童辞。黄帝又问。小童曰："夫为天下者，亦奚以异乎牧马者哉！亦去其害马者而已矣[13]！"黄帝再拜稽

黄帝

又问道："你知道大隗的所在吗？"

回答说："是的。"

黄帝说道："奇怪，小童！（你）不仅知道具茨山，还知道大隗的所在。（那么）请问如何治理天下。"

小童说："治理天下，也这样就是了，又何必生事呢！我小的时候独自遨游于六合之内，（那时）我恰好有目眩症，有位长者教导我说：'你乘坐着日车而在襄城的原野上游玩。'现在我的病症稍稍痊愈了，我就又遨游在六合之外的境界。治理天下是同样的道理。我又何必生事呢？"

黄帝说："治理天下，并不是你的事。虽然如此，（我还是）请问怎样治理天下。"

小童不答。黄帝又问。小童说："治理天下，也和牧马有什么不同么！也就是除去害群之马而已。"黄帝再三地叩首拜谢，称他为天师，然后告辞。

智者没有思虑的机变就不高兴，辩者没有谈说的道理就不高兴，聪明人没有零碎的事情去做就不高兴，他们都是受到外物的拘限。

招摇于世的人以治国安邦为怀，中等资质的人以（获得）一官半职为荣，筋骨强壮的人以克服困难而自矜，勇敢

南华真经

注译

首，称天师而退。

知士无思虑之变则不乐，辩士无谈说之序则不乐，察士无凌谇之事则不乐[14]，皆囿于物者也。

招世之士兴朝，中民之士荣官，筋力之士矜难，勇敢之士奋患，兵革之士乐战，枯槁之士宿名，法律之士广治，礼教之士敬容，仁义之士贵际。农夫无草莱之事则不比[15]，商贾无市井之事则不比。庶人有旦暮之业则劝，百工有器械之巧则壮。钱财不积则贪者忧，权势不尤则夸者悲。势物之徒乐变，遭时有所用，不能无为也。此皆顺比于岁[16]，不易于物者也[17]，驰其形性，潜之万物，终身不反，悲夫！

庄子曰："射者非前期而中，谓之善射，天下皆羿也[18]，可乎？"

惠子曰："可。"

庄子曰："天下非有公是也，而各是其所是，天下皆尧也，可乎？"

惠子曰："可。"

庄子曰："然则儒墨杨秉四[19]，与夫子为五，果孰是

的斗士以奋力除患为义务，披盔戴甲的士兵乐于征战，山林枯槁的隐士在意声名，讲求法律的人推行法治，重视礼教的人整饬仪容，仁义的人重视交际。农夫没有田作之事就不高兴，商人没有市井之事就不高兴。老百姓有早出晚归的工作就会自勉，百工之人艺高人胆大。不能聚敛钱财，贪婪的人就会忧虑；不能掌握权力，虚夸的人就会悲伤。迷恋于权势和财货的人喜欢浑水摸鱼，（这样）就能捕捉时机而为我所用，（这些人）达不到无为的境界。他们都是与时俯仰、不能从物的束缚中解脱出来的人。身心外驰而沉溺于物，终其一生而不能觉悟，可悲啊！

庄子说："射箭的没有射中预定目标而误中（别的地方），这样就称他为善射，那么天下人都是羿（人名），可以这样说吗？"

惠子说："可以。"

庄子说："天下没有一个共同认可的标准，都认为自己是正确的，这样天下人都是尧，可以这么说吗？"

惠子说："可以。"

庄子说："那么儒家、墨家、杨朱和公孙龙四家，加上先生一共是五家，究竟谁是正确的呢？或者像鲁遽（人名）一样吗？鲁遽的弟子说：'我

邪？或者若鲁遽者邪[20]？其弟子曰：'我得夫子之道矣，吾能冬爨鼎而夏造冰矣[21]。'鲁遽曰：'是直以阳召阳，以阴召阴，非吾所谓道也。吾示子乎吾道。'于是为之调瑟，废一于堂[22]，废一于室，鼓宫宫动，鼓角角动，音律同矣。夫或改调一弦，于五音无当也，鼓之，二十五弦皆动，未始异于声，而音之君已。且若是者邪？"

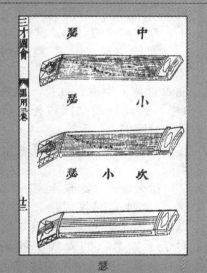

瑟

惠子曰："今夫儒墨杨秉，且方与我以辩，相拂以辞[23]，相镇以声，而未始吾非也，则奚若矣？"庄子曰："齐人蹢子于宋者[24]，其命阍也不以完[25]，其求钚钟也以

已经学得先生的道理了，我能够冬天烧鼎器而夏天造冰了。'鲁遽说：'这只是用阳气招引阳气，用阴气招引阴气，不是我所说的道。我把我的道显示给你看看。'于是调整瑟弦，一张放在堂上，一张放在室内。鼓动（这张瑟的）宫音，（那张瑟的）宫音也动，鼓动（这张瑟的）角音，（那张瑟的）角音也动。（这都是）音律相同的（缘故）。如果有一根弦改了调，和五音不合，拨动它，二十五弦都跟着动，声调没有什么区别，只是以音为主而已。（你们）都是这样的吗？"

惠子说："如今如果儒、墨、杨、公孙龙四家正在和我辩论，用言语相互对抗，用声音相互压制，这未必是我的过错，那么怎么和他们相似呢？"

庄子说："齐国有一个人，他把他的儿子放在宋国，使他像残缺之人一样做看门人，他有一个小钟却包裹起来（惟恐破损）。有人寻找遗失的孩子却不走到村子外去找，这和各家的辩论大致相似！楚国有一个人寄居在别人家而责备看门人；（有一个人）在夜半无人的时候和船夫争斗，船还没有靠岸而已经足以结下仇怨了。"

庄子送葬，经过惠子的坟

杂篇

南华真经

注

译

二八三

束缚，其求唐子也而未始出域[26]，有遗类矣！夫楚人寄而蹢阍者，夜半于无人之时而与舟人斗，未始离于岑而足以造于怨也[27]。"

庄子送葬，过惠子之墓，顾谓从者曰："郢人垩慢其鼻端若蝇翼[28]，使匠石斫之。匠石运斤成风，听而斫之[29]，尽垩而鼻不伤，郢人立不失容。宋元君闻之，召匠石曰：'尝试为寡人为之。'匠石曰：'臣则尝能斫之。虽然，臣之质死久矣[30]。'自夫子之死也，吾无以为质矣，吾无与言之矣。"

管仲有病，桓公问之，曰："仲父之病病矣[31]，可不讳云，至于大病，则寡人恶乎属国而可？"

管仲曰："公谁欲与？"

公曰："鲍叔牙。"

曰："不可。其为人絜廉善士也，其于不己若者不比之[32]，又一闻人之过，终身不忘。使之治国，上且钩乎君，下且逆乎民。其得罪于君也，将弗久矣！"

公曰："然则孰可？"

对曰："勿已，则隰朋

墓，回头跟随从说："郢地有一个人鼻端上溅上了白垩土，好像苍蝇的翅膀一样，请一个名叫石的木匠帮他削掉。那个叫石的木匠挥动斧头呼呼作响，举重若轻地劈下了泥点，垩土完全被消除而（郢人）鼻子却没有受到丝毫损伤，郢人站着面不改色。宋元君听说这件事情，把那个叫石的木匠找来说：'试着（削削）我看。'那个叫石的木匠说：'我以前是能削。虽然是这样，但是现在我的对手已经死了很久了。'自从先生去世，我就没有对手，没有辩论的对象了。"

管仲生病了，齐桓公问他："仲父的病已经很重了，能否直截了当地告诉我，如果（您）病危，我把国政托付给谁才好呢？"

管仲说："大王想托付给谁呢？"

桓公说："鲍叔牙。"

（管仲）回答说："不可以。他的为人，廉洁善良，他对于不如自己的人就不能亲近，并且一听到别人的过错便终身不忘。如果让他治理国家，对上他要以忠直约束国君，对下要以清廉忤逆百姓。他得罪国君，是不会长久的。"

桓公说："那么谁可以呢？"

回答说："要不，隰朋

可[33]。其为人也，上忘而下畔，愧不若黄帝而哀不己若者。以德分人谓之圣，以财分人谓之贤。以贤临人，未有得人者也；以贤下人，未有不得人者也。其于国有不闻也，其于家有不见也。勿已，则隰朋可。"

管仲

吴王浮于江，登乎狙之山。众狙见之，恂然弃而走[34]，逃于深蓁。有一狙焉，委蛇攫搔[35]，见巧乎王。王射之，敏给搏捷矢[36]。王命相者趋射之，狙执死。王顾谓其友颜不疑曰："之狙也，伐其巧恃其便以敖予，以至此殛也！戒之哉！嗟乎，无以汝色骄人哉！"颜不疑归而师董

（人名）怎么样。在上的人与之相忘而在下的人不叛离，自愧不如黄帝而怜悯不如自己的人。用德性施于人称为圣，用财货施于人称为贤。以贤名傲视他人，没有得人心的；以贤仁谦虚对人，没有不得人心的。他对于国事不干预，对于家事不苛察。要不，隰朋也可以。"

吴王泛舟长江，登上猕猴山。群猴看到他，惊慌地逃跑，逃到荆棘丛的深处。其中有一只猴子跳跃来去，攀枝援条，向吴王显示它的灵巧。吴王射它，（它）敏捷地接住箭。吴王命令左右随从上前来射它，这只猴子就被射死了。吴王对他的朋友颜不疑（人名）说："这只猴子，夸耀它的灵巧，仗着它的敏捷来傲视我，以至于丧命！要引以为戒呀！唉，不要用你的色态来骄人啊！"颜不疑回去就拜董梧为师，去除他的骄态，摒弃享乐，放弃荣华富贵，三年以后国人都称赞他。

南伯子綦（人名）靠着桌子坐着，仰起头来缓缓吐了口气。颜成子（人名）进来见到他说："先生，真了不起啊。形体固然可以像枯骨一样，心灵固然可以像死灰一样吗？"

（南伯子綦）回答说："我曾经隐居在岩穴之中。那

南华真经 注译

二八五

南华真经

注译

梧以助其色，去乐辞显，三年而国人称之。

南伯子綦隐几而坐[37]，仰天而嘘。颜成子入见曰："夫子，物之尤也。形固可使若槁骸，心固可使若死灰乎？"

曰："吾尝居山穴之中矣。当是时也，田禾一睹我，而齐国之众三贺之。我必先之，彼故知之；我必卖之，彼故鬻之。若我而不有之，彼恶得而知之？若我而不卖之，彼恶得而鬻之？嗟乎！我悲人之自丧者，吾又悲夫悲人者，吾又悲夫悲人之悲者，其后而日远矣。"

仲尼之楚，楚王觞之，孙叔敖执爵而立，市南宜僚受酒而祭曰[38]："古之人乎！于此言已。"

曰："丘也闻不言之言矣，未之尝言，于此乎言之。市南宜僚弄丸而两家之难解[39]，孙叔敖甘寝秉羽而郢人投兵。丘愿有喙三尺。"彼之谓不道之道，此之谓不言之辩，故德总乎道之所一。而言休乎知之所不知，至矣。道之所一者，德不能同也；知之所

时，田禾一（人名）来看我，齐国的民众就再三地祝贺他。我必定是声名在先，他才知道；我必定是声名远扬，他才来找我。如果我没有声名，他怎么会知道呢？如果我声名不外扬，他怎么会来找我呢？唉！我为自我迷失的人悲哀，又为那些悲哀人的人悲哀，又为那些悲哀他人的悲哀的人悲哀，然后一天天地远离（沽名钓誉而达到淡泊宁静槁木死灰的境界）。"

孔子到楚国，楚王设宴招待他，孙叔敖手持酒器站（在一边），市南宜僚（人名）拿着酒祝祭道："古代的人啊，在这种情形下讲话。"

孔子说："我听到过无言的言论，（但）还没有向别人说过，在这里说一说。市南宜僚善弄丸铃而使得两家的危难解除，孙叔敖安寝高卧手执羽扇而使得楚人停止战争。我愿意置喙吗！"宜僚和孙叔敖可以称为不言之道，仲尼可以称为不言之辩，所以说德意味着道的同一方面。而言论到达于知识所不能知道的境地，就是顶点了。自然之道是同一的，（而个人）得道的（情况）却不相同；知识所不能知道的，言辩也不能将它阐述明白；像儒、墨两家那样标榜"名"，是很危险的。故而大海不拒绝

不能知者，辩不能举也；名若儒墨而凶矣。故海不辞东流，大之至也；圣人并包天地，泽及天下，而不知其谁氏。是故生无爵，死无谥，实不聚，名不立，此之谓大人。狗不以善吠为良，人不以善言为贤，而况为大乎！夫为大不足以为大，而况为德乎！夫大备矣，莫若天地；然奚求焉，而大备矣。知大备者，无求，无失，无弃，不以物易己也。反己而不穷，循古而不摩，大人之诚。

子綦有八子，陈诸前，召九方歅曰："为我相吾子，孰为祥？"

九方歅曰："捆也为祥。"

子綦瞿然喜曰："奚若？"

曰："捆也将与国君同食以终其身。"

子綦索然出涕曰："吾子何为以至于是极也！"

九方歅曰："夫与国君同食，泽及三族[40]，而况父母乎！今夫子闻之而泣，是御福也。子则祥矣，父则不祥。"

子綦曰："歅，汝何足以识之，而捆祥邪？尽于酒肉

向东来的河流，是（因为它）大到了极点；圣人包容天地，泽被天下，而（人民）不知道他姓甚名谁。所以生前没有爵位，死后没有谥号，财货不聚，声名不立，这就称为大人。狗不因为能叫便是好狗，人不因为能说便是贤人，何况是要成就大业（的人）呢？有心成为伟大就不足以为伟大，何况是修养德性呢！没有什么比天地更大，然而天地无所求，故而是最完备的。知道最完备的人，无所求取，无所丧失，无所舍弃，不因为外物而改变自己。反求于自身而不故步自封，遵循自古以来的大道而不矫饰，这就是大人的真性。

子綦有八个儿子，他让他们在前面站成排，邀请九方歅（人名）来说："请为我的儿子们相相命，看谁有福气？"

九方歅说："捆（人名）最有福气。"

子綦惊喜道："会怎么样呢？"

回答说："捆将会和国君共同进食以至终身。"

子綦泫然流泪说："我的儿子为什么会落到这种境地呢？"

九方歅说："和国君共饮食，恩泽惠及三族，何况父母呢？现在先生听到却哭泣，这

二八七

入于鼻口矣，而何足以知其所自来？吾未尝为牧而牂生于奥[41]，未尝好田而鹑生于宎[42]，若勿怪，何邪？吾所与吾子游者，游于天地。吾与之邀乐于天，吾与之邀食于地；吾不与之为事，不与之为谋，不与之为怪；吾与之乘天地之诚而不以物与之相撄，吾与之一委蛇而不与之为事所宜。今也然有世俗之偿焉！凡有怪征者，必有怪行，殆乎，非我与吾子之罪，几天与之也！吾是以泣也。"

无几何而使掘之于燕，盗得之于道，全而鬻之则难，不若刖之则易[43]，于是乎刖而鬻之于齐，适当渠公之街，然身食肉而终。

啮缺遇许由，曰："子将奚之？"

曰："将逃尧。"

曰："奚谓邪？"

曰："夫尧，畜畜然仁[44]，吾恐其为天下笑。后世其人与人相食与！夫民，不难聚也；爱之则亲，利之则至，誉之则劝，致其所恶则散。爱利出乎仁义，捐仁义者寡，

是拒绝福分。儿子有福气，父亲却没有福气了。"

子綦说："歜，你怎么会知道，捆真的有福气吗？只不过是酒肉到口鼻而已，怎么足以知道它的来处呢？我没有牧羊而羊却出现在西南屋角，没有狩猎而鹌鹑却出现在东北屋角，你不觉得奇怪，为什么呢？我和我的儿子遨游的，是游于天地之间。我和他一起同乐于天，我和他一起求食于地；我和他不求功名，不图谋虑，不立怪异；我和他一起乘天地间的精神而不被外物搅扰，我和他随物流转任其自然而不凝滞于物之所宜。如今却有了世俗的报偿啊！凡是有怪异的征兆，必定有怪异的行止，危险啊！这不是我和儿子的罪过，几乎是天给予他的呀！我因此而才哭泣。"

没过多久，捆就被派去燕国，强盗在途中掳掠了他，（因为）把他完整地卖掉很难，不如砍掉脚容易，于是砍掉他的脚把他卖到了齐国，正好替渠公看门，而终身食肉。

啮缺遇到许由，问："你要到哪里去？"

（许由）回答说："要逃避尧（的统治）。"

（啮缺）问道："为什么呢？"

（许由）回答说："尧念

利仁义者众。夫仁义之行，唯且无诚，且假乎禽贪者器[45]。是以一人之断制利天下，譬之犹一觇也[46]。夫尧知贤人之利天下也，而不知其贼天下也，夫唯外乎贤者知之矣。"

有暖姝者，有濡需者，有卷娄者[47]。所谓暖姝者，学一先生之言，则暖暖姝姝而私自说也，自以为足矣，而未知未始有物也，是以谓暖姝者也。濡需者，豕虱是也，择疏鬣自以为广宫大囿，奎蹄曲隈[48]，乳间股脚，自以为安室利处，不知屠者之一旦鼓臂布草操烟火，而己与豕俱焦也。此以域进，此以域退，此其所谓濡需者也。卷娄者，舜也。羊肉不慕蚁，蚁慕羊肉，羊肉膻也。舜有膻行，百姓悦之，故三徙成都，至邓之虚而十有万家。尧闻舜之贤，举之童土之地[49]，曰冀得其来之泽。舜举乎童土之地，年齿长矣，聪明衰矣，而不得休归，所谓卷娄者也。是以神人恶众至，众至则不比，不比则不利也。故无所甚亲，无所甚疏，抱

念不忘为仁，我恐怕他被天下人所讥笑。后世人岂不是要人和人相残食吗！民众，不难聚集：爱护他，他便亲近（你）；有利于他，他便追随（你）；称赞他，他便勤勉（工作）；使他厌恶，他便离开（你）。爱和利都出于仁义，忘乎仁义的人少，取利于仁义的人多。仁义的行为，只有造就虚伪，并且成为贪婪者的工具。这是以一个人的裁断来取利于天下，就好像是一瞥之见啊。尧知道贤人有利于天下，却不知道贤人戕害天下，只有圣贤之外的人才知道这个道理啊。"

有沾沾自喜的（人），有苟安自得的（人），有形神劳苦的（人）。所谓沾沾自喜的人，只学习了一家之言，就自鸣得意，自以为很饱学，而不知道超于物的知识之外的境界，所以称之为沾沾自喜者。苟安自得的人，就像是猪身上的虱子，选择猪毛疏落而长的地方，自以为到了深宫广苑，在蹄边胯下，乳间股脚，自以为到了安全便宜的处所，不知道屠夫有一天会把它们放在草木上点火烧之，自己就会和猪一起被烧焦。这就是随环境进也跟着进，随环境退也跟着退，这就是所谓苟安自得者。形神劳苦的人，就好像舜。羊肉不爱慕蚂蚁，而蚂蚁则爱慕

杂篇

南华真经

注译

二九〇

德炀和以顺天下，此谓真人。于蚁弃知，于鱼得计，于羊弃意。以目视目，以耳听耳，以心复心。若然者，其平也绳，其变也循。古之真人，以天待人，不以人入天。古之真人，得之也生，失之也死；得之也死，失之也生。

舜

药也，其实堇也，桔梗也，鸡壅也^[50]，豕零也，是时为帝者也，何可胜言！句践也以甲楯三千栖于会稽。唯种也能知亡之所以存^[51]，唯种也不知其身之所以愁。故曰：鸱目有所适，鹤胫有所节，解之也悲。故曰：风之过河也有损焉，日之过河也有损焉。请只风与日相与

羊肉，因为羊肉有膻味。舜的行为有膻味，所以百姓爱悦他，所以三次迁都，到了邓那个地方的旷野，就有了十几万户人口。尧听说舜的贤能，就从荒野中把他选拔出来，说希望他来施降恩泽。舜从荒野中被选拔出来，年纪已经大了，聪明衰退，反应迟钝，却不能回家休息，这就是所谓形神劳苦者。所以神人厌恶众人聚集在一起，众人聚集就会有不和睦，不和睦就会有不好的事情发生。所以没有什么过分的亲近，没有什么过分的疏远，坚持自己的本性和平和的心态，顺应天下，这就称为真人。（真人）连蚂蚁的智慧都要抛弃，像鱼一样悠然自得，连羊的意念都要摒弃。用眼睛看眼睛能看到的，用耳朵听耳朵能听到的，用心灵覆照心灵所能领会的。像这样，他的心灵是自然的平静，他的变化是自然的变化。古时的真人，以自然来对待人事，而不是以人事来干预自然。古时的真人，以得为生，以失为死；以得为死，以失为生，（得失都顺其自然。）

像乌头、桔梗、鸡头、猪苓这些药材，（虽然很贱）一到用的时候就非常珍贵了，（贵贱之论）怎么能说得清楚呢？勾践带着三千士兵驻扎在

守河[52]，而河以为未始其撄也，恃源而往者也。故水之守土也审[53]，影之守人也审，物之守物也审。故目之于明也殆，耳之于聪也殆，心之于殉也殆。凡能其于府也殆，殆之成也不给改。祸之长也兹萃[54]，其反也缘功，其果也待久。而人以为己宝，不亦悲乎！故有亡国戮民无已，不知问是也。

故足之于地也践，虽践，恃其所不蹍而后善博也；人之于知也少，虽少，恃其所不知而后知天之所谓也。知大一，知大阴，知大目，知大均，知大方，知大信，知大定[55]，至矣。大一通之，大阴解之，大目视之，大均缘之，大方体之，大信稽之，大定持之。

尽有天，循有照，冥有枢，始有彼。则其解之也似不解之者，其知之也似不知之也，不知而后知之。其问之也，不可以有崖，而不可以无崖。颉滑有实[56]，古今不代，而不可以亏，则可谓有大扬推乎！阖不亦问是已，奚惑然为！以不惑解惑，

会稽，只有文种知道如何在失败中谋求生存，也只有文种不知道自身的祸患。所以说："猫头鹰的眼睛自有其适用（的地方），鹤的长腿也自有其适用（的地方），（如果）截短了它就是一个悲剧。所以说，风吹过河水，河水就会有所损失；太阳照过河水，河水就会有所损失。如果使风和太阳一起吹着、晒着河水，而河水却没有损失，那是因为（河水）依仗着源头源源不断的流水。所以水厮守住了土就牢固，影子厮守住了人就形影不离，物厮守住了其他的物就融合不离。所以眼睛过于追求明察就会危殆，耳朵过于灵敏就会危殆，心思过于追逐外物就会危殆。凡是智能藏于内心就会危殆，危殆的形成不可能改过。祸患的滋生越来越多，返归本性就需要修养，成就有待于长时间的修证。而人们却自以为（耳目心思和智能）为可贵，不是太可悲了吗！所以亡国和戮杀老百姓的事情层出不穷，这是不知道探求根由的缘故啊。

脚所踩踏的地方很小，虽然小，还是要依仗它没有踩踏的地方而后才能达到广远（的地方）；人所知道的很少，虽然少，还是要依仗所不知道的而后才能知道自然的天道。知

南
华
真
经

注
译

杂
篇

二
九
二

复于不惑，是尚大不惑。

注释：

[1]徐无鬼：魏国的隐士。女商：魏武侯的宠臣。

[2]擎：引使之去。

[3]超然：怅然。

[4]金板六弢：即太公兵法。

[5]蓁藟：即杂草。柱：堵塞。

[6]踉：同"良"，借为"长"。

[7]謷炊：指音容笑貌。

[8]宾：即"摈"，摈弃。

[9]丽谯：高楼之名。

[10]锱坛：宫殿之名。

[11]大隗：人命，寓"大道"。具茨：山名，据说在今河南省境内。方明，昌寓，张若，谐朋，昆阍，滑稽：都是虚拟人名。

[12]瞀：目眩之病。

[13]害马者：比喻分外之事。

[14]淩谇：即"零碎"。

[15]比：和谐欢乐。

[16]顺比于岁：与时俯仰。

[17]不易于物：即囿于一物，而不能随物变异。

[18]羿：即后羿，以善射著称。

[19]杨：即杨朱。秉：是公孙龙的字。

[20]鲁遽：人名。

[21]爨：烧火。

[22]废：即放置。

[23]拂：对抗。

[24]蹢：即投掷。

[25]阍：：看门人。

[26]唐子：即"亡子"，丢失的孩子。

道大一，知道大阴，知道大目，知道大均，知道大方，知道大信，知道大定，就到了极致了。大一贯通，大阴化解，大目遍照，大均缘顺，大方体达，大信稽查，大定执持。

穷尽自身的本性才能回归天性，因循自然变化才能获得智慧，冥默之境有枢机，太始之地有彼端。（在这种情况下）解悟就好像没有解悟，知道也好像不知道，不知而后真知。追问它，不可以有边际，又不可以没有边际。万物纷纷纭纭，各有其理，古今之时间好像凝固了一样，而不可能减少了些什么，能不说是有大的妙理吗！为什么不追问这个妙理，为什么迷惑呢！用不疑惑来解释疑惑，返回到不疑惑的境地，这是大不惑。

*　　　　*　　　　*

[27]离：通"丽"。岑：岸。离于岑：靠岸。

[28]垩：白垩土。

[29]听：随心所欲地。

[30]质：对手。

[31]病病：第一个"病"名词，疾病；第二个"病"动词，病重。

[32]比：并立。

[33]隰朋：人名，齐国之贤人。

[34]恂然：惊慌的样子。

[35]委蛇攫搔：跳跃来去攀枝

抓条。

[36]敏给：即敏捷。搏捷：接。

[37]南伯子綦：即《齐物论》中的南郭子綦。

[38]市南宜僚：人名，楚国的勇士。

[39]丸：丸铃。

[40]三族：即父族，母族，妻族。

[41]牂：羊。奥：西南角。

[42]宎：东北角。

[43]全而鬻之则难，不若刖之则易：如果让被掳掠之人保持身体完整，那么他容易逃掉；而如果砍掉他的脚，他就不容易逃脱了。

[44]畜畜然：仁爱劳苦的样子。

[45]禽贪者：贪婪如禽兽的人。

[46]觋：瞥。

[47]娄：同"偻"。

[48]奎：两髀之间。曲隈：两股之间。

[49]童土：即荒野。

[50]廱：或作"壅"。

[51]种：文种。

[52]请只：纵然。

[53]审：安定。

[54]兹萃：滋长汇集。

[55]大一：混沌未分。大阴：大静。大目：无所不视。大均：平等无殊别。大方：无限。大信：真理。

[56]颉滑：纷纷扰扰。

则阳第二十五

则阳游于楚[1]，夷节言之于王[2]，王未之见，夷节归。彭阳见王果曰[3]："夫子何不谭我于王[4]？"

王果曰："我不若公阅休[5]。"

彭阳曰："公阅休奚为者邪？"

曰："冬则擉鳖于江[6]，夏则休乎山樊。有过而问者，曰：'此予宅也。'夫夷节已不能，而况我乎！吾又不若夷节。夫夷节之为人也，无

则阳第二十五

则阳（人名）游历到了楚国，夷节（人名）把他推荐给国王，国王没有接见，夷节就回家了。彭阳（人名）见到王果（人名）问道："先生为什么不在国王面前提到我？"

王果说："我不如公阅休（人名）。"

彭阳问："公阅休是干什么的？"

（王果）回答说："冬天在江河中刺鳖，夏天在山旁休息。有过路的问他，他说：'这（天地）是我的住宅。'夷节都不能够做到，何况我呢！

德而有知，不自许，以之神其交固，颠冥乎富贵之地，非相助以德，相助消也。夫冻者假衣于春，暍者反冬乎冷风。夫楚王之为人也，形尊而严；其于罪也，无赦如虎；非夫佞人正德，其孰能桡焉[7]！故圣人，其穷也使家人忘其贫，其达也使王公忘爵禄而化卑。其于物也，与之为娱矣；其于人也，乐物之通而保己焉；故或不言而饮人以和，与人并立而使人化。父子之宜，彼其乎归居，而一闲其所施[8]。其于人心者，若是其远也。故曰待公阅休。"

圣人达绸缪[9]，周尽一体矣，而不知其然，性也。复命摇作而以天为师[10]，人则从而命之也。忧乎！知而所行恒无几时，其有止也若之何！生而美者，人与之鉴，不告则不知其美于人也。若知之，若不知之，若闻之，若不闻之，其可喜也终无已，人之好之亦无已，性也。圣人之爱人也，人与之名，不告则不知其爱人也。若知之，若不知之，若闻之，若不闻

我又不如夷节。夷节的为人，没有德性而有智心，不自甘于恬淡，用心于外，长久痴迷于富贵场中，不能有助于修养德性，反而消解德性。好像受冻的人盼望春天的温暖（有了春天的温暖受冻的人就好像多加了几件衣服一样），中暑的人渴望冬天的冷风（一样，这都是于事无补的）。楚王的为人，形貌尊贵而威严；对于罪犯，好像对待猛虎那样毫不留情；如果不是小人和正德之士，谁能说动他呢？所以圣人，当他困窘的时候可以让他的家人忘掉他们的贫穷，当他显达的时候，可以让王公贵族忘掉他们的爵禄而变得谦卑。他和谐地与物相处；他乐于与他人沟通而不失去自己；所以（他）虽然没有说什么却沁人心脾，和人呆在一起而使人感化。使父子之间各得其所，以清净无为的态度待人。人心和人心之间，相去这么遥远。所以说要等公阅休来在楚王面前谈论你。"

圣人摆脱物的束缚，并与万物最终融合为一个整体，却不知道这是怎么回事（所以然），这是出于本性（的缘故）。复归性命本来面目而遵循自然，人们因而称之为圣人。因为有心智而忧虑，但行为常常不能善始善终，或半途而废，奈何！

生来就貌美的人，别人给他镜子，如果别人不告诉他（什么是美，什么是丑），他就不知道自己比别人美。好像知道，又好像不知道，像是有所闻，又像是无所闻，他的欣喜没有停止的时候，人们的喜好也没有停止的时候，这是出于本性。圣人爱人，是人们对他的美誉，如果没有互相传诵就不知道圣人爱人。好像知道，又好像不知道，仿佛有所闻，又仿佛无所闻。圣人爱人没有停止的时候，人们安于这种状况也没有停止的时候，这是出于本性。

故国和故乡，看在眼里喜在心上；即使是丘陵杂草野木茫茫苍苍，遮蔽了十之八九，仍然心里觉得舒畅。何况是亲自见到听到本来的面目呢？这就好像悠闲的人身在十仞高楼上的感觉啊！冉相氏（人名）把握了不执两边（得其环中）的道的真理而随物自成，与物同化而无始无终，无古无今。因时而动、顺物而化，内心宁静而不变，何曾离其环中！有意效法自然，便不能得到自然的结果，（最终）与外物互相损伤，这种事情奈之若何？圣人心中没有自然，没有人为，没有始终，没有物我，与世俗同行而不废人事，行为完备而不陷溺于此；合乎于道，如

之，其爱人也终无已，人之安之亦无已，性也。

旧国旧都，望之畅然；虽使丘陵草木之缗入之者十九[11]，犹之畅然。况见见闻闻者也，以十仞之台县众闲者也[12]！冉相氏得其环中以随成[13]，与物无终无始，无几无时。日与物化者，一不化者也，阖尝舍之！夫师天而不得师天，与物皆殉，其以为事也若之何？夫圣人未始有天，未始有人，未始有始，未始有物，与世偕行而不替，所行之备而不洫[14]，其合之也若之何？汤得其司御门尹登恒为之傅之[15]，从师而不囿；得其随成，为之司其名；之名嬴法，得其两见。仲尼之尽虑，为之傅之。容成氏曰[16]："除日无岁，无内无外。"

魏莹与田侯牟约[17]，田侯牟背之。魏莹怒，将使人刺之。犀首公孙衍闻而耻之曰[18]："君为万乘之君也，而以匹夫从仇！衍请受甲二十万，为君攻之，虏其人民，系其牛马，使其君内热发于背。然后拔其国。忌也出走[19]，

杂篇

南华真经

注译

二九六

然后抶其背，折其脊。"

　　季子闻而耻之曰："筑十仞之城，城者既十仞矣，则又坏之，此胥靡之所苦也。今兵不起七年矣，此王之基也。衍乱人，不可听也。"

　　华子闻而丑之曰[20]："善言伐齐者，乱人也；善言勿伐者，亦乱人也；谓伐之与不伐乱人也者，又乱人也。"

　　王曰："然则若何？"

　　曰："君求其道而已矣！"

　　惠子闻之而见戴晋人。戴晋人曰[21]："有所谓蜗者，君知之乎？"

　　曰："然。"

蜗牛

何？汤（古帝王）得到他的司御（驾车的职官）门尹登恒（人名），并拜之为师，追随师父但又不被囿限，得以顺物成性。容成氏说："没有一天（日）就没有一年（岁），没有内就没有外。"

　　魏惠王（莹）与田侯牟（人名，齐王）有盟约，田侯牟背约，魏惠王很愤怒，准备派人去刺杀他。公孙衍将军听说这件事，觉得很可耻，说："您是万乘之国的国君，却逞匹夫之怒要去报仇！请给我甲兵二十万，为您攻打他，掳掠他的人民，抢夺他的牛马，让那个君主内心焦虑而毒疮发背。然后占领他的国土。田忌（人名，齐将）战败而逃，然而鞭笞他的后背，折断他的脊骨。"

　　季子听说后，认为很可耻，说："建筑十仞高的城墙，城墙已经建成十仞高了，却又毁掉它，这是劳役之人的苦差事。现在已经没有征战了，这是王业的基础。公孙衍是乱国之人，不可听从他。"

　　华子（人名）听说了（公孙衍和季子之言论），认为很可耻，说："巧言如簧劝说伐齐的，是乱国之人；巧言如簧劝说不伐齐的，也是乱国之人；说伐和不伐都是乱国之人的，也同样是乱国之人。"

"有国于蜗之左角者曰触氏，有国于蜗之右角者曰蛮氏，时相与争地而战，伏尸数万，逐北旬有五日而后反。"

君曰："噫！其虚言与？"

曰："臣请为君实之。君以意在四方上下有穷乎？"

君曰："无穷。"

曰："知游心于无穷，而反在通达之国，若存若亡乎？"

君曰："然。"

曰："通达之中有魏，于魏中有梁，于梁中有王。王与蛮氏，有辩乎[22]？"

君曰："无辩。"

客出而君惝然若有亡也。客出，惠子见。君曰："客，大人也，圣人不足以当之。"

惠子曰："夫吹筦也[23]，犹有嗃也[24]；吹剑首者，吷而已矣[25]。尧舜，人之所誉也；道尧舜于戴晋人之前，譬犹一吷也。"

孔子之楚，舍于蚁丘之浆。其邻有夫妻臣妾登极者。子路曰："是稷稷何为者邪[26]？"

仲尼曰："是圣人仆也。是自埋于民，自藏于畔[27]。

君主说："那么怎么办呢？"

（华子）回答说："你只要寻求道的真理就可以了！"

惠子听说这件事就引见了戴晋人（人名）。戴晋人说："有一种叫蜗牛的（动物），君主您知道吗？"

（君主）回答说："知道。"

（戴晋人）说："蜗牛的左角上有一个国家叫触氏，蜗牛的右角上有一个国家叫蛮氏，两个国家经常因为争夺地盘而发生战争，伏尸数万，追逐穷寇，十五天之后才班师。"

君主说："唉，这些都是虚话吧？"

回答说："那么请让我为您说实话。您认为四方上下有穷尽吗？"

君主说："没有穷尽。"

（戴晋人）说："（您）知道游心于无穷无尽的境界，而最终返归到通达之国，好像若有若无吗？"

君主说："是的。"

（戴晋人）说："通达之国中有魏国，魏国中有大梁，大梁中有君主，君主您和蛮氏，有分别吗？"

君主说："没有。"

客人告辞而去，君主怅然若有所失。客人走了，惠子进见。君主说："这个客人，是

南华真经

注译

二九八

其声销，其志无穷，其口虽言，其心未尝言，方且与世违而心不屑与之俱。是陆沈者也[28]，是其市南宜僚邪？"

子路请往召之。孔子曰："已矣！彼知丘之着于己也，知丘之适楚也，以丘为必使楚王之召己也，彼且以丘为佞人也。夫若然者，其于佞人也羞闻其言，而况亲见其身乎！而何以为存？"

子路往视之，其室虚矣。

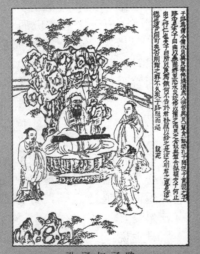

孔子与子路

长梧封人问子牢曰[29]："君为政焉勿卤莽，治民焉勿灭裂[30]。昔予为禾，耕而卤莽之，则其实亦卤莽而报予；芸而灭裂之，其实亦灭裂而报予。予来年变齐[31]，深其

大人啊，圣人也不能和他相提并论。"

惠子说："吹箫管，还有音声；吹剑环，只是有微弱的一丝声音而已。尧舜，是人们所称誉的；（但是）在戴晋人的面前提尧舜，就好像是微弱的一丝声音而已。"

孔子到了楚国，住在蚁丘的一户卖浆人家。邻居中有夫妻仆妾爬到屋顶观望，子路说："一堆人挤在这儿干什么呢？"

孔子说："这些人是圣人的仆人。他们自隐于民间，自藏于田园。他们声名销寂，他们志向无穷，他们虽然有所言语，但他们的心却沉寂无言，与世俗相反而心不屑于与世俗同流。他们是都市中的隐士，岂不是市南宜僚（一类的人吗)？"

子路请求去请他们过来。孔子说："算了。他们知道我很了解他们，知道我来到了楚国，认为我必然让楚王来召见他们，认为我是奸佞之人啊。像这样，他们连奸佞之人的声音都羞于听到，何况亲眼见到他们呢！你怎么认为他们还待在那里呢？"

子路去看，果然屋子已经空了。

长梧的封人拜访子牢（人名）说："您施政理国不要卤

耕而熟耰之，其禾繁以滋，予终年厌飧。"

庄子闻之曰："今人之治其形，理其心，多有似封人之所谓，遁其天，离其性，灭其情，亡其神，以众为。故卤莽其性者，欲恶之孽，为性萑苇蒹葭[32]，始萌以扶吾形，寻擢吾性；并溃漏发，不择所出，漂疽疥痈，内热溲膏是也。"

柏矩学于老聃[33]，曰："请之天下游。"

老聃曰："已矣！天下犹是也。"

又请之，老聃曰："汝将何始？"

曰："始于齐。"

老子

莽，治理民众不要轻薄。从前我种稻子的时候，耕地时草率，收获时就所得菲薄；除草时马虎，收获时就所得微薄。来年我就改变方法，深耕细作，禾苗就繁茂旺盛，我整年饱食无忧。"

庄子听到了说："现在的人治理他的形体，修养他的心神，很多人都像封人所说的那样，逃避天然，远离本性，灭绝真正的本性，丧失精神，盲目跟从世俗之所为。所以对于那些不能正确看待自己性情的人，喜好憎恶（这些欲念）的危害，就好像芦苇杂生那样壅塞本性，开始的时候这些欲念可以满足我形体的欲望，慢慢地就擢拔我的本性；于是乎上溃下漏，全身皆病：脓疮疥疣，内热遗精这些都是。"

柏矩（人名）求学于老聃，说："请允许我游历天下。"

老聃说："算了！天下和这里没什么两样。"

（柏矩）再次请求，老聃说："你要从哪里开始？"

回答说："从齐国开始。"

到了齐国，看到斩首示众的尸体，（柏矩）就把他推倒，脱下朝服覆盖在他身体上，仰天号哭道："先生啊先生啊！天下有大祸患，你独自一人先遭难，（平日里常常）

南华真经 注译

二九九

南华真经

注译

至齐，见辜人焉，推而强之[34]，解朝服而幕之，号天而哭之曰："子乎子乎！天下有大灾，子独先离之[35]，曰莫为盗！莫为杀人！荣辱立，然后睹所病；货财聚，然后睹所争。今立人之所病，聚人之所争，穷困人之身使无休时，欲无至此，得乎！

"古之君人者，以得为在民，以失为在己；以正为在民，以枉为在己；故一形有失其形者，退而自责。今则不然。匿为物而愚不识，大为难而罪不敢，重为任而罚不胜，远其涂而诛不至。民知力竭，则以伪继之，日出多伪，士民安取不伪！夫力不足则伪，知不足则欺，财不足则盗。盗窃之行，于谁责而可乎？"

蘧伯玉行年六十而六十化，未尝不始于是之而卒诎之以非也，未知今之所谓是之非五十九非也。万物有乎生而莫见其根，有乎出而莫见其门。人皆尊其知之所知而莫知恃其知之所不知而后知，可不谓大疑乎！已乎已乎！且无所逃。此所谓然与，

说不要为盗，不要杀人！荣辱临身，然后看出它的弊病；财货聚敛，然后看出它的纷争。现在树立了人所诟病的（荣辱），聚敛了人所纷争的（财货），无休无止地使人的形体穷困，想要不陷入这步田地，做得到吗？

"古时候的人君，把成绩归功于人民，把所有过失归咎于自身；以为正道在于人民，以为枉道在于自身；所以只要有一个人丧失了生命，（人君）就退而自责。如今却不是这样。隐匿实情而苛责百姓愚昧，制造困难却归罪百姓怯懦，使百姓不堪重负又惩罚他们不能胜任，延长路程而诛杀那些不能到达的百姓。人民智穷力衰，就只好用虚伪来对付，人君常做虚伪的事，老百姓怎么能不虚伪呢？能力不足就作假，智慧不足就欺诈，财用不足就盗窃。盗窃这些罪过，要谴责谁才可以呢？"

蘧伯玉行年六十而与时俱化，未尝不开始的时候认为是正确的而最终斥责为错误的，未曾确定如今认为正确的不是五十九岁时认为是不正确的。天地万物都有它的诞生却看不到它的本根，都有它的消失却看不到消失的门径。人们都看重他的智慧所能知道的而不知道凭借他的智慧所不能知道而

然乎？

仲尼问于大史大弢、伯常骞、狶韦曰[36]："夫卫灵公饮酒湛乐，不听国家之政；田猎毕弋[37]，不应诸侯之际；其所以为灵公者何邪？"

大弢曰："是因是也。"

伯常骞曰："夫灵公有妻三人，同滥而浴[38]。史鳅奉御而进所[39]，搏币而扶翼。其慢若彼之甚也，见贤人若此其肃也，是其所以为灵公也。"

狶韦曰："夫灵公也死，卜葬于故墓不吉，卜葬于沙丘而吉。掘之数仞，得石椁焉，洗而视之，有铭焉，曰：'不冯其子，灵公夺而里之。'夫灵公之为灵也久矣，之二人何足以识之！"

卫灵公与灵公夫人

少知问于大公调曰："何谓丘里之言？"

后来知道的（道理），能不说是大迷惑吗！罢了罢了！（我们）避免不了（这些）。这样说正确吗？正确吗？

仲尼问太史大弢、伯常骞、狶韦（皆人名）道："卫灵公耽于饮酒享乐，不过问国家政事；射禽猎兽，不参加诸侯会盟。他之所以谥为'灵公'，为什么呢？"

大弢说："就是因为这些。"

伯常骞说："灵公有三个妻子，在同一个澡盆洗澡。史鳅奉召进入灵公的住所，（灵公）让人接过他手中的币帛并让人扶着他。他生活的那一面是那么的散漫，而他接见贤人的这一面却如此端肃，这就是他之所以被称为'灵公'的原因。"

狶韦说："灵公死后，占卜埋葬在祖先的墓地中不吉祥，占卜埋葬在沙丘中则吉祥。掘地数仞后，发现了一具石棺，洗干净来看，上面刻着：'不用凭借子嗣，灵公可以取而居之。'灵公之谥为灵公已经很久了，这两个人怎么能知道呢？"

少智问大公调说："什么是丘里之言？"

大公调说："丘里，就是十姓百名聚合而成为风俗，结合差异而成为同一，分散同一

南华真经

注译

大公调曰：“丘里者，合十姓百名而以为风俗也，合异以为同，散同以为异。今指马之百体而不得马，而马系于前者，立其百体而谓之马也。是故丘山积卑而为高，江河合水而为大，大人合并而为公。是以自外入者，有主而不执；由中出者，有正而不距。四时殊气，天不赐[40]，故岁成；五官殊职，君不私，故国治；文武大人不赐，故德备；万物殊理，道不私，故无名。无名故无为，无为而无不为。时有终始，世有变化。祸福淳淳，至有所拂者而有所宜；自殉殊面，有所正者有所差。比于大泽，百材皆度；观于大山，木石同坛[41]。此之谓丘里之言。”

少知曰：“然则谓之道，足乎？”

大公调曰：“不然。今计物之数，不止于万，而期曰万物者，以数之多者号而读之也。是故天地者，形之大者也；阴阳者，气之大者也；道者为之公。因其大而号以读之，则可也，已有之矣，乃将得比哉！则若以斯辩，

而成为差异。如果专指马的各个部分就没有‘马’，但‘马’又是和马的各个部分有关系的，综合了各个部分而成为一个整体才称为‘马’的。所以山丘是积聚卑小而成为高，江河是汇合细流而成为大，大人是采纳各方从善如流而成其公。所以外物由外进入心中，心中虽有主见而不执着于成见；由内心发出，心中虽有所正而不排斥他人。四时气候不同，天不偏私，所以时序正常；五官职务不同，君主不偏私，所以国家得治；文武才能不同，大人不偏私，所以道德完备；万物原理不同，大道不偏私，所以无所命名。无名故无为，无为而无所不为。时间有始终，世事有变化。祸福流动不居，有所乖逆也有所适宜；各自追求不同，有所正当也有所差错。譬如大泽，各种材料都有它的用处；观看大山，树木和石头盘结在一起。这就是所谓的丘里之言。”

少智说：“那么称它为道，足够了吗？”

大公调说：“不可以。如今计算物的种类，不止于万，然而之所以限称为万，是用数字中最多的来称谓它。所以天地，是形体中最大的；阴阳，是气体中最大的；道则是综合这一切。因为它的大而这样称

譬犹狗马，其不及远矣。"

少知曰："四方之内，六合之里，万物之所生恶起？"

大公调曰："阴阳相照相盖相治，四时相代相生相杀，欲恶去就于是桥起[42]，雌雄片合于是庸有。安危相易，祸福相生，缓急相摩，聚散以成。此名实之可纪，精微之可志也。随序之相理，桥运之相使，穷则反，终则始。此物之所有，言之所尽，知之所至，极物而已。睹道之人，不随其所废，不原其所起，此议之所止。"

少知曰："季真之莫为，接子之或使[43]，二家之议，孰正于其情，孰偏于其理？"

大公调曰："鸡鸣狗吠，是人之所知；虽有大知，不能以言读其所自化，又不能以意其所将为。斯而析之，精至于无伦，大至于不可围，或之使，莫之为，未免于物而终以为过。或使则实，莫为则虚。有名有实，是物之居；无名无实，在物之虚。可言可意，言而愈疏。未生不可忌，已死不可徂[44]。死

谓它，是可以的，既然已经有了'道'的名称，还能和'无名'相比吗？如果还要那样去分别，就好像狗和马相比较，相差太远了。"

少智问："四方之内，六合只中，万物从哪里生起？"

大公调说："阴阳相应，相消相长；四时相代，相生相杀。欲、恶、去、就，于是蜂起；雌雄交合，于是常有。安危互相变易，祸福互相产生，缓急互相交替，聚散互相生成。这是有名实可以标记，有精微可以识认的。遵循时序的规律，桥起而运行的变化，物极而返，事终则始；这是事物共同具有的现象。言论所要穷尽的，智慧所要达到的，都是在物的范围之内而已。得道的人不追究物的消逝，不追溯物的源起，这是言论停止的地方。"

少智说："季真所说的'莫为'，接子所说的'或使'，两家的言论，谁正于情，谁偏于理？"

大公调说："鸡鸣狗吠，是人们所知道的；纵使有大智慧的人，也不能用言语来说明它们所以能鸣叫的原因，不能用心意去臆测它们还会有什么动作。这样分析起来，精微至于无与伦比，浩大至于不可限制，或有所使，莫有所为（的

三〇三

南华真经

注译

生非远也，理不可睹。或之使，莫之为，疑之所假。吾观之本，其往无穷；吾求之末，其来无止。无穷无止，言之无也，与物同理；或使莫为，言之本也，与物终始。道不可有，有不可无。道之为名，所假而行。或使莫为，在物一曲，夫胡为于大方？言而足，则终日言而尽道；言而不足，则终日言而尽物。道物之极，言默不足以载；非言非默，议有所极。"

注释：

[1]则阳：人名，即后面之"彭阳"，鲁国人。

[2]夷节：人名，楚臣子。

[3]王果：人名，楚国贤人。

[4]谭：同"谈"。

[5]公阅休：人名，隐士。

[6]擖：刺杀。

[7]桡：即"挠"。

[8]闲：即清净无为。

[9]绸缪：纠结，束缚。

[10]摇作：动作。

[11]缗：昏昧不分的样子。

[12]县：同"悬"。

[13]冉相氏：古时圣王。

[14]泚：败坏。

[15]司御：官名。门尹登恒：人名。

[16]容成氏：据说是古代作历法的人。

断言），都不免于在物上立论，而终究是过而不当的。'或使'的主张太过于拘泥，'莫为'的说法太过于虚空。有名即有实，在物的范围之内；无名即无实，在物的范围之外。可以言论的即可以思想，但是愈是言论就愈是疏离于它。没有出生的东西不能制止它的出现，已经灭亡的东西也不可阻止它的灭亡。死生之间距离并不遥远，但是其中的道理却不为所知。或有所使，莫有所为（这样的说法），都是疑惑所设立的假设。我探询它的本源，它的过去无穷无尽；我追寻它的未来，它的未来无休无止。（到了）无穷无尽、无休无止的境界，是言说所不能达到的，但与物象具有同一的规律；'或使'、'莫为'的主张，是后来言论者的根本，而与物相始终。道不可执着于无形，亦不可执着于无象。'道'之所以称为'道'，乃是假借之称。'或是'、'莫为'的说法，局限于物理的范围，怎能达到大道的境界？言论而足，那么终日所言说的都是道；言论而不足，那么终日所言说的都是物。道和物的极限，言论和沉默都不足以表达；既不言说又不沉默，这是议论的极致。"

[17]魏莹:魏惠王之名。田侯牟:即齐威王。

[18]犀首:官名,大致相当于将军。

[19]忌:即田忌,齐国的名将。

[20]季子,华子:都是魏国的匠人。

[21]戴晋人:梁贤人。

[22]辩:同"辨",分别。

[23]筦:同"管"。

[24]嗃:象声词。

[25]唊:细微之声。

[26]稷稷:聚集的样子。

[27]畔:田垄。

[28]陆沈:无水而自沉,比喻市中隐士。

[29]长梧:地名。封人:守卫边疆之人。子牢:孔子弟子。

[30]灭裂:轻薄。

[31]变齐:改变方法。

[32]萑苇蒹葭:都属芦苇。

[33]柏矩:人名,老子门人。

[34]强:借为"僵"。

[35]离:即"罹"。

[36]大史:即史官。大弢、伯常骞、狶韦:三个史官的名字。

[37]毕弋:狩猎用具。

[38]滥:借为"鉴",洗澡用的器具。

[39]史鳅:人名。

[40]赐:"私"之借字。

[41]坛:地基,基础。

[42]桥起:劲疾而起。

[43]季真、接子:人名。莫为:就是认为万事万物都是自然地生出来的,而不是由于什么力量而产生的。或使:就是认为万事万物之后总有一个产生出万事万物的东西。

[44]徂:或作"阻"。

南华真经注译

外物第二十六

外物不可必[1],故龙逢诛,比干戮,箕子狂,恶来死,桀纣亡。人主莫不欲其臣之忠,而忠未必信,故伍员流于江[2],苌弘死于蜀,藏其血三年而化为碧。人亲莫不欲其子之孝,而孝未必爱,故孝己忧而曾参悲[3]。木与木相摩则然,金与火相守则流。阴阳错行,则天地

外物第二十六

外物没有一定的标准,故而龙逢(人名)遭诛,比干(人名)被戮,箕子(人名)佯狂,恶来(人名)身死,桀纣灭亡。人君没有不希望自己的臣子忠心,然而忠心却未必能取信于君王,所以伍员浮尸江上,苌弘自杀于蜀地,他的精血保留了三年以后化为碧玉。父母没有不希望他们的儿女孝顺的,然而孝顺未必能见爱,所以孝己(人名)忧愁而

南华真经

注译

三〇六

大绖[4]，于是乎有雷有霆，水中有火，乃焚大槐。有甚忧两陷而无所逃，螴蜳不得成[5]，心若县于天地之间，慰暋沉屯，利害相摩，生火甚多，众人焚和，月固不胜火，于是乎有儃然而道尽[6]。

孔子访苌弘

庄周家贫，故往贷粟于监河侯。监河侯曰："诺。我将得邑金[7]，将贷子三百金，可乎？"

庄周忿然作色曰："周昨来，有中道而呼者。周顾视车辙中，有鲋鱼焉。周问之曰：'鲋鱼来！子何为者邪？'对曰：'我，东海之波臣也。君岂有斗升之水而活我哉？'周曰：'诺。我且南

曾参悲伤。木与木相摩擦就会燃烧，金遇到火就会熔化。阴阳错乱就会天地震动，于是乎有雷有霆，雨中有电，乃焚毁大槐树。有人患得患失，陷于利害两端而无所逃避，警忧不安而无所成，心好像悬在天地之间，郁闷忧愁，各种利害关系冲突于心中；就像到处起火一样，人们都被大火焚伤了内心的平静，（象征内心宁静的）月光固然不能压制（由于上述忠孝、欲望、利害因素燃起的这种象征忠孝、欲望、利害及其冲突的）大火，于是乎精神颓废而大道沦丧。

庄周家里贫穷，所以到监河侯那里去借粮。监河侯说："好吧。等我收到邑地的税金，那时候我就借给你三百金，可以吗？"

庄子愤然，脸色都变了，他说："昨天我来的时候，中途听到有声音呼唤我。我回头看到车辙中有一条鲋鱼。我问它说：'鲋鱼，你（在这里做什么呢）为什么叫我呢？'它说：'我，是东海的弄波之官。您有斗升之水救救我吗？'我答道：'好吧。等我向南游历到吴越之地，激扬起西江的水来救你，可以吗？'鲋鱼愤然作色说：'我失去了水，我无处容身。我只要能有斗升之水就能活命，您还这样说，还不如早

游吴越之王，激西江之水而迎子，可乎？'鲋鱼忿然作色曰：'吾失我常与[8]，我无所处。吾得斗升之水然活耳，君乃言此，曾不如早索我于枯鱼之肆！'"

任公子为大钩巨缁[9]，五十犗以为饵[10]，蹲乎会稽，投竿东海，旦旦而钓，期年不得鱼。已而大鱼食之，牵巨钩锠没而下[11]，骛扬而奋鬐，白波若山，海水震荡，声侔鬼神，惮赫千里。任公子得若鱼，离而腊之[12]，自制河以东[13]，苍梧已北[14]，莫不厌若鱼者。已而后世轻才讽说之徒[15]，皆惊而相告也。夫揭竿累[16]，趣灌渎[17]，守鲵鲋[18]，其于得大鱼难矣，饰小说以干县令，其于大达亦远矣，是以未尝闻任氏之风俗，其不可与经于世亦远矣。

儒以诗礼发冢家。大儒胪传曰[19]："东方作矣，事之何若？"

小儒曰："未解裙襦，口中有珠。诗固有之曰：'青青之麦，生于陵陂。生不布施，死何含珠为！'接其鬓[20]，压

点到干鱼市场里去找我！"

任公子做了巨大的鱼钩和黑绳索，用五十头犍牛做鱼饵，蹲在会稽山上，把鱼竿投到东海里，天天在那里钓鱼，整年也没有钓到一条鱼。忽而有大鱼来吞饵，拽着鱼钩沉下水去，大鱼剧烈翻腾，时时在海面上露出鳍，白浪排山倒海，海水激烈震荡，声如鬼神，千里震惊。任公子钓到这条鱼，剖开来腊制，从浙江以东，仓梧以北，没有不饱食这条鱼的。后世小才附会之徒，都奔走相告。如果举着短小的鱼竿，来到小溪小流边，守候着鲵鲋小鱼，想要钓到大鱼也就难了。以街谈巷议的浅薄话语博取高名，却远离了大道。所以（如果）不曾听说过任氏（国）的风俗（即上面任公子的故事），就远离了真正治理天下国家的正确方法（大道）。

儒士用诗书来盗掘坟墓。大儒传话说："太阳已经出来了，事情进展得怎么样了？"

小儒说："裙子和短袄还没有脱下，口中含着珠子。"

（大儒）说："古诗里说：'青青之麦，生于陵陂。生不布施，死为何含珠！'抓着他的头发，按着他的胡子，用铁锤子敲他的下巴，慢慢地分开他的两颊，不要损伤了口中的珠子。"

南华真经

注译

三〇七

杂篇

其颡，儒以金椎控其颐，徐别其颊，无伤口中珠！"

老莱子之弟子出薪，遇仲尼，反以告曰："有人于彼，修上而趋下[21]，末偻而后耳，视若营四海，不知其谁氏之子。"

老莱子曰："是丘也。召而来。"

仲尼至。曰："丘！去汝躬矜与汝容知，斯为君子矣。"

仲尼揖而退，蹙然改容而问曰："业可得进乎？"

老莱子曰："夫不忍一世之伤而骜万世之患，抑固窭邪[22]，亡其略弗及邪[23]？惠以欢为骜，终身之丑，中民之行进焉耳，相引以名，相

老莱子彩衣娱亲

老莱子的弟子出去打柴，遇到孔子，回来后告诉老莱子说："那里有个人，上身长而下身短，脊背弯曲而耳朵后贴，目光炯炯，不知道那人是谁？"

老莱子说："那是孔丘，请他来。"

孔子来了。（老莱子）说："孔丘啊，除去你行为的骄矜和外表的智慧，你才可以成为君子。"孔子作揖后退，蹙然变色而问道："我的德业还可以修进吗？"

老莱子说："不能容忍一时的损害而轻视万世的祸患，是固陋吗？抑或是智虑达不到呢？以施惠得人欢心为骄傲，这是终身的耻辱，是中等人的所为罢了！以声名相招引，以隐私相交结。与其称誉尧而菲薄桀，不如两个都遗忘而捐弃所称誉和菲薄的。（倘若）违反物性，没有不受损伤的；扰动心灵，没有不是邪道的。圣人从容行事，而事事成功。而为什么你总是骄矜呢？"

宋元君半夜梦到有人披头散发在侧门窥视，说："我来自宰路（地名）的深渊，我作为清江的使者到河伯那里，渔夫余且捕到了我。"

元君醒后，让人占卜，占卜说："这是神龟。"

元君问："有个叫余且的

结以隐。与其誉尧而非桀，不如两忘而闭其所誉。反无非伤也，动无非邪也。圣人踌躇以兴事，以每成功。奈何哉其载焉终矜尔[24]！"

宋元君夜半而梦人被发阚阿门[25]，曰："予自宰路之渊[26]，予为清江使河伯之所，渔者余且得予。"

元君觉，使人占之，曰："此神龟也。"

君曰："渔者有余且乎？"

左右曰："有。"

君曰："令余且会朝。"

明日，余且朝。君曰："渔何得？"

对曰："且之网得白龟焉，其圆五尺。"

君曰："献若之龟。"龟至，君再欲杀之，再欲活之，心疑，卜之，曰："杀龟以卜，吉。"

乃刳龟，七十二钻而无遗筴[27]。仲尼曰："神龟能见梦于元君，而不能避余且之网；知能七十二钻而无遗筴，不能避刳肠之患。如是，则知有所困，神有所不及也。虽有至知，万人谋之。鱼不畏网而畏鹈鹕。去小知而大

渔夫吗？"

左右之人回答说："有。"

国君说："命余且来见我。"

第二天，余且来朝见。国君说："你捕到了什么？"

余且回答说："我网到了一只白龟，周围五尺长。"

国君说："把这只龟献上来吧。"龟来了，国君两次想杀死它，有两次想放了它，心中犹豫不决，就占卜，占卜说："杀龟来占卜，吉。"

于是剖杀龟来占卜，占了七十二卜而没有不应验的。孔子说："神龟能托梦给宋元君，却不能逃避余且的渔网；（它的）智慧能占卜七十二卜而没有漏算，却不能逃避剖肠的灾难。这样看来，（它的）智慧也有穷尽的时候，神灵也有力所不及的地方。即使拥有最高智慧，也需要有万人来帮助谋划。鱼不知道害怕渔网而知道害怕鹈鹕。去除小智，那么大智就会呈现出来。去除有意为善，那么就会有真正的善。婴儿生下来没有大师教导而能说话，是因为他们与能说话的人在一起的缘故。"

惠子对庄子说："你的言论是没有用处的。"

庄子说："知道无用才能和他谈有用。天地并非不广且大，人所用的只是容足之地罢

南华真经

注译

三〇九

南华真经

注译

三一〇

知明，去善而自善矣。婴儿生无石师而能言[28]，与能言者处也。"

神龟图

惠子谓庄子曰："子言无用。"

庄子曰："知无用而始可与言用矣。天地非不广且大也，人之所用容足耳。然则厕足而垫之致黄泉[29]，人尚有用乎？"

惠子曰："无用。"

庄子曰："然则无用之为用也亦明矣。"

庄子曰："人有能游，且得不游乎？人而不能游，且得游乎？夫流遁之志，决绝之行，噫，其非至知厚德之任与！覆坠而不反，火驰而不顾，虽相与为君臣，时也，易世而无以相贱。故曰至人不留行焉。夫尊古而卑今，学者之流也。且以狶韦

了。然而如果把立足之地以外的地方都挖掘至于黄泉，那么（人所站立的这块地方）还有什么用吗？"

惠子说："没有用。"

庄子说："那么无用的用处也就昭然若揭了。"

庄子说："人有能够游心自适，反而不逍遥的吗？人有不能够游心，反而逍遥的吗？逐物而不返的心志，遗世而孤绝的行为，唉，这都不是具有最高智慧和最高德性的人之所为！沉溺于世故而不返，追逐于俗事像火一样急驰而不能自顾，虽然君是君臣是臣，这些都是时俗支配下的行为；改朝换代之后的贵贱之分就另当别论了。所以说，至人行事不着贵贱的痕迹。推重古代而贬低现在，是学者之流的观点。如果按照狶韦氏之流（的观点）观察当今的世事，谁能不偏颇呢？只有至人才能遨游于世间而不偏颇，顺应人情而不丧失自己。古人的教条无须学习，只须传承他们的意图而不必（用这些教条）束缚自己。"

眼睛通彻就会明，耳朵通彻就会聪，鼻子通彻就会敏，口舌通彻就会甘，心灵通彻就会智，智慧通彻就会德。凡是通道都不能被壅塞，壅塞就梗塞，梗塞不止就乖戾，乖戾就众害丛生。万物中有智慧的都

氏之流观今之世，夫孰能不波[30]，唯至人乃能游于世而不僻[31]，顺人而不失己。彼教不学，承意不彼。

"目彻为明，耳彻为聪，鼻彻为颤，口彻为甘，心彻为知，知彻为德。凡道不欲壅，壅则哽，哽而不止则跈，跈则众害生。物之有知者恃息，其不殷，非天之罪。天之穿之，日夜无降，人则顾塞其窦。胞有重阆[32]，心有天游。室无空虚，则妇姑勃溪；心无天游，则六凿相攘。大林丘山之善于人也，亦神者不胜。"

德溢乎名，名溢乎暴，谋稽乎诟[33]，知出乎争，柴生乎守[34]，官事果乎众宜。春雨日时，草木怒生，铫鎒于是乎始修[35]，草木之到植者过半而不知其然[36]。

静然可以补病，眦搣可以休老[37]，宁可以止遽。虽然，若是，劳者之务也，非佚者之所未尝过而问焉。圣人之所以骇天下[38]，神人未尝过而问焉；贤人所以骇世，圣人未尝过而问焉；君子所以骇国，贤人未尝过而问焉；

倚仗生息，生息不盛，不是自然的过错。自然的孔窍贯通，生息日夜不止，人却壅塞他的孔窍。胞膜中有空隙，心灵也应该与自然同游。室内没有空虚的地方，那么婆婆和媳妇也会争吵；心灵不和自然同游，那么六处孔窍就会互相扰攘。森林山丘之所以让人适意自得，也是因为心神在山林中遨游无比舒畅的缘故。

德外溢而流为声名，声名外溢而流为夸耀，谋略生于紧急，智识生于争端，闭塞生于拘泥，官僚行事取决于众人之所宜。春雨及时降落，百草怒生，于是拿出锄具来修理，草木被锄起以后仍然有过半继续生长，（它本身）却不知道这是怎么回事。

凝静状态可以治疗疾病，按摩可以预防衰老，安宁可以平息浮躁。虽然如此，这些仍然是劳苦之人所要做的事务（的缘故），安逸之人却从未跑去问是怎么回事。圣人之所以惊动天下的（缘故），神人从未跑去问是怎么回事；贤人之所以惊动天下的（缘故），圣人从未跑去问是怎么回事；君子之所以惊动天下的（缘故），贤人从未跑去问是怎么回事；小人之所以合于时务的（缘故），君子从未跑去问是怎么回事。

南华真经 注译

南华真经

注译

三
三
〇

小人所以合时，君子未尝过而问焉。

演门有亲死者，以善毁爵为官师[39]，其党人毁而死者半。尧与许由天下，许由逃之；汤与务光，务光怒之，纪他闻之，帅弟子而踆于窾水[40]，诸侯吊之，三年，申徒狄因以踣河[41]。

务光

荃者所以在鱼[42]，得鱼而忘荃；蹄者所以在兔[43]，得兔而忘蹄；言者所以在意，得意而忘言。吾安得夫忘言之人而与之言哉！

注释：

[1]必：必然，即固定的标准。

[2]伍员：即伍子胥。

演门那个地方有一个死了双亲的人，由于他善于因哀伤毁容而被加官进爵封为官师，他的同乡之人仿效他，这些仿效者中间大半因毁容而丢掉了性命。尧要把天下让给许由，许由逃跑；汤要让给务光（人名），务光生气；纪他（人名）听说，率领着众弟子隐居在窾水（水名），诸侯都去吊慰他，三年后，申徒狄因此而投河。

荃是用来捕鱼的，得到鱼就忘了荃；蹄是用来捕兔的，得到兔就忘了蹄；语言是用来表达意义的，掌握了意义就忘了语言。我哪里可以能够遇到忘言的人来和他讨论呢？

*　　　*　　　*

[3]孝己：殷高宗的儿子，因遭后母折磨而死。曾参：曾参至孝，而父母憎之。

[4]绖：同"骇"。

[5]蟼蟇：怵惕的样子。

[6]倓然：即颓然。

[7]邑金：采地的税金。

[8]常与：常相与，指水。

[9]巨缁：大黑绳索。

[10]犗：同"犵"，即阉牛。

[11]铭没：即陷没。

[12]离：剖开。

[13]制河：浙江。

[14]苍梧：山名，在今天广西省。

[15]轺才：小才。讽说：传说。

[16]累：细绳。

[17]灌渎：小水沟。

[18]鲵鲋：皆小鱼。

[19]胪：上传语以告下。

[20]接：抓，撮。

[21]趣：同"促"，短促。

[22]窭：穷陋不足。

[23]亡其：或者是。

[24]载：行。

[25]阚：即"窥"；阿门：旁门，侧门。

[26]宰路：江畔渊名。

[27]钻：每占卜依次必然钻龟一次。筴：同"策"。

[28]石：通于"硕"。

[29]厕：同"侧"。垫：即"堑"，挖掘。

[30]波：同"颇"，偏颇的意思。

[31]不僻：亦即不偏颇。

[32]胞：人体皮肉之下有一重膜。阆：空旷。

[33]谂：急。

[34]柴：塞。

[35]铫耨：锄地用具。

[36]到植：即倒生。

[37]眦搣：即今按摩术。

[38]骇：通"骇"。

[39]善毁：善于以亲死而哀毁骨立，儒家孝行的典型。

[40]跤：即蹲。

[41]申徒狄：人名，古之愤世者。踣：同"仆"。

[42]荃：捕鱼的用具。

[43]蹄：捕兔的用具。

寓言第二十七

寓言十九，重言十七[1]，厄言日出[2]，和以天倪[3]。寓言十九，藉外论之。亲父不为其子媒。亲父誉之，不若非其父者也；非吾罪也，人之罪也。与己同则应，不与己同则反；同于己为是之，异于己为非之。重言十七，所以已言也，是为耆艾[4]。年先矣，而无经纬本末以期年者者[5]，是非先也。人而无以先人，无人道也；人而无人道，是之谓陈人。厄言

寓言第二十七

寓言占了十分之九，借重贤哲的言论占了十分之七，厄言（无心之言）如日出不穷而日新，符合天然的分际。寓言占了十分之九，借助外物来言论。亲生父亲不给他的儿子做媒。亲生父亲来称赞自己的儿子，不如他人来称赞；这不是我的过错，而是一般人的过错。与自己意见相同就接纳，与自己意见不同就反对；和自己的意见相同就肯定它，和自己的意见相左就否定它。借重先哲的言论占了十分之七，是为了终止争辩，因为这是长老

南华真经

注译

日出，和以天倪，因以曼衍，所以穷年。不言则齐，齐与言不齐，言与齐不齐也，故曰无言。言无言，终身言，未尝不言；终身不言，未尝不言。有自也而可，有自也而不可；有自也而然，有自也而不然。恶乎然？然于然。恶乎不然？不然于不然。恶乎可？可于可。恶乎不可？不可于不可。物固有所然，物固有所可，无物不然，无物不可。非卮言日出，和以天倪，孰得其久！万物皆种也[6]，以不同形相禅[7]，始卒若环，莫得其伦，是谓天均。天均者天倪也。

庄子谓惠子曰："孔子行年六十而六十化，始时所是，卒而非之，未知今之所谓是之非五十九非也。"

惠子曰："孔子勤志服知也[8]。"

庄子曰："孔子谢之矣，而其未之尝言。孔子云：'夫受才乎大本，复灵以生[9]。'鸣而当律，言而当法，利义陈乎前，而好恶是非直服人之口而已矣。使人乃以心服，而不敢蘁立[10]，定天下之定。

的言论。年纪虽长，而没有见识、徒称年长的人，并非我所说的先哲。人没有过人之处，就没有了做人之道；人没有了做人之道，就称之为陈腐之人。卮言（无心之言）与日常新，合于天然的分际，散漫流衍，优游穷年。不予言论则万物齐一，本来齐一的加上了言论就不再齐一，言论加在本来齐一的上面也就不再齐一了，所以要言说无心之言（没有主观成见的言论）。言说无心之言，那么即使终生在言说，却仿佛未曾说；即使终生不言说，却未尝不在言说。可有它成其为可的原因，不可有它成其为不可的原因；是有它成为是的原因，不是有他成为不是的原因。怎么算是？是有是的道理。怎么算不是，不是有不是的道理。怎么算是可，可有可以的道理。怎么算是不可，不可有不可的道理。物固然有所是，物固然有所可，没有什么不是，没有什么不可。若非无心之言如日出不穷，合于天然的分际，怎么能维持长久！万物皆有种类，各自以不同的形态相传接，有始有终，循环往复，莫见其端倪，这就是自然均平。自然均平的就是天然的分际。

庄子对惠子说："孔子行年六十而与时俱化，起初认为正确的，最终却否定它，不知

已乎已乎！吾且不得及彼乎！"

曾子再仕而心再化，曰："吾及亲仕，三釜而心乐[11]；后仕，三千钟而不洎亲[12]，吾心悲。"

弟子问于仲尼曰："若参者，可谓无所县其罪乎？"曰："既已县矣。夫无所县者，可以有哀乎？彼视三釜三千钟，如观雀蚊虻相过乎前也。"

曾参事母至孝

颜成子游谓东郭子綦曰："自吾闻子之言，一年而野，二年而从，三年而通，四年而物，五年而来，六年而鬼入，七年而天成，八年而不知死，不知生，九年而大妙。"

生有为，死也。劝公，

道今天认为正确的，不是五十九岁时认为错误的。"

惠子说："孔子意志坚定而用智。"

庄子说："孔子已经放弃用智了，只不过他不曾这样说过。孔子说：'（我）从根本大道那里得到自己的人性，其中隐含了精神灵性，因而具有了生命。出声要符合音律，言论要符合法度，利与义摆在面前，而好恶是非的分别只不过服众人之口罢了。使人心服，而不敢忤逆，确定天下的准则。'算了吧，算了吧！我比不上他啊！"

曾子两次出仕而感受不同，他说："我的双亲在世的时候我做官，尽管俸禄只有三釜，心中却很快乐；双亲亡后（再）做官，尽管俸禄有三千钟，但不能奉养双亲，我的心中也很悲伤。"

弟子问孔子道："像曾参这样的人，可以说是无所系于利禄了吧？"孔子说："还是有所系心。如果无所系心，还会有悲哀吗？无所系心之人，他视三釜和三千钟，如同看到鸟雀蚊虻在他面前飞过一样（无所动心）。"

颜成子游（人名）对东郭子綦（人名）说："自从我听了您的论道，一年而返于质朴，两年而从顺而抛弃成见，

南华真经

注译

三一五

南华真经

注译

二一六

以其死也，有自也；而生阳也，无自也。而果然乎？恶乎其所适？恶乎其所不适？天有历数，地有人据，吾恶乎求之？莫知其所终，若之何其无命也？莫知其所始，若之何其有命也？有以相应也，若之何其无鬼邪？无以相应也，若之何其有鬼邪？

众罔两问于景曰[13]："若向也俯而今也仰，向也括撮而今也被发[14]，向也坐而今也起，向也行而今也止，何也？"景曰："搜搜也[15]，奚稍问也！予有而不知其所以。予，蜩甲也，蛇蜕也，似之而非也。火与日，吾屯也；阴与夜，吾代也。彼吾所以有待邪？而况乎以无有待者乎！彼来则我与之来，彼往则我与之往，彼强阳则我与之强阳。强阳者又何以有问乎！"

阳子居南之沛，老聃西游于秦，邀于郊，至于梁而遇老子。老子中道仰天而叹曰："始以汝为可教，今不可也。"

阳子居不答。至舍[16]，进盥漱巾栉，脱屦户外，膝

三年而融通无碍，四年而与物同化，五年而万民依归，六年而达到了鬼神一样的精神境界，七年而浑然天成，八年而不知生死的区别，九年而臻于与道徘徊的最高境界。"

生而妄为，就会走向死路。奉劝世人，人的死亡，是有原因的；而生命根于阳气，则是没有原因的。果真是这样吗？哪里是适宜的地方，哪里是不适宜的地方？天有四时变化，地有人物依据，我到哪里去寻找呢？不知道它的终止之所在，我们怎么能判断没有命运呢？不知道它的开始的地方，我们怎么判断有命运呢？万事万物如果互相感应，怎么能说没有鬼神呢？万事万物如果不互相感应，又怎么能说有鬼神呢？

影子之外的微影问影子道："你刚才俯身现在却仰面，刚才扎着头发现在却披散着头发，刚才坐着现在却站起来，刚才走着现在却停下来，为什么呢？"影子说："区区小事，何必动问呢！我行动却不知道为什么行动。我像蝉蜕吗？我像蛇蜕吗？似却又不是。火光和阳光出现（之时），我就显现；阴暗与夜晚降临（之时），我就隐没。火光和阳光是我所要依凭、对待的吗？那么何况那些无所依凭、对待的东西呢！它来，我便随之而来；它往，便

老子西游

行而前曰："向者弟子欲请夫子，夫子行不闲，是以不敢。今闲矣，请问其过。"

老子曰："而睢睢盱盱[17]，而谁与居？大白若辱，盛德若不足。"

阳子居蹴然变容曰："敬闻命矣！"

其往也，舍者迎将，其家公执席[18]，妻执巾栉，舍者避席，炀者避灶[19]。其反也，舍者与之争席矣。

注释：

[1]重言：借重古代和当今哲人贤士的言论。

[2]卮：一种酒器，盛满了酒就自然外溢。卮言：谓自然流露的无心之言。

与之俱往；他徜徉，我便跟着徜徉。这些运动又有什么可问的呢？"

阳子居（人名，即杨朱）南行到沛地，老聃西游经秦地，两人约好在郊外见面，来到梁地而遇到了老子。老子站在路中间，仰天叹道："起初，我还以为你孺子可教教，现在看来不是这样。"

阳子居不答。到了旅馆，他捧着老子的洗漱用具，把鞋子脱在门外，膝行向前，来到老子面前，说："刚才弟子想要向先生您请教，先生没有空闲，所以不敢。现在先生有空闲，请指出我的过失。"

老子说："你神态傲慢，谁要和你相处？最洁白的东西好像含有污垢，盛德之人好像有所缺失（不足）。"

阳子居满脸愧色，说道："敬听先生的教诲。"

当阳子居离开的时候，旅馆里的人都去送他，旅馆的主人为他饯行，旅馆女主人为他拿毛巾和梳子。旅馆先就座的人为他让出位子，厨子都不敢避开。他回来的时候，旅馆里的人都争相与他坐在一起。

*   *   *

[3]天倪：自然的分际。

[4]耆艾：长者。

南华真经

注译

三一七

[5]经纬：比喻处理世事的头绪。以期年耆：徒称年长。

[6]种：种类。

[7]相禅：相代相传。

[8]服：用。

[9]复：借为伏，意为藏。

[10]囍：借为牾，逆牾之意。

[11]釜：量器，一釜为六斗四升。

[12]钟：量器，一钟为六斛四斗。泊：借为及，意为奉及。

[13]罔两：影子的影子。景：即影。

[14]括撮：束发。

[15]搜搜：区区，谓之小。

[16]舍：旅店。

[17]睢：仰天。盱：张目，傲视貌。

[18]家公：旅馆主人。

[19]炀者：炊者，即厨师。

让王第二十八

尧以天下让许由，许由不受。又让于子州支父，子州支父曰："以我为天子，犹之可也。虽然，我适有幽忧之病[1]，方且治之，未暇治天下也。"夫天下至重也，而不以害其生，又况他物乎！

尧命禹治洪水

让王第二十八

尧要把天下让给许由，许由拒绝了。又让给子州支父（人名），子州支父说："让我做天子，是可以的。虽然如此，但是，我正患有暗疾，正在治疗，没有时间来治理天下。"天子之位（在世人眼里）是最贵重的，但他也不以天下妨害自己的生命，又何况其他的东西呢！只有那些忘怀天下的人，才可以把天下托付给他。

舜要把天下让给子州支伯，子州支伯说："我不巧正好患有暗疾，正在医治，没有闲暇来治理天下。"天子之位乃是最大的名器，而不用天下来换取生命，这就是得道之人与俗人相区别的地方。舜要把天下让给善卷，善卷说："我生在宇宙之中，冬天穿皮毛，

唯无以天下为者，可以托天下也。

舜让天下于子州支伯[2]。子州支伯曰："予适有幽忧之病，方且治之，未暇治天下也。"故天下大器也，而不以易生，此有道者之所以异乎俗者也。舜以天下让善卷[3]，善卷曰："余立于宇宙之中，冬日衣皮毛，夏日衣葛绨[4]；春耕种，形足以劳动；秋收敛，身足以休食；日出而作，日入而息，逍遥于天地之间而心意自得。吾何以天下为哉！悲夫，子之不知余也！"遂不受。于是去而入深山，莫知其处。舜以天下让其友石户之农，石户之农曰："卷卷乎后之为人[5]，葆力之士也[6]！"以舜之德为未至也，于是夫负妻戴，携子以入于海，终身不反也。

舜与其家人

夏天穿葛麻；春天耕种，我的形体足以劳动；秋天收获，我的身体足以饱食；日出而作，日落而息，逍遥于天地之间而心意自得。我要天下的位子做什么呢！可悲哀啊，你不了解我啊！"于是不肯接受。于是离开家躲进深山之中，没有人知道他的居处。舜要把天下让给他的朋友，石户（地名）的一个农人。石户的农人说："劳苦呀，国君的为人，真是勤苦劳碌的人啊！"农人认为舜的德性还不够，于是和妻子两个夫背妻携，带着子女避入东海，（隐居在海岛），终身不返故土。

大王亶父（人名，周先祖）居住在邠（地名），有狄人攻打他；大王亶父拿出皮毛布帛来贡献给他们而他们不接受，拿犬马牲畜来贡献给他们而他们不接受，拿珍珠宝玉来贡献给他们而他们不接受，狄人所要索取的是土地。大王亶父说："与别人的哥哥居住在一起而使他的弟弟被杀害，和别人的父亲居住在一起而使他的儿子被杀害，我不忍心这样的情况发生。你们都好好活下去吧！做我的臣民和做狄人的臣民有什么两样呢！况且我听说，不要用以养育人民的土地来残害所养育的人民。"于是大王亶父扶着拐杖离开那里。

南华真经

注译

大王亶父居邠[7]，狄人攻之；事之以皮帛而不受，事之以犬马而不受，事之以珠玉而不受，狄人之所求者土地也。大王亶父曰："与人之兄居而杀其弟，与人之父居而杀其子，吾不忍也。子皆勉居矣！为吾臣与为狄人臣奚以异！且吾闻之，不以所用养害所养。"因杖筴而去之[8]。民相连而从之，遂成国于岐山之下。夫大王亶父，可谓能尊生矣。能尊生者，虽贵富不以养伤身，虽贫贱不以利累形。今世之人居高官尊爵者，皆重失之，见利轻亡其身，岂不惑哉！

越人三世弑其君，王子搜患之[9]，逃乎丹穴。而越国无君，求王子搜不得，从之丹穴。王子搜不肯出，越人薰之以艾。乘以王舆。王子搜援绥登车[10]，仰天而呼曰："君乎君乎！独不可以舍我乎！"王子搜非恶为君也，恶为君之患也。若王子搜者，可谓不以国伤生矣，此固越人之所欲得为君也。

韩魏相与争侵地。子华子见昭僖侯[11]，昭僖侯有忧

人民推着手推车跟随着他，在岐山脚下建立了一个国家。像大王亶父这样的，可以说是尊重生命啊。能够尊重生命的人，即使富贵，也不会富贵养身而损害身体；即使贫贱，也不会以名利损害身体。现在那些身居高官贵爵的人，都重视自己的高官贵爵而惟恐失去它们，见到利益就轻易地去伤害自己的性命，难道不是陷入迷途吗！

越人杀了他们三世的君主，王子搜（人名）很害怕祸及自身，逃到丹穴（地名）。越国没有国君，国人找不到王子搜，就一路追踪而到了丹穴。王子搜不肯出来，越国人就用艾草熏他。王子搜拉着绳子登上了车，仰天而呼号道："君主啊！君主啊！就是不能放过我吗！"王子搜并不是厌恶做国君，而是厌恶做国君的祸患。像王子搜这样的，可以说是不因为国家而伤害自己的生命啊，而这正是越国人之所以想要他成为国君的原因。

韩国和魏国相互争夺土地。子华子来见昭僖侯，昭僖侯愁容满面。子华子说："现在让天下人在您的面前写下誓约，誓约写道：'左手夺取到它就砍去右手，右手夺取到它就砍去左手，但是夺取到的就必然可以拥有天下。'君主您

色。子华子曰："今使天下书铭于君之前，书之言曰：'左手攫之则右手废，右手攫之则左手废，然而攫之者必有天下。'君能攫之乎？"昭僖侯曰："寡人不攫也。"子华子曰："甚善！自是观之，两臂重于天下也，身亦重于两臂。韩之轻于天下亦远矣，今之所争者，其轻于韩又远。君固愁身伤生以忧戚不得也！"僖侯曰："善哉！教寡人者众矣，未尝得闻此言也。"子华子可谓知轻重矣。

鲁君闻颜阖得道之人也，使人以币先焉[12]。颜阖守陋闾[13]，苴布之衣而自饭牛[14]。鲁君之使者至，颜阖自对之。使者曰："此颜阖之家与？"颜阖对曰："此阖之家也。"使者致币，颜阖对曰："恐听者谬而遗使者罪，不若审之。"使者还，反审之，复来求之，则不得已。故若颜阖者，真恶富贵也。

故曰：道之真以治身，其绪余以为国家，其土苴以治天下[15]。由此观之，帝王之功，圣人之余事也，非所以完身养生也。今世俗之君

会去夺取它吗？"昭僖侯说："我不会去夺取。"子华子说："很好！由此看来，两条臂膀是比天下还要贵重的，而人的身体是比两臂还要贵重的。韩国远比天下为轻，而如今所争夺的土地，又远比韩国为轻。您又何必愁煞身体而去担忧那些得不到的东西呢！"僖侯说："好啊！劝我的人很多，我却从来还没有听过这样的话。"子华子可以说知道轻重了。

鲁国的国君听说颜阖（人名）是个得道之人，就派人带着币帛礼品来向他表示敬意。颜阖住在陋巷里，穿着粗布衣服正在喂牛。鲁君的使者来了，颜阖亲自接待他们。使者问道："这里是颜阖的家吗？"

颜阖说："这里是我的家。"

使者就献上礼物，颜阖说："恐怕传闻有误而使使者受责备，不如再审查一下。"

使者回去，审查清楚，再来求见，却已经找不到他了。所以说像颜阖这样的人，真正是厌恶富贵了。

所以说，道的真谛是用来修身养性，它的余绪可以用来治理国家，它的糟粕用来治理天下。这样看来，帝王的功业，只不过是圣人的等而下之的余事，并不是用来全身养生的。如今的世俗君子，大多危

南华真经

注译

三三一

子，多危身弃生以殉物，岂不悲哉！凡圣人之动作也，必察其所以之与其所以为。今且有人于此，以随侯之珠弹千仞之雀，世必笑之。是何也？则其所用者重而所要者轻也。夫生者，岂特随侯之重哉！

子列子穷，容貌有饥色。客有言之于郑子阳者曰[16]："列御寇，盖有道之士也，居君之国而穷，君无乃为不好士乎？"

郑子阳即令官遗之粟。子列子见使者，再拜而辞。使者去，子列子入，其妻望之而拊心曰[17]："妾闻为有道者之妻子，皆得佚乐，今有饥色。君过而遗先生食[18]，先生不受，岂不命邪！"

子列子笑谓之曰："君非自知我也。以人之言而遗我粟，至其罪我也又且以人之言，此吾所以不受也。"

其卒，民果作难而杀子阳。

楚昭王失国，屠羊说走而从于昭王[19]。昭王反国，将赏从者，及屠羊说。屠羊说曰："大王失国，说失屠

害身体捐弃生命追逐于物，难道不悲哀吗！凡是圣人的行为，必定要观察他之所以往和之所以为的意义。如今如果有这么一个人，用隋侯的宝珠去弹杀千仞外的麻雀，世人都必定会嘲笑他。为什么呢？因为他所用的贵重而所要的轻微啊。生命，岂只是像隋侯之珠那样的珍贵呢？

子列子很穷困，容貌有饥色。有人向郑子阳进言道："列御寇这个人，是有道之士，他住在您的国家内而贫穷，您岂不是要蒙受不好贤士的恶名了吗？"

郑子阳（人名）就派官员去给他送粟米。子列子见了使者，再三拜谢不接受。使者离开以后，子列子进屋里来，他的妻子埋怨他，拊着心口说："我听说有道之士的妻子和儿女，都生活得很安逸快乐，如今我们却面带饥色。相国知遇先生而送先生粮食，可先生却不接受，（我们受穷）难道不是命定的吗！"

子列子笑着说："相国并非自己知遇我。现在他因为听了别人的劝告而送我粟米，将来他也会因为听了别人的进言而怪罪我，这就是我不接受他的馈赠的原因。"

后来，人民果然发难而杀死了子阳。

羊，大王反国，说亦反屠羊。臣之爵禄已复矣，又何赏之有！"

王曰："强之！"

屠羊说曰："大王失国，非臣之罪，故不敢伏其诛；大王反国，非臣之功，故不敢当其赏。"

王曰："见之！"

屠羊说曰："楚国之法，必有重赏大功而后得见，今臣之知不足以存国而勇不足以死寇。吴军入郢，说畏难而避寇，非故随大王也。今大王欲废法毁约而见说，此非臣之所以闻于天下也。"

楚昭王

王谓司马子綦曰[20]："屠羊说居处卑贱而陈义甚

楚昭王丧失了国土，屠羊说（人名）跟着昭王出走。昭王复国以后，将要赏赐跟从他的人，轮到屠羊说。屠羊说说："大王丧失了国土，我也丧失了宰羊的工作；大王复国，我也能回来宰羊。我的爵禄已经恢复了，又要什么赏赐呢？"

王说："勉强他让他接受。"

屠羊说说："大王丧失了国土，并非我的过失，所以我不敢因此而接受惩罚；大王复国，并非我的功劳，所以我也不敢因此而接受赏赐。"

王说："来见我。"

屠羊说说："楚国的法律，臣子必须是有重大的功业和赏赐才能觐见国王，如今我的智慧不足以保存国家，而勇猛也不足以歼灭敌人。吴国的军队侵入郢都，我畏惧危难而逃跑，并非是有意跟随大王啊。如今大王要毁弃约法而召见我，这不是我所愿意的要闻名于天下的事。"

王对司马子綦说："屠羊说位处卑贱而很有见识，你为我以三公的高位来延请他。"

屠羊说说："三公的职位，我知道它比宰羊的职业高贵；万钟的俸禄，我知道它比宰羊的利益富足；然而怎么可以因为我贪求爵禄而使我的君

南华真经 注译

高，子綦为我延之以三旌之位[21]。"

屠羊说曰："夫三旌之位，吾知其贵于屠羊之肆也；万钟之禄，吾知其富于屠羊之利也；然岂可以贪爵禄而使吾君有妄施之名乎？说不敢当，愿复反吾屠羊之肆。"遂不受也。

原宪居鲁[22]，环堵之室，茨以生草[23]；蓬户不完[24]，桑以为枢，而瓮牖二室[25]，褐以为塞；上漏下湿，匡坐而弦。子贡乘大马，中绀而表素，轩车不容巷，往见原宪。原宪华冠縰履[26]，杖藜而应门。子贡曰："嘻！先生何病？"

原宪应之曰："宪闻之，无财谓之贫，学而不能行谓之病。今宪，贫也，非病也。"

子贡逡巡而有愧色。原宪笑曰："夫希世而行[27]，比周而友，学以为人，教以为己，仁义之慝[28]，舆马之饰，宪不忍为也。"

曾子居卫，缊袍无表，颜色肿哙[29]，手足胼胝。三日不举火，十年不制衣，正

主有滥施的罪名呢！我不敢接受，希望还是让我回到我的宰羊的市场里。"终不接受。

原宪（人名，孔子弟子）住在鲁国，方丈小屋，茅草铺顶；用蓬蒿编织门户尚且不完整，用桑树枝条来作门枢；用破瓮隔开房间，用破布来堵塞墙洞；房顶漏雨，地面潮湿，原宪端坐着弹琴。子贡骑着大马，穿着素白的外衣衬着青紫色的中衣，小巷子几乎容不下高大的车马，去见原宪。原宪戴着破旧的帽子，穿着破旧的鞋子，扶着藜杖来为他开门。子贡说："嘻，先生得病了吗？"

原宪回答说："我听说，没有财货叫做贫，学道却不能施行叫做病。如今我是贫，不是病。"子贡进退不安，面有惭愧之色。原宪笑着说："趋炎附势以行，纠结私党而为友，所学为了炫耀于人前，所教为了显扬自己，假借仁义的名义而行奸恶之事，贪图漂亮车马的气派，这些都是我不愿意做的。"

曾子住在卫国，衣裳破烂，内絮外露，面色浮肿，手足满是茧。三天不生火做饭，十年不制作新衣，帽子正戴但帽带子却断了，拉着衣襟手臂就露出来，穿上鞋子脚后跟就露出来。拖着破鞋子而歌吟商

冠而缨绝，捉衿而肘见，纳
屦而踵决。曳缡而歌商颂，
声满天地，若出金石。天子
不得臣，诸侯不得友。故养
志者忘形，养形者忘利，致
道者忘心矣。

孔子谓颜回曰："回，
来！家贫居卑，胡不仕乎？"

颜回对曰："不愿仕。
回有郭外之田五十亩，足以
给钎粥[30]；郭内之田十亩，
足以为丝麻；鼓琴足以自娱，
所学夫子之道者足以自乐也。
回不愿仕。"

孔子愀然变容曰："善哉
回之意！丘闻之：'知足者不

孔子

颂，声音充满天地之间，好像
发自金石。天子不能使他做臣
子，诸侯不能和他交朋友。所
以养志的人忘了形骸，养形的
人忘了利益，得道的人忘了心
机。

孔子对颜回说："回，过
来！你家境贫穷而居处简陋，
为什么不去当个官呢？"

颜回回答说："我不愿意
出仕。城外我有五十亩田地，
足够让我喝上薄粥；城内我有
十亩田地，足够种植丝麻；弹
琴足以自娱，所学先生之道足
以自乐。我不愿意出仕。"

孔子愀然变色道："好
啊，你的心志！我听说：'知
足的人不因为利禄而牵累自
己，心意自适的人失去什么东
西也不忧惧，内心有修养的人
没有爵位也不惭愧。'我吟颂
这些话已经很久了，如今从你
的身上我才见到，这是我的收
获啊。"

中山公子牟（人名）对瞻
子（人名）说："身在江海之
上，而心在魏阙之下，怎么
办？"

瞻子说："重视生命。重
视生命就会轻视利禄。"

中山公子牟说："虽然我
知道这个道理，但是却不能把
握自己。"

瞻子说："不能把握就放
纵，你的内心难道不难受吗？

南华真经

注译

三二五

以利自累也，审自得者失之而不惧，行修于内者无位而不怍。'丘诵之久矣，今于回而后见之，是丘之得也。"

中山公子牟谓瞻子曰[31]："身在江海之上，心居乎魏阙之下[32]，奈何？"

瞻子曰："重生。重生则利轻。"

中山公子牟曰："虽知之，未能自胜也。"

瞻子曰："不能自胜则从[33]，神无恶乎？不能自胜而强不从者，此之谓重伤[34]。重伤之人，无寿类矣。"

魏牟，万乘之公子也，其隐岩穴也，难为于布衣之士；虽未至乎道，可谓有其意矣。

孔子穷于陈蔡之间，七日不火食，藜羹不糁[35]，颜色甚惫，而弦歌于室。颜回择菜于外，子路子贡相与言曰："夫子再逐于鲁，削迹于卫，伐树于宋，穷于商周，围于陈蔡，杀夫子者无罪，藉夫子者无禁[36]。弦歌鼓琴，未尝绝音，君子之无耻也若此乎？"

颜回无以应，入告孔子。

不能把握自己而又强制自己不放纵，这就叫做对自己的双重伤害，受到双重伤害的人，就不会长寿了。"

魏牟是个大国的贵公子，他隐居在石洞中，生活要比一个布衣百姓艰难得多；虽然他（还）没有达到体道的境界，却也可以说有达于道的志向了。

孔子被困在陈国和蔡国的交界，七天都没有生火做饭，吃的野菜里没有一粒米，面色疲累，却仍然在室内弹琴歌吟。颜回在外边采摘野菜，子路和子贡相互说道："先生两次被驱逐出鲁国，在卫国被禁止居留，在宋国被砍树，在商周不得志，在陈蔡被围困。杀先生的没有罪过，凌辱先生的不被制止。先生竟然还在唱歌弹琴，从来没有停止过，君子的不知羞耻竟然到了如此的地步吗？"

颜回无话可说，进去告诉孔子。孔子把琴推向一边，喟然叹道："子由和子贡，是见识浅薄的小人啊。叫他们来，我有话对他们说。"

子路和子贡进来。子路说："这样可以算是穷途末路了。"

孔子说："这是什么话！君子通达于道叫做通，穷途末路于道（才）叫做穷。如今我

孔子推琴喟然而叹曰："由与赐，细人也[37]。召而来，吾语之。"

子路子贡入。子路曰："如此者可谓穷矣！"

孔子曰："是何言也！君子通于道之谓通，穷于道之谓穷。今丘抱仁义之道以遭乱世之患，其何穷之为！故内省而不穷于道，临难而不失其德，天寒既至，霜雪既降，吾是以知松柏之茂也。陈蔡之隘[38]，于丘其幸乎！"

孔子周游列国

孔子削然反琴而弦歌，子路扢然执干而舞[39]。子贡曰："吾不知天之高也，地之下也。"古之得道者，穷亦乐，通亦乐。所乐非穷通也，

怀抱仁义之道而遭逢乱世之祸患，怎么能叫做穷呢！内心反省而不愧疚于道，面临危难而不丧失德性，大寒来到，霜雪降临，我才知道松柏的依然枝繁叶茂。陈蔡之间的困厄，对于我来说是幸运啊！"

孔子安详地又取过琴，一边弹一边唱，子路跳跃着手执干戈而起舞。子贡说："我真不知道天有多高，地有多厚啊。"古时得道的人，穷困也快乐，通达也快乐。所快乐的并非是穷困和通达，只要怀抱精神境界，那么穷困通达就好像是寒暑风雨的轮回变化啊。所以许由能自娱自乐于颍阳，而共伯（人名）能自适自得在丘首（地名）。

舜把天下让给他的朋友北人无择（人名），北人无择说："舜这人真是怪异啊，居于田园之中而徘徊于尧的门前！不仅如此，还想用他的耻辱的行为来玷污我。我羞于见到他。"于是自投于清冷之渊（渊名）。

汤将要征伐夏桀，找卞随（人名）一起谋划，卞随说："这不是我的事。"

汤问道："那么谁可以呢？"

卞随回答说："我不知道。"

汤又找务光谋划，务光说："这不是我的事。"

南华真经

注译

三二八

道德于此，则穷通为寒暑风雨之序矣。故许由娱于颍阳而共伯得乎共首。

舜以天下让其友北人无择[40]，北人无择曰："异哉后之为人也，居于畎亩之中而游尧之门[41]！不若是而已，又欲以其辱行漫我[42]。吾羞见之。"因自投清泠之渊[43]。

汤将伐桀，因卞随而谋[44]，卞随曰："非吾事也。"

汤曰："孰可？"

曰："吾不知也。"

汤又因务督光而谋[45]，督光曰："非吾事也。"

汤曰："孰可？"

曰："吾不知也。"

汤曰："伊尹何如？"

曰："强力忍垢，吾不

伊尹

汤就问道："那么谁可以呢？"

回答说："我不知道。"

汤问道："伊尹怎么样？"

回答说："他很有毅力并且能忍受侮辱，别的我就不知道了。"

汤于是和伊尹一起谋划征伐夏桀，攻克以后，让位给卞随。卞随推辞说："您征伐夏桀时来找我谋划，必定认为我是残忍的人；您打败了夏桀而让位给我，必定认为我是贪婪的人。我生于乱世（已经非常不幸），而无道之人还要用他令人耻辱的行为来玷污我。"于是自投椆水而死。

汤又让位给务光，说："有智慧的人谋划，有武力的人完成，有仁义的人来就位，这是自古以来的道理。你为什么不即位呢？"务光推辞道："废除君主，是不义；残害民众，是不仁；别人以身犯险，而我坐享其成，是不廉。我听说，不合于仁义之道，不接受他的利禄，无道的世界，不踏上他的土地。何况要尊我为君主呢！我不忍心长久地看到这些。"

于是背负大石而自沉于庐水。

当初周王室兴起的时候，有两个贤人住在孤竹，他们叫伯夷和叔齐。二人商议说道：

知其他也。"

汤遂与伊尹谋伐桀，克之，以让卞随。卞随辞曰："后之伐桀也谋乎我，必以我为贼也；胜桀而让我，必以我为贪也。吾生乎乱世，而无道之人再来漫我以其辱行，吾不忍数闻也。"乃自投稠水而死[46]。

汤又让瞀光曰："知者谋之，武者遂之，仁者居之，古之道也。吾子胡不立乎？"瞀光辞曰："废上，非义也；杀民，非仁也；人犯其难，我享其利，非廉也。吾闻之曰，非其义者，不受其禄，无道之世，不践其土。况尊我乎！吾不忍久见也。"

乃负石而自沈于庐水。

昔周之兴，有士二人处于孤竹，曰伯夷叔齐。二人相谓曰："吾闻西方有人，似有道者，试往观焉。"至于岐阳，武王闻之，使叔旦往见之[47]，与盟曰："加富二等，就官一列。"血牲而埋之。二人相视而笑曰："嘻！异哉！此非吾所谓道也。昔者神农之有天下也，时祀尽敬而不祈喜；其于人也，忠

"我听说西方有一个人，好像是有道的人，咱们试着去看看。"来到岐阳，武王听说，就派叔旦去看他们，（叔旦）和他们立盟约说：加禄二级，列官一等。用牲口血涂在盟书上并把盟书埋在地下。二人相视而笑道："嘻，真奇怪呀！这不是我所说的道啊。古时候神农治理天下，四时祭祀十分诚心恭敬，但是并不为自己祈福；对于人民，完全以忠信的准则进行治理，而自己则别无他求。乐于政事则从政，乐于管理国家则管理国家，不因为别人的失败而显扬自己的成功，不因为别人的卑微而自视高大，不因为遭逢时机而只为自己图谋利益。现在周朝看到殷朝混乱就急忙夺取政权，崇尚谋略而求取财货，依仗兵力而炫耀威势，宰杀牲畜设立盟约以为信誓，宣扬自己的行为来游说民众，屠杀掠夺来获取利益，这是推行暴乱来代替暴乱啊。我听说古代的贤人，遭逢治世就不逃避责任，遭遇乱世就不苟且偷生。如今天下黑暗，周王朝统治的合法性已经衰败，与其和周王朝并存来侮辱自己，不如逃逸（到一个清净的地方），而保全我们的节操。"两个人北行，来到了首阳山，后来就饿死在那里。像伯夷和叔齐这样的人，对于富

南华真经

注译

三二九

南华真经

注译

三三〇

信尽治而无求焉。乐与政为政，乐与治为治，不以人之坏自成也，不以人之卑自高也，不以遭时自利也。今周见殷之乱而遽为政，上谋而下行货，阻兵而保威，割牲而盟以为信，扬行以说众，杀伐以要利，是推乱以易暴也。吾闻古之士，遭治世不避其任，遇乱世不为苟存。今天下闇，殷德衰，其并乎周以涂吾身也[48]，不如避之以絜吾行。"二子北至于首阳之山，遂饿而死焉。若伯夷叔齐者，其于富贵也，苟可得已，则必不赖[49]。高节戾行，独乐其志，不事于世，此二士之节也。

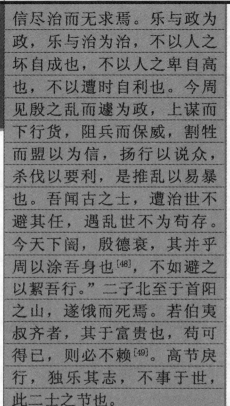

叔齐

贵，即使唾手可得，也必定不取。高尚的节操，高蹈的行事，以高远的志向而自娱自乐，而不为世间的事务奔忙：这是两位高士的节操。

*　　　*　　　*

注释：

[1] 幽忧之病：暗疾。

[2] 子州支伯：人名，犹上文子州支父。

[3] 善卷：人名，隐士。

[4] 绤：细葛布。

[5] 卷卷：自劳貌。后：指舜。

[6] 葆力：勤苦貌。

[7] 大王亶父：周的始祖，文王的祖父。

[8] 筴：即"策"。

[9] 王子搜：王子名搜。

[10] 绥：车上绳子。

[11] 子华子：魏国贤人。昭僖侯：即韩昭侯。

[12] 币：在此指礼品。

[13] 陋闾：即陋巷。

[14] 苴：即粗。

[15] 土苴：糟粕。

[16] 郑子阳：郑国相国。

[17] 望：埋怨。

[18] 过：知遇。

[19] 屠羊说：屠羊之人名说。

[20] 司马子綦：楚国将军。

[21] 三旌之位：即三公之位。

[22] 原宪：孔子弟子。

[23] 茨以生草：用新生未干之草来盖房。

[24] 蓬户：织蓬为户。

[25]瓮牖二室：以瓮为牖，隔一室为两室。

[26]华冠继履：意为冠破蔽而履无跟。

[27]希世而行：趋世而行。

[28]仁义之慝：托仁义之名而行奸恶之事。

[29]肿哙：浮肿。

[30]䊆粥：薄粥。

[31]中山公子牟：魏国公子，名牟，封于中山，今河北省定县。即《秋水》篇中的魏牟。瞻子：即詹子，属道家。

[32]魏阙：宫殿之门，荣华富贵之象征。

[33]从：通"纵"，放纵之意。

[34]重：两次。

[35]糁：米粒。

[36]藉：凌藉，犹凌辱。

[37]细人：小人。

[38]隘：同"厄"。

[39]屹然：奋跃貌。

[40]北人无择：北方人，名无择。

[41]畎亩：田圃。

[42]漫：侮。

[43]清泠之渊：据传在今河南省南阳境内。

[44]卞随：人名，隐者。

[45]瞀光：或作务光，隐者。

[46]椆水：或作稠水，水名。

[47]叔旦：即周公旦，武王的弟弟。

[48]涂：玷污。

[49]赖：取。

盗跖第二十九

孔子与柳下季为友[1]，柳下季之弟，名曰盗跖[2]。盗跖从卒九千人，横行天下，侵暴诸侯，穴室枢户[3]，驱人牛马，取人妇女，贪得忘亲，不顾父母兄弟，不祭先祖。所过之邑，大国守城，小国入保[4]，万民苦之。

孔子谓柳下季曰："夫为人父者，必能诏其子；为人兄者，必能教其弟。若父不能诏其子，兄不能教其弟，

盗跖第二十九

孔子和柳下季（人名）是朋友，柳下季的弟弟叫盗跖。盗跖手下有九千多人，他们横行天下，侵扰诸侯，破人门户，牵走人家的牛羊，掳夺人家的妇女，贪图财货而背弃亲情，不顾父母兄弟，也不祭祀祖先；他们经过的地方，大国坚守城池，小国躲进城堡，千千万万的老百姓苦不堪言。

孔子对柳下季说："为人父亲的人，一定能够训告他的儿子；当人家兄长的人，一定能够教导他的弟弟。如果父亲

南华真经

注译

三二一

则无贵父子兄弟之亲矣。今先生，世之才士也，弟为盗跖，为天下害，而弗能教也，丘窃为先生羞之。丘请为先生往说之。"柳下季曰："先生言为人父者必能诏其子，为人兄者必能教其弟，若子不听父之诏，弟不受兄之教，虽今先生之辩，将奈之何哉！且跖之为人也，心如涌泉，意如飘风，强足以距敌，辩足以饰非，顺其心则喜，逆其心则怒，易辱人以言。先生必无往。"孔子不听，颜回为驭，子贡为右，往见盗跖。盗跖乃方休卒徒大山之阳[5]，脍人肝而铺之[6]。

孔子下车而前，见谒者曰："鲁人孔丘，闻将军高义，敬再拜谒者。"谒者入通，盗跖闻之大怒，目如明星，发上指冠，曰："此夫鲁国之巧伪人孔丘非邪？为我告之：'尔作言造语，妄称文武，冠枝木之冠，带死牛之胁[7]，多辞缪说，不耕而食，不织而衣，摇唇鼓舌，擅生是非，以迷天下之主，使天下学士不反其本，妄作孝弟[8]而傲幸于封侯富贵者

不能训导他的儿子，兄长不能教导他的弟弟，那么父子、兄弟之情也就没有什么可贵的了。现在先生您是当世的才士，弟弟却是盗跖，为害天下却不能教导他，我私下里替先生羞愧。我愿意替先生前去说服他。"

柳下季说："先生您说'当人家父亲的人一定能够训导他的儿子，当人家兄长的人一定能够教导他的弟弟'，但是假如儿子不听父亲的训告，弟弟不接受兄长的教导，就算先生您辩才无碍，又拿他有什么办法呢？而且跖的为人，心思像涌泉一样喷薄而出，胸臆像大风一样捉摸不定，气势强大足以抗拒敌人，口才雄辩足以粉饰过错，顺着他的心意就欢喜，不顺就大怒，而且爱用言语侮辱人。先生您千万别去。"

孔子不听，让颜回驾车，子贡坐在右边，去见盗跖。盗跖正带领手下人在泰山南面休整，炒人肝当菜吃。孔子下车走上前去，对传话的人说："山东人孔丘，仰慕将军的高义，特来拜见。"

传话的人进去报告。盗跖听了大怒，眼睛灼灼如明星，头发直竖冲冠，说："这不是鲁国的巧伪人孔丘吗？替我告诉他：'你遣词造句，假托

也。子之罪大极重，疾走归！不然，我将以子肝益昼铺之膳！'"

孔子复通曰："丘得幸于季，愿望履幕下[9]。"

谒者复通，盗跖曰："使来前！"

孔子趋而进，避席反走[10]，再拜盗跖。盗跖大怒，两展其足，案剑嗔目，声如乳虎，曰："丘来前！若所言，顺吾意则生，逆吾心则死。"

孔子曰："丘闻之，凡天下有三德：生而长大，美好无双，少长贵贱见而皆说之，此上德也；知维天地，能辩[11]诸物，此中德也；勇悍果敢，聚众率兵，此下德也。凡人有此一德者，足以南面称孤矣。今将军兼此三者，身长八尺二寸，面目有光，唇如激丹[12]，齿如齐贝，音中黄钟[13]，而名曰盗跖，丘窃为将军耻不取焉。将军有意听臣，臣请南使吴越，北使齐鲁，东使宋卫，西使晋楚，使为将军造大城数百里，立数十万户之邑，尊将军为诸侯，与天下更始，罢兵休卒，收养昆弟，共祭先

文、武，带着树枝做的帽子，系着死牛皮做的革带，胡言乱语，不耕而食，不织而衣，摇唇鼓舌，惹事生非，迷惑天下的君主，让天下的学士忘掉根本，假装孝悌，企图侥幸能够得到官位，享受富贵。你罪大恶极，赶快走！如不走，我要把你的肝炒来吃！'"

孔子又说："我有幸认识柳下季，希望能到帐幕下来拜见。"

传话的人又去报告。盗跖说："让他上前来吧！"

孔子快步进去，望着桌席后退了几步，又向盗跖行了个礼。盗跖大怒，伸开他的两只脚，用剑支着桌案，声音像小老虎一样吼道："孔丘，过来！你说的话合我的心意便留你一命，不合我的心意就要你死！"

孔子说："我听说，天下有三种德行：生下来长大了，美好无双，不论老少贵贱见了都喜欢，这是上德；知识包罗天地，能够辨识万物，这是中德；勇悍果敢，聚众领兵，这是下德。一般人具有其中的一种德性，就足够南面称王了。现在将军您兼具这三种德性，身高八尺二寸，面目有光，嘴唇如鲜明的朱砂，牙齿像整齐的珠贝，声音合于黄钟，但却名为盗跖，我私下里替将军感

南华真经 注译

三三三

南华真经

注译

三三四

祖[14]。此圣人才士之行，而天下之愿也。”

盗跖大怒曰："丘来前！夫可规以利而可谏以言者[15]，皆愚陋恒民之谓耳。今长大美好，人见而悦之者，此吾父母之遗德也。丘虽不吾誉，吾独不自知邪？且吾闻之，好面誉人者，亦好背而毁之。今丘告我以大城众民，是欲规我以利而恒民畜我也，安可久长也！城之大者，莫大乎天下矣。尧舜有天下，子孙无置锥之地；汤武立为天子，而后世绝灭；非以其利大故邪？且吾闻之，古者禽兽多而人少，于是民皆巢居以避之，昼拾橡栗，暮栖木上，故命之曰有巢氏之民。古者民不知衣服，夏多积薪，冬则炀之，故命之曰知生之民。神农之世，卧则居居[16]，起则于于[17]，民知其母，不知其父，与麋鹿共处，耕而食，织而衣，无有相害之心，此至德之隆也。然而黄帝不能致德，与蚩尤战于涿鹿之野，流血百里。尧舜作，立群臣，汤放其主，武王杀纣。自是之后，以强陵弱，以众

到羞愧。将军如果有意听我的话，我请求向南出使吴、越，向北出使齐、鲁，向东出使宋、卫，向西出使晋、楚，让他们为将军造方圆百里的大城，建有数十万户的大邑，尊将军为诸侯，与天下的人有一个新的开始；将军可解散军队，收养兄弟，一起祭祀祖先。这是圣人、才士的行为，也是天下人的愿望啊。"

盗跖听了大怒，说："孔丘，过来！可以用利益来诱导，用言语来劝谏的人，都是愚陋小民。现在我长大美好，人人见了我都喜欢，这是我父母遗留给我的恩德。我虽然不以此自夸，但难道我自己不知道吗？况且我听人说：喜爱当面称赞人的人，也喜欢背后毁谤人。现在你用大城众民来说服我，是想许我以利益，让小民来养活我，这是长久之计吗？城再大，也大不过天下。尧舜拥有天下，子孙却无立锥之地；汤武成为天子，但后代绝灭了；这不是因为他们得到的利益太大了吗？我还听说：以前禽兽多人民少，于是人民都在树上结巢居住来躲避猛兽，白天捡拾橡栗，晚上在树上休息，所以称他们是有巢氏之民。以前，人不知道有衣服，夏天就多囤积柴木，冬天烧柴来取暖，所以称他们是知

神农氏

暴寡。汤武以来，皆乱人之
徒也。今子修文武之道，掌
天下之辩，以教后世，缝衣[18]
浅带，矫言伪行，以迷惑天
下之主，而欲求富贵焉，盗
莫大于子。天下何故不谓子
为盗丘，而乃谓我为盗跖？
子以甘辞说子路而使从之，
使子路去其危冠[19]，解其长
剑，而受教于子，天下皆曰
孔丘能止暴禁非。其卒之也，
子路欲杀卫君而事不成，身
菹[20]于卫东门之上，是子教
之不至也。子自谓才士圣人
邪？则再逐于鲁，削迹于卫，
穷于齐，围于陈蔡，不容身
于天下。子教子路菹此患，
上无以为身，下无以为人，
子之道岂足贵邪？世之所高，

生之民。神农氏的时候，人民睡时很安稳，起来很从容，知道母亲，却不知父亲是谁，与麋鹿共处，耕种吃粮，织布穿衣，没有伤害人的打算，这是道德极盛的时代。但是黄帝不能修德，与蚩尤在涿鹿郊外大战，血流了百里。尧舜当了君主，册立了群臣；汤流放他的君主，武王杀了商纣。从此以后，人们开始恃强凌弱，以众欺少。汤武以来，都是坏人当道。现在你学习文王武王之道，掌握天下的言论，用来教导后人；穿着宽衣浅带，言语行为造作虚浮，来迷惑天下的君主，以此求取富贵。没有比你更大的盗贼了，天下人为何不称你是盗丘，却要说我是盗跖呢？你用动听的话说服了子路，让他追随你；他摘掉高帽子，解下长剑，当了你的学生。天下人都说你能够制止坏事，劝服坏人。可子路想杀卫君没有成功，自己反而在卫国东门边被人剁成肉酱。你叫子路遭受这样的祸患，上不能保存自身，下不能成就他人。这都是因为你没有教好他。你自称是才士、圣人，但两次被撵出鲁国，在卫国被禁止居留，在齐国穷困潦倒，在陈蔡被围困，天下没有你容身的地方。你坚持的道路，有什么可贵的？没有谁比黄帝更被世人盛

南华真经

注译

三五三

杂篇

南华真经

注译

三三六

子路

莫若黄帝，黄帝尚不能全德，
而战涿鹿之野，流血百里。
尧不慈，舜不孝，禹偏枯[21]，
汤放其主，武王伐纣，文王
拘羑里。此六子者，世之所
高也，孰论之，皆以利惑其
真而强反其情性，其行乃甚
可羞也。世之所谓贤士，伯
夷叔齐。伯夷叔齐辞孤竹之
君而饿死于首阳之山，骨肉
不葬。鲍焦饰行非世[22]，抱
木而死。申徒狄[23]谏而不听，
负石自投于河，为鱼鳖所食。
介子推至忠也，自割其股以
食文公，文公后背之，子推
怒而去，抱木而燔死。尾生
与女子期于梁下，女子不来，
水至不去，抱梁柱而死。此六
子者，无异于磔犬[24]流豕[25]
操瓢而乞者，皆离名轻死[26]，
不念本养寿命者也。世之所

赞了，但他也不能保全自己的
德行，在涿鹿郊外与人征战，
血流了百里。尧不慈爱，舜不
孝顺，禹半身不遂，汤流放了
君主，武王讨伐纣王，文王曾
被拘羑里。这六个人，都是世
上人所盛赞的；但细究起来，
这些人都是用利益迷惑了真
性，用强力违背了性情，应该
为做出的事感到羞愧。世上所
谓的贤士没有比得过伯夷、叔
齐的，他们辞了孤竹的君位，
饿死在首阳山，尸体都不能入
葬。鲍焦行为高洁，非议人
世，抱木而死。申徒狄劝谏不
被接受，背着石头跳河，被鱼
吃了。介子推非常忠心，割自
己大腿上的肉给文王吃；后来
文王背弃了他，子推一怒而
去，抱着树木烧死了。尾生与
女友约在桥下见面，女友没有
来，水涨上来他也不离开，抱
着桥柱被淹死了。这六个人，
与被屠宰的狗、沉河的猪、拿
盆沿街乞讨的人没有什么区
别，都是看重名声轻视生命，
不顾根本的人。世上所谓的忠
臣，没有比王子比干、伍子胥
更忠的了。伍子胥投江而死，
比干剖心而亡。这两个天下人
眼中的忠臣，死后却被天下人
嘲笑。从上面所说看来，像子
胥、比干这样的人，不值得珍
视。你来劝我，如果用鬼神的
事来劝说，那么我无法真正了

谓忠臣者，莫若王子比干伍子胥。子胥沉江，比干剖心，此二子者，世谓忠臣也，然卒为天下笑。自上观之，至于子胥比干，皆不足贵也。丘之所以说我者，若告我以

比干

鬼事，则我不能知也；若告我以人事者，不过此矣，皆吾所闻知也。今吾告子以人之情，目欲视色，耳欲听声，口欲察味，志气欲盈[27]。人上寿百岁，中寿八十，下寿六十，除病瘦死丧忧患，其中开口而笑者，一月之中不过四五日而已矣。天与地无穷，人死者有时，操有时之具而托于无穷之闲，忽然无异骐骥之驰过隙也。不能说其志意，养其寿命者，皆非

解这些事；如果用人事来劝，不过如此，都是我已经知道的。现在我对你说说人的常情：眼睛想看到色彩，耳朵想听到声音，嘴巴想尝到味道，心志想被满足。人的上寿是一百岁，中寿是八十岁，下寿是六十岁；除了疾病、死丧、忧患，中间能够开口笑的，一个月中也不过四五天而已。天与地无穷尽，人生却终有死期；用这有时限的身体，处在这无穷尽的天地中，就像快马迅速地闪过空隙一般。凡是不能畅适自己的意志，保养自己的寿命的人，都不是通达大道的人。你说的话，都是我要摒弃的。赶快走开！不要再说了。你的理论，既猖狂又汲汲于名利，尽做取巧虚伪的事，不是可以保全真性的，有什么值得说的！"

孔子又向盗跖行了个礼告别，出门上了车，手里拿的马鞭掉了三次，眼神茫然，脸色像死灰一样，靠着车子低着头，大气也不能出。回到鲁国东门外，恰巧遇见了柳下季。柳下季说："这几天都见不到你，看你车马行色匆匆的，是去见盗跖了吗？"孔子仰天长叹，说："是的。"柳下季说："他是不是像我以前所说的那样违背了你的心意呢？"孔子说："是的。我这是没有病却

南华真经

注译

三二八

通道者也。丘之所言，皆吾之所弃也，亟去走归，无复言之！子之道，狂狂汲汲[28]，诈巧虚伪事也，非可以全真也，奚足论哉！"

孔子再拜趋走，出门上车，执辔三失[29]，目芒然无见，色若死灰，据轼低头[30]，不能出气。归到鲁东门外，适遇柳下季。柳下季曰："今者阙然数日不见，车马有行色，得微往见跖邪[31]？"孔子仰天而叹曰："然。"柳下季曰："跖得无逆汝意若前乎[32]？"孔子曰："然。丘所谓无病而自灸也，疾走料虎头[33]，编虎须[34]，几不免虎口哉！"

子张[35]问于满苟得[36]曰："盍不为行？无行则不信，不信则不任，不任则不利。故观之名，计之利，而义[37]真是也。若弃名利，反之于心[38]，则夫士之为行，不可一日不为乎！"

满苟得曰："无耻者富，多信[39]者显。夫名利之大者，几在无耻而信。故观之名，计之利，而信真是也。若弃名利，反之于心，则夫士之

自己用艾叶来烧灼，莽撞地去撩虎头，捋虎须，几乎不能免于虎口啊！"

子张问满苟得（人名）说："你为什么不修德行呢？没有德行就不能取信，不能取信就不会被任用，不被任用就不能获利，所以从名来看，从利来算，仁义才是要紧的。就算抛弃名利，内心反省，士君子的行为，也不能一天不修仁义呀！"

满苟得说："无耻的人富裕，能说会道的人显赫。最能捞取名利的人，基本上都是无耻而卖弄的人。所以从名利方面来看，能说会道才是重要的。如果抛弃名利，反求自己的内心，那么士君子的操行，也只有按照自己的天性（来行动）了。"

子张说："桀纣从前贵为天子，富有天下，现在对仆隶、役夫说，你的行为像桀纣，他们就会面有愧色，很不服气，桀纣是小人都鄙视的人。孔子、墨翟原是穷困的平民，可现在对宰相说，你的行为像孔子、墨翟，他们就会脸现喜色说自己还达不到，读书人真是可贵呀！所以有权有势如天子，未必可贵；穷困如平民，未必低贱；贵贱的分别，在于行为的好坏。"

满苟得说："小盗会被拘

为行，抱[40]其天[41]乎！”

子张曰：“昔者桀纣贵为天子，富有天下，今谓臧聚曰[42]汝行如桀纣，则有怍色，有不服之心者，小人所贱也。仲尼墨翟，穷为匹夫，今谓宰相曰，子行如仲尼墨翟，则变容易色称不足者，士诚贵也。故势为天子，未必贵也；穷为匹夫，未必贱也；贵贱之分，在行之美恶。”满苟得曰：“小盗者拘，大盗者为诸侯，诸侯之门，义士存焉。昔者桓公小白杀兄入[43]嫂而管仲为臣，田成子常杀君窃国而孔子受币。论则贱之，行则下之[44]，则是言行之情悖战于胸中也，不亦拂乎[45]！故书曰：‘孰恶孰美？成者为首，不成者为尾。’”

子张曰：“子不为行，即将疏戚无伦，贵贱无义，长幼无序；五纪六位[46]，将何以为别乎？”

满苟得曰：“尧杀长子，舜流[47]母弟，疏戚有伦乎？汤放桀，武王杀纣，贵贱有义乎？王季为适[48]，周公杀兄，长幼有序乎？儒者伪辞，

捕，大盗却成为诸侯，诸侯的门下就有仁义。从前齐桓公小白杀了哥哥娶了嫂子，而管仲却做了他的臣子；田成子常杀了君主窃据国家，而孔子却接受他的货币。评论起来就区别卑贱，实行起来自己却又这样去做，这就是嘴里所说的和行为所做的在心里交战，岂不是很矛盾吗！所以书上说：‘谁好谁坏，成功的就是好，不成功的就是坏。’”

子张说：“你不修饰行为，将会亲疏没有伦常，贵贱没有仪则，长幼没有顺序；五伦六位，怎样区别呢？”

满苟得说：“尧杀害长子，舜流放母弟，亲疏有伦常吗？汤放逐桀，武王杀害纣，贵贱有仪则吗？王季僭越嫡位，周公杀害兄长，长幼有顺序吗？儒者的虚伪言辞，墨者的兼爱，这样五伦六位有区别吗？而且你正在求名，我正在求利。名利的实情，都不顺于理，也不明于道。我从前和你在无约面前争辩说：‘小人为财牺牲，君子为名牺牲。他们之所以改变真情，更易本性，虽然不同，但是就他们舍弃了生命而追求所不当为的东西来说，却是一样的。’所以说，不要追逐小人追逐的东西，而应回过来追求你自己的本性；也不要追求君子追求的东西，

南华真经

注

译

南华真经

注译

墨者兼爱，五纪六位将有别乎？且子正为名，我正为利。名利之实，不顺于理，不监[49]于道。吾日[50]与子讼于无约[51]曰：'小人殉财，君子殉名。其所以变其情，易其性，则异矣；乃至于弃其所为而殉其所不为，则一也。'故曰：无为小人，反殉而天[52]；无为君子，从天之理。若枉若直[53]，相而天极[54]；面观四方，与时消息。若是若非，执而圆机[55]；独成而意，与道徘徊。无转而行[56]，无成而义，将失而所为。无赴而富，无殉而成，将弃而天。比干剖心，子胥抉眼，忠之祸也；直躬证父[57]，尾生溺死，信之患也；鲍子立干[58]，申子不自理，廉之害也；孔子不见母[59]，匡子[60]不见父，义之失也。此上世之所传，下世之所语，以为士者正其言，必其行，故服[61]其殃，离[62]其患也。"

无足问于知和曰[63]："人卒未有不兴名就利者[64]。彼富则人归之，归则下之，下则贵之。夫见下贵者，所以长生安体乐意之道也。今

而应顺从自然的道理。是曲是直，听任自然，观照四方，随着时序而变化。或是或非，执守你的环中；独自完成你自己的本意，和道共游。不要固执你的行为，不要推选你的仁义，这会失掉你的真性。不要奔赴富贵，不要急于成功，这会舍弃你的自然天性。比干（人名）被挖心，子胥（人名）被挖眼，这是忠的祸害；直躬证实父亲偷羊，尾生被水淹死，这是信的祸患；鲍叔（人名）抱树而死，申子（人名）跳河自尽，这是廉的祸害；孔子不见母亲，匡子（人名）不见父亲，这是义的缺失。这些都是上世的传闻，下代的议论，以为读书人要语言正直，用行为去实践，所以才遭灾殃，受到祸患。"

无足（人名）问知和（人名）说："众人没有不兴名求利的。如果他富有，人就归向他，归向就对他谦下，谦下就对他尊崇；受人谦下尊崇，是长寿、安体、快意之道。现在你竟然没有这种意念，是智慧不足呢？还是知道而力量不能做到，故意推求正道而念念不忘呢？"

知和说："现在假定有这样一个（追求名利的）人，自以为和自己同时代生，在一个地方生活的人，就认为是个超

子独无意焉，知不足邪，意知而力不能行邪，故推正不忘邪[65]？"

知和曰："今夫此人以为与己同时而生，同乡而处者，以为夫绝俗过世之士焉；是专无主正，所以览古今之时，是非之分也，与俗化。世去至重，弃至尊，以为其所为也；此其所以论长生安体乐意之道，不亦远乎！惨怛之疾，恬愉之安，不监于体；怵惕之恐，欣欢之喜，不监于心；知为为而不知所以为，是以贵为天子，富有天下，而不免于患也。"

无足曰："夫富之于人，无所不利，穷美究势[66]，至人之所不得逮，贤人之所不能及，侠人之勇力而以为威强[67]，秉人之知谋以为明察，因人之德以为贤良，非享国而严若君父。且夫声色滋味权势之于人，心不待学而乐之，体不待象而安之[68]。夫欲恶避就[69]，固不待师，此人之性也。天下虽非我[70]，孰能辞之！"

知和曰："知者之为，故动以百姓[71]，不违其度，

越世俗的人；其实是内心没有指导的原则，这样去看古今的时代，是非的分际，不过与俗同化罢了。世人离弃最重要的生命，抛弃最尊贵的大道，去追求他所欲求的；这样来谈论长寿、安体、快意之道，不是离题太远了吗！让人难受的疾病，令人高兴的安乐，不由形体显现出来；警惕的恐惧，欢欣的喜悦，不同心灵显现出来；你知道你所做的却不知道你为什么要这样做，因此就是贵为天子，富有天下，也不能免于祸患。"

无足说："财富对人来说，无往而不利。它能使人享尽天下的善美威势，这是至人也不能得到、贤人也不能企及的；它能使人依恃别人的勇力壮自己的威势，把别人的智谋当作自己的明察，凭借别人的德行把自己装扮得贤良，虽然不曾享有国土而尊严却像君父。而且声色、滋味、权势对于人来说，不必学习心里就爱好它，不必模仿身体就感到安适。欲求、憎恶、避免、趋就，本来不必教导就会，这是人的本性。天下人虽然非议我，但谁又不贪图富贵美色呢！"

知和说："智者做事情，依着百姓的需要去行事，不会违反大众的原则，因此知足而

南华真经

注译

三四一

杂篇

南华真经

注译

三
四
二

是以足而不争，无以为故不求。不足故求之，争四处而不自以为贪；有余故辞之，弃天下而不自以为廉。廉贪之实，非以迫外也，反监之度[72]。势为天子而不以贵骄人，富有天下而不以财戏人。计其患，虑其反，以为害于性，故辞而不受也，非以要名誉也。尧舜为帝而雍，非仁天下也，不以美害生也；善卷许由得帝而不受，非虚辞让也，不以事害己。此皆就其利，辞其害，而天下称贤焉，则可以有之，彼非以兴名誉也。”

无足曰："必持其名，苦体绝甘，约养以持生[73]，则亦久病长阨而不死者也。"

知和曰："平为福，有余为害者，物莫不然，而财其甚者也。今富人，耳营钟鼓筦籥之声，口嗛于刍豢醪醴之味[74]，以感其意，遗忘其业，可谓乱矣；侅溺于冯气[75]，若负重行而上也，可谓苦矣；贪财而取慰，贪权而取竭[76]，静居则溺，体泽则冯[77]，可谓疾矣；为欲富就利，故满若堵耳[78]而不知

不侵犯，顺任自然所以不贪求。不知足所以会贪求，四处争夺却不自以为贪图，有剩余所以才辞让，舍弃天下的财物而不自以为清廉。清廉和贪得的实质，并不是受外物的迫使，而是反观内在禀性所导致。有权有势如天子却并不以尊贵骄傲于人，富有天下却不以财货自夸于人；而是权衡祸患，反复思量，认为有害于本性，所以推辞、不接受，并不是想邀取名誉。尧舜做帝王而推辞，并不是因为对天下仁爱，而是不愿以华美危害生命；善卷许由得到帝位却不接受，也并不是假意辞让，而是不想以政事损害自己。他们获取对他们有利的，舍弃对他们有害的，而天下却称赞他们贤明，他们这么做是因为想避害，并不是为了求名誉的。"

无足说："如果一定要固守名誉，形体苦修弃绝享受，俭约奉养来保持生命，这也就是长久病困而不死罢了。"

知和说："平均是福，多余是害，凡物没有不这样的，而财货更甚。现在的富人，耳朵要听钟鼓管乐的声音，嘴巴要尝牛羊美酒的滋味，以此刺激他的情意，遗忘他的事业，可以说是迷乱；沉溺于盛气，好像负重走上山坡，可以说是劳苦；贪财招来抱怨，贪权而

避，且冯而不舍[79]，可谓辱
矣；财积而无用，服膺而不
舍，满心戚戚[80]，求益而不
止，可谓忧矣；内则疑劫请
之贼，外则畏寇盗之害，内
周楼疏[81]，外不敢独行，可
谓畏矣。此六者，天下之至
害也，皆遗忘而不知察，及
其患至，求尽性竭财，单以
反一日之无故而不可得也[82]。
故观之名则不见，求之利则
不得，缭意绝体而争此[83]，
不亦惑乎！"

注释：

　　[1] 柳下季：即柳下惠，鲁国的贤
人。

　　[2] 盗跖：古时候的大盗。

　　[3] 穴室抠户：穿室探户。

　　[4] 保：同"堡"。

　　[5] 大：音"太"，大山，即泰山。

　　[6] 餔：食。

　　[7] 胁：大革带。

　　[8] 弟：音"悌"。

　　[9] 愿望履幕下：希望到帐幕下，
即希望见到盗跖面谈。

　　[10] 反走：后退几步再向前走。

　　[11] 辩：通"辨"。

　　[12] 激丹：鲜明的朱砂。激，明。

　　[13] 黄钟：古乐器中音律的名称。

　　[14] 共：音"恭"。

　　[15] 规：同"谏"。

　　[16] 居居：安静的样子。

　　[17] 于于：自得的样子。

耗费神思，闲散就沉溺于嗜
欲，身体充盈则意态骄满，可
以说是疾病；为了求富逐利，
囤积的资财比墙高还不满足，
还贪求不止，这可以说是取辱
了；聚集财货却没有用处，一
心一意钻营追逐不止，满心烦
恼，欲求增多却不知道停止，
可以说是忧虑了；在家里就担
心小偷会来偷，到外面就畏惧
强盗的伤害，在家里面楼房紧
扣，到外面不敢独行，可以说
是畏惧了；这六种，是天下的
大害，大家都遗忘而不知省
察，等到祸患来临，想用尽心
思费尽钱财，只求一天平安无
事也得不到。所以从名来说看
不到，从利来说得不着，劳累
身心去争求，岂不是迷惑吗！"

　　＊　　　＊　　　＊

　　[18] 缝衣：宽大的衣服。

　　[19] 危冠：高冠。

　　[20] 菹：古代一种酷烈的刑法，
把受刑者剁成肉酱。

　　[21] 偏枯：指半身不遂。

　　[22] 鲍焦：周时的隐士。

　　[23] 申徒狄：姓申徒，名狄，
殷商时人。

　　[24] 磔犬：被屠宰的狗。

　　[25] 流豕：沉河的猪。古时以
猪为牺牲祭祀河神。

　　[26] 离名：重名。

　　[27] 盈：求满足。

　　[28] 狂狂汲汲：奔走钻营的样

杂篇

南华真经

注译

二四三

杂篇

南华真经

注译

三四四

子。

[29]失：掉落。

[30]轼：车前横木。

[31]微：同"无"。

[32]若前乎：像先前所说的那样。

[33]料：同"撩"。

[34]编：抚。

[35]子张：孔子的弟子。

[36]满苟得：虚拟的人名，字面义为"且苟且贪以满足私欲的人"。

[37]义：仁义。

[38]反之于心：反省内心。

[39]多信：多言。

[40]抱：守。

[41]天：自然的天性。

[42]臧聚：指奴隶马夫。

[43]入：娶。

[44]论则贱之，行则下之：言语上以之为鄙贱，行动上却下而事之。

[45]拂：矛盾。

[46]五纪六位：五纪，即五伦，指父子、君臣、夫妇、长幼、朋友的关系；六位，指君、臣、父、子、夫、妇。

[47]流：流放。

[48]适：同"嫡"。

[49]监：明，见。

[50]日：昔。

[51]无约：虚拟的人名，意为不受名利束缚的人。

[52]反殉而天：反求自己的自然之道。

[53]若枉若直：曲直，即是非之意。

[54]相而天极：顺自然之道。相，助。

[55]圆机：环中。

[56]转：音"专"。

[57]直躬证父：爽直的儿子证实父亲偷了羊。

[58]鲍子立干：即上文所说的鲍焦抱木而死。

[59]孔子不见母：孔子周游列国应聘，他的母亲临终也没能回来。

[60]匡子：姓匡，名章，齐国人，因为劝告父亲不听，被父亲撵走，终身没有再见父亲。

[61]服：遭受。

[62]离：同"罹"，遭受。

[63]无足问于知和：无足，不知足；知和，知和适。这里虚拟为人名。

[64]人卒：人众。

[65]推正：推求正道。

[66]穷美究势：享尽天下的善美权势。

[67]侠：夹。

[68]象：模仿。

[69]欲恶避就：指欲求、憎恶、避免、趋就。

[70]非：非议。

[71]动以百姓：以百姓心为心。

[72]非以迫外也，反监之度：不是由于外物的影响，而是由于各人内心的禀性不同。

[73]约养：过着质朴的衣食生活。

[74]嗛：快意。

[75]侅溺于冯气：侅溺，沉溺之深。冯气，盛气。

[76]取竭：消耗精力。

[77]体泽则冯：身体充盈而意态骄横。

[78]满若堵耳：积财高于墙。

[79]冯而不舍：贪求不舍。
[80]醮戚：烦恼。
[81]疏：窗。

[82]单：独，但。
[83]缭意绝体：缠绕其身心。

说剑第三十

昔赵文王喜剑，剑士夹门[1]而客三千余人，日夜相击于前，死伤者岁百余人，好之不厌。如是三年，国衰，诸侯谋之。

太子悝患之，募左右曰："孰能说[2]王之意止剑士者，赐之千金。"左右曰："庄子当能。"

太子乃使人以千金奉庄子。庄子弗受，与使者俱，往见太子曰："太子何以教周，赐周千金？"

太子曰："闻夫子明圣，谨奉千金以币从者[3]。夫子弗受，悝尚何敢言！"庄子曰："闻太子所欲用周者，欲绝王之喜好也。使臣上说大王而逆王意，下不当太子，则身刑而死，周尚安所事金乎？使臣上说大王，下当太子，赵国何求而不得也。"

太子曰："然。吾王所见，唯剑士也。"

说剑第三十

从前赵文王喜欢剑术，于是剑士聚集在他门下，客居的有三千多人。这些剑士白天黑夜在文王面前搏击，一年要死伤一百多人，但赵文王仍然喜欢，从不厌倦。这样搞了三年，赵国的国势衰弱了，诸侯们想篡夺他的政权。

赵国的太子悝为此担心，对左右的人说："谁能说服大王停止蓄养剑士，我赏给他一千两黄金。"左右的人说："庄子可以做到。"

太子于是让人拿着一千两黄金去送给庄子。庄子不接受，和那个人一起来见太子，说："太子对我有什么教导，要给我一千两黄金？"

太子说："听说你很明断，于是恭敬地拿千金送给你的下人。您不接受，我还敢说什么呢？"

庄子说："听说太子想让我去说服大王，断绝他的癖好。假如我去说服大王，却上不能合他的心意，下不能合您的心意，那我肯定得被处死，要那些钱有什么用呢？假如我

南华真经

注译

庄子曰:"诺。周善为剑。"

太子曰:"然吾王所见剑士,皆蓬头突鬓[4]垂冠,曼胡之缨[5],短后之衣,嗔目而语难[6],王乃说之。今夫子必儒服而见王,事必大逆。"

庄子曰:"请治剑服。"

治剑服三日,乃见太子。太子乃与见王,王脱白刃待之。庄子入殿门不趋,见王不拜。王曰:"子欲何以教寡人,使太子先[7]?"

曰:"臣闻大王喜剑,故以剑见王。"

王曰:"子之剑何能禁制[8]?"

曰:"臣之剑,十步一人,千里不留行[9]。"

王大悦之,曰:"天下无敌矣!"

庄子曰:"夫为剑者,示之以虚,开之以利[10],后之以发,先之以至。愿得试之。"

王曰:"夫子休就舍,待命令设戏请夫子。"

王乃校[11]剑士七日,死伤者六十余人,得五六人,使奉剑于殿下,乃召庄子。

上能说服大王,下合太子的心意,我想要赵国的什么东西会得不到呢?"

太子说:"这个自然,可大王只想见剑士。"

庄子说:"没问题。我精通剑术。"

太子说:"但是大王见的剑士,一个个都是头发蓬乱,鬓角突出,低垂着帽子,粗实的冠缨,短后的上衣,双眼瞪视,出语诘难,大王见了才喜欢。现在您一定要穿着儒生的衣服去见大王,事情肯定会搞砸的。"

庄子说:"请给我准备剑士的服装。"

庄子准备好了衣服,三天后去见太子。太子于是跟着他一起来见赵王,赵王抽出剑来等着他。庄子进了殿门既不快步趋前,见了赵王也不拜见。赵王说:"你有什么指教我的,让太子来做介绍?"

庄子说:"我听说大王喜欢剑术,所以用剑术来见大王。"

赵王说:"你的剑法怎样控制对手?"

庄子说:"我的剑,十步杀一人,千里不留行。"

赵王听了很高兴,说:"那天下没有你的对手了!"

庄子说:"使剑的方法,应先示人以虚空,给予可乘之

王曰:"今日试使士敦剑[12]。"

庄子曰:"望之久矣。"

王曰:"夫子所御杖,长短何如?"

曰:"臣之所奉皆可。然臣有三剑,唯王所用,请先言而后试。"

王曰:"愿闻三剑。"

曰:"有天子剑,有诸侯剑,有庶人剑。"

王曰:"天子之剑何如?"

曰:"天子之剑,以燕溪[13]石城[14]为锋[15],齐岱[16]为锷[17],晋魏为脊,周宋为镡[18],韩魏为夹[19];包以四夷,裹以四时;绕以渤海,带以常山[20];制以五行,论以刑德;开以阴阳,持以春夏,行以秋冬。此剑,直之无前,举之无上,案之无下,运之无旁,上决浮云,下绝地纪[21]。此剑一用,匡诸侯,天下服矣。此天子之剑也。"

文王芒然自失,曰:"诸侯之剑何如。"

曰:"诸侯之剑,以知勇士为锋,以清廉士为锷,以贤良士为脊,以忠圣士为镡,以豪桀士为夹。此剑,

机,发动在后,抢先击至。我很希望能试一试。"

赵王说:"请先到馆舍休息听候命令,等我安排击剑比赛来请先生。"

赵王于是使剑士们相互较量,七天死伤了六十多人,选出了五六个人,让他们捧着剑在宫殿外面等着,让人去请庄子。赵王说:"今天请你和剑士对剑。"

庄子说:"我盼望很久了。"

赵王说:"你用的剑,长短怎么样?"

庄子说:"我用的剑长短都可以。但是我有三种剑,任大王您选用,请允许我先说然后再试。"

赵王说:"愿意听听这三种剑。"

庄子说:"有天子的剑,有诸侯的剑,还有普通人的剑。"

赵王说:"天子的剑是什么样的呢?"

庄子说:"天子的剑,是用燕奚石城作剑端,齐国泰山作剑刃,晋国卫国作剑背,周朝宋国作剑口,韩国魏国作剑把;用四夷包着,用四时围着,以恒山作系带,用五行来制衡,用刑德来论断,以阴阳为开合,以春夏来扶持,以秋冬来操作。这种剑,直刺就没

南华真经

注译

三四八

直之亦无前，举之亦无上，案之亦无下，运之亦无旁；上法圆天以顺三光[22]，下法方地以顺四时，中和民意以安四乡[23]。此剑一用，如雷霆之震也，四封之内，无不宾服而听从君命者矣。此诸侯之剑也。"

王曰："庶人之剑何如？"

曰："庶人之剑，蓬头突鬓垂冠，曼胡之缨，短后之衣，嗔目而语难。相击于前，上斩颈领，下决肝肺。此庶人之剑，无异于斗鸡，一旦命已绝矣，无所用于国事。今大王有天子之位而好庶人之剑，臣窃为大王薄之。"

庄子

有东西可在它前面，举起就没有东西可在它上面，按低就没有东西可在它下面，挥动就没有东西可在它近旁，在上可以断浮云，在下可以绝地基。这种剑一旦使用，就可以匡正诸侯，天下顺服了。这是天子的剑。"

赵王茫然失神，说："诸侯的剑怎么样呢？"

庄子说："诸侯的剑，是用知勇的人作剑端，用清廉的人作剑刃，用贤良的人作剑背，用忠贤的人作剑把。这种剑，直往没有东西可在它前面，举起没有东西可在它上面，按低也没有东西可在它下面，挥动也没有东西可在它近旁；在上效法圆天来顺应三光，在下效法方地来顺应四时，中间和睦民意来安顿四乡。这种剑一旦使用，像雷霆的震撼，四境之内，没有不归服而听从君主的命令的。这是诸侯的剑。"

赵王说："庶人的剑是什么样的呢？"

庄子说："庶人的剑，蓬乱头发，突出鬓角，低垂着帽子，粗实的缨冠，短后的上衣，双眼瞪视，出语责难。在人前互相击斗，向上砍人头，向下刺肝肺。这是庶人的剑，和斗鸡没有什么区别，一旦没有命了，对国事就没有用处。

王乃牵而上殿。宰人上食，王三环之[24]。庄子曰："大王安坐定气，剑事已毕奏矣。"

于是文王不出宫三月，剑士皆服毙其处也。

注释：

[1]夹门：拥门。

[2]说：通"悦"。

[3]币从者：币，赠的意思。从者，指仆从。

[4]突鬓：鬓毛突出。

[5]曼胡之缨：粗实的冠缨。

[6]语难：语言相诘难。

[7]先：为前导。

[8]禁制：指禁暴制敌。

[9]十步一人，千里不留行：指所向无敌，行千里而不被阻碍。

[10]开之以利：给人以可乘之机。

[11]校：同"较"，指较量剑术以决胜负。

[12]敦剑：治剑，敦，借为"对"。

[13]燕溪：地名，在燕国。

现在大王拥有天子的位子却喜欢庶人的剑，我替大王感到不值。"

赵王于是牵着他的手上殿来，厨子上了菜，赵王绕着他走了三圈。庄子说："大王安静坐下来平定气息，关于剑的事我已经奏请完了。"

于是文王三个月不出宫，剑士都气愤地在那里自杀了。

*　　　　*　　　　*

[14]石城：地名，在塞外。

[15]锋：剑端。

[16]齐岱：齐国岱山，即泰山。

[17]锷：剑刃。

[18]镡：剑口。

[19]夹：剑把。

[20]常山：恒山。

[21]地纪：地基。

[22]三光：指日、月、星发出的三种光芒。

[23]四乡：同四方。

[24]三环之：绕了三圈。

渔父第三十一

孔子游乎缁帷之林[1]，休坐乎杏坛之上[2]。弟子读书，孔子弦歌鼓琴，奏曲未半。有渔父者，下船而来，须眉交白，被发揄袂[3]，行

渔父第三十一

孔子到黑帷树林游玩，坐在杏坛上休息。弟子们在读书，孔子唱歌弹琴。曲子弹了一半，有一位渔父撑船来了。他的眼睛眉毛都白了，披散着头发，提着衣襟，沿着河岸而

南华真经
注译

三四九

南华真经

注译

原以上[4]，距陆而止[5]，左手据膝，右手持颐以听。曲终而招子贡子路，二人俱对。客指孔子曰："彼何为者也？"

子路对曰："鲁之君子也。"

孔子杏坛讲学

客问其族[6]。子路对曰："族孔氏。"

客曰："孔氏者何治也？"

子路未应，子贡对曰："孔氏者，性服忠信，身行仁义，饰礼乐，选人伦[7]，上以忠于世主，下以化于齐民[8]，将以利天下。此孔氏之所治也。"

又问曰："有土之君与？"

子贡曰："非也。"

"侯王之佐与？"

来，到岸边停下，左手按着膝盖，右手支着脸听着曲子。曲子弹完了，他招呼子贡、子路，两个人都过来了。客人指着孔子问道："他是干什么的？"

子路回说："他是鲁国的君子。"

客人又问孔子的姓氏。子路回说："姓孔。"

客人问："孔氏研习什么？"

子路没有说话。子贡回说："孔氏这人，天性崇尚忠信，身体力行仁义，修饰礼乐，序列人伦；对上忠于君主，对下劝化人民，以此有益于天下。这是孔氏研习的东西。"

客人又问："他是有土地的君主吗？"

子贡说："不是。"

"是诸侯的辅佐吗？"

子贡说："不是。"

客人就笑着往回走了，说道："孔氏仁是仁，但恐怕保全不了自身；操心累身，危害了他的本真。哎！他离大道还远着呢！"

子贡回来告诉了孔子。孔子推开琴站起来，说："这是圣人呀！"于是走过去追他。到了岸边，渔父正拿着船篙要开船，看见孔子，就回过身来站着。孔子向后退了几步，行了礼才走上前来。

客人说："你有什么要

子贡曰："非也。"

客乃笑而还，行言曰："仁则仁矣，恐不免其身；苦心劳形以危其真。呜呼！远哉其分于道也[9]！"

子贡还，报孔子。孔子推琴而起曰："其圣人与！"乃下求之，至于泽畔，方将杖挐而引其船[10]，顾见孔子，还乡而立[11]。孔子反走，再拜而进。

客曰："子将何求？"

孔子曰："曩者先生有绪言而去[12]，丘不肖，未知所谓，窃待于下风[13]，幸闻咳唾之音[14]以卒相[15]丘也！"

客曰："嘻！甚矣子之好学也！"

孔子再拜而起曰："丘少而修学，以至于今，六十九岁矣，无所得闻至教，敢不虚心！"

客曰："同类相从，同声相应，固天之理也。吾请释吾之所有而经[16]子之所以[17]。子之所以者，人事也。天子诸侯大夫庶人，此四者自正[18]，治之美也，四者离位而乱莫大焉。官治其职，人忧其事，乃无所陵[19]。故田荒室露，

求？"

孔子说："刚才先生您说了一番话走了。我很愚笨，不知道这些话的真义；我恭敬地在这里等着，希望听到您的高言妙论，好有助于我。"

客人说："嘻！你可真好学呀！"

孔子又对他行了个礼说："我从小开始研习学问，到今天六十九岁了，还没有听到过大道理，敢不虚心吗？"

客人说："相类的人聚集在一起，相类的声音互相应和，这是天理。我想阐释我体会到的东西，来帮助你所从事的。你所从事的是人事。天子、诸侯、大夫、庶人，这四种人摆正了各自的位置，治理就成功了；这四种人摆不正自己的位置，就会乱得不能再乱了。官员履行他的职责，人民承担他的任务，互相之间就不会侵犯。所以田荒屋破，衣食不够，征赋不能上交，妻妾不和，长幼无序，这是庶民的忧虑。能力不胜任职务，官事处理不好，行为不清白廉洁，下属荒唐懒惰，没有功绩，保不住官位，这是大夫的忧虑。朝廷没有忠臣，国家混乱，工技不精巧，贡品不完美，春秋朝见失序，不合天子的心意，这是诸侯的忧虑。阴阳不调和，寒暑不顺时，伤害了万物；诸侯动乱，

南华真经

注译

三五二

衣食不足，征赋不属[20]，妻妾不和，长少无序，庶人之忧也；能不胜任，官事不治，行不清白，群下荒怠，功美不有，爵禄不持，大夫之忧也；廷无忠臣，国家昏乱，工技不巧，贡职不美，春秋后伦[21]，不顺天子，诸侯之忧也；阴阳不和，寒暑不时，以伤庶物，诸侯暴乱，擅相攘伐，以残民人，礼乐不节，财用穷匮，人伦不饬，百姓淫乱，天子有司之忧也。今子既上无君侯有司之势，而下无大臣职事之官，而擅饰礼乐，选人伦，以化齐民，不泰多事乎！且人有八疵，事有四患，不可不察也。非其事而事之，谓之摠；莫之顾而进之，谓之佞；希意道言，谓之谄；不择是非而言，谓之谀；好言人之恶，谓之谗；析交离亲，谓之贼；称誉诈伪以败恶人，谓之慝；不择善否，两容颊适[22]，偷拔其所欲[23]，谓之险。此八疵者，外以乱人，内以伤身，君子不友，明君不臣。所谓四患者：好经大事[24]，变更易常，以挂功名，谓之叨；

擅自互相攻伐，残害人民；礼乐没有节制，资财穷困匮乏，人伦不整饬，百姓淫乱，这是天子的忧虑。现在你既然在上没有君主、诸侯执政的权势，在下没有大臣的职权，却擅自去修饰礼乐，序列人伦，想以此教化人民，这不是多事吗？况且人有八种毛病，事有四种麻烦，不能不明察。不是他该做的事去做，叫做"摠"；人家不听他的却还是要偷偷摸摸地进言，叫做"佞"；迎合别人心意而出言，叫做"谄"；不辨是非来说话，叫做"谀"；喜欢说人的坏话，叫做"谗"；离间亲友，叫做"贼"；诈伪称誉而诋毁人，叫做"慝"；不辨善恶，两者兼容而适意，暗中盗取他所要的，叫做"险"。这八种毛病，对外扰乱别人，对内伤害自身，君子不和他做朋友，明君不用他做臣子。所谓四种患害是：喜欢办理大事，改变常理常情，以图功名，叫做"叨"；自恃聪明，擅自行事，侵犯他人而师心自用，叫做"贪"；见过不改，听人劝说更加为过，叫做"很"；别人的意见和自己相同就可以，如果和自己不相同，则意见虽好也以为不好，叫做"矜"。这是四种忧虑。能够去除八种毛病，不做四种患害，才可以受教。"

专知擅事，侵人自用，谓之贪；见过不更，闻谏愈甚，谓之很[25]；人同于己则可，不同于己，虽善不善，谓之矜。此四患也。能去八疵，无行四患，而始可教已。"

孔子与渔父

孔子愀然而叹，再拜而起曰："丘再逐于鲁，削迹于卫[26]，伐树于宋，围于陈蔡。丘不知所失，而离此四谤者何也[27]？"

客凄然变容曰："甚矣子之难悟也！人有畏影恶迹而去之走者，举足愈数而迹愈多[28]，走愈疾而影不离身，自以为尚迟，疾走不休，绝力而死。不知处阴以休影，处静以息迹，愚亦甚矣！子审仁义之间，察同异之际，

孔子面有愧色而叹息，又行了个礼，说："我两次被逐出鲁国，在卫国被禁止居留，在宋国被伐树，在陈蔡被围困。我不知道我有什么错，为什么会遭受到这四种毁辱？"

客人神色变得凄然说："你可真难觉悟啊！有害怕自己的影子、脚印而想逃开它们的人，抬脚越频繁脚印越多，走得越快而影子越紧追不舍，他自己却以为还不够快，仍快走不息，力气用完，把自己累死了。他却不知道站在荫凉处影子自然就没有了，呆着不动自然就不会有脚印了，真是太愚笨了！你留神于仁义之间，明辨同异的界限，观察动静的变化，均衡取舍的适度，疏导好恶的情感，调和喜怒的节度，你几乎不能免于祸患了。你要谨慎修身，保持你的本真，使人与物各归还自然，那就没有累害了。现在你修己身而求责别人，不是很疏漏吗？"

孔子悲伤地说："请问什么是本真呢？"

客人说："所谓真，是精诚的极致。不精不诚，就不能动人。所以勉强哭的人，虽然悲痛却不哀伤；勉强发怒的人，虽然严厉却没有威势；勉强表示亲切的人，虽然有笑脸却不和气。真正的悲痛没有声音但是哀伤，真正的愤怒没有

南华真经

注译

观动静之变，适受与之度，理好恶之情，和喜怒之节，而几于不免矣。谨修而身，慎守其真，还以物与人[29]，则无所累矣。今不修之身而求之人，不亦外乎！"

孔子愀然曰："请问何谓真？"

客曰："真者，精诚之至也。不精不诚，不能动人。故强哭者虽悲不哀，强怒者虽严不威，强亲者虽笑不和。真悲无声而哀，真怒未发而威，真亲未笑而和。真在内者，神动于外，是所以贵真也。其用于人理也，事亲则慈孝，事君则忠贞，饮酒则欢乐，处丧则悲哀。忠贞以功为主，饮酒以乐为主，处丧以哀为主，事亲以适[30]为主，功成之美，无一其迹矣。事亲以适，不论所以矣；饮酒以乐，不选其具矣；处丧以哀，无问其礼矣。礼者，世俗之所为也；真者，所以受于天也，自然不可易也。故圣人法天贵真，不拘于俗。愚者反此。不能法天而恤于人，不知贵真，禄禄而受变于俗，故不足。惜哉，子之蚤

发作却很威严，真正的亲切没有笑容却很和悦。真性存于内心，使神采表现在外，这就是本真的可贵。这应用到人理上，就是侍奉双亲很慈孝，事奉君主很忠贞，喝酒就高兴，丧亲就悲哀。忠贞以功劳为主，饮酒以快乐为主，处丧以悲哀为主，侍奉双亲以适意为主。功绩的完美，不拘泥于一定的途径。事亲求安适，不问为什么；饮酒求欢乐，不挑选酒菜杯具；处丧为尽哀，不讲究礼仪。礼节是世俗所为的，真性是禀受于自然的，自然是不可以改变的。所以圣人效法自然珍贵本真，不拘于世俗。愚昧的人却恰恰相反。不能够效法自然而体恤人，就不知道珍贵本真，庸庸碌碌随世俗变迁，所以不能知足。可惜呀，你沉溺于人伪太早而听闻大道太晚了。"

孔子又行礼说："现在，我能够遇见您，真是天幸呀。先生不以我为羞把我当成弟子，而亲身来教导我。请问您住在哪里，可以让我听从您的教导来学完大道。"

客人说："我听说，可以学习的就传授给他，以至于体会妙道；不可以学习的，不知其中道理的，小心不要授予他，自身才没有过失。你自己努力吧！我要离开你了，我要

湛于人伪而晚闻大道也[31]！"

孔子又再拜而起曰："今者丘得遇也，若天幸然。先生不羞而比之服役[32]，而身教之。敢问舍所在，请因受业而卒学大道。"

客曰："吾闻之，可与往者与之，至于妙道；不可与往者，不知其道，慎勿与之，身乃无咎。子勉之！吾去子矣，吾去子矣！"乃刺船而去[33]，延[34]缘[35]苇间。

颜渊还车，子路授绥[36]，孔子不顾，待水波定，不闻拏音而后敢乘[37]。子路旁车而问曰："由得为役久矣，未尝见夫子遇人如此其威也。万乘之主，千乘之君，见夫子未尝不分庭伉礼，夫子犹有倨敖之容。今渔父杖拏逆立[38]，而夫子曲要磬折[39]，言拜而应，得无太甚乎？门人皆怪夫子矣，渔人何以得此乎？"

孔子伏轼而叹曰："甚矣由之难化也！湛于礼义有间矣，而朴鄙之心至今未去。进，吾语汝！夫遇长不敬，失礼也；见贤不尊，不仁也。彼非至人，不能下人，下人

离开你了！"然后沿着芦苇的岸边撑船去了。

颜渊倒转车子，子路递给他缰绳，孔子不看，直等到水波平定，听不见摇船的声音才敢上车。子路坐在车旁问孔子说："我跟随先生已经很久了，没有见过先生对人这样尊敬的。万乘的君主，千乘的国王，看到先生没有不平起平坐的，先生脸上还有高傲的神色。现在渔父拿着船篙站在对面，而先生弯腰鞠躬，说话都先行礼才回答，不是太过分了吗？弟子们都怪先生了，渔人怎么值得这样对待呢？"

孔子扶着车轼感叹说："子由真是难教化啊！你浸染于礼仪已有一段时间了，但那种粗鄙的心理到现在还没有去掉。过来，我告诉你！看见长者不恭敬，这是失礼；看见贤者不尊重，这是不仁。不是至仁的人，就不能使人谦下；对人谦下不精诚，就不能保有本真，所以才会常常伤害自己。可惜啊！人要是不仁，没有比这更大的祸患了，而子由偏偏这样。而且大道是万物所经由的，万物失去它便死亡，获得它便生存，做事违逆它就会失败，顺应它就能成功。所以道的所在，圣人尊重它。现在渔父对于这道，可以说体悟了，我敢不敬吗！"

南华真经

注译

不精，不得其真，故长伤身。惜哉！不仁之于人也，祸莫大焉，而由独擅之。且道者，万物之所由也，庶物失之者死，得之者生，为事逆之则败，顺之则成。故道之所在，圣人尊之。今渔父之于道，可谓有矣，吾敢不敬乎！"

注释：

　[1]缁帷：虚拟的地名。缁，黑色。

　[2]杏坛：泽中高处。

　[3]揄袂：扬袖。

　[4]行原以上：溯水岸而上。

　[5]距：至。

　[6]族：姓氏。

　[7]选：序，谓序列。

　[8]齐民：平民。

　[9]分：离。

　[10]桨：船篙。

　[11]还乡：回舟。乡，对面。

　[12]绪言：余言，不尽之言。

　[13]下风：下方。

　[14]咳唾之音：比喻言笑之声。

　[15]卒相：终以教助。卒，终。相，助。

　[16]经：经营。

　[17]所以：所做的事。

　[18]自正：各任其职。

　[19]陵：乱，侵犯。

　[20]不属：不继。

　[21]春秋后伦：春秋两季朝觐天子之礼不及序。

　[22]两容颊适：指善恶两容均感适意。

　[23]偷拔：盗取。

　[24]好经大事：好管理国家大事。

　[25]很：不听从。

　[26]削迹：被驱逐。

　[27]离：遭，受。

　[28]数：借为"速"。

　[29]还以物与人：把外物归还与人，听其自然。

　[30]适：适意。

　[31]湛：沉溺，耽于。

　[32]比之服役：比作服役的弟子。

　[33]刺船：撑船。

　[34]延：借为"沿"。

　[35]缘：通"沿"。

　[36]绥：车绳。

　[37]桨音：摇船的声音。

　[38]逆立：对面立。

　[39]曲要磬折：弯腰鞠躬。

列御寇第三十二

　　列御寇之齐，中道而反，遇伯昏瞀人。伯昏瞀人曰："奚方而反[1]？"

列御寇第三十二

　　列御寇（人名）去齐国，走到半道就回来了，碰见伯昏瞀人（人名）。伯昏瞀人说：

曰："吾惊焉。"

曰："恶乎惊？"

曰："吾尝食于十浆[2]，而五浆先馈。"

伯昏瞀人曰："若是，则汝何为惊已？"

曰："夫内诚不解[3]，形谍成光[4]，以外镇人心[5]，使人轻乎贵老[6]，而虀其所患[7]。夫浆人特为食羹之货，无多余之赢，其为利也薄，其为权也轻，而犹若是，而况于万乘之主乎！身劳于国而知尽于事，彼将任我以事而效我以功，吾是以惊。"

伯昏瞀人曰："善哉观乎！女处已[8]，人将保女矣[9]！"

列子

无几何而往，则户外之屦满矣。伯昏瞀人北面而立，

"你为什么回来了？"

列御寇回答说："我受惊了。"

伯昏瞀人说："为什么受惊？"

列御寇说："我曾经在十家卖浆馆吃饭，有五家先拿给我吃。"

伯昏瞀人说："这样啊，那你有什么可惊讶的呢？"

列御寇说："不能化解纠结在心中的欲望和思想，举手投足招摇而落入形迹，以此慑服人心，使人对我比对老者还要尊重，因而招来祸患。卖浆人只是做些饮食买卖，赢利不多，利润也很少，手中的权力也很小，却还是这样，何况掌握着天下大权的君主呢？君主为国家劳累身体，为政事耗费智力。他要我担任职事而希望我能建立事功，所以我感到惊骇。"

伯昏瞀人说："你真善于观察啊！你等着吧，人们会归附你的。"

伯昏瞀人没过多久又去了，看见列御寇家门外的鞋摆满了。伯昏瞀人面向北站着，竖着手杖抵着下巴，立了一会儿，没说话就走了。

接待宾客的人告诉了列子。列子提起鞋，光脚跑出来，到了门口说："先生您既然来了，不打算教导我吗？"

敦杖蹙之乎颐[10]，立有间，不言而出。宾者以告列子[11]，列子提屦，跣而走[12]，暨乎门，曰："先生既来，曾不发药乎[13]？"

曰："已矣，吾固告汝曰人将保汝，果保汝矣。非汝能使人保汝，而汝不能使人无保汝也，而焉用之感豫出异也[14]！必且有感，摇而本才[15]，又无谓也。与汝游者又莫汝告也，彼所小言，尽人毒也。莫觉莫悟，何相孰也[16]！巧者劳而知者忧，无能者无所求，饱食而敖游，泛若不系之舟，虚而敖游者也。"

郑人缓也，呻吟裘氏之地[17]。只三年而缓为儒，河润九里[18]，泽及三族[19]，使其弟墨[20]。儒墨相与辩，其父助翟[21]。十年而缓自杀。其父梦之曰："使而子为墨者予也。阖胡尝视其良，既为秋柏之实矣？"

夫造物者之报人也[22]，不报其人而报其人之天[23]。彼故使彼[24]。夫人以己为有以异于人以贱其亲，齐人之井饮者相捽也[25]。故曰今之

伯昏瞀人说："不用说什么了！我确实告诉过你人们将归附你，现在果然是这样。不是你能够让人归附你，而是你不能使人不归附你，你何必这样为招人欢心而表现得与众不同呢？必定有什么摇动了你的本性，这又是无谓的事。和你来往的那些人，又不会告诉你。他们说的那些工巧的言语，都是对人有害的。不能觉悟，又怎么能相爱呢？智巧的人劳碌，有智慧的人担忧，没有能力的人没有要求，吃饱了就四处遨游，就像无所系的小船一样，虚心而遨游。"

郑国人缓（人名），在裘氏的地方读书。只过了三年，缓就成了儒者。方圆九里的邻居，三代以内的族人都受了他的恩惠。他让他的弟弟学习墨学。他这个儒者与墨者互相辩论，他的父亲帮着弟弟。十年后缓自杀了。他的父亲梦见他说："是我让你的儿子成为墨者。为什么不到我的墓上去看看，上面种的秋柏已经结果了！"

造物者赋予人的不是人为的东西，而是赋予自然的东西。天性如此就是成为如此的原因。缓却以为自己与众不同因此看不起他的亲人，就像齐人掘井饮水却都以为水是自己制造的，因而互相争斗一样。

世皆缓也。自是[26]，有德者以不知也，而况有道者乎！古者谓之遁天之刑。

圣人安其所安，不安其所不安；众人安其所不安，不安其所安。

庄子曰："知道易，勿言难。知而不言，所以之天也；知而言之，所以之人也；古之人，天而不人。"

朱泙漫[27]学屠龙于支离益[28]，单千金之家[29]，三年技成而无所用其巧。

圣人以必不必[30]，故无兵；众人以不必必之，故多兵；顺于兵，故行有求[31]。兵，恃之则亡。

小夫之知[32]，不离苞苴竿牍[33]，敝精神乎蹇浅[34]，而欲兼济道物[35]，太一形虚。若是者，迷惑于宇宙[36]，形累不知太初。彼至人者，归精神乎无始，而甘冥乎无何有之乡。水流乎无形，发泄乎太清[37]。悲哉乎！汝为知在毫毛[38]，而不知大宁[39]！

宋人有曹商者，为宋王使秦。其往也，得车数乘；王说之，益车百乘。反于宋，见庄子曰："夫处穷闾阨巷[40]，

所以说，现在的人，都跟缓一样。自以为是，在有德的人看来是不明智的，何况在有道的人眼中呢！古时候认为这样是违背自然的刑罚。

圣人安然于使之得到这种状态的境界当中，他所不能安然的也是使之不能安然的原因；凡人安然于那些使自己不能得到安然的环境当中，反而对那些能使自己安然的东西感到不安。

庄子说，知道容易不说难。知道却不说，这是合于自然的；知道了就说，这是合于人为的。古时候的人，崇尚自然而不以人为扰民。

朱泙漫跟支离益学习屠龙，耗费了千金的家产。三年学成了，却没有机会运用他所学到的技巧。

圣人把必然的事看作不然，所以没有纷争；众人把不必然的事看成必然，所以常有纷争。顺着这纷争，所以有贪求的行为。纷争，依恃它就会丧亡。

凡夫俗子的见识，不过应酬交际而已，在浅陋的事情上劳累精神，却还想要普济群生引导万物，以达到太一形虚的境界。像这样，会被宇宙当中各种现象所迷惑，劳累身体而不认识太初的境况。就像至人，精神归于无始而沉湎于无何有

杂篇

南华真经

注译

三五九

杂篇

南华真经

注译

三六○

困窘织屦[41]，槁项黄馘者[42]，商之所短也；一悟万乘之主而从车百乘者，商之所长也。"庄子曰："秦王有病召医，破痈溃痤者得车一乘[43]，舐痔者得车五乘，所治愈下，得车愈多。子岂治其痔邪，何得车之多也？子行矣！"

鲁哀公问乎颜阖曰："吾以仲尼为贞干[44]，国其有瘳乎？"

曰："殆哉圾[45]乎仲尼！方且饰羽而画，从事华辞，以支为旨[46]，忍性以视民而不知不信[47]，受乎心，宰乎神，夫何足以上民！彼宜女与[48]？予颐与[49]？误而可矣[50]。今使民离实学伪，非所以视民也，为后世虑，不若休之。难治也。"

施于人而不忘，非天布也[51]。商贾不齿，虽以事齿之，神者弗齿。

为外刑者，金与木也[52]；为内刑者，动与过也[53]。宵人之离外刑者[54]，金木讯[55]之；离内刑者，阴阳食之[56]。夫免乎外内之刑者，唯真人能之。

孔子曰："凡人心险于

之乡。水流无形，动作纯任自然。可悲啊！你的心智拘泥在毫毛的小事上，却不知道大宁的境界。

宋国有个叫曹商的人，为宋王出使秦国。他走的时候，得到几辆车；秦王喜欢他，又给他增加了百辆车。他回到宋国，见到了庄子说："你住在穷乡陋巷，穷困地织鞋度日，把自己搞得面黄肌瘦的，这不是我擅长的事；一见到万乘的君主就得到百乘车坐，这是我擅长干的事。"

庄子说："秦王生病请医生，能够使毒疮溃散的可获得一乘车，舐痔疮的可以得到五乘车，所医治的愈卑下，能得到的车越多。你难道是治痔疮的？不然为什么得到这么多辆车呢？你走吧！"

鲁哀公问颜阖说："我把孔子当做栋梁，国家还有救吗？"

颜阖回答说："危险啊！孔子喜欢雕琢纹饰，讲究华丽的文辞，把枝节当成主旨，矫饰性情在人民面前夸耀，却不知道自己不实在；这样的东西充斥于内心，宰制着精神，又怎能引导人民呢？他适合您吗？让他安养人民吗？那就一定要误人了。现在让人民脱离朴实而学习虚伪，这不是教民之道。为后世打算，不如算

山川，难于知天；天犹有春秋冬夏旦暮之期，人者厚貌深情。故有貌愿而益[57]，有长若不肖，有顺懁而达[58]，有坚而缦[59]，有缓而钎[60]。故其就义若渴者，其去义若热。故君子远使之而观其忠，近使之而观其敬，烦使之而观其能，卒然问焉而观其知，急与之期而观其信[61]，委之以财而观其仁，告之以危而观其节，醉之以酒而观其则[62]，杂之以处而观其色。九征至，不肖人得矣。”

正考父[63]一命而伛[64]，再命而偻[65]，三命而俯[66]，循墙而走，孰敢不轨[67]！如而夫[68]者，一命而吕钜[69]，再命而于车上舞，三命而名诸父[70]，孰协[71]唐许[72]！

贼莫大乎德有心[73]而心有睫[74]，及其有睫也而内视，内视而败矣。

凶德有五[75]，中德[76]为首。何谓中德？中德也者，有以自好[77]也而吡[78]其所不为者也。

穷有八极[79]，达有三必[80]，形有六府。美髯长大壮丽勇敢，八者俱过人也，因以是

了。国家难以治理呀。”

为他人做些事而念念不忘，这不是出于自然所为（做事）。即使是商贾也不齿于这种（汲汲于回报的）想法；虽然他们在商业活动中也这么做，但从内心深处却不屑于这样做。

刀斧和桎梏是外在的刑罚，动摇和懊悔是内心的刑罚。小人遭受外刑，用刀斧和桎梏来问罪；遭受内刑的，阴阳交错而剥蚀他。能够避免内外刑折磨的，只有真人。

孔子说：“人心比山川还险恶，比天还难探究。天还有春、秋、夏、冬、早、晚的一定时期，人却是容貌淳厚情感深沉。所以有容貌谨厚而行为骄傲，有貌似长者而其实不肖，有外貌随和而内心刚直的，有看似坚强而内心软弱的，有看似舒缓而内心急躁的人。所以趋义如饥渴的人，弃义也如避热。所以考察君子，要到远处来观察他是否忠实；在近处观察他是否恭敬；要频繁地给他任务来观察他的能力；要突然查考他来观察他的知识；要给他限定一个短时间来考察他是否守信；给他钱财看他是否仁义；让他处于危难之中考察他的节操；把他灌醉观察他的仪态；混杂相处来观察他的色态。九种考验做到，不肖的人就能看得出来了。”

三六一

杂篇

南华真经

注译

三六○

穷。缘循[81]，偃佒[82]，困畏不若人[83]，三者俱通达。

知慧外通，勇动多怨，仁义多责。达生之情者傀[84]，达于知者肖[85]；达大命者随[86]，达小命者遭[87]。

人有见宋王者，锡车十乘[88]，以其十乘骄稚庄子[89]。庄子曰："河上有家贫恃纬萧[90]而食者，其子没于渊，得千金之珠。其父谓其子曰：'取石来锻[91]之！夫千金之珠，必在九重之渊而骊龙[92]颔下，子能得珠者，必遭其睡也。使骊龙而寤，子尚奚微之有哉[93]！'今宋国之深，非直九重之渊也；宋王之猛，非直骊龙也；子能得车者，必遭其睡也。使宋王而寤，子为齑粉夫！"

或聘于庄子。庄子应其使曰："子见夫牺牛乎[94]？衣以文绣，食以刍菽[95]，及其牵而入于大庙，虽欲为孤犊[96]，其可得乎！"

庄子将死，弟子欲厚葬之。庄子曰："吾以天地为棺椁，以日月为连璧，星辰为珠玑，万物为赍送[97]。吾葬具岂不备邪？何以加此！"

正考父当上士就曲着背，再当上大夫就弯着腰，再当公卿就俯着身子，沿着墙走路，像这样谁敢不效法？要是凡夫的话，一当上士就会自大起来，再当上大夫就会在车上手舞足蹈，再当上公卿就要人称呼他叔伯的名号了，谁能够做到唐尧、许由的谦逊呢？

最坏的事莫过于有心为德而心开如眼目；到了心开如眼目而内心多思虑就败坏了。

有五种凶德，中德是领头的。什么叫做中德？中德就是自以为是而反对他认为不对的意见。

穷困有八种极端，通达有三项必然，形体有六个腑脏。美姿色，有胡须，身长，高大，强壮，华丽，勇迈，果敢，这八种都超过一般人，也因为这些被人役使而穷困。顺乎自然，听从人意，懦弱谦下，这三项都可遇事通达。智识（往往）被外物所牵，敢作敢为很多情况下招致怨恨，仁义很多情况下招致责难。能够把握生命本质的人很了不起，能够精通智识的人不过尔尔；能够把握大命（根本之性）本身的人，就是随顺自然，而精通小命（感觉欲望，例如食色之性）的人不过是所遇即安而已。

有个人去见宋王，宋王赏

弟子曰："吾恐乌鸢之食夫子也。"庄子曰："在上为乌鸢食，在下为蝼蚁食，夺彼与此，何其偏也！"

庄子

以不平平[98]，其平也不平；以不征[99]征，其征也不征。明者唯为之使[100]，神者征之。夫明之不胜神也久矣，而愚者恃其所见入于人，其功外也，不亦悲乎！

注释：

　　[1]奚方而反：为什么回来了。

　　[2]浆：卖浆之家。

　　[3]内诚不解：不能化解纠结于心中的欲望和思想。

　　[4]形谍成光：谍，动。形谍，形容举动。成光，有光仪。

　　[5]镇：服。

　　[6]使从轻乎贵老：意指重视列御寇过于老人。

赐了他十辆车子。他拿这十辆车子向庄子夸耀。庄子说："河边有个人，家里穷，靠编织芦苇过日子，他的儿子掉到深水里得到了一颗价值千金的珠子。父亲就对儿子说，拿石头来把它砸了！价值千金的珠子，一定是在九重深渊中骊龙的颌下才有，你能得到这珠子，一定是龙正在睡觉。要是骊龙醒了，你就要被吞食无疑了！现在宋国的深，不止于九重的深渊；宋王的凶猛，不止于骊龙。你能得到车子，肯定是正遇上他睡觉的时候。等他醒了，你就要粉身碎骨了！"

　　有人要聘请庄子。庄子对来使说："你见过祭祀的牛吗？披着绣花的绸子，吃着菽草大豆；等到把它牵到大庙里的时候，就算它想做只孤寂的小牛，做得到吗？"

　　庄子快要死了，他的弟子们想厚葬他。庄子说："我以天地为棺材，以日月为双璧，以星辰为珠宝，以万物为殉葬。我的葬具不是很完备吗？还用再加什么？"弟子说："我担心乌鸦老鹰吃了您呀！"庄子说："在地面上被乌鸦老鹰吃，在地下被蚂蚁吃；从乌鸦嘴里抢过来给蚂蚁吃，为什么这么不公平呢？"

　　用不平均的方式来平均，这种平均还是不能平均；用不

南华真经 注译

三六三

南华真经

注译

二六四

[7] 鳌其所患：招来祸患。

[8] 女处已：你安处吧！女，通"汝"。

[9] 保：聚守，依附。

[10] 敦杖蹙之乎颐：竖着杖抵着下巴。

[11] 宾者：传达的人。

[12] 跣：光着脚。

[13] 发药：用言语启发训示，就像用好的药石治病一样。

[14] 而焉用之感豫出异也：你何必这样引人欢心而表现与众不同。

[15] 摇：音"撼"。

[16] 孰：熟。

[17] 呻吟：吟咏，诵读之声。

[18] 河润九里：形容泽人广远。

[19] 三族：指父族、母族、妻族。

[20] 使其弟墨：让他的弟弟学习墨学。

[21] 翟：郑缓弟的名字。

[22] 报：赋与。

[23] 不报其人而报其人之天：不是赋与他人为，而是赋与他天性。

[24] 彼故使彼：他的本性这样使他发展成为这样。彼，指的是他的本性或他的内在条件。

[25] 捽：争斗。

[26] 自是：自以为是。

[27] 朱泙漫：人名，姓朱泙，名漫。

[28] 支离益：人名，姓支离，名益。

[29] 单：殚，尽。

[30] 以必不必：把必然的事视为不必然。

[31] 顺于兵，故行有求：顺着纷争，所以有贪求的行径。

征验的东西来征验，这种征验也不能算征验。自炫己明的被人役使，神全的人可以征验。炫耀明智的人早就不如神全的人了，而愚昧的人还依恃他的偏见来对待人，他的效果疏失，不是很可悲吗？

*　　　*　　　*

[32] 小夫：小民，匹夫。

[33] 苞苴竿牍：应酬交际。

[34] 謇浅：浅近。

[35] 兼济道物：普济众生，引道群物。

[36] 迷惑于宇宙：被宇宙的形象所迷惑。

[37] 发泄乎太清：至人之精神发源于太清。

[38] 知在毫毛：所知道的都是像毫毛一样小的东西，比喻所见者小。

[39] 大宁：大安，无为自然之理。

[40] 穷闾厄巷：偏僻狭窄的里巷。厄，同"隘"，狭窄。

[41] 屦：麻鞋。

[42] 槁项黄馘：形容人面黄肌瘦的样子。

[43] 痈：红肿出脓的毒疮。

[44] 贞干：栋梁。

[45] 圾：通"岌"，危。

[46] 以支为旨：以枝节为主旨。

[47] 忍性以视民而不知不信：矫饰性情以夸示于民而不知道自己不信实。

[48] 彼宜女与：他适合你吗？

[49]予颐与：让他安养人民吗？

[50]误而可与：必至于误。

[51]非天布也：不是自然的布施。

[52]金与木也：金，指刀锯斧砍；木，指捶楚桎梏。

[53]动与过也：动，指心之摇作；过，指事之悔尤。

[54]宵人：小人。

[55]讯：问罪。

[56]阴阳食之：指阴阳两气交错而剥蚀。

[57]貌愿而益：愿，谨厚。益，通"溢"，骄溢。

[58]顺懁而达：外貌圆顺而内心直达。

[59]缦：通"慢"。

[60]钎：通"悍"。

[61]急与之期：给他急促的期限。

[62]则：仪则。

[63]正考父：宋大夫。

[64]伛：背曲。

[65]偻：腰曲。

[66]俯：身伏于地。

[67]轨：遵循轨辙。

[68]而夫：凡夫俗子。

[69]吕矩：骄矜之貌。

[70]诸父：叔伯。

[71]协：同。

[72]唐许：唐，唐尧；许，许由。

[73]贼莫大乎德有心：最坏的事莫过于有心为德。

[74]心有睫：心开如眼目。

[75]凶德有五：谓心耳眼舌鼻。谓

祸由此五德而起，故谓凶德。

[76]中德：指心。

[77]自好：是非好恶的价值偏见。

[78]吡：訾。

[79]八极：指下文的美、髯、长、大、壮、丽、勇、敢八端。

[80]三必：指下文的缘循、偃佒、困畏三项。

[81]缘循：缘物而顺其自然。

[82]偃佒：犹言俯仰顺人。

[83]困畏不若人：指懦弱谦下。

[84]傀：伟，大。

[85]肖：小。

[86]随：顺任自然。

[87]遭：指所遇安适。

[88]锡：假借为"赐"。

[89]稚：骄。

[90]纬萧：纺织芦苇。

[91]锻：打碎。

[92]骊龙：黑龙。

[93]尚奚微之有哉：意即要被吞食无余了。

[94]牺牛：祭祀用的牛。

[95]刍菽：草、豆。

[96]犊：小牛。

[97]赍送：赠物。

[98]以不平平：以不平等的方式来平等万物。

[99]征：应。

[100]明者唯为之使：夸耀己明的人受人支使。

杂篇

南华真经

注译

三六五

南华真经注译

杂篇

三六六

天下第三十三

　　天下之治方术者多矣[1]，皆以其有为不可加矣[2]。古之所谓道术者，果恶乎在？曰："无乎不在。"曰："神何由降[3]？明何由出[4]？""圣有所生，王有所成，皆原于一[5]。"

　　不离于宗[6]，谓之天人。不离于精，谓之神人。不离于真，谓之至人。以天为宗，以德为本，以道为门，兆[7]于变化，谓之圣人。以仁为恩，以义为理[8]，以礼为行，以乐为和，薰然[9]慈仁，谓之君子。以法[10]为分[11]，以名[12]为表[13]，以参[14]为验，以稽[15]为决，其数一二三四是也[16]，百官以此相齿[17]。以事为常[18]，以衣食为主，蕃息[19]畜藏[20]，老弱孤寡为意，皆有以养，民之理也。

　　古之人其备乎[21]！配神明[22]，醇天地[23]，育万物，和天下，泽及百姓，明于本数[24]，系于末度[25]，六通四辟[26]，小大精粗，其[27]运无乎不在。其明而在数度[28]者，旧法世传之史尚多有之。其在于诗书礼乐者，邹鲁之士[29]

天下第三十三

　　天下研究方术的人很多，都认为自己所学的、所掌握的（方术）再好不过而无以复加。古时候所说的道术，到底在哪里呢？回答说：无处不在。又问："造化的神妙是如何起作用的呢？了解这一切的智慧是哪里来的呢？回答说，圣有所生，王有所成，都导源于"一"。

　　不离于（自己的）根本，称为"天人"。不离于（自己的）精神本质，称为"神人"。不离于（自己的）真正本性，称为"至人"。以自然为根，以先天本性为本，以道为门径，预知变化的征兆，称为圣人。以仁（的理念）推行恩惠，以义（的理念）建立（社会）秩序，以礼（的制度准则）规范行为，以音乐调和性情，表现得温和仁慈，称为君子。以法度为职守，以名号作表率，以比较为征验，以考察作决定，好像数一二三四那样明白，官员以此来排列职位。以职事为常务，以衣食为主要，把生产储藏、照顾老弱孤寡放在心上，让他们都能得到抚养，这是养民的道理。

　　古时候的圣人达到了圆满的境界！（他们可以）与造化的神奇作用相比拟，（可以）

摺绅[30]先生多能明之。其数散于天下而设于中国者，百家之学时或称而道之。

天下大乱，贤圣不明，道德不一，天下多得一察[31]焉以自好。譬如耳目鼻口，皆有所明，不能相通。犹百家众技也，皆有所长，时有所用。虽然，不该[32]不遍[33]，一曲[34]之士也。判天地之美，析万物之理，察古人之全，寡能备于天地之美，称神明之容。是故内圣外王之道[35]，阖而不明，郁而不发，天下之人各为其所欲焉以自为方。悲夫，百家往而不反，必不合矣！后世之学者，不幸不见天地之纯，古人之大体，道术将为天下裂[36]。

不侈于后世，不靡[37]于万物，不晖[38]于数度，以绳墨自矫[39]而备世之急，古之道术有在于是者。墨翟[40]禽滑厘[41]闻其风而说之，为之大过，已之大循[42]。作为非乐，命之曰节用；生不歌，死无服。墨子氾爱兼利而非斗，其道不怒；又好学而博，不异[43]，不与先王同，毁古之礼乐。

与天地相提并论，化育万物，调和天下，恩泽及于百姓；明白根本道理，贯彻在具体的典章制度当中，六合之内、四时之间都顺畅通达，在形形色色的自然现象当中，都能显示出他参与其中的推动作用。古代道术有体现在制度设施的方面，传统上的典章法规，世代相传的历史记录中还保存了很多。（这些内容）保存在《诗》、《书》、《礼》、《乐》中的，邹鲁的君子和儒家学者大多能明白。其他的典章制度散布在天下而设施于中国的，百家学说时常称述它。

天下大乱的时候，圣贤隐晦，道德分歧，天下的人多各执一端来自我标榜。譬如耳目鼻口，各自有各自的功能，却不能互相通用。就像诸子百家的各种学术一样，都各有所长，时有所用。虽然如此，那些（在学术上）孤陋寡闻（的学者），只是偏于一端的人。感受天地之美，了解万物之理，全面掌握古人的知识，（尚且）很少能够领略天地之美，而与神明相比拟！（更何况上述自我标榜、孤陋寡闻的学者呢！）所以，内圣外王之道，隐晦不明，郁结不畅，天下的人各自以自己想要的东西作为自己的准则。可悲啊！百家往而不返，必定不能符合道术了！后世学

南华真经

注

译

三六七

南华真经

注译

三六八

墨子

黄帝有咸池[44]，尧有大章，舜有大韶，禹有大夏，汤有大濩，文王有辟雍之乐，武王周公作武。古之丧礼，贵贱有仪，上下有等，天子棺椁七重，诸侯五重，大夫三重，士再重[45]。今墨子独生不歌，死不服，桐棺三寸而无椁，以为法式。以此教人，恐不爱人；以此自行，固不爱己。未败墨子道[46]，虽然，歌而非歌，哭而非哭，乐而非乐，是果类乎[47]？其生也勤，其死也薄，其道大觳[48]；使人忧，使人悲，其行难为也，恐其不可以为圣人之道，反天下之心，天下不堪。墨子虽独能任，奈天下何！离于天下，其去王也远矣。

者因此而不幸不能见到天地之美，（以及）古人学术的根本道理，道术将要被天下（各种各样的自我标榜的学术）所割裂！

不奢侈（于葬礼），不靡费（于万物），不卖弄（于法度）。用（自己确立的）准则自我约束，而为现实的急迫需要服务。古时候的道术有体现在这方面的内容。墨翟、禽滑厘听到这些内容就倾心于此。（但是）他们实行得太过分，节制得也太过分。墨子作《非乐》，讲说节用，活的时候不作乐，死后无服饰。墨子提倡泛爱、兼利，反对争斗，他的学术境界是"不怒"；同时，他很好学而且博学多能，不故意标新立异，也不和先王相同，（他的主张多少）毁弃了古代的礼乐（传统）。

黄帝有《咸池》之乐，尧有《大章》之乐，舜有《大韶》之乐，禹有《大夏》之乐，汤有《大濩》之乐，文王有《辟雍》之乐，武王、周公有《武》之乐。古时的葬礼，贵贱各有仪式，上下有等级，天子是七重棺材，诸侯是五重，大夫是三重，士是两重。现在墨子偏偏提倡生时不作乐，死后无服饰，只用三寸的桐木棺材且没有外椁，以此为标准。用这套方法对待别人，

墨子称道曰："昔禹之
湮[49]洪水，决江河而通四夷
九州也，名山[50]三百，支川
三千[51]，小者无数。禹亲自
操橐耜[52]而九杂[53]天下之川；
腓[54]无胈[55]，胫[56]无毛，沐
甚雨[57]，栉疾风，置万国。
禹大圣也而形劳天下也如
此。"使后世之墨者，多以裘
褐[58]为衣，以跂蹻[59]为服[60]，
日夜不休，以自苦为极，曰：
"不能如此，非禹之道也，不
足谓墨。"

大禹治水

相里勤[61]之弟子，五侯[62]
之徒，南方之墨者苦获、已
齿[63]、邓陵子之属，俱诵墨
经[64]，而倍谲[65]不同，相谓

恐怕是不爱惜别人；用这套方
法对待自己，也确实是不爱惜
自己。虽然这样，但是并不影
响墨子的学说。然而，该唱歌
的时候却反对唱歌，该哭的时
候却反对哭，该奏乐的时候却
反对奏乐，这样果真合乎人情
吗？活着的时候辛劳，死的时
候也太苛薄了，他的学说太严
苛了，让人忧愁，让人悲哀；
他的主张实行起来太难了，恐
怕不是成为圣人的道路。不合
乎天下人的心意，天下的人就
不能忍受。墨子自己虽然能够
实行，奈何天下人不能实行！
背离了天下的人，他的学说离
王道也远了。

墨子称道说："以前禹治
洪水，挖开江河，使江河通向
四夷九州，有大川三百，支流
三千，小溪无数。禹亲自拿着
盛土器和锄头去汇合天下的河
川，累得腿肚子没有肉，小腿
上没有毛，骤雨淋浴，狂风梳
发，（从而）建立了许多国家。
禹是大圣人，但为天下也累成
这个样子。"于是让后世学习墨
子学说的人，大都穿着羊皮粗
布做的衣服，脚上穿着木屐草
鞋，日夜不休息，以自苦（自
我折磨）为最高原则，还说：
"做不到这些，不是禹的道路，
称不上是墨者。"

相里勤（人名）的弟子，
伍侯（人名）的门徒，南方的

南华真经

注
译

三六九

南华真经

注译

三七〇

别墨[66]；以坚白同异之辩相訾[67]，以觭偶[68]不仵[89]之辞相应；以巨子[70]为圣人，皆愿为之尸[71]，冀得为其后世，至今不决。墨翟禽滑厘之意则是，其行则非也。将使后世之墨者，必自苦以腓无胈胫无毛相进[72]而已矣。乱之上也，治之下也[73]。虽然，墨子真天下之好[74]也，将求之不得也，虽枯槁不舍也。才士也夫！

不累于俗，不饰于物，不苟于人，不忮[75]于众，愿天下之安宁以活民命，人我之养毕足而止，以此白心[76]，古之道术有在于是者。宋钘[77]尹文[78]闻其风而悦之，作为华山之冠[79]以自表，接万物以别宥[80]为始；语心之容[81]，命之曰心之行[82]，以聏[83]合欢，以调海内，请欲置之以为主[84]。见侮不辱，救民之斗，禁攻寝兵，救世之战。以此周行天下，上说下教，虽天下不取，强聒[85]而不舍者也，故曰上下见厌而强见也。虽然，其为人太多，其自为太少，曰："请欲固[86]置五升之饭足矣。"先生恐不

墨者苦获、已齿、邓陵子（人名）一派，都诵读《墨经》，却各不相同，（他们）互相斥责对方是"别墨"，用"坚白"、"同异"的辩论互相攻击，用"奇偶"不合的言辞互相对应，把巨子当作圣人，都愿意奉他为主师，希望继承他的事业，到现在纷争还解决不了。

墨翟、禽滑厘的主张是好的，他们的行为却太过分了；必将使后代的墨者以"大腿没有肉，小腿没有毛"而自我折磨，并以此互相竞争而已。扰乱天下的罪多，治理天下的功少。虽然这样，墨子确实是天下最美善的好人，想找也找不到，虽然形容枯槁也不放弃自己的主张，真是才能之士啊！

不以世俗牵累自己，不以外物矫饰自己，不苟求别人，不违背人之常情，希望天下太平，以使老百姓得以繁衍生息，人们给我的东西足以活命就可以（满足）了，（我也）以此疏导内心的欲望和焦虑而归于恬淡。古时候的道术有体现在这个方面（的内容）。宋钘、尹文听到这些内容就倾心于此。（如果）站在华山之巅（高度）反思（人与人、物与物之间的差别问题，人其实都是平等的）问题，（那么我们）与他人或外物打交道的时

得饱，弟子虽饥，不忘天下，日夜不休，曰："我[87]必得活哉！"图傲乎[88]救世之士哉！曰："君子不为苛察，不以身假物[89]。"以为无益于天下者，明之不如己也，以禁攻寝兵为外，以情欲寡浅为内，其小大精粗[90]，其行适至是而止。

公而不党[91]，易[92]而无私，决然无主[93]，趣物而不两[94]，不顾于虑，不谋于知，于物无择，与之俱往，古之道术有在于是者。彭蒙[95]田骈[96]慎到[97]闻其风而悦之，齐万物以为首[98]，曰："天能覆之而不能载之，地能载之而不能覆之，大道能包之而不能辩之，知万物皆有所可，有所不可，故曰选则不徧[99]，教则不至[100]，道则无遗者矣。"

是故慎到弃知去己而缘不得已，泠汰[101]于物以为道理，曰："知不知，将薄知而后邻伤之者也[102]"。謑髁[103]无任[104]，而笑天下之尚贤也；纵脱无行，而非天下之大圣。椎拍辌断[105]，与物宛转，舍是与非，苟可以免，不师知

候，首先应该放下区别对待（不平等）的看法。把心容纳一切的作用称为心（精神）的活动特征，以柔和的态度使大家欢心，调和海内，主张大家都以心容纳万物作为行为准则。（倘若）受到侮辱也（从内心解脱而）不以为是侮辱，（以此来）平息人们之间的争斗，制止你攻我夺和兵器的使用，停止世间的战争。（宋钘、尹文这些人）周行天下，宣传这种主张，游说诸侯、劝导百姓，尽管天下人并不理睬他们，但他们仍然唠叨个不停，所以有人说，人们都不愿意见他们，但他们却非要见人家不可。然而，他们为别人做得太多，替自己打算得太少。他们说："我们只求有五升米的饭就足够了。"他们的老师们恐怕也吃不饱，（弟子们就更不用说了）但弟子们虽然饥饿，却仍不能忘怀天下，而且夜以继日。他们说："我们大家得活命啊！"真是了不起的救世之士啊！他们说："君子不应该斤斤计较，也不应使自己被外物所役使。"（他们）认为对天下没有好处的事就不应该去做。（他们的主张）以禁止相互攻杀、停止使用兵器为外，以情欲寡浅为内。他们学说的大大小小的方面，及其他们的行为就是如此。

公正而不结党，平易而没

虑,不知前后,魏[106]然而已矣。推而后行,曳而后往,若飘风之还,若落羽之旋,若磨石之隧[107],全而无非,动静无过,未尝有罪。是何故?夫无知之物,无建己[108]之患,无用知之累,动静不离于理,是以终身无誉。故曰:至于若无知之物而已,无用贤圣,夫块不失道。豪桀相与笑之曰:"慎到之道,非生人之行而至死人之理,适得怪焉。"

田骈亦然,学于彭蒙,得不教[109]焉。彭蒙之师曰:"古之道人,至于莫之是莫之非而已矣。其风窢然[110],恶可而言?"常反人,不见观[111],而不免于魭断[112]。其所谓道非道,而所言之韪[113]不免于非。彭蒙田骈慎到不知道。虽然,概乎皆尝有闻者也。

以本[114]为精,以物为粗,以有积[115]为不足,澹然独与神明居,古之道术有在于是者。关尹[116]老聃[117]闻其风而悦之,建之以常无有[118],主之以太一[119],以濡弱[120]谦下为表,以空虚不毁万物为实。

关尹曰:"在己无居[121],

有偏私,去除私意而没有主见,随物变化而主意不改;不起思虑,不追求智谋,对事物没有主观好恶的选择,参与事物的变化活动,古时候的道术有体现在这方面的内容。彭蒙、田骈、慎到(这些人)倾心于此。他们以齐同万物为第一原则,说:"天能覆盖万物却不能承载它们,地能够承载万物但不能覆盖,大道能包含万物却不能分辨,知道万物都有它可以的地方,也有它不可以的地方,所以说选择就不能普遍,教诲就不能周全,顺着大道就无所遗漏了。"

因此慎到把摒弃聪明、破除自我中心,顺随于不得已的事,随顺于物,作为他的主张,并说:"强求知道自己不知道的东西,就会为知所迫而结果损害自己。随物顺情而不固执,因此讥笑天下人推崇贤能;放纵解脱而不拘形迹,因此责难天下的大圣。随顺旋转,与物推移变化,舍去是和非,也许可以免于受牵累。不运用智巧谋虑,不瞻前顾后,巍然独立罢了。被推动然后才行动,被牵引然后才前行,就像大风的往还,羽毛的回旋,磨刀石的回转,促使自己而没有过错,动静适度没有过失,从来不会有罪。这是什么原因呢?因为无知无识的东西,没

形物自著[122]。其动若水，其静若镜，其应若响。芴乎若亡[123]，寂乎若清，同焉者和，得焉者失[124]。未尝先人，而常随人。"

老聃曰："知其雄守其雌，为天下溪[125]；知其白，守其辱，为天下谷[126]。"人皆取先，己独取后[127]。曰受天下之垢[128]，人皆取实，己独取虚。无藏也故有余。其行身也，徐而不费，无为也而笑巧[129]；人皆求福，己独曲全[130]，曰苟免于咎。以深为根，以约为纪，曰坚则毁矣，锐则挫矣[131]。常宽于物，不削于人[132]，可谓至极[133]。关尹老聃乎！古之博大真人哉！

尹喜

有成就自己的忧患，没有运用智能的烦累，动静都不离开自然之理，因此得以终身不惹毁誉。所以说，达到像没有知虑的东西那样就好了，不需要圣贤，那土块也不失于道。豪杰们对此互相讥笑说："慎到的学说，不是活人所能行的，而是死人的道理。"只是让人觉得怪异罢了。

田骈同样受教于彭蒙，学到不言之教。彭蒙的老师说："古来得道的人，也就是达到不受是和非所左右的境界罢了。他的风教寂静无形，哪里可以用语言表达出来呢？"常违反人意，不为人称赏，仍不免于随物婉转。他所说的道不是道，而说的是不免于非。彭蒙、田骈、慎到不明白大道。不过，他们都还听闻过道的概要。

把道当作为精深（的东西），把物当作粗略的东西，以储藏为不足。恬淡的状态意味着达到了与道徘徊的精神境界。古时候的道术有体现在这方面（的内容）。关尹、老聃听到这些内容就倾心于此。他们提出了（关于）"常"（道）和"有、无"的学说，归本于最高的"太一"，以柔弱谦下为表面，以（内心）空虚（而）不排斥万物为内核。

关尹说："自己不存私虑，有形之物各自彰显。动时像流

南华真经

注译

三七四

芴漠[134]无形，变化无常，死与生与，天地并与，神明往与！芒乎何之，忽乎何适[135]，万物毕罗，莫足以归，古之道术有在于是者。庄周闻其风而悦之，以谬悠[136]之说，荒唐[137]之言，无端崖之辞，时恣纵而不傥[138]，不以觭见之也[139]。以天下为沉浊，不可与庄语[140]，以卮言[141]为曼衍[142]，以重言[143]为真，以寓言[144]为广。独与天地精神往来，而不敖倪[145]于万物，不谴是非[146]，以与世俗处。其书虽瑰玮[147]而连犿[148]无伤也。其辞虽参差[149]而诚诡[150]可观。彼其充实不可以已，上与造物者游，而下与外死生无终始者为友。其于本也，弘大而辟，深闳而肆[161]；其于宗也，可谓稠适而上遂矣[162]。虽然，其应于化而解于物也，其理不竭[153]，其来不蜕[154]，芒乎昧乎[155]，未之尽者[156]。

惠施多方[157]，其书五车[158]，其道舛驳[159]，其言也不中[160]。历物之意[161]，曰："至大无外[162]，谓之大一；至小无内[163]，谓之小一。无厚[164]，不可积也，其大千里。天与地卑，

水，静时像镜子，反应如回响；恍惚如无有，寂静如清虚。相同则和谐，贪得便有失。从不争先而常随顺别人。"老聃说："认识雄强，持守雌柔，成为天下的溪涧；认识明亮，持守暗昧，成为天下的山谷。"人人都争先，他独自居后，说："承受天下的诟辱"；人人都讲求实际，他独自守虚空，不敛藏反而有多余。他立身行事，宽缓而不耗费，无所作为而讥笑机巧；人人都求福，他独自委曲求全，说："但求避免祸害。"以精深为根本，以俭约为纲纪，说："坚硬的就容易毁坏，锐利的就容易挫折。"常宽容待物，不侵削别人，可以说达到顶点了。关尹、老聃，古来之博大真人呀！

恍惚芒昧而没有形迹，变化而没有常规，死呀生呀，与天地并存，与造化同往！恍惚芒昧往哪里去，包罗万物，不知归宿。古时候的道术有体现在这一方面（的内容）。庄周听到这些内容就倾心于此。以悠远的论说，广大的言论，没有限制的言辞，常放任而不拘执，不持一端之见。认为天下沉浊，不能讲严正的话，用无心之言来推衍，引用重言使人觉得真实，运用寓言来推广道理。独自和天地精神往来而不

山与泽平。日方中方睨[165]，物方生方死。大同而与小同异，此之谓小同异；万物毕同毕异[166]，此之谓大同异。南方无穷而有穷，今日适越而昔来。连环可解也。我知天下之中央，燕之北、越之南是也[167]。氾爱万物，天地一体也。"

惠施以此为大，观于天下而晓辩者，天下之辩者相与乐之。卵有毛，鸡三足；郢[168]有天下；犬可以为羊；马有卵；丁子[169]有尾；火不热；山出口；轮不蹍地；目不见，指不至，至不绝；龟长于蛇；矩不方，规不可以为圆；凿不围枘；飞鸟之景[170]未尝动也；镞矢之疾而有不行不止之时；狗非犬；黄马骊牛[171]三；白狗黑；孤驹未尝有母；一尺之棰[172]，日取其半，万世不竭。辩者以此与惠施相应，终身无穷。

桓团[173]公孙龙[174]辩者之徒，饰人之心，易人之意，能胜人之口，不能服人之心，辩者之囿[175]也。惠施日以其知与人之辩，特与天下之辩者为怪[176]，此其柢[177]也。

傲视万物，不拘泥是非（的分别），和世俗和谐相处。他的书虽然奇特却宛转叙说无伤道理。他的言辞虽然变化多端却特异可观。他充实而没有穷尽之时，上与造物者同游，下与忘生死无始终分别的人做朋友。他讲到道的根本，弘大而开阔，深远而广阔，他所说的宗旨，中肯而达到了最高境界。虽然这样，他适应于变化而解脱于物的束缚，他的道理是无穷尽的，来处不离于道，恍惚芒昧，没有穷尽。

惠施的学术广博多面，他的著书有五车之多。他讲的道理很驳杂，言辞也不当。他探究分析万物之理，说："大到极点而没有外围的，叫做太一；小到极点而没有内核的，叫做小一。"没有厚度，不可累积，但可扩展到千里大。天和地一样低，山和泽一样平。太阳刚正中就偏斜，万物即起即灭。大同和小同相差异，这个叫做小同异；万物完全相同也完全相异，这个叫做大同异。南方没有穷尽却有穷尽，今天到越地而昨天已来到。连环可以解开。我知道天下的中央，在燕的北方越的南方。普爱万物，天地是一个整体。

惠施以为这些是最高真理，（以此）显示于天下并开导于辩者，天下的辩者也都喜欢谈论

南华真经

注译

三七五

南华真经

注译

杂篇

　　然惠施之口谈，自以为最贤，曰天地其壮乎！施存雄而无术。南方有倚人[178]焉曰黄缭[179]，问天地所以不坠不陷，风雨雷霆之故。惠施不辞而应，不虑而对，遍为万物说，说而不休。多而无已，犹以为寡，益之以怪。以反人为实而欲以胜人为名，是以与众不适也。弱于德，强于物，其涂隩[180]矣。由天地之道观惠施之能，其犹一蚊一虻之劳者也。其于物也何庸[181]！夫充一[182]尚可，曰愈贵道，几矣！惠施不能以此自宁，散于万物而不厌，卒以善辩为名。惜乎！惠施之才，骀荡[183]而不得，逐万物而不反，是穷响以声，形与影竞走也。悲夫！

注释：

　　[1]方术：相当于后来所说的学术，与后面的"道术"对称。道术指洞悉宇宙人生原本的学问之整体，方术不过是道术的一部分而已。

　　[2]有：所掌握的学术。

　　[3]神：比喻造化的灵妙作用。

　　[4]明：比喻最高的智慧、灵觉。

　　[5]一：即道。

　　[6]宗：本。

这种学说："卵中有毛；鸡有三只脚；楚国郢包有天下；犬可以是羊；马有卵；虾蟆有尾巴；火是不热的；山是有口的；车轮不着地；眼睛不能看见东西；指事不能达到物的实际，即使达到也不能绝对地穷尽；乌龟比蛇长；用矩画出来的并不方；用圆画出来的并不圆；孔不围绕孔内的枘木；飞鸟的影子不曾移动；箭镞发射的疾速却有不前进不停止的时候；狗不是犬；黄马骊牛是三个；白狗是黑的；孤驹未曾有母；一尺长的杖，每天截去它的一半，万世都取之不尽。"辩者用这些论题和惠施相互论辩，终身没有穷尽。

　　桓团和公孙龙都是辩者之流，（他们）迷惑人心，动摇人的思想，（但他们）能够胜过人的口舌，却不能折服人的心，这是辩者的局限。惠施天天运用他的机智和人辩论，独自和天下的辩者创造怪说，这就是他们的概略情形。

　　然而惠施自以为辩才无碍，他说："天地伟大么！"惠施有雄心而不知道术。南方有个名叫黄缭的奇人，问天地所以不坠不陷，以及风雨雷电的原因。惠施不加推辞而回应，不加思虑而对答，遍说万物，说个不停，多得不穷尽，还以为说得少，更加上一些怪

[7]兆：端倪。

[8]理：条理。

[9]蕙然：温和貌。

[10]法：法义。

[11]分：分守。

[12]名：名号。

[13]表：表率。

[14]参：比较。

[15]稽：征实。

[16]其数一二三四是也：好像数一二三四一样。其：犹如。

[17]齿：序列。

[18]以事为常：以职事为常务。

[19]蕃息：即繁殖。

[20]畜藏：即蓄藏。

[21]备：完备。

[22]配神明：可以比拟天地造化的灵妙作用。

[23]醇：准；醇天地：即与天地相等。

[24]本数：本原。指道的根本。

[25]末度：与本数相对，指法度，乃道的末节。

[26]六通四辟：六合通达，四时顺畅。六，六合，上下四方。四，四时。

[27]其：指上文"古之所谓道术"而言。

[28]数度：指礼乐制度。

[29]邹鲁之士：指儒士。

[30]搢绅：亦指儒士。搢，笏。绅，大带。

[31]一察：指执一端。

[32]该：兼备。

[33]遍：周遍。

[34]一曲：同于"一察"，指偏于一端而不明道之全体。

[35]内圣外王之道：中国学术之整

说。他用违反人的常理作为实情，以胜过人求名声，因此和众人不谐调。弱于德的修养，强于物的究析，他走的道路是曲折的。由天地的大道来看惠施的才能，他就像一只蚊虫那样徒劳。对于万物有什么用！他发挥一技之长还可以，要是说能进一步尊重大道，那就差不多了！惠施不能够自安于道，分散心思于万物而不厌倦，终而以善辩成名。可惜呀！惠施的才能，放荡而无所得，追逐万物而不知归途，这是用声音来抑止回响，躯体与自己的影子竞走，可悲啊！

*　　　　*　　　　*

体精神所在，其旨归在于内足以资修养而外足以经世济民。

[36]裂：分离。

[37]靡：浪费。

[38]晖：同"辉"，炫耀。

[39]以绳墨自矫：用规矩来勉励自己。

[40]墨翟：姓墨，鲁国人，稍后于孔子。提倡非攻、兼爱、非乐、节用的学说。

[41]禽滑厘：墨子弟子。初受业于子夏，后受业于墨子。

[42]已之大循：节制得太过厉害。已：即止。大循：即太甚。

[43]不异：不故求有异于人。

[44]咸池：古乐名。下文之大章、大韶、大夏、大濩、辟雍及武

南华真经

注译

三
七
八

也都是古乐。

[45]再重：两重。

[46]未败墨子道：（我）无意损毁墨子的道。败，损毁。

[47]果类乎：果真合乎人情吗？

[48]觳：薄，苛刻。

[49]湮：塞，没。

[50]名山：当作"名川"。"名川"与下文"支川"指大水小水。

[51]三千：与上文之"三百"同，形容多数。

[52]蔂：盛土器。耜：锄。

[53]九杂：汇合之意。

[54]腓：小腿后面突出的肌肉。

[55]胈：白肉。

[56]胫：从脚跟到膝的部分。

[57]甚雨：骤雨。

[58]裘褐：粗衣。

[59]跂蹻：跂，同"屐"。蹻，草鞋。

[60]服：用。

[61]相里勤：姓相里，名勤，乃南方墨派一重要首领。后文的邓陵子与相里勤齐名，亦为墨派一重要首领。

[62]五侯：人名。五同"伍"。

[63]苦获、已齿：人名。二人都是南方墨者的重要人物。

[64]墨经：现存《墨子》卷十有《经上》、《经下》两篇。

[65]倍谲：背异。

[66]相谓别墨：互相指斥，以为对方非墨家正统。

[67]以坚白同异之辩相訾：訾，诋毁。坚白、同异乃当时通行的辩论主题。

[68]觭偶：即奇偶，也是当时辩论的主题。

[69]不仵：不合。

[70]巨子：即墨派首领。

[71]尸：同"主"。

[72]相进：相尚，相竞。

[73]乱之上也，治之也也：意即乱天下之罪多，治天下之功少。

[74]天下之好也：天下最美善的人。

[75]忮：违逆。

[76]白心：明白其心。

[77]宋钘：齐宣王时人，游稷下。《汉书·艺文志》有《宋子》十八篇，今已佚。

[78]尹文：齐人，与宋钘俱游稷下。《汉书·艺文志》有《尹文子》上下篇。

[79]华山之冠：以华山作为冠名。

[80]别宥：即去囿，去除隔蔽。

[81]容：容受。

[82]行：行为。

[83]聊：柔和。

[84]请欲置之以为主：请求以心容万物为行为之主。置，安也。

[85]强聒：说个不停。

[86]固：假借为"姑"。

[87]我：泛称。

[88]图傲乎：高大貌。

[89]以身假物：身为物役。

[90]小大精粗：小指一身而言，大指救世之战而言，精指心而言，粗指行为而言。

[91]公而不党：公正而不阿党。

[92]易：平易。

[93]决然无主：去私意而无所偏倚。

[94]趣物而不两：随物所趋而

不起两意。

[95]彭蒙：齐隐士，曾游于稷下。

[96]田骈：齐人。《汉书·艺文志》有《田子》25篇，今佚。

[97]慎到：赵人。《汉书·艺文志》著录《慎子》42篇，已散佚，今有后人辑本《慎子》5篇。

[98]齐万物以为首：以齐物为根本。

[99]徧：同"遍"，周遍。

[100]至：至极，周全。

[101]泠汰：听放。

[102]知不知，将薄知而后邻伤之者也：（强求）知其所不知，则将为知所迫而损伤自己。薄，追近。

[103]謑髁：顺随之意。

[104]无任：无所专任。

[105]椎拍輐断：顺随旋转之意。

[106]魏：同"巍"。

[107]隧：回。

[108]建己：与后文"用知"同，皆好用私知之意。

[109]不教：不言之教。

[110]窲然：寂然。

[111]常反人，不见观：常违反人意，故不受赞赏。

[112]鈗断：无圭角。

[113]眂：是。

[114]本：道。

[115]积：储积。

[116]关尹：《汉书·艺文志》有《关尹子》9篇，今佚。

[117]老聃：即老子。

[118]常无有：即常"无"、常"有"。见《老子》36章、76章、78章等。

[119]太一：指绝对唯一的道。

[120]濡弱：柔弱。

[121]在己无居：即自己不存私意。

[122]著：彰显。

[123]芴乎若亡：恍惚若无。芴与"惚"通。

[124]得焉者失：此句与《老子》44章"多藏必厚亡"，64章"执者失之"同义。得，贪得。

[125]知其雄守其雌，为天下溪：见《老子》28章。

[126]知其白，守其辱，为天下谷：见《老子》28章。

[127]人皆取先，己独取后：见《老子》67章。

[128]受天下之垢：《老子》78章有"受国之垢"句。

[129]笑巧：笑人之巧。巧，智巧。

[130]曲全：《老子》22章有"曲则全"。

[131]坚则毁矣，锐则挫矣：《老子》76章有"坚强者死之徒"，9章有"揣而锐之，不可长保"，与此义相同。

[132]不削于人：不侵削于人。

[133]至极：最高至上的境地。

[134]芴漠：恍惚茫昧之意。芴通"惚"。

[135]芒乎何之，忽乎何适："芒乎"、"忽乎"，形容恍惚茫昧的样子。"何之"、"何适"，意指动静无迹。

[136]谬悠：虚远。

[137]荒唐：谓广大无域限。

[138]恣纵而不傥：放任而不偏党。恣纵，犹放纵。

南华真经

注译

三七九

南华真经

注译

[139]不以觭见之也：其所见不主一端。

[140]庄语：犹正论。庄，严正。

[141]卮言：喻无心之言。见《寓言》篇。

[142]曼衍：同"漫衍"。散漫流衍，不拘常规。见《齐物论》、《寓言》。

[143]重言：为人所重之言。见《寓言》。

[144]寓言：寄寓他人他物的言论。见《寓言》。

[145]敖倪：骄矜。

[146]不谴是非：无所拘泥于是非。

[147]瓌玮：奇特。

[148]连犿：宛转貌。

[149]参差：或虚或实。

[150]諔诡：奇异。

[151]肆：放纵。形容广阔无限的样子。

[152]稠适：和适之意。

[153]其理不竭：他的道理没有穷尽。

[154]不蜕：指不离于道。

[155]芒乎昧乎：指《庄子》窈窕深远的特征。

[156]未之尽者：没有穷尽。

[157]多方：即多方术，指惠施的学术广博。

[158]五车：言数量之多。

[159]舛驳：乖杂。驳，色杂不同。

[160]不中：不当。

[161]历物之意：分析推究事物的道理。

[162]至大无外：形容无穷大的整体空间。

[163]至小无内：指无穷小的空间单位。

[164]无厚：形容面至薄。

[165]日方中方睨：太阳刚到正中就偏斜。睨，偏斜。

[166]毕同毕异：完全同完全异。毕，完全。

[167]燕：燕国，位于中国北方。越：越国，位于中国东南部，今江浙一带。

[168]郢：楚国首都。

[169]丁子：楚人称蛤蟆为丁子。

[170]景：影子。

[171]骊牛：黑牛。

[172]捶：木杖。

[173]桓团：姓桓名团，赵国辩士。

[174]公孙龙：赵人，曾为平原君门客，其生年约与孟子、惠施、庄子等同时。《汉书·艺文志》录《公孙龙子》14篇，现存6篇。

[175]囿：局限。

[176]为怪：指为怪说。

[177]柢：大约。

[178]倚人：异人。

[179]黄缭：楚国辩士。

[180]隩：深。

[181]庸：功用。

[182]一：一技。

[183]骀荡：放荡。